博士论文
出版项目

文化产业发生论

Genetic Theory of Cultural Industries

宗祖盼　著

中国社会科学出版社

图书在版编目（CIP）数据

文化产业发生论 / 宗祖盼著 . —北京：中国社会科学出版社，2021.8
ISBN 978 - 7 - 5203 - 8754 - 5

Ⅰ.①文… Ⅱ.①宗… Ⅲ.①文化产业—研究 Ⅳ.①G114

中国版本图书馆 CIP 数据核字（2021）第 138212 号

出 版 人	赵剑英
责任编辑	田　文
责任校对	李　剑
责任印制	王　超

出　　版	中国社会科学出版社
社　　址	北京鼓楼西大街甲 158 号
邮　　编	100720
网　　址	http://www.csspw.cn
发 行 部	010 - 84083685
门 市 部	010 - 84029450
经　　销	新华书店及其他书店
印　　刷	北京君升印刷有限公司
装　　订	廊坊市广阳区广增装订厂
版　　次	2021 年 8 月第 1 版
印　　次	2021 年 8 月第 1 次印刷
开　　本	710×1000　1/16
印　　张	29
字　　数	404 千字
定　　价	159.00 元

凡购买中国社会科学出版社图书，如有质量问题请与本社营销中心联系调换
电话：010 - 84083683
版权所有　侵权必究

出 版 说 明

为进一步加大对哲学社会科学领域青年人才扶持力度，促进优秀青年学者更快更好成长，国家社科基金 2019 年起设立博士论文出版项目，重点资助学术基础扎实、具有创新意识和发展潜力的青年学者。每年评选一次。2020 年经组织申报、专家评审、社会公示，评选出第二批博士论文项目。按照"统一标识、统一封面、统一版式、统一标准"的总体要求，现予出版，以飨读者。

全国哲学社会科学工作办公室
2021 年

序一　持守初心　笃行致远

2021年夏至刚过不久，广州的一波疫情终于迎来好转。这时，宗祖盼发来了他的书稿《文化产业发生论》。这本由其博士论文修改充实后完成的学术专著，从选题到完成花了三年时间，从完成到出版又过去了三年时间。六年磨一剑，对于一个青年学者来说，已经算是比较快的了。

宗祖盼是我和李凤亮共同指导的博士生，也是暨南大学文艺学专业培养的为数不多的专攻文化产业研究的青年学者。2009年，李凤亮在深圳大学创办了文化产业研究院，并于2012年开始依托艺术学理论一级学科硕士点招收研究生，宗祖盼是第一批入学的，也是其中的佼佼者。他勤奋能干，展现出了在学术上的潜力，后经过李凤亮的推荐，来到暨南大学攻读博士学位。在我的记忆中，暨南大学文艺学专业博士生中有不少对文化产业及文化政策研究感兴趣，并在毕业论文的选题上向文化产业靠拢。而宗祖盼的选题算是其中最有理论意识，也是最为特殊并具开拓性的。

早在20世纪90年代初中期，面对大众文化、先锋文学的兴起，我开始从文化的角度对文学进行研究与阐发，以应对传统文论的"失语症"。由此，文学、艺术和文化的生产问题逐渐进入我的学术视野，并先后出版了《文化视野中的文艺存在》（2003年）、《文化诗学：理论与实践——20世纪中国文学批评的跨文化视野与现代性进程》（2005年）、《传媒时代的文学存在方式》（2010年）、《流行文艺与主流价值观关系研究》（2018年）、《文化诗学批评论稿》

（2021年）等论著，其中的很多内容都与文化产业息息相关。从法兰克福学派的"文化工业"论到伯明翰学派的"文化研究"，再到21世纪文化产业的蓬勃发展，文化产业学科的发展与文化理论包括文学理论的变迁密切相关。文化产业研究不仅关乎多门理论学科，也是一项实践性很强的工作，对文化产业的研究就应该有多学科的视角、多方法的运用。在中国，介绍西方文化研究以及文化产业理论的人大多是从事文艺理论研究的学者。从理论联系实际的角度看，做理论的跨越到文化产业研究及其实践是很自然的事情。我看文化产业，更多的是从文化的、审美的以及价值观的批评角度出发的，这是我努力创建"文化诗学"一个很重要的维度。2014年3月，我们申请在中国语言文学一级学科下自主设立跨学科的"文化创意与文化产业"博士学位授权点，获得教育部学位办备案。硕士点2016年招生，至今已招收45人，已毕业获硕士学位者13人，目前在读硕士25人。2021年9月将入读7人。2017年开始招收博士研究生，至今共招收18人，已毕业博士3人，在读博士生11人，2021年9月将入读4人。生源来自中国包括港澳台地区的学生以及日本、加拿大、美国、新西兰等国的华侨学生。这也算是我们这个2008年就被列入国家重点学科的文艺学学科所进行的跨学科研究和注重在新文科视野下的努力探索。

如今，随着国内文化产业飞速发展，有关文化产业的学术著作渐渐多了起来，但有的研究泛泛而谈，尚不深透，尤其在学理上的探讨更是缺乏。现在，宗祖盼这本《文化产业发生论》的出版，尝试着把"文化产业如何发生"这个问题讲清楚，不仅在方法和视角上有所创新，而且直指文化产业的本质问题。我想，在中国文化产业研究版图中，这本书或许可以作为一项标志性成果。这篇博士论文先后获得校级优秀博士论文、广东省社科规划后期资助，2020年又在这个基础上申请到国家社科基金优秀博士论文出版项目的资助，从一个侧面反映出本书是很值得一读的。

作为一个"90后"，宗祖盼很有发展潜力。这些年，我看到了他在学术上倾注的热情和对生活的热爱。他自己曾打趣地总结道：博士三年完成了三重角色的转变，第一年是"为人夫"，第二年是"为人父"，第三年是"为人师"。要获得这三重角色本就不容易，而要成为其中的优秀者，更需千锤百炼。欣慰之余，希望他持守学术初心，笃行致远！

蒋述卓

2021年7月1日于暨南大学

序二　新文科背景下的文化产业学科创新

　　长期以来，中国学界有关文化产业学科化的讨论一直未间断过。探索与争鸣总是并肩而行，一方面反映出学界对这一新兴领域的热切期盼，另一方面也表明这一学科存在很大的不确定性。进入21世纪以来，中国文化产业迎来了爆发式的增长，无论是从更好地满足人民日益增长的美好生活需要，还是从理论与实践相结合的角度来看，构建具有中国特色的文化产业学派以回应时代的呼唤，势在必行且刻不容缓。特别是许多学界同人已经做了不少开创性的工作，相关专业的开设和人才培养趋于稳定运转，对此我们不可视若无睹。但是，文化产业研究中客观存在的理论化、系统化成果偏少的问题，多少给学科的推进带来了阻力。我想，这既与文化产业的学科属性有关，跟文化产业在中国全面发展历史较短有关，也跟理论长期滞后于实践有关。

　　宗祖盼的《文化产业发生论》提出从发生学视角研究文化产业，选题颇具理论意识。因为发生学是分析事物发生、发展，揭示一般规律的研究方法。它最早源于自然科学，如今在哲学社会科学领域已有十分广泛的应用。我以为，讨论一个研究对象的发生，这在任何学科的建立过程中都是必不可少的。虽然学界对文化产业学科化仍抱有怀疑的态度，对这一学科的前途感到不乐观。但是，只要我们能够论证文化产业作为一个独立研究对象的特殊性与必要性，那么对它的学科化探索就存在一定的合理空间。而质疑之所以产生，则是对文化产业的学科属性缺乏了解或存在偏见所致。十多年来，文化产业学人"寄人篱下"，难以形成学术共同体，学科建制化重重受阻，因为它似乎违反了学界对一个独立学科的认识。然而，如果我们把它看作一个跨学科或交叉学科，很多问题就迎刃而解了。

实际上，从2020年教育部决定新增"交叉学科"作为新的学科门类起，交叉学科开始有了"自己的房间"。尽管目前进入这个房间的学科还不多，但交叉学科方兴未艾，趋势明朗。就文化产业学科而言，在2020年教育部公布的第一批《学位授予单位（不含军队单位）自主设置二级学科和交叉学科名单》中，已有超过10所高校的文化产业学科被确认为"交叉学科"，其学科属性不言自明。换言之，要真正理解文化产业的学科属性，就必须要接受这样一个事实：假如仅依靠一门学科而离开若干学科之间的共同参与和相互作用，文化产业学科就立即变得寸步难行。只是由于多个相关学科之间的交叉渗透，文化产业才得以成为一门学科。

近年来，围绕文化产业的通论式、概论式的著作、教材有明显减少的趋势，而以跨学科视角研究文化产业的论著却渐渐多了起来，这为文化产业学科的拓展注入了新的生机。宗祖盼的《文化产业发生论》便是其中之一。难能可贵的是，无论是选题还是方法，本书既放眼宏观，又不失细节，而且有着十分鲜明的学科探索意味。或者说，它在某种程度上自带交叉学科的属性。在我看来，本书有以下几个亮点。

一是对文化产业理论的梳理。理论是学科大厦之根基，一个学科的基本结构，离不开概念、原理等核心要素，而这些核心要素则由理论生发出来。从全书框架来看，本书将文化产业分为"观念形态"和"事实形态"来进行发生学的考察，处处体现了一种理论意识。就前者而言，本书对国内外文化产业的主要学派、核心人物、理论观点、关键词、论著等进行了较为详尽的梳理，实际上再现了文化产业学科的发展历程。就后者而言，本书在揭示文化产业的缘起、本质与发生规律时，呈现出多个学科理论的运用与阐发，并将其整合起来，由此构建了一套发生学意义上的文化产业解释模型。这对于我们理解文化产业的本质是很有必要的。

二是开创了一种新的研究范式。本书的书名使用了"发生论"而没有使用"发生学"，可以看出作者并没有构建一个庞大的发生学体系的野心。而且，使用"发生论"而不用"发生史"也更好地表明作者"以论带史、史论结合"的写作路径。因此，本书虽然贯穿了发生学的方法和思维，但也正如作者所言，"文化产业的发生问题，是一个非常宏大、复杂的议题……文化产业的发生学研究是一个巨大的宝库"。作为一种以问题而非主题为导向的研究，其必定需要多个学科的介入与合作。学界如能以此为启发，激起一番讨论，想必可以进一步丰富文化产业研究的维度，充实文化产业学科的内涵。

三是适应了当前新文科的思路。自2018年教育部大力推进新文科建设以来，学界围绕"新文科"展开了十分广泛的讨论，我也曾发表过一些这方面的观点。在我看来，人文社会科学正日益呈现"对策化、跨界化、技术化、国际化"的趋势，而新文科意在通过突破传统学科的自我设限，加强学科的融合与创新。文化产业是一个"大熔炉"，只有学科的交叉才能促进新知识的产生，催生新的学术领域。从这个角度来看，《文化产业发生论》多少也具备了新文科突出跨界融合、探索范式创新的务实定向。

那么，面向未来，文化产业学科该如何进一步创新？以下几点提出来同大家交流。

第一，文化产业研究要抓住新文科发展机遇。中国式的学科发展模式是乘势而上而非逆势而为。何为"势"？就是边际条件积累到一定阶段后的能量与机遇。新文科既是教育部门推动人才培养与学科更新的"四新"（新工科、新医科、新农科、新文科）之一，也是国家在应对全球动荡环境下百年未有之大变局的重要举措。在我看来，文化产业研究本就是"新文科"的首批探路者，它兴起于20世纪八九十年代，在21世纪的第一个十年快速发展。这期间，哲学、文学、艺术学、经济学、管理学等领域的学者先后加入，共同成就了中国文化产业研究的"势"。因此，文化产业学界更要抓住国家发展新文科的战略机遇，乘势而上，努力作为，突破学科发展中的多重限制，成为新兴文科率先突围发展的"冲锋舟"。

第二，要把握文化产业交叉学科建设规律。文化产业学科既有文化维度上的交叉，也有产业维度上的交叉，同时也是一个实践导向较强的学科类型，往往要因时因地而设。因此，我们要把握好交叉学科"跨界融合、强化特色，各展优势、多元发展"的规律。事实上，目前全国开设文化产业管理本科专业和相关硕士、博士学位点的高校，也都在积极探索和寻找适合区域特色的研究方向和人才培养模式。因此，要允许和鼓励不同高校的多元探索，从历史和现实贯通、区域经济社会和文化发展实际相结合的宽广视角，对不同"文化产业群"和"文化产业带"的一些重大理论和实践问题进行思考和把握。

第三，要进一步加强文化产业学科内涵建设。一个学科成熟的标志，通常包含以下几项：一是有独立的研究领域，能够形成稳定的、持续的研究成果；二是形成自身的理论体系，有大家公认的概念、范畴；三是有适合本学科的成熟的研究方法，并为大家广泛使用；四是形成规范的学科体制，包括从本科到硕士、博士的学位点体系，人才培养体系和教材体系等。学科的不稳定有它积极的一面，就是它比较生猛，左冲右突，充满活力；但也有它消极的一面，就是恒定性的欠缺、共识的不足。如果文化产业的学科边界、概念范畴、研究方法、知识体系等涉及学科内涵的基本问题得到有效的清理和规范，这将为文化产业学科的下一步发展奠定更好的基础，形成更强烈的共识。

第四，团结协作推动文化产业学科建设升级。文化产业虽然被确立为"交叉学科"，但仍有一些学科发展瓶颈亟待突破。这里我对推动文化产业学科升级提出两点建议：一是要力争成为一门独立的一级学科，哪怕是在交叉学科门类当中。与之相应，应成立该一级学科的教学指导分委员会。二是应尽快成立全国性的文化产业学会。目前仅有以企业家为主体的中国文化产业促进会、中国文化产业协会等，或在其他学会下面设立文化产业的二级研究会，真正学术性的中国文化产业学会尚未建立。文化产业学术界需进一步增强紧迫感，凝聚共识，推动全国性学术团体的建设。与之相关，全国性高水平学术刊物的创立也是题中之义。

李凤亮
2021 年 7 月 14 日于南方科技大学

摘　　要

　　文化产业研究呈现为"释义""文化"和"经济"三种范式，分别涉及"解释""评价"和"发展"文化产业三大议题。站在"释义范式"的立场之上，有没有可能对文化产业作出新的解释？这是本书研究的出发点。本书从发生学的视角切入，以"文化产业如何发生"这一问题贯穿始终，采用"以论带史、史论结合"的研究方法，构建了一套发生学意义上的文化产业解释模型。第一章和第二章梳理了西方与中国文化产业观念发生的历史脉络，第三章至第七章分别从"人性基础""都市环境""技术体系""商业逻辑""政治意图"五个维度阐释了文化产业发生的动力机制，系统性地揭示了文化产业的缘起、本质与发生规律，建立了文化产业发生的基本理论。

　　文化产业观念的发生与变迁，记录了一个时期人们对社会、经济、政治、文化生活领域发生变革所作出的一系列重要而持续的反应，它与特定历史时期以及与它相对应的那个社会构成了一个结构严密的整体。从最根本上讲，文化产业观念是文化产业事态本身繁荣发展的结果，反映了人们不断适应文化产业新形态，赋予文化产业新内涵的过程。它萌芽于19世纪西方精英知识分子对"机械文明"的控诉，发轫于20世纪法兰克福学派对文化工业的批判，成熟于20世纪末和21世纪初的文化经济实践。中国文化产业观念的发生及其确立，有着自身的历史背景与社会语境，它是在文化转型、研究拓展和体制改革等多重因素的作用下，获得言说的正确性、客观性和普遍性的，具有"中国化"的特殊历程。

　　文化产业的发生不是一个孤立的偶然事件，而是一个时代多重因素复杂交织运动的结果。这些因素的作用及相互关系可以简单地表述如下：文化需要是内核，都市环境是土壤，技术和资本是基本动力，政治则是调节工具。具体来说，人类的审美性情、游戏冲动、符号占有和知识获取是文化产业发生的人性基础。文化生产决定文化需要的对象、方式和动力，文化需要的异化加剧了文化的产业化进程。都市导致了人口、财富和时间集聚，为文化产业的发生提供了土壤，而都市的可持续发展也需要文化产业参与其中，二者产生了积极的互动。文化产业发生在现代技术起支配作用的时代，也发生在人类对技术进行自我反思的时代，前者是一个客观事实，后者则是一种主观意志。资本向文化领域的渗透为现代文化市场的萌芽提供了经济条件，它一方面源于资本的增殖本性，另一方面源于文化生产的物质性联系。文化产业适应了文化政治转型的需要，其意识形态属性决定了它作为政治权力对抗的一种工具发挥作用，对内维护统治阶级利益，对外保护国家文化安全。

　　文化产业没有一个绝对的开端和起点。它是"外力产物"和"自身发明"的综合，是人类文化生产和文化经济活动"进化"到一定阶段的产物，并且仍处于不断发展的过程当中。文化产业的本质，是人性中文化需要的现代性延伸，它包含了一个时代有关都市、技术、资本和政治的一系列复杂跃迁。文化产业乃时势使然，不以人的意志为转移，但是它满足人性文化需要的典型内涵则是恒定的、历久弥坚的。

关键词：文化产业；发生学；观念变迁；人性需要；都市空间；媒介技术；资本渗透；文化政治

Abstract

The study of cultural industries has presented three paradigms, including interpretation, culture and economy, involving three major topics respectively namely explanation, evaluation and development of the cultural industries. From the standpoint of the paradigm of interpretation, is it possible to create a new interpretation of the cultural industries? This is the starting point of this book.

On the whole, this book discussed questions of how cultural industries take place from a perspective of genetic theory. This research constructed a set of explanatory models for cultural industries based on a genetic perspective by elaborating theories in relation to history and combining these two. Chapter 1 and chapter 2 separately sorted out the historical line of the concept of cultural industries in the West and China. Chapter 3 to chapter 7 separately explained the dynamic mechanism of the cultural industries in five dimensions: "human nature", "urban environment", "technological system", "business logic", and "political intention", and systematically outlined the origin, nature and occurrence laws of cultural industries, and established a basic occurrence theory of cultural industries.

The occurrence and evolution of cultural industries' concepts revealed a range of important and consistent milestones that people have responded the changes during the course of social, economic, political, and cultural life. It constitutes a tightly structured organism in a particular historical period and that society corresponding to it. Fundamentally, the concept of cultural industries is the result of flourishing development of cultural industries itself, reflecting the process of people constantly adapting to the new forms of cultural industries and endowing it with new connotations. It germinated from the denouncement of "mechanical civilization" by Western elite intellectuals in the 19th century, initiated from the criticism of culture industry by the Frankfurt School in the 20th century, and matured in the cultural and economic practices in the late 20th century and early 21st century. China's concept of the occurrence and establishment of cultural industries has its own historical background and social context. Exerted by the influence of multiple factors such as cultural transformation, research expansion, and system reform, it has gained correctness, objectivity and universality of discourse, with a special course of "sinicization".

The occurrence of the cultural industries is not an isolated coincidence, but a result of a complex interweaving movement of multiple factors in an era. The role and interrelationship of these factors can be briefly expressed as follows: cultural needs are the core, the urban environment is the soil, technology and capital are basic driving forces, and politics is a tool of regulation. Specifically, human's aesthetic disposition, game impulse, symbol possession and knowledge acquisition are the humanity basis of the cultural industries. Cultural production determines cultural needs' target, method, and dynamism, and the differentiation of cultural needs intensifies the process of cultural industrialization. Urbanization has led to agglomeration of population, wealth and time, and provided soil for the occurrence of cultural industries. The sustainable development of cities also requires participation of cultural industries, and the two have had a positive resonance. The cultural industries occurred in an era when modern technology played a dominant role, and also in the era when human beings self-reflected on technology. The former is an objective reality, while the latter is a subjective will. The infiltration of capital into cultural field provides economic prerequisites for the germination of the modern cultural market. On the one hand, it is driven by the proliferation nature of capital, and on the other hand, it stems from the material connection of cultural production. The cultural industries have adapted to the needs of cultural-political transition, and its ideological attributes determine its role as a tool for political power confrontation, maintaining the interests of the ruling class internally and protecting national cultural security externally.

The cultural industries do not have a fixed beginning or starting point in history. It is a synthesis circumstance of external force and self-invention, and the product of cultural production and economic activities evolving to a certain stage. In addition, this will still be an ongoing process of continuous development. The essence of cultural industries is the modernity extension of cultural needs in human nature. It includes a series of complex transitions and elevation in an era relating to metropolis, technology, capital and politics. The cultural industries are the result of the culture development in history, and its typical connotation to meet the cultural needs of humanity is constant and lasting.

Key Words: cultural industries; genetic method; concept evolution; human need; urban space; media technology; capital infiltration; cultural politics

前　　言

　　这是一本关于文化产业的理论专著，探讨的是文化产业如何发生和为何发生的问题。或者说，本书是以发生学的视角，尝试帮助读者获取理解文化产业，掌握文化产业发生发展规律的一种途径。我们相信，文化产业是一个历史现象，它发生的过程只有当它在相当长的历史时期中自我形成的时候才能考察，它是"外力产物"和"自身发明"的综合。若非如此看待文化产业，就不可能真正理解文化产业。

　　言之"发生"，实际上含义颇多，它不仅仅是一个时间的概念。杜甫的《春夜喜雨》有言，"好雨知时节，当春乃发生"，意思是好雨似乎会挑选时节，降临在万物萌生之春。"随风潜入夜，润物细无声"则是说，那雨是伴随春风而来的细雨，不造声势，夜晚静静地下着，在不经意间施予万物。雨水时节是非常美妙的，因为它复苏了大地，但春风也不容小觑，它是冰雪消融、幻化为雨的"功臣"。我们不妨作个简单比喻，把文化产业看作滋润和慰藉芸芸众生心灵的那场"及时雨"吧。如果要问它是几时几分下的，我很难给出一个确切的答案，它的到来就像某个初春，是清晰的，又是模糊的。它悄无声息地开始，到来后又能让人明显地察觉到。我不想过多纠结于"时节"，是因为"春风"更令人着迷：它究竟是什么样的风？它从何而来，又怎样影响了雨的方向？不消说，我更关心的不是"时节"，而是"时势"。因为"时节"虽然难有定论，但我们仍然知道个大概，而想探究"时势"则不那么容易，由此赋予了追问它的独特意义。因此，笔者不得不一开始就要作一个说明，本书的书名为《文化产业发生论》，但实际内容是有所侧重的。

可是仅仅描述这"春风"，也不是那么简单的。它无形、无声、无色、无味，我们需要借助什么才能形容它？好比"花落"才知"夜来风雨"，"细叶"才晓"二月春风"，这么一来，本书的工作无异于拾掇拾掇一些花花叶叶，然后分门别类地进行整理，摆出个模样来。但花花叶叶的名目如此繁多，又怎可能穷尽呢？笔者也不过是挑选了一些学界公认的若干问题为结构，组织大体相关的重要材料或重要观点，将那些人们熟悉的、具有普遍性的理论加以再现、演绎，为我所用，希望尽可能地为大家描述这"春风"的形、声、色、味罢了。

当前，中国学界活跃着一批致力于推动文化产业学科建设的高校、科研机构和学者，他们开疆辟土，立足前沿，紧跟时代步伐，在文化产业专业建设、学术研究、人才培养、教材编写等方面做出了卓越的开创性工作，初步建立了这一新兴交叉学科建设的长效机制。但是，也如大家所察觉到的，文化产业及其研究的快速发展并不能掩盖一些基础性问题。从知识性建构来看，有关文化产业的研究对象、研究方法、研究范式等已有不少方案构想被提出。但从体制化建构来看，文化产业领域还没有形成统一的专业标准、专业规范和相对独立的学术共同体，这多少影响了这一研究领域的话语权问题。与很多成熟的学科相比，文化产业研究更像一个处于青春期的少年。他叛逆，有时不为人所接受；他稚嫩，没有太多的经验；他迷茫，不知道往哪个方向去。但笔者以为，或许正是这种少年般的青春气息以及未来的不确定性，构成了文化产业研究的特殊学术魅力和学术生命力。这难道不也是一种期许吗？

因此，本书的写作，也希望在以下几个方面作出一些新的尝试和努力。

一是理论的建构。关于加强文化产业理论研究，是一个老调重弹的话题，但真正未见得多少人在做。这导致一些人认为文化产业研究不是严肃的学术，被许多自诩严肃学术刊物拒之门外，这不得不说是一种偏见。[①] 文化产业的研究，大致可以划分为具体门类的横向研究和基本理论的纵向研究，前者是一种个别性研究，注重归纳文化产业运动的一般规律和一般特征；后者是一种通论性研究，重视文化产业理论的分析模型、理论框架和核心命题。文化产业理论研究是关于这个领域的通论性研究，而不是关于这个领域的个别性研究。因此，它必须把文化产业具体领域带有共性的东西抽象出来，既要打通"下位概念"的产业门类，又有别于各个门类的分支研究，具有一般性、系统性、综合性和宏观性。当前，中国文化产业形态的迅速发育并未同时有效地带动关于文化产业的理论研究，反而催生了"对策性""快餐式"的研究，强调"有用""时效"，而基于理论的学术探讨是相对缺乏的。就本书而言，对文化产业进行发生学的追问，显然倾向于纵向的、通论性研究，是对文化产业"是什么"和"如何是"这一"元问题"的回答，对构建文化产业知识体系具有积极作用。

二是方法论的更新。在"新文科"背景下，文化产业学作为一种交叉学科，原则上可以借鉴任何相关学科的研究方法。不得不说，这种跨界属性，给文化产业研究带来了极大的弹性和可塑性，让我们看到了文化产业学的诸多面向。由于不同学科介入时所关心的问题是很不一样的，其呈现的结论也是非常多元的。但就文化产业的通论性研究而言，目前还存在研究视角不够多样、研究视野较为狭窄的问题。传统的文化产业研究方法主要是归纳、统计、分析和总结，描述性研究有余，而在解释和探索上存在不足。本书选用的发生学视角虽然不是非要不可的，但引入这种方法可以使上述方法论体系得到更新。我们认为，这种思维会给文化产业研究带来两个明

[①] 笔者曾遇到一位青年学者的文章遭到杂志社退稿，退稿原因一栏对文章内容只字不提，只是赫然写着（用红色字体突出）："我刊为严肃学术刊物，向来不发表文化产业类论文，建议改投他刊。"

显的影响：第一，让我们更加关注文化产业的历史形态，并把文化产业作为一个整体、连续的过程进行研究，而不是用时间和区域的划分来人为割裂文化产业内在的发展规律。文化产业的不同阶段与各自的社会条件紧密联系，这些要用发生学方法才能解释清楚。第二，让我们在看待文化产业的发生时有更多的思考视角，即从综合因素入手，而不以单一因素为研究对象，从而避免了某种"决定论"的倾向。

三是学科的建设。如果从 2004 年在少数高校试点的目录外专业——文化产业管理专业[①]开始算起，加上前期的试验阶段，中国的文化产业学科建设前后也有近 20 年的时间。这 20 年间，开设文化产业管理本科的高校已逾 200 所，有关为"文化产业学"正名的声音起起伏伏，忽冷忽热，并不是一件好事。一种观点认为，文化产业研究的当务之急是要尽快形成一级学科或二级学科，但它归属于哪一学科门类，还存在不同的意见，较为主流的观点有艺术学[②]、管理学、经济学等。也有学者倡议可将其置于新设立的第 14 个学科门类"交叉学科"之下。[③] 另一种观点则强调文化产业研究具有反学科性和反体制性，它不是严格意义上的学科，而是相关论域的松散集合。在我看来，文化产业成学的真正难点不在于"名分之争"，而在于缺乏支撑其成为一门独立学科的理论体系，因此，当务之急是

---

① 为应对文化体制改革对文化事业管理人才提出的新要求，1993 年，"艺术类"（专业代码：0504）一级学科下开设"文化艺术事业管理"（专业代码：050442）专业。1998 年，"文化艺术事业管理"并入"公共管理类"（专业代码：1103）一级学科下的"公共事业管理"（专业代码：110302）专业。2004 年，教育部批准少数高校试点目录外专业——文化产业管理（专业代码：110310S）专业。2012 年，工商管理类（专业代码：1202）一级学科下开设文化产业管理（专业代码：120210）专业，并注明"可授管理学或艺术学学士学位"。

② 笔者曾撰写《艺术学理论与文化产业的学科互渗现象刍议》（《民族艺术研究》2020 年第 5 期）一文，探讨了在中国语境下艺术学理论学科介入文化产业的特殊现象。

③ 据统计，截至 2020 年，全国已有 30 余个学位授予单位将文化产业相关方向列为自主设置的二级学科或交叉学科，并在教育部备案。

要尽快形成一批具有标志性的理论成果，需要对文化产业的基本问题特别是历史发生、本质规律进行廓清。换言之，应当先建"大厦"，再筑"城墙"。当"大厦"数量达到一定规模，修筑"城墙"才有必要，也顺理成章。而且，在"大厦"的前期建设过程中，我们还可以从其他学科借一些"砖瓦"，以弥补材料和方法上的掣肘。本书作为一种理论上的探索，希望能够为这一学科的建设添砖加瓦，逐渐扭转学界对文化产业知识性的怀疑态度。

四是实践的指导。实践是理论的来源，是理论发展的根本动力，但反过来理论对实践具有能动的反作用，可用于指导实践，推动实践的发展。马克思说过："理论一经掌握群众，也会变成物质力量。理论只要说服人，就能掌握群众；而理论只要彻底，就能说服人。所谓彻底，就是抓住事物的根本。"那么，对文化产业作发生学意义上的探索，是否意味着它能发挥类似的作用呢？人类的文化实践活动总是连续性地存在于历史之中，未来发展总能从历史发生中找到前进的动力，因此发生是发展的题中之义。研究文化产业的发生问题，既是对实践的梳理和归纳，也能对实践产生具有指导性的实际应用价值。实践的经验与理论的知识应该是相互验证、相互参照的。表面上看，文化产业的理论成果似乎对指导文化产业实践没有直接的意义，文化产业从业者和管理者在没有历史眼光、理论兴趣、批评自觉，也不需要这些训练的前提下仍然能够经营好文化企业。理论越是有概括力、越抽象，对于实践的意义就显得越苍白无力。但是我们相信，对文化产业的理论阐发一定能够在某种程度上刺激文化产业从业者或政策制定者的决策。因此，本书通过全面审视文化产业的发生并由此获得助力文化产业发展的知识支撑，希望能够为那些"知其然"的产业操纵者和政策制定者提供"知其所以然"的背景参考方案。

东岸绿荫少，杨柳更须栽。本书可能还有很多疏漏不当之处，但笔者仍然希望将这块"引玉之砖"抛出去，为中国的文化产业研究注入一丝新意。敬请读者批评赐教！

目 录

导论 范式、方法、概念与分析框架 …………………………（1）
    一 文化产业研究的三种范式 ………………………………（3）
    二 从发生学视角切入 ………………………………………（8）
    三 文化产业的概念 …………………………………………（17）
    四 本书的分析框架 …………………………………………（28）

第一章 思想源流：西方文化产业的观念变迁 ………………（33）
  第一节 从"大众文化"中剥离的"文化工业" ………………（36）
    一 社会转型的焦虑与大众时代的到来 ……………………（40）
    二 法兰克福学派与大众文化批判 …………………………（46）
    三 "文化工业"的主要思想及其渊源 ……………………（52）
  第二节 文化研究的贡献与"文化工业"再思考 ……………（56）
    一 大众文化的观念转向 ……………………………………（57）
    二 西方学界对"文化工业"的反思 ………………………（61）
  第三节 文化产业：因繁荣而发生的观念 ……………………（68）
    一 作为复数的"文化产业"观念 …………………………（69）
    二 文化经济研究的开展 ……………………………………（71）
    三 从"创意产业"到"创意经济" ………………………（75）

第二章 理论旅行：中国文化产业观念的发生 ………………（83）
  第一节 中国大众文化兴起的特殊语境 ………………………（84）

第二节　西方批判理论的引入及其追随者……………………（93）
　第三节　中国文化产业观念的"合法性"依据………………（103）
　　一　文化转型……………………………………………（106）
　　二　研究拓展……………………………………………（109）
　　三　体制改革……………………………………………（118）

第三章　文化需要：文化产业发生的人性基础………………（123）
　第一节　文化需要与文化生产的内在逻辑……………………（127）
　　一　人的需要是人性的重要组成部分…………………（127）
　　二　需要的层次与文化需要的特殊性…………………（132）
　　三　文化生产与文化需要的辩证关系…………………（138）
　第二节　文化需要的原始表征及其现代延伸…………………（142）
　　一　审美性情……………………………………………（143）
　　二　游戏冲动……………………………………………（149）
　　三　符号占有……………………………………………（154）
　　四　知识获取……………………………………………（159）
　第三节　文化需要的异化与理性回归…………………………（162）
　　一　消费社会与异化需要………………………………（163）
　　二　文化需要的异化特征………………………………（167）
　　三　健全社会需要的文化………………………………（170）

第四章　空间集聚：文化产业发生的都市环境………………（175）
　第一节　都市空间与文化产业要素的集聚……………………（177）
　　一　人口集聚：作为产业基础的大众…………………（178）
　　二　财富集聚：丰盛背后的欲望生产…………………（183）
　　三　时间集聚：工作与闲暇一分为二…………………（187）
　第二节　都市人群的文化困境与消解途径……………………（193）
　　一　都市生存与都市人群的心理症候…………………（194）
　　二　都市人群的精神焦虑与文化困境…………………（201）
　　三　都市文化产业的文化解困功能……………………（205）

第三节　都市发展与文化产业的互动关系 （212）
　　一　"后工业化时代"都市转型之困 （213）
　　二　都市复兴中的文化力量凸显 （217）
　　三　文化产业与都市可持续发展 （225）

第五章　媒介融合：文化产业发生的技术体系 （230）
第一节　文化生产与技术进步的三种辩证关系 （232）
　　一　同一性关系：文化与技术一体 （233）
　　二　弱依赖关系：文化起支配作用 （236）
　　三　强依赖关系：技术起支配作用 （239）
第二节　现代媒介：文化生产变革的主导技术 （244）
　　一　"批量化"的文化生产 （247）
　　二　"跨时空"的文化呈现 （253）
　　三　"智能化"的文化装置 （259）
第三节　从技术的人文本质看文化产业的发生 （266）
　　一　观念的互动：技术的人文本质 （266）
　　二　异化的力量：技术理性的膨胀 （269）
　　三　救赎的尝试：文化与技术融合 （272）

第六章　资本扩张：文化产业发生的商业逻辑 （278）
第一节　文化经济的起源与历史变迁 （280）
　　一　社会分工与文化私有财产的交换 （281）
　　二　供养与恩主制主导下的文化生产 （286）
　　三　现代文化市场与文化产业的萌芽 （291）
第二节　资本介入文化生产的耦合关系 （296）
　　一　资本寻求新增殖空间的本质 （298）
　　二　资本向文化领域渗透的原因 （303）
　　三　资本与文化生产的耦合机制 （311）
第三节　文化产业中的"物质幽灵" （315）
　　一　文化产业的"物质性" （316）

二　物质经济决定文化经济 …………………………………… （319）
　　　三　"准免费"的商业逻辑 …………………………………… （322）

第七章　权力对抗：文化产业发生的政治意图 ……………… （327）
第一节　国家权力、意识形态与文化产业 ……………………… （329）
　　　一　国家权力与意识形态的关系 …………………………… （330）
　　　二　文化产业的意识形态属性 ……………………………… （335）
　　　三　作为权力对抗的文化产业 ……………………………… （341）
第二节　内部对抗：文化政治的三种形式 ……………………… （346）
　　　一　文化专制：一种集权主义文化统治 …………………… （347）
　　　二　文化领导：从文化压迫到文化争夺 …………………… （350）
　　　三　文化治理：文化政治转型的新模式 …………………… （354）
第三节　外部对抗：全球化时代的文化战争 …………………… （358）
　　　一　全球化时代与国际竞争的新局面 ……………………… （359）
　　　二　文化软实力与国家意识形态安全 ……………………… （365）
　　　三　21世纪发展文化产业的政治意义 ……………………… （369）

结语　理解文化产业 …………………………………………… （374）
　　　一　理解文化产业的观念及其发生 ………………………… （378）
　　　二　理解文化产业发生的复杂因素 ………………………… （380）
　　　三　理解文化产业的历史、现在与未来 …………………… （386）

参考文献 ………………………………………………………… （390）

索　引 …………………………………………………………… （417）

后　记 …………………………………………………………… （423）

Contents

Introduction Paradigm, Method, Concept and Analytical Framework ········· (1)
  1. Three Paradigms of Cultural Industries Study ············· (3)
  2. A Genetic Perspective ········· (8)
  3. Introducing the Concept of Cultural Industries ············ (17)
  4. The Analytical Framework ········· (28)

Chapter 1 Source of Thought: Evolution of the "Cultural Industries" in Western ········· (33)
  Section 1 "Cultural Industry" Stripping from "Mass Culture" ········· (36)
    1. Anxiety of Social Transformation and the Approaching Era of Mass Times ········· (40)
    2. Frankfurt School and Criticism of Mass Culture ··········· (46)
    3. Main Ideas and Origin of "Culture Industry" ············· (52)
  Section 2 Culture Industry and Contribution of Cultural Studies Revisit ········· (56)
    1. Concept Changes of Popular Culture ············· (57)
    2. Reflection on "Culture Industries" in the West ··········· (61)
  Section 3 Cultural Industries: The Result of Prosperity ········ (68)

1. The Concept of "Cultural Industries" as a Plural ……… (69)
　　2. Research on Cultural Economy ……………………… (71)
　　3. From "Creative Industries" to "Creative Economy" …… (75)

Chapter 2　Theories Travel: Genesis of the "Cultural Industries" in China ……………………… (83)
　Section 1　The Special Context of the Rise of Chinese Mass Culture ………………………………… (84)
　Section 2　Introduction of Western Critical Theory and Its Followers ……………………………… (93)
　Section 3　The "Legitimacy Basis" of the Concept of "Cultural Industries" in China ……………… (103)
　　1. Cultural Transformation ………………………… (106)
　　2. Research Expansion ……………………………… (109)
　　3. System Reform …………………………………… (118)

Chapter 3　Cultural Needs: The Human Nature Foundation of Cultural Industries ……………… (123)
　Section 1　Intrinsic Logic of Cultural Needs and Cultural Production ………………………………… (127)
　　1. Human Needs are an Important Part of Human Nature ………………………………………… (127)
　　2. The Stratification of Needs and the Particularity of Cultural Needs ………………………… (132)
　　3. Dialectical Relationship between Cultural Needs and Cultural Production ………………… (138)
　Section 2　The Original Representation of Cultural Needs and Its Modern Extension …………… (142)

1. Aesthetic Temperament ……………………………… (143)
  2. Game Impulse ……………………………………… (149)
  3. Symbol Possession ………………………………… (154)
  4. Knowledge Acquisition …………………………… (159)
  Section 3 Alienation and Rational Return of Cultural
             Needs ……………………………………………… (162)
  1. Consumer Society and Alienation Needs ………… (163)
  2. Alienation Characteristics of Cultural Needs ……… (167)
  3. Culture Needed for Civil Society ………………… (170)

Chapter 4 Spatial Agglomeration: Urban Environment
           of Cultural Industries …………………………… (175)
  Section 1 Urban Space and Agglomeration of Cultural
             Industries Elements …………………………… (177)
  1. Population Agglomeration: The Public as the Industrial
     Foundation ………………………………………… (178)
  2. Wealth Agglomeration: Desire Production behind
     Prosperity ………………………………………… (183)
  3. Time Agglomeration: Work and Leisure are
     Separated ………………………………………… (187)
  Section 2 Cultural Perplexity of Urban Population
             and Solutions …………………………………… (193)
  1. Urban Survival and Psychological Symptoms of
     Urban Population ………………………………… (194)
  2. Mental Anxiety and Cultural Perplexity of Urban
     Population ………………………………………… (201)
  3. Cultural Relief Function of Urban Cultural Industries … (205)
  Section 3 Interaction between Urban Development and
             Cultural Industries ……………………………… (212)

1. The Perplexity of Urban Transformation in "Post-industrial Era" ……………………………………… (213)
2. The Emergence of Cultural Power in Urban Renaissance ……………………………………………… (217)
3. Cultural Industries and Urban Sustainable Development ………………………………………………… (225)

Chapter 5 Media Convergence: Technological System of Cultural Industry ……………………………… (230)

Section 1 Three Dialectical Relations between Cultural Production and Technological Progress …………… (232)
1. Identity Relations: Integration of Culture and Technology ………………………………………………… (233)
2. Weak Dependency: Culture Dominates Technology …… (236)
3. Strong Dependency: Technology Dominates Culture …… (239)

Section 2 Modern Media: Leading Technology of Cultural Production Change ………………………………… (244)
1. Mass Cultural Production ………………………………… (247)
2. Cultural Presentation of Cross-time-and-space ………… (253)
3. Smart Cultural Device …………………………………… (259)

Section 3 A View of the Occurrence of Cultural Industries from the Humanistic Nature of Technology ……… (266)
1. Interaction of Ideas: Humanistic Nature of Technology ……………………………………………… (266)
2. Power of Alienation: Expansion of Technological Rationality ………………………………………………… (269)
3. Attempt of Redemption: Integration of Culture and Technology ………………………………………………… (272)

**Chapter 6　Capital Expansion: Business Logic of
　　　　　　Cultural Industries** ……………………………… (278)

　Section 1　The Origin and Historical Change of Cultural
　　　　　　Economy ……………………………………… (280)
　　1. Social Division of Labor and Exchange of Cultural Private
　　　Property …………………………………………………… (281)
　　2. Cultural Production under the Guidance of Client and
　　　Patron ……………………………………………………… (286)
　　3. Modern Cultural Market and the Germination of Cultural
　　　Industries ………………………………………………… (291)
　Section 2　Coupling of Capital Inflows and Cultural
　　　　　　Production …………………………………… (296)
　　1. Capital's Nature of Seeking New Proliferation Space …… (298)
　　2. Rationable for Capital's Infiltration into Culture ………… (303)
　　3. Coupling Mechanism of Capital and Cultural
　　　Production ………………………………………………… (311)
　Section 3　The "Material Ghost" in Cultural Industries ……… (315)
　　1. Materiality of Cultural Industries ……………………… (316)
　　2. Material Economy Decides Cultural Economy …………… (319)
　　3. Business Logic of "Quasi-free" ………………………… (322)

**Chapter 7　Power Confrontation: Political Intention of
　　　　　　Cultural Industry** ……………………………… (327)
　Section 1　State Power, Ideology and Cultural Industry …… (329)
　　1. The Relationship between State Power and Ideology …… (330)
　　2. The Ideological Attribute of Cultural Industries ………… (335)
　　3. Cultural Industries as Power Confrontation ……………… (341)
　Section 2　Internal Confrontation: Three Forms of Cultural
　　　　　　Politics ……………………………………………… (346)

1. Cultural Autocracy: A Cultural Rule of
      Centralization ·· (347)
   2. Cultural Leadership: From Cultural Repression to
      Cultural Competition ······································ (350)
   3. Cultural Governance: A New Model of Cultural Politics
      Transition ··· (354)
   Section 3   External Confrontation: Cultural War in the
               Era of Globalization ······························ (358)
   1. Globalization and New Situation of International
      Competition ··· (359)
   2. Cultural Soft Power and National Ideology Security ······ (365)
   3. The Political Significance of Developing Cultural Industry
      in the 21st Century ······································· (369)

Conclusion   Understanding Cultural Industries ················ (374)
   1. Understanding the Concept and Occurrence of
      Cultural Industries ·· (378)
   2. Understanding Complex Factors of Cultural Industries ··· (380)
   3. Understanding the History, Present and Future of
      Cultural Industries ·· (386)

References ··· (390)

Indexes ·· (417)

Afterword ·· (423)

导　　论
范式、方法、概念与分析框架

　　以货币形式为完成形态的价值形式，是极无内容和极其简单的。然而，两千多年来人类智慧对这种形式进行探讨的努力，并未得到什么结果，而对更有内容和更复杂的形式的分析，却至少已接近于成功。为什么会这样呢？因为已经发育的身体比身体的细胞容易研究些。

　　　　　　　　　　　　　　——［德］卡尔·马克思《资本论》

　　20 世纪中叶，作为"西方马克思主义"（Western Marxism）重要流派之一的法兰克福学派的灵魂人物马克斯·霍克海默（Max Horkheimer）和西奥多·阿多诺（Theodor Adorno）在受到德国纳粹政权迫害流亡美国后，曾如此描述他们所体会到的文化场景：

　　　　文化工业（culture industry）[①] 的产品到处都被使用，甚

---

　　① 本书中使用的"文化工业"和"文化产业"两个概念从广义上来说指同一类事物，之所以作词汇上的区分，一方面在于不同学派或论者在言说语境上存在不同的态度倾向（这也表示两个概念之间存在细微的差异），另一方面可以帮助读者更好地从观念上理解二者之间的关系。一般来说，涉及法兰克福学派批判理论或带有批判性质的，本书使用"文化工业"一词；涉及当代经济语境或具有积极意义的，本书使用"文化产业"一词。尽管有学者指出，法兰克福学派提出的"culture industry"也具有"产业"的性质（国内也有学者翻译为"文化产业"），但由于法兰克福学派无意强调"文化工业"的经济意义及其生产过程，而更多指向哲学意义上的文化批判，因此本书依旧遵循了学界传统，将单数的"culture industry"译为"文化工业"，以区别于作为产业部门的复数的"文化产业"（cultural industries）。在此予以说明，以下不再赘述。

至在娱乐消遣的状况下，也会被灵活地消费。但是文化工业的每一个产品，都是经济上巨大机器的一个标本，所有的人从一开始，在工作时，在休息时，只要他还进行呼吸，他就离不开这些产品。没有一个人能不看有声电影，没有一个人能不收听无线电广播，社会上所有的人都接受文化工业品的影响。①

半个多世纪后，类似场景早已越过欧美国家的地理界限，变成有目共睹的全球潮流。世界绝大多数国家以巨大的热情或先或后地接受了"文化工业"的洗礼，"文化工业论"所痛斥的现象有增无减，愈演愈烈，反而呈现出比以往任何时候还要繁荣的景象。有所不同的是，一些在过去看起来十分潮流的文化技术在今天也变得落伍了。胶片相机、留声机、黑胶唱片、黑白电视机、数码游戏机、随身听、磁带机、MP3播放器等都成了精致的"老古董""留念品"和"装饰物"；而一些较高级的文化娱乐终端，如智能手机、平板电脑、电子书阅读器、智能手表、无人机、VR穿戴设备等智能硬件，和新式文化娱乐样式如手游、网文、动漫、直播、短视频、文化软件（APP）、虚拟现实、人工智能等数字业态，正日益改变着人类文化生活的面貌。

如今，文化产业对于人类生活的影响，可以简单地用我们在文化产品和服务上花费的时间来计算。我们每天都灵活地使用手机和电脑，触控、键盘和鼠标点击转化为"流量"参与图片、文字、声音、影像、游戏的生产和消费，而随处可见的广告、弹窗、超链接穿插在内容和页面之间。我们借助互联网乐此不疲地谈论和分享着各类"文本"，把一切新鲜事物和热门新闻推向娱乐化。我们更加频繁地走进电影院或在网上观看最新上映的影片和电视节目，或是在

---

① ［德］马克斯·霍克海默、西奥多·阿多诺：《启蒙辩证法：哲学断片》，渠敬东、曹卫东译，上海人民出版社2003年版，第118页。

网络社区、微博、朋友圈谈论着时下的热门文化现象。随着互联网和移动支付进一步发展成熟，"数字原住民"和年轻一代网民愿意为"版权"和"知识"付费这一观念的转变也大大促进了数字内容产业的发展。如果你想听到优质的数字音乐或避免广告的干扰，必须付费开通VIP会员。在一些视频网站，最新或最全的综艺节目和网络电影也只对付费用户开放。网络和手机游戏则更不必说，道具、装备、皮肤和游戏币的交易，让它已然成为现金流水最丰沛的文化行业之一。而网络小说、图片素材、设计模板这些以往被"免费"使用、饱受盗版侵权的互联网资源也在立法的保护下打上了价格标签。如果你想得到更具专业性的知识供给和内容推荐，付费听课和付费阅读也是个不错的选择。自媒体和直播时代的到来，让每一个人都获得了表达的权利，以及被关注、订阅和打赏的机会。数字工具的低门槛，打破了专业化的文化生产，让人人都可以成为艺术家、导演、歌手、记者和作家。

不仅如此，生活在信息时代，任何一个消费者在任何时候都可以坐拥全球文化产业的成果，美国好莱坞的电影、英国的流行音乐、日本的游戏动漫、韩国的电视综艺都可以随时随地被消费。这些过去受城市支配的资源，可以通过快速运输、机器复制、电子传输、无线网络分发到全球各个角落，甚至一些偏远的乡村也深受影响。时间和空间已经被折叠和重构，世界平坦得一览无余。公路边的一个小饭店加上它的电视、报纸、杂志和无线网络，就可以和纽约、伦敦、巴黎、东京一样，具有"天下共此时"的国际性……这些新的文化现象都不约而同地进入学术界的视野。

一 文化产业研究的三种范式

进入21世纪以来，世界文化产业实践加速改变着人类文化生活的面貌，并在经济、社会、政治和思想领域持续发挥作用，引起社会各界的热议和广泛关注，这使得文化产业研究在全球越来越成为一门前沿学科。从20世纪40年代影响深远的德国法兰克福学派的"文化工业"理论，到60年代以英国伯明翰学派为代表的文化研究；从20世纪末英国、澳大利亚、加拿大等国家学者提出的"创意产业"和"创意经济"理论，再到近年来在世界各国开展的文化经济研究，有关文化产业的讨论和对话渐成规模和体系，形成了不少优秀的研究成果。尽管这些不同学派、学者选择切入的角度、立场、态度不一，但不得不说文化产业已经进入了全球学者的视野。文化产业的发展繁荣带动了文化产业研究的勃兴，这是过去一个多世纪以来作为"现象级"文化产业成倍增长的事实观照，也是千百年来知识界追逐新事物、评价新事物的本能结果，它表明各国文化及其相关产业的研究和发展都步入了"自觉时代"。当一门学问走向"自觉"的时候，它必将获得一种独立的学科范式和科学精神，这种理论上的探索，为文化产业研究的多重视野开拓提供了空间。然而，诚如英国学者贾斯汀·奥康诺（Justin O'Connor）所说，文化产业是一种文化产品的生产机制，是一系列的"艺术世界"，是一个复杂的艺术、商业和技术实践的混合物。[①] 如果把这个"混合物"分开来，我们会发现文化产业的触角极为繁密，以至于没有一个学科容得下它。

文化产业研究的复杂性来自文化产业本身界定上的难度，它涉及的两个维度——"文化的"和"经济的"——既存在历史观念上的互斥性，在当下又表现出极为庞大的学科交织网络。因此，"文化"与"产业"的结合绝非简单文字游戏上的加法。它们更像一块磁铁的正负两极，相互依存却又保持各自的独立性，而环绕其中的"磁场"，正是由"文化"与"产业"相互作用产生的一系列错综复

[①] ［英］贾斯汀·奥康诺：《艺术与创意产业》，王斌、张良丛译，中央编译出版社2013年版，第106页。

杂的关系。这些关系的盘根错节导致研究者习惯从各自的立场及擅用的理论方法进行切入和解读，由此形成了一个跨学科、多层次、综合性的文化产业研究体系。这些研究所要追问的问题林林总总，归纳起来无非有三个：

第一，作为一个新的学术概念，我们要知道它"从哪里来，到哪里去"，要围绕"文化产业是什么"的问题作出合理的解释。这些命题涵盖了如何界定文化产业、探索文化产业的本质、描述文化产业的历史、梳理文化产业的理论源流、对文化产业实践进行理论归纳等。简而言之，我们既要承认文化产业的客观存在，还要论证文化产业作为一个独立概念和研究对象的必要性。

第二，作为一个被"文化"限定的产业概念，我们还要对这个"限定词"进行理性的评价。因为无论是理论还是实操、内容还是形式层面，文化产业研究都不可能绕开"文化"这一范畴，它是形成文化产业"家族相似"（family resemblances）[①]的本质属性，同时也是造成价值判断差异的根源。文化产业的评价性乃至批判性研究是这一领域永恒的话题之一。

第三，由于文化产业具有一般产业的共性，如追逐经济利润、依赖技术进步、呈现规模化生产、创造财富和就业、满足大众需求等，"如何发展文化产业"逐渐上升为文化经济和文化政策研究的第一"要义"和"信仰"。例如对文化资源与文化遗产的价值评估、统计标准与商业模式的构建、创意管理与文化治理的优化、文化产业投融资和政策分析、国外经验介绍和案例研究等等。

基于以上分析，文化产业研究大致也形成了三种不同的"范

[①] 英国哲学家维特根斯坦（Ludwig Josef Johann Wittgenstein）认为，"家族相似"是一个由相互交叉重叠的相似关系组成的复杂网络；有时在总体上相似，有时在细节上相似。家庭成员之间的各种相似之处，如身材、相貌、眼睛的颜色、步姿、性情等，也以同样的方式相互重叠交叉。参见［英］路德维希·维特根斯坦《哲学研究》，蔡远译，中国社会科学出版社2009年版，第47页。

式"①："释义范式""文化范式"和"经济范式"。"释义范式"是文化产业的解释体系，包含了对文化产业概念、范畴、本质、类型、历史、规律、学科的一系列探索，其目的在于给予文化产业以"合法性"与"科学性"的身份确认。"文化范式"是文化产业的评价体系，包含了如何看待文化产业中的技术伦理问题、价值观念问题、意识形态问题、艺术审美问题、传播媒介问题、社会效益问题等，侧重文化产业中的符号、文本、受众分析，其目的在于对文化产业进行价值上的评判，发挥文化纠偏功能。"经济范式"是文化产业的发展体系，包含了推动文化产业发展的政策法规、体制机制、商业模式、人才培养等对策路径研究，其目的在于总结文化产业发展的现状、规律与特征，对其未来发展进行评估和预测。可以说，自文化产业作为研究对象进入学术视野以来，其研究涵盖范围极为广泛，但总结起来无非这三个问题或这三个问题的延伸，其各自对应的核心议题分别是"如何解释文化产业""如何评价文化产业"和"如何发展文化产业"。其中"如何解释"带有中立的色彩，"如何评价"倾向于批评的视角，"如何发展"则从积极的方面进行考量。

那么，这三种范式的研究现状又如何呢？

首先，"如何发展文化产业"无疑是目前学界最为热门和最受关注的焦点，因为有关文化产业的观念论争基本尘埃落定，文化与国民经济和社会发展的关系日益紧密，文化经济彰显的综合效益以及发展中出现的各种难题都需要学界作出回应。在国家和地方政府的

---

① 本书提出的"三种范式"可进一步参考蒋述卓、宗祖盼《文化产业研究范式的嬗变及其启示》一文，《福建论坛》（人文社会科学版）2017年第4期。此外，向勇提出了"阐释主义""批判主义"和"建构主义"三种文化产业研究范式，参见向勇《阐释、批判与建构主义：中国文化产业研究范式的立场解释》，载《探索与争鸣》2020年第6期。单世联将西方文化理论中有关文化产业的三种阐释视角归纳为"文化生产方面的意识形态/政治经济学批判""文化接受方面的选择/使用的阐释"及"文化技术方面的文本/符号的分析"，参见单世联《阐释文化产业：三种视角》，载《中国文化产业评论》（第4卷），上海文艺出版社2006年版。

大力倡导之下，文化产业相关的交叉领域和前沿热点不断引起经济学、管理学、传播学、统计学、政策学等学科的"加盟"，跨学科研究形成一股热潮，进一步助推了文化产业研究的兴起。近年来，在云计算、大数据、人工智能、5G网络、物联网等新技术浪潮背景下，学界已然将研究重点聚焦于"互联网"和"数字时代"背景下的文化产业发展路径探索。例如，传统文化行业面对新技术如何转型升级、数字创意产业如何与传统产业融合发展、文化部门如何提升数字化治理能力等都是时下热门议题。可以说，对于步入经济新常态，进入高效率、低成本、可持续的中高速增长阶段的中国，这些讨论都具有十分重要的现实意义。

其次，"如何评价文化产业"则主要来自哲学、美学、文学、艺术学、心理学等传统人文学科，它是对方兴未艾的大众文化、媒介文化、娱乐文化的回应，也是对经济社会转型中出现的新兴文化现象的深刻反思。这类研究通常站在审美趣味、伦理道德、艺术教育、意识形态、社会效益、文化自觉的高度，试图通过评论性研究来引导社会舆论，凝聚社会共识，倡导积极的、健康的文化娱乐消费和文化生活方式。在他们看来，西方柏拉图以来的批评理论和中国传统文艺理论仍然可以在文化产业评论中发挥作用。而作为人文社会科学边界拓展的主要阵地——文化研究，也不能不关注文化产业现实。尤其是面对当前文化与科技融合背景下新型文化业态衍生出的诸多文化现象和消费伦理等问题，文化批评总是充当了"前锋"的角色。可以说，无论在西方还是中国，无论发达与否，文化产业始终处于激烈的文化冲突中心，仍然是文化论战的对象。

相比之下，"如何解释文化产业"在经过了"概念辨析""理论溯源"和"观念论争"之后，则几近退出了学界的研究热点，呈现出边缘化的态势。因为在文化产业这个研究对象上，学界习惯追逐迅速迭代的新兴文化业态和文化现象，也习惯了在文化政策上寻求话语支持，而深层次的理论问题通常被绕过或者忽略，因此研究成果总体显得相对弱一些。这导致了一个独特的现象：文化产业研究像一个"大卖场",人人都在"吆喝"文化产业研究;但要问及何为"文化产业",却又难言其清,或者说在许多方面都难以达成一致的意见,这正是文化产业表现出的复杂一面。简言之,我们大多数人更加关心文化产业"应如何"的问题,而对于"如何是"的问题则不那么关心了。即人们更加关心它的未来发展,而对它的历史、本质、概念范畴等则不那么有兴趣。

当前,文化产业实践快速发展,已经走在理论之前,文化产业学术研究和学术体系的建设亟须在理论和方法上作出新的尝试。那么,站在"释义范式"的立场之上,有没有可能对文化产业构建出一种新的解释体系?这是本书写作的目的与初衷。

二 从发生学视角切入

发生学方法(Genetic Method)最早应用于自然科学领域,主要用来探索自然界万物起源、发育、演化阶段和生长规律。从词源学上看,它源自生物学领域的"遗传学"(genetics),从语义上看,主要指17世纪逐渐形成的胚胎学(embryology)。遗传学、胚胎学及发育生物学都是探讨生物包括人体的发生发育过程,它们是现代生物学的基础。在人文社会科学研究领域,同样存在着发生学问题,需要展开发生学研究。这些发生学问题不仅是指人文社会科学作为学科知识体系的发生发展过程,而且还包括所研究对象本身的实际发生和演变过程,它们是现代人文社会科学的基础。[①] 例如,著名的人类学家达尔文(Charles Robert Darwin)的《人类的由来》(1871)和摩尔根(Lewis Henry Morgan)的《古代社会》(1877)就是运用发生学方法研究人类起源问题的先例,开拓了文化人类学研究的新视野。关于艺术的发生问题,先后有"模仿说""游戏说""巫术

---

① 张乃和:《发生学方法与历史研究》,《史学集刊》2007年第5期。

说""表现说""劳动说"等诸多学说问世,对艺术的起源问题进行了多个维度的探索,奠定了艺术理论的基础。有学者指出,马克思和恩格斯的研究方法甚多,但采取盘根究底、从事物发生的本源即采用发生学的研究方法是贯穿他们一生基本的研究方法。① 例如,马克思关于人的本质理论的独到之处,不在于他找到了人类各种属性中最恒定最根本的属性,而在于他用历史发生学的方法来研究人的本质,开辟了一条认识人的本质的科学之路。② 可以说,马克思和恩格斯的唯物辩证法和历史唯物主义方法,具有典型的发生学内涵。一般认为,发生学作为一种独特的、方法论意义上的学科方法,还与瑞士儿童心理学家让·皮亚杰(Jean Piaget)的工作分不开,他的《发生认识论原理》(1970)致力于研究认识的发生和结构,考察了儿童从生物性基础和操作向社会性认识的转变过程,对科学史和其他研究领域产生了重要影响。

由此可见,将发生学引入人文社会科学研究已经成为具有普遍意义的研究方法,它已经广泛应用于哲学、历史学、文学、法学、艺术学、心理学等诸多领域,发展出了各式各样的发生学。

发生学方法的目的是发现和研究起源、趋势、进度、方向以及所研究对象的发展模式。③ 根据研究对象的不同,其研究路径和研究方法又略有差异。例如,研究物种、艺术、仪式、行为等具体的、可见可感的事物的发生,与研究认识、语言、思维、文本、心理、意识、制度等抽象形式的发生是很不一样的。有的注重资料的收集整理和鉴别(如文献、田野、考古),有的注重逻辑推理和思辨的探讨(如概念的演变),还有的要付诸实践以获得确凿的证据(如对

---

① 陈留根:《以发生学方法架构早期马克思主义中国化研究》,《社会科学论坛》2009年第2期。

② 冯平:《发生学的方法,功能性的定义——马克思"人的本质"理论之新见》,《求是学刊》1987年第1期。

③ Kai Jensen, "Genetic Method", *Review of Eduacational Research*, Vol. 9, No. 5, Dec. 1939.

儿童的实验）。然而，人们在运用发生学时仍然存在某种误区或极端的情况。例如，旧的实证的发生学方法只是按照时间顺序编排历史事件，把历史看成"僵死的事实堆积"，缺乏对历史变迁的深层原因分析和对历史发展规律的本质把握，缺乏深入的解释和批判；而思辨的发生学方法却把历史看成"想象主体的想象活动"，弄错了"历史的发源地"，因而难以发现历史的本质及其发展变化的内在规律。[①] 显然，无论是纯实证还是纯思辨的发生学方法，都不利于正确认识和全面把握事物赖以生成和发展的历史前提和不同历史形式的演变阶段及其内在规律，不利于理解现存事物的本质。

现在摆在我们面前的问题是，如果以发生学的视角切入文化产业的研究，应该如何解释文化产业的发生呢？

显而易见，如果按照"实证的发生学方法"对文化产业进行历史事件的还原与追溯，我们很容易得到一部严格遵循时间排列历史事件的文化产业发展编年史。国内方面，李向民所著《中国艺术经济史》（1995）和《中国艺术品经营史话》（1998）是中国文化产业历史研究方面较早的尝试，其在此基础上重新编写的《中国文化产业史》（2006）、《中国美术经济史》（2013）等，都引用了大量历史材料论证文化生产、交换、消费以及文化市场的形成，征引不可谓不丰富。李向民运用艺术起源的经济学观点，探讨了艺术品交换与艺术等价物的出现、青铜器和玉器及其生产、王室的艺术消费等诸多问题。范建华、黄淼所著《中国文化产业发展史》（2016）与张廷兴、董佳兰、丛曙光共同编著的《中国文化产业史》（2017）也都从历史的角度来考察中国文化产业，都遵循了一定的时间线索。区别在于，前者是历史分期的研究方法，后者则按照门类进行梳理。但是这些研究和表述有部分值得商榷的地方，其最大的争议在于如何使用"文化产业"这个观念，以及如何确立中国文化产业的逻辑起点。

---

① 张乃和：《发生学方法与历史研究》，《史学集刊》2007年第5期。

再者，中国研究者习惯于在已有政治历史分析的框架中对文化产业进行"历史分期"的划分，散见于各类文章、论著和教材之中，但这些还都称不上是严格意义上成体系的对文化产业发生的梳理。例如，胡惠林提出了"前文化产业形态（农业社会）—文化产业形态（工业社会）—后文化产业形态（后工业社会或信息社会）"的划分。[1] 蔡尚伟等提出了"早期孕育阶段（20世纪20年代以前）—开始萌芽阶段（20世纪20—40年代）—逐步形成阶段（20世纪50—80年代）—快速发展阶段（20世纪90年代）—繁荣兴盛阶段（21世纪至今）"的划分。[2] 就中国文化产业的历史分期问题而言，争议则相对大一些。如欧阳友权提出了"1978年至1985年起步—1985年至1992年自发培育和成长—1992年至2001年走向自觉—2002年全面启动、加速发展"四个阶段。[3] 向勇提出了"神话期（19世纪末20世纪初至1949年前夕）—冬眠期（1949年至1985年）—浪漫期（1985年至1998年）—史诗期（1998年至今）"的划分。[4] 韩晗提出了"萌芽期（1840年至1900年）—发育期（1900年至1917年）—成熟期（1917年至1949年）"的划分。[5] 类似的表述还有很多，不再一一列举。总的来看，这些观点莫衷一是，有的几乎全凭感觉和主观臆断，显得不够严谨，也缺乏必要的论证。

国外方面，这种针对文化产业历史的宏观梳理比较少。英国文化批评家雷蒙·威廉斯（Raymond Williams）曾聚焦于技术发展导致文化生产领域出现的三个社会分工：第一次分工是随着文化生产力的发展和文化生产方式的变化，在文化生产过程中出现了集体生产和实质性的劳动分工，比如古希腊的戏剧生产，可以称为"专业化

---

[1] 胡惠林：《文化产业学》，清华大学出版社2015年版，第29—32页。
[2] 蔡尚伟、车南林：《文化产业精要读本》，江苏人民出版社、江苏凤凰美术出版社2015年版，第28—39页。
[3] 欧阳友权：《文化产业概论》，湖南人民出版社2007年版，第26页。
[4] 向勇：《文化产业导论》，北京大学出版社2015年版，第5页。
[5] 韩晗：《略论中国现代文化产业史的分期问题》，《东方论坛》2016年第6期。

分工"。第二次分工发生在复制技术发展时期，新技术要求更为精细的社会分工，比如电影、报纸的生产。这时，存在的不仅仅是一种职业分工，同时也是一种劳动等级的分工，可以称为"更为精细的劳动等级分工"。第三次分工则是指进入发达的技术阶段，重要的文化生产部门、直接从事制作的团体几乎不可能直接拥有生产资料，可以归纳为"所有权与生产经营权的分离"。[①] 英国学者大卫·赫斯蒙德夫（David Hesmondhalgh）吸收了威廉斯的观点，他根据每一时期文化生产表现出的主要社会关系形态（符号创作者与社会的关系），将欧洲文化生产的发展划分为三个时期：（1）中世纪到19世纪末的"赞助"（patronage）和手工艺（artisanal）时期，诗人、画家、音乐家等会受到贵族的资助、保护和支持；（2）19世纪以来的"专业市场"（market professional）时期，"艺术作品"逐渐开始出售，符号创作者行为逐渐被市场组织起来；（3）20世纪开始出现、50年代后集聚扩充的"专业公司"（corporate professional）时期，作品的委托生产变得专业化和更具组织性，通过酬金和合约，越来越多的人成为文化公司的直接雇员。他进一步衡量、评估并解释了20世纪80年代以来文化产业的变迁，认为"复合型专业化"（complex professional）时代文化产业的根本特征得以延续。[②] 美国学者保罗·赫希（Paul M. Hirsch）从媒介技术的角度将20世纪文化产业发展划分为三个时期：第一阶段是20世纪40年代的稳定期（"Industry" Stable，Controlled），以广播、唱片和电影公司为主，大众媒介受到严格控制；第二阶段是20世纪50—70年代的有序过渡期（"Orderly" Transitions），表现为电视出现并战胜传统媒体，文化变得多元和细分，创作者获得了更多空间；第三阶段是20世纪80年代以来的

[①] Raymond Williams, *The Sociology of Culture*, New York: Schocken Books, 1982, pp. 115-118. 转引自樊柯《雷蒙德·威廉斯的文化生产论》，《文艺理论与批评》2012年第4期。

[②] ［英］大卫·赫斯蒙德夫：《文化产业》，张菲娜译，中国人民大学出版社2016年版，第51页。

黄金发展期（New Gold Rush），以计算机和多媒体为标志，出现大规模定制，注重全球市场和国际化。①

从实证主义的文化产业发生学研究来看，我们可以清晰地看到文化产业在历史中是如何变迁的。虽然把历史按照一定结构划分成几个阶段是对历史的粗暴简化，但是这样的简化可以帮助我们指出一些本质的东西。然而，如果仅仅把历史变迁看作文化产业发生学研究的全部，其缺陷也是显而易见的。人们注意到文化史"长江后浪推前浪"现象，但不可忽略历史演化包蕴着悖论——全凭单线直进观无法解释历史的复杂性。② 美国学者弗雷德里克·杰姆逊（Fredric R. Jameson，又译为詹明信）曾指出历史分期法经常引起的一个问题：

> 论者在提出历史分期的假设时，往往会为求同而去异，结果把活生生的历史时刻简化为庞大的论述同一体。也就是说，历史论述有意地把历史时期的同一体孤立起来，接着便在其前前后后加上种种不明其所以然的所谓因时移世易而产生的"历史"变化因素。这样的概括手法，使我可以直截了当地把历史时间像句子一样以分期法的标点符号切割成一段一段、干干净净的"历史时期"。③

具体到文化产业的历史研究，分期研究的确有助于我们宏观地把握文化产业的纵向维度，但要说清楚横向的各个不确定的文化产业门类的复杂性，无疑是困难的。

实际上，与宏观的文化产业历史研究相比，微观的区域个案研

---

① Paul M. Hirsch, "Cultural Industries Revisited", *Organization Science*, Vol. 11, Issue3, 2000, pp. 356–361.
② 冯天瑜：《中国文化生成史》，武汉大学出版社2013年版，第3页。
③ [美] 詹明信：《晚期资本主义的文化逻辑》，陈清侨等译，生活·读书·新知三联书店1997年版，第427页。

究已有不少系统化的成果，国内尤以上海研究最为丰富。如高福进的《"洋娱乐"的流入——近代上海的文化娱乐业》（2003）介绍了老上海娱乐业市场运作、价格、经营和管理等方面的内容。[①] 史通文（Andreas Steen）的《在娱乐与革命之间：留声机、唱片和上海音乐产业的初期（1878—1937）》（2006）研究了 1877 年留声机发明到登陆上海，及其作为音乐工业分支的产生过程。高铮的《近代上海娱乐文化探微》（2007）综合论述了上海娱乐文化的形成背景、特点、发展状况和重要人事。[②] 姜虹的《社会变迁与近代上海文化产业化发展（1840—1949）》（2018）从历史的角度探讨了社会变迁背景下上海文化产业化的发生、发展、成就、局限乃至阻力等问题。[③] 连玲玲的《打造消费天堂——百货公司与近代上海城市文化》（2018）则以上海百货公司为研究对象，观察了近代上海消费文化的形塑过程，其中涉及了游戏场等消费空间和广告业的发展。[④] 类似的研究还有很多，如李欧梵的《上海摩登：一种新都市文化在中国（1930—1945）》（1999）、叶凯蒂（Catherine Yeh）的《上海·爱：名妓、知识分子和娱乐文化（180—1910）》（2006）、李长莉的《晚清上海：风尚与观念的变迁》（2010）、日本学者菊池敏夫的《民国期上海的百货店与都市文化》（2012）等皆为此类，他们都涉及了不同文化行业领域。傅才武的《近代化进程中的汉口文化娱乐业（1861—1949）》（2005）则是以汉口为主体的中国娱乐业近代化道路的历史考察，具有代表性。[⑤] 此外，也有相对宏观的断代史研究，

---

① 高福进：《"洋娱乐"的流入——近代上海的文化娱乐业》，上海人民出版社 2003 年版。

② 高铮：《近代上海娱乐文化探微》，中国文联出版社 2007 年版。

③ 姜虹：《社会变迁与近代上海文化产业化发展（1840—1949）》，上海财经大学出版社 2018 年版。

④ 连玲玲：《打造消费天堂——百货公司与近代上海城市文化》，社会科学文献出版社 2018 年版。

⑤ 傅才武：《近代化进程中的汉口文化娱乐业（1861—1949）——以汉口为主体的中国娱乐业近代化道路的历史考察》，湖北教育出版社 2005 年版。

如刘素华的《新文化生产方式与中国的现代化》（2015）考察了近代中国（1840—1919）"新文化生产方式"的出现和具体形态，及其与近代社会转型的同构过程。[①] 这些研究的视角都颇具新意。

此外，有关门类文化产业的历史梳理和发生学研究则显得更为系统一些，主要针对早期出版业、唱片业、戏剧业、出版业、电影业、演出业等专业领域进行研究，它们分散于各个具体的历史学科当中，视角多元，有的领域已十分成熟。此外还有具体到画报、期刊、书局、舞厅、剧场、游戏场、影戏公司的发生史、经营史或消费史研究，涉及生产主体、技术、组织、活动等各个层面，关注的问题也多为商品的生产、交换和再生产的过程，成果颇为丰富，为避免挂一漏万，此处不再赘述。不难发现，目前关于文化产业历史的研究大多侧重于断代史、区域性或细分学科的个案研究。这些研究与宏观的文化产业历史研究相比，更为详尽，史料的运用也十分丰富，由此组成了文化产业发生学的庞大脉络和分支。但需要明确的是，这些分支研究虽然涉及了文化产业的基本特征和发生机制，可以作为文化产业发生学研究的基础和补充，但又略有区别，前者是后者的有机组成部分，但后者并不是前者的相加和堆砌。

从以上分析可见，文化产业的发生问题，是一个非常宏大、复杂的议题。文化产业枝蔓发达，盘根错节，要想其中没有"特例"是很难的一件事。原因在于，文化产业细分门类十分庞杂，普遍性与特殊性相互交织。由于切入的视角、所处的时代、选择的立场和具体的研究手段不同，涉及的问题、写作的路径和呈现出的结论也必然略有所异，每个人只能看见文化产业的偏僻一隅。因此，为了避免进入这样或那样的误区，或者坚持"有所取舍"（实则"力有不逮"）的态度，以找到适合的逻辑框架，本书需要作以下两点说明：

[①] 刘素华：《新文化生产方式与中国的现代化》，广西师范大学出版社2015年版。

第一，研究文化产业的发生，不是研究文化产业的起源。前者是一个学科概念，后者只是一个研究论题，发生与起源关系密切，但涉及的内容更为复杂。起源学是寻找事物初始的一个点，而发生学则要解释一个新事物的结构体系及其构造机制，二者存在很大差异。① 而且，许多研究表明，任何事物的起源从来就没有绝对的开端。② 如果套用 E. P. 汤普森（E. P. Thompson）在《英国工人阶级的形成》中的一个语言样式来作比喻，那就是文化产业"不大像太阳那样在固定时间升起，它出现在它自身形成的时候"③。文化产业的发生是逐渐开始的，几乎不能察觉出来。这一过程，是经过了其强度和复杂性不断增长的一系列阶段才显示出来的。虽然对起源的探讨是必不可少的，但是用在"文化产业"这一对象时尤其要注意。特别是我们不能以单一事件④的起源来考察文化产业的发生，否则容易将文化产业的发生固化为某一事件的开端。也就是说，试图从单一事件中找到文化产业的起源是一个无法解释清楚的问题。

第二，研究文化产业的发生，不仅要把它看作一个客观事实，而且要把它看作人类知识的构成。我们不仅要研究文化产业观念如

---

① 王齐洲：《中国古代文学观念发生史》，人民文学出版社2013年版，第7页。
② 汪晓云认为，将发生学理解为起源学是由于混淆了观念的发生与事件的发生。观念的发生强调主观认识，研究的是人类知识结构的生成，是逻辑推理概念；事件的发生则强调客观现象，研究的是事件在历史中的出现，是历史时间概念。观念的发生强调知识结构生成的过程，也就是事物从一个阶段过渡到另一个阶段，这一阶段性的过渡不以事件和时间进行实证，而以观念进行推理，从而有效解决了起源研究将起源绝对化以及无法解释知识结构生成机制的问题。参见汪晓云《人文科学发生学：意义、方法与问题》，《光明日报》2005年1月11日。
③ 原文是："工人阶级不像太阳那样在固定时间升起，它出现在它自身形成的时候。"参见［英］E. P. 汤普森《英国工人阶级的形成》，钱乘旦等译，译林出版社2001年版，第1页。
④ 从"事件"角度来考察文化产业起源的观点不一而足。如有学者将"1450年德国人古登堡（Johann Gutenberg）印刷技术的成功发明和产业实践"视为世界文化产业的开端；也有学者将"20世纪70年代末国外盒式录音带和录音机涌入中国""1980年广州市东方宾馆开设了第一家音乐茶座"等作为新中国文化产业的开端。

何发生，还要研究文化产业观念为何发生，即研究贯穿这一观念变迁背后复杂的文化、社会、经济、技术和政治因素，找到与之相关的历史依据和生成机制。我们既要从宏观上把握文化产业的认识构成，也要从微观上把握文化产业被建构起来的原因和机制；既要有思辨的探讨，又要掌握实证的资料；既要有理论的高度，也要有历史的眼光。毕竟，文化产业不像语言、思维、认识那样可以抽象地运用哲学思辨进行凌空讨论，因为它本身是实践的产物。脱离实践来谈文化产业的发生问题就如同"隔靴搔痒"，无法澄清文化产业的本质。但是，如果只谈事实，而不注重对历史变迁的深层原因分析，缺乏深入的解释和批判，也是与发生学方法相悖的。

如何把历史与逻辑统一起来，构建一个科学的历史解释模型？这正是本书所要尝试的一种写作路径。换言之，作为宏观的文化产业发生学研究不仅仅是对文化产业观念的溯源与演化研究，也不完全是一个文化产业历史的考据研究，而是二者的综合和平衡。即构筑一种既能解释从一种状态转变到另一种状态，又能解释整个发生过程的内部机制的普遍模型，从而构建既有逻辑思辨，又有实践指导意义的文化产业理论体系。

三 文化产业的概念

文化产业究竟属于"文化范畴"，还是更倾向于"经济范畴"，长期为学界所津津乐道。主要原因在于文化产业的"出身"具有天然的二元性，文化与经济的价值融合与冲突始终无法以一种相对固化、约定俗成的学术范式或发展共识得以确认。[1] 由此，它带来的追问总是充满着争议和矛盾，它似乎是介于文化性与经济性之间的一种"间性"存在。因此，在本书正式开始之前，对"文化产业"这

---

[1] 向勇：《文化产业导论》，北京大学出版社2015年版，第408页。

一概念进行说明仍然是有必要的。

一个不得不承认的既定事实是，"文化产业"一词及其衍生的词汇，在当下的用法和定义达到了"泛滥"的程度。一般来说，大凡用滥了的概念常常也是用乱了的概念。尤其在一些较为宽松的文化产业命题与知识框架中，文化产业通常被过于"泛化"地表达。仿佛一夜之间，文化产业无所不在，甚至在人类社会生存、发展和繁衍的早期也真真切切地存在过。这种将具有交换行为的人类精神生产活动等同于产业现象，试图把传统的文化艺术生产纳入现代文化产业话语体系的做法显然是不够严谨的。在我们看来，到"文化产业"这一观念产生之前的精神生产世界中去追溯文化产业的起源，本身就是一种自相矛盾的做法。与此同时，无论从理论还是实践角度来看，作为"现在时"的文化产业概念与它最初出现的样子和当时的社会语境已经发生了很大的变化。因此，在讨论文化产业发生这一历时性问题时，我们面对的第一个难题，就是如何界定一个变动着的对象。

从语言学的角度来看，"文化产业"的"能指"和"所指"是不可分割的，但二者的联系不是必然而是约定俗成的。例如，"文化产业"（cultural industries）之所以能表示"按照工业标准，生产、再生产、储存以及分配文化产品和服务的一系列活动"[①] 或"为社会公众提供文化产品和文化相关产品的生产活动的集合"[②] 这个概念，不是因为两者天然有什么联系，只是因为我们规定它是，并且大家也都认可而已。在不影响系统运作的情况下，人们其实也可以换一个完全不同的词来表示"文化产业"的概念。例如，我们经常见到"版权产业""创意产业""内容产业"和其他替代性术语如"传媒产业""信息产业""休闲产业""娱乐产业"等来表达"文化产业"的意思，这就是索绪尔（Ferdinand de Saus-

---

[①] 联合国教科文组织（UNESCO）《文化统计框架（2009）》对文化产业所下的定义。

[②] 中国国家统计局《文化及相关产业分类（2012）》对文化产业所下的定义。

sure）所谓"符号的任意性"原则。所以我们不难发现，作为观念的"文化产业"在不同的国家、不同的语言系统和不同学者笔下都表现出了不同程度的差异性，但是不同的语言覆盖的意义范围和客观现实又是大致相同的，它们在语义学上具有一定的渊源关系。亚里士多德谈到"范畴"时说，"当若干事物虽然有一个共通的名称，但与这个名称相应的定义却各不相同时，则这些事物乃是同名而异义的东西"[①]。也就是说，如果我们用"文化产业"这个名称来整体上统括新闻出版发行、广播电视电影、文化艺术、文化信息传输、文化创意和设计服务、文化休闲娱乐、工艺美术等行业，那么诸如"创意产业""版权产业""内容产业"等相关概念就可以看作它的"异义"部分，目的在于"找出一种或几种特征"[②] 作为强调，或者体现为不同学科领域的用法。例如对"内容"的强调往往表现出对"技术万能论"的怀疑，对"创意"的强调是为了扩大文化产业所涵盖的领域，对"版权"的强调则是将"知识产权"视为文化产业的核心。概念只是工具，如何使用取决于我们的理解和目的。

关于语言符号的"任意性"并不是本书主要探讨的问题，而是想借此表明本书中选择使用"文化产业"而非其他相近术语的原因。社会科学不像自然学科那样拥有一套精准而严谨的概念工具，由于研究对象是由具有不同动机和意志的主体行为构成的，因而在构建概念时会比自然科学更为复杂和困难。为了增强社会科学研究的客观性，减少主观随意性，马克斯·韦伯（Max Weber）曾提出一种"理想类型"（Idealtypus）方法。他指出，"那些支配一个时代的人们、亦即散布在他们之中而起作用的'观念'本身，只要其中涉及任何较为复杂的观念结构，就只能以理想类

[①] ［古希腊］亚里士多德：《范畴篇、解释篇》，方书春译，商务印书馆1986年版，第9页。

[②] ［澳］戴维·思罗斯比：《经济学与文化》，王志标、张峥嵘译，中国人民大学出版社2011年版，第122页。

型的形态被我们用精确的概念所把握，因为它们实际上就存在于无数不定的和变动者的个人头脑之中，而它们的形式和内容、清晰性和意思在这些个体中也有着极其繁复的层次差异。"[1]"理想类型"的本质就是把历史生活中某些关系和事件集合为一个复合体，它被想象为一个具有内在一致性的体系。虽然这种"理想类型"具有一种乌托邦的色彩，但对于我们更清晰、更实际地把握研究对象十分有效。在这里，"文化产业"作为一个概念，我们不妨也称为一种"理想类型"。无论文化产业（翻译成单数的 cultural industry 还是复数的 cultural industries）的内涵外延存在何种差异，但它的"能指"和"所指"之间的关联总在人们的理解范围之内，这种"范围"的可接受性使得这些概念或有观点的强调，而其指涉却无本质差异，因此无论如何使用"文化产业"概念，大家都知道它所指称的对象。使用复数的"文化产业"（cultural industries）作为本书的标题而不用其他词汇，还基于以下两个原因：一是遵循当下中国学术语境和官方话语的普遍用法，而国际上许多国家也都曾出现并沿用类似的用法。二是作为发生学研究，研究对象必须呈现为一个"现在时态"。因此这里的"文化产业"必须是一种当代意义上的用法。

由于人类的文化活动在不同时期有着明显的区别于其他时期的特征，这意味着对"文化"冠以"产业"属性就已经规定了文化产业必须有一个较为清晰的边界，否则就是一个不成立的概念。尽管如此，如何界定文化产业仍然是一个相当复杂的工作。从内涵上看，我们可以站在不同利益和学科角度对文化产业下定义。从外延上看，什么属于或不属于文化产业，很多时候仅仅表现为统计学意义上的分门别类，这个边界也是无法明晰且不断变化的。这多少给定量研究和比较研究带来了困扰，使得许多现象无法精确分析。因此，如

---

[1] ［德］马克斯·韦伯：《社会科学方法论》，韩水法、莫茜译，商务印书馆2017年版，第52页。

果有什么关于文化产业的定义的话,那么这种定义只能被理解为一种"功能性"①的定义,即为了获得一种"数量"上的直观呈现,机械地将文化产业分成两个部分:一部分用来描述文化产业的内涵,一部分用来限定文化产业的范围。

尽管如此,试图用一个一成不变的概念来概括文化产业是徒劳的,为文化产业找出明晰的分类界限亦是无用的。比如从广义的"文化消费"来看,其范围显然广于"文化产业"所覆盖的对象,但是有些经济活动虽然具有文化性,却从"文化产业"的限定范围中被人为地排除了。实际情况则是,任何人类产品几乎都继承了精神和物质的双重禀赋,它们总是由精神内容和物质载体两大部分构成,具有文化性和功能性。广义上讲,任何功能性的产品都具有一定的文化性,而文化性又总是包含着功能性,一些产品介于文化性和功能性之间。因此,一些学者如丹尼尔·马托(Daniel Mato)就指出,没有产业是单纯内部和本身是"文化的",也谈不上谁比谁"更文化"。他进一步质疑了"文化产业"这个概念:所有产业都可以从文化的角度进行分析,但"文化产业"一词却妨碍了我们观察和考虑这些分析的可能性。在他看来,命名和研究具体的行业分支是更富有成效的,如娱乐业、食品业、玩具业、化妆品业、汽车工业、发展行业、制药业等,以及它们之间是如何互相关联着的。②特别是随着资本主义经济由生产向营销(广告发挥的巨大作用)的转变,"消费社会"中物质商品的文化价值也大比例地增加,时装工业、汽车工业、电子工业中能举出

---

① 这种"功能性"通常表现在:为了满足政府规划文化产业发展蓝图,制定文化产业发展政策的迫切需要,必须建立科学的文化产业统计指标体系,以统一文化产业的界定范围、统计口径,规范数据来源渠道,提高文化及相关产业统计信息收集和分析的科学性、可比性和可操作性,正确反映文化产业发展状况。从联合国教科文组织到各国及地方政府,几乎涉及对文化产业的"功能性"定义,而其中的差异也是普遍存在的。

② [英]丹尼尔·马托:《所有产业都是文化的——一个关于"文化产业"概念和研究的新可能性的评论》,张琳悦译,载《中国文化产业评论》(第17卷),上海人民出版社2013年版,第94—110页。

大量例子来证明这一点。这种观点认为，所有产业都具有文化性，因为生产出来的产品就算是功能性的，也都具有潜在的象征意义。不得不说，其他产业与文化产业日益相似，因为所有产业都开始强调审美、设计、情感、信息、策划和知识。而文化产业正日益"标准化"，变得越来越缺少特色。但是这种定义又将"文化"的含义过于泛化，导致"文化产业"这个概念使用起来毫无意义。

这里的核心问题在于，文化产业之所以要在概念上予以界定，主要取决于它的文化属性。因此，如何理解"文化"才是解决这一问题的关键之所在。然而，关于文化的概念，历来争议甚多。在当代语境中，恐怕没有什么社会科学概念比"文化"更流行、更多变，也更令人费解的了。它"是一个重要、但又含糊甚至混乱的概念"[1]。美国人类学家克鲁伯（A. L. Kroeber）和克拉克洪（Clyde Kluckhohn）在《文化：概念和定义批判分析》[2] 一书中曾列出过1871年至1951年文化的164种定义，这足以见得"文化在一些学科领域里以及在不同的思想体系里都被用来当成重要的观念"[3]。文化一词被使用得如此广泛，以至于它似乎包罗万象，却又什么也不是。因此，不少学者主张不必对"文化"下一个包罗一切的定义，事实上也不可能得出这种定义。然而，实际情况却是，一些狭隘的用法限制了我们应关注现象的范围；另外一些用法实际上无所不包。倘若从最为广泛的人类学意义上来说，文化是一个独特人群或社会团体的"生活全貌"，即物质财富和精神财富的总和，或如斯特恩（H. H. Stern）所说的"大写的文化"（Culture with a Big C）[4]。但是

---

[1] ［英］马克·J. 史密斯：《文化：再造社会科学》，张美川译，吉林人民出版社2005年版，第1页。

[2] A. L. Kroeber, Clyde Kluckhohn, *Culture: A Critical Review of Concepts and Definitions*, Cambridge: Massachusetts U. S. A., Published by the Museum, 1952.

[3] ［英］雷蒙·威廉斯：《关键词：文化与社会的词汇》，刘建基译，生活·读书·新知三联书店2016年版，第147页。

[4] 斯特恩（H. H. Stern）根据文化的结构和范畴把文化分为广义和狭义两种概念。广义的文化即大写的文化（Culture with a big C），狭义的文化即小写的文化（culture with a small c）。

由此引申出的结论可能是，所有产业都是文化产业，这显然不具有实际的可分析性和可操作性。倘若秉持传统的、经典的、理想的、精英式的文化观，如听高雅的音乐，欣赏名画或者看歌剧，那么部分文化产业的文化"合法性"就会遭到质疑。这里并不打算过多地纠缠"文化"的定义，而是想表明，如果不对"文化"设定一个约定俗成的用法，那么对"文化产业"下一个定义就会如同对"文化"下定义一样变得非常困难和复杂。文化产业边界的模糊性、复杂性、跨界性以及快速迭代和更新都意味着，只有把文化产业概念进行适当的具体化，才能作进一步的发生学意义上的探讨。

为了表明文化产业的特殊性立场，对文化产业中"文化"的用法进行约定很有必要。否则，我们容易造成一种错觉，那就是，说出"什么不是文化产业"比"什么是文化产业"还要难。那么，如何才能给出一个有助于本书分析和操作的文化定义？我们不妨先看看一些可行的尝试案例。

戴维·思罗斯比（David Throsby）在《经济学与文化》中认为，文化产业中"文化"一词的用法有更多的实用方面的考虑，它表示与人类生活中的智力、道德和艺术方面相关的人类活动与活动成果。这种活动有三个主要特征：一是相关活动在生产中涉及了某种形式的创意；二是它们都涉及了象征意义的产生和传递；三是它们的产出至少潜在地体现了某种形式的知识产权。[1] 在这里，戴维·思罗斯比虽未明确界定"文化"的概念，但是他提供了对文化产业中"文化"一词的理解方式，即"创意""意义"和"知识产权"。类似地，大卫·赫斯蒙德夫则指出，如果我们将文化定义为"社会秩序得以传播、再造、体验及探索的一个必要的表意系统"的话，"文化产业"这一术语的使用就要严谨得多。简言之，文化产业通常指的是与社会意义的生产（the production of social meaning）最直接相关

---

[1] ［澳］戴维·思罗斯比：《经济学与文化》，王志标、张峥嵘译，中国人民大学出版社2011年版，第4页。

的机构。因此，几乎所有关于文化产业的定义都应该包括电影、广播、电视、图书和报刊、音像录制、广告、创意设计、视觉艺术、手工艺、表演艺术、文化遗产等文化性的生产制造、活动和实践。而所有这些文化活动的首要目标是与受众沟通并创作文本。文本（歌曲、叙述、表演）产生于人们心灵上沟通的意愿，因而充满了丰富的表征意涵，而功能上较为逊色。[①] 显然，一件商品或服务是否包含文本，或多大程度上具有文本的属性，是文化产品区别于一般产品的重要特征。联合国教科文组织则将"文化"定义为"某一社会或社会群体所具有的一整套独特的精神、物质、智力和情感特质，除了艺术和文学以外，它还包括生活方式、聚居方式、价值体系、传统和信仰"（UNESCO，2001）。根据这一定义，联合国教科文组织文化统计框架中定义的文化领域包含一系列共同的经济（比如生产产品和服务）和社会活动（比如参加文化活动），它们在传统上被视为"文化"。除此之外，相关领域包含其他经济活动及社会活动，它们只有"某些部分具有文化属性"，或者通常被看作"娱乐或休闲"，而并非"纯文化"。

在本书中，"文化"这一术语的使用首先具有某种独立性特征，如我们通常认为政治、经济、文化是社会结构的三大领域，这里的文化就是独立于政治领域和经济领域而存在的。从现代与传统的关系来看，现代性的增长正在于文化领域的分化。因此，文化的相对独立性就表现为"文化具有超越政见分歧和利益冲突的普遍性"和"超越物质实践和功利计较之上的观念性"[②]。因此，本书讨论的文化和文化产业更具有现代性的意义，这是一个基本前提。其次，在范围上，本书中"文化"一词的使用介于人类学涵盖一切"生活方式"和贵族传统的精妙形式与高雅艺术之间，它既不是包罗万象的

[①] ［英］大卫·赫斯蒙德夫：《文化产业》，张菲娜译，中国人民大学出版社2016年版，第12页。

[②] 单世联：《文化、政治与文化政治》，《天津社会科学》2006年第3期。

日常生活，也不必拘泥于艺术、优秀遗产和思想。这可以使我们在把握文化生产这一对象时有相对灵活的空间，而不至于太过狭隘或宽大。

本书将使用如此界定的"文化产业"概念：

文化产业是一种以人类脑力劳动为基础，面向大众提供无差别文化产品的现代规模化生产经营活动集合体。它表现出的是一种"间性"结构，即介于短期商品大规模生产（获取利润为主要目标）和受限制的小规模生产（艺术成功为主要目标）之间的形式。越靠近前者，表明文化艺术含量越少或不值一提；反之，越靠近后者，表明产业化的程度越低，面向的受众就越少。任何倾向于极端的文化生产，都应该排除在文化产业的范畴之外。

这个定义包含以下几个重要内容以区别其他产业的内涵：（1）文化产业是"生产的一些特殊形态"，它既有物质生产的一般规律，也在创造、制作、传播、消费等方面有自己的特殊性。（2）文化产业提供的是与物质产品相对应的文化产品，即功能性让位于精神性的文化产品。本书不使用抽象的"文本""符号"或"意义"来代替文化产品，旨在说明文化产业不是生产"文本""符号"或"意义"的唯一产业。（3）文化产业的产品是面向大众的，而不是少数人的专利或特权。因此从根本上它是"无差别"的，在文化产业面前人人平等，人人在文化产业面前享有文化权利。尽管文化产品也分贵贱，从而使其受众有所差异，但这种区分不是绝对的，是可以因人因时而转化的。（4）文化产业是现代规模化生产的产物。导致规模化的工具一开始是机械动力，现在则由数字技术主导。但规模没有具体的量化标准决定什么是或不是文化产业，仅仅依靠一个量化指标不足以对概念本身进行完全充分的界定。这里是想表明，文化产业这个概念传达的是文化消费"民主化"和"可复制性"，虽然这种民主会带来平庸。（5）文化产业是一种商业化的生产经营活动，获取利润是其核心内涵。文化产业不是慈善事业，产生社会效益是一种兼顾的理想状态，获得经济效益则是一种能力。

（6）文化产业是行业的集合，因此是一个"类概念"，它可以单独使用，但涉及具体行业时又存在一定的内部差异。

由于本书探讨的对象是作为核心内容通过媒介被批量生产和分销至广大观众的文化产业，主要强调"意义的生产"，因此暂时排除了非核心、非典型的辅助生产、装备生产等相关领域活动。与此同时，为了避免用一个现在时态的"文化产业"概念来陈述其历史形态时产生的误解，本书以历史的眼光看待"文化产业"时，会用"文化生产"（或"精神生产"）、"文化经济"等词来代替，这也意味着本书将文化产业看作文化生产和文化经济的某个阶段形态，即当文化生产在现代社会真正作为一个经济部门出现并创造可感知的利润，文化生产者发展成为一种职业时并拥有大量的消费者，文化生产由单一的力量体系向集合的力量体系转化后，它才称为"文化产业"。

与此同时，为了避免太空泛的探讨，或是顾此失彼地把文化产业局限在某些被认为是"圈层"（如"核心层""外围层"和"相关层"）的统计范围，本书将文化产业划分为"审美""游戏""符号"和"知识"四种类型。（参见第三章）

（1）审美型：是指在文化生产过程中，给产品和服务注入美的理念、规律、结构、比例，从而使消费者获得审美体验的一种文化产业类型。人们在文化消费当中，总是倾向于购买和欣赏那些富有美感、充满情感、饱含意蕴的文化产品，如一段动听的音乐、一个精美的手工艺品、一部感人至深的电影、一台精美绝伦的舞台演出等。这些审美要素可以给消费者带来独特的审美体验，通常也是生产商获得产品溢价的重要来源之一。

（2）游戏型：是指在文化生产过程中，注入规则、趣味、博弈、挑战等元素，从而使文化产品和服务具备竞技性、对抗性、社交性、娱乐性，消费者从中能够获得放松、刺激、战栗、沉浸等体验的文化产业类型。人们去游乐园寻求娱乐，去旅游景区观光游览，去电子游艺厅纵情玩耍，去体育场馆观看比赛，等等，这些活动实际上都可以看作一种游戏行为。

（3）符号型：是指在文化生产过程中，给产品和服务注入观念、价值、意象等内容，从而使其具有表征意义，消费者从中可以获得身份认同和仪式感的文化产业类型。广义上讲，人类的一切物质或精神生产都可以承载"符号"的意义，但一般狭义上的符号生产主要是指那些有独特意义的生产，诸如高贵的、个性的、流行的、自恋的、炫耀的。与符号的边界一样，符号型文化产业是边界最为模糊的一种产业类型，非符号型文化产业可以向符号型文化产业转化。

（4）知识型：是指在文化生产过程中，注入事实、信息、经验等内容，从而使文化产品具有知识属性，使消费者能够获得思想认知和价值判断的一种文化产业类型。阅读图书、报纸、杂志等信息性文本是大众典型的文化生活，它们构成了我们对这个世界的感知。如今许多新闻、广播和电视节目如纪录片、教育片、文化类综艺也具备这样的功能。知识付费则是近几年兴起的文化行业，它大大拓宽了知识获取和变现的渠道。

文化产业是价值效益冲突的矛盾混合体，正在于它满足的是人性当中最基本的精神诉求，而人性恰恰是复杂的、隐蔽的。以上这四种分类并非要对文化产业作"非此即彼"的区隔，以获得一种维度上的比较，而是希望从发生学的角度对文化产业呈现的几种属性进行揭示。因为类型具有相对性，它不像逻辑学和无机界物质的种类区别那么明晰、界限分明。由于文化消费掺杂着多重诉求，创作者的意图与消费者实际接受的效果之间存在差异性，文化产业类型之间存在着许多丰富的过渡性、混合性的形态。笔者想要传达的一个核心观点是，文化产业的发生根源于人性的精神需要，是人类"审美追求""游戏宣泄""符号占有"和"知识获取"需要的现代性延伸。总之，本书对文化产业既作抽象的整体概括，也特指狭义上的文化产业，因此往往涉及的也是文化产业最核心的部分。它们是占据我们日常生活的主流产业，因为它们涵盖了文化产业当中的主要面向和维度，从它们身上可以找到文化产业的共性特征，也构成了我们理解文化产业发生的主要入口。

四 本书的分析框架

发生学方法是反映和揭示自然界、人类社会和人类思维认识发展、演化的历史阶段、形态和规律的方法。其特点是把研究对象作为发展的过程，注重历史过程中主要的、本质的、必然的因素。将发生学方法"嫁接"到文化产业研究当中，意味着我们的视野"从注重外在形式要素到注重整体内容与功能、从对主客体相互作用的结果到主客体相互作用的过程、从事件与现象的历史性研究到观念与认识的逻辑性研究的多重转变"[①]。因此，当我们提出"文化产业是如何发生的"这一问题时，实际上问的是文化产业是在什么样的历史条件和社会语境下发生、发展和演变的。换言之，本书是分析文化产业发生、发展，揭示文化产业发生、发展最一般规律的理论体系，是一种有关文化产业本质与规律的解释系统，目的在于揭示文化产业存在的必要性及其形成的历史客观性和存在方式的特殊性。当我们从文化产业的现实形态出发，回溯其发生、发展和演变规律时，就会发现人类社会的文化生产形态在不同历史阶段演进过程中所表现出的连续性和阶段性，这对我们进一步解释和理解文化产业的本质具有重要意义。

本书的结构和梗概可以归结如下：

1. 作为观念形态的文化产业是如何发生的

探寻一个观念意义变化的过程，同时也就是进入社会文化及其历史的过程。因为观念的意义演变反映社会和思想的矛盾、冲突和争议，一些重要的社会历史演变其实就发生在观念内部。研究文化

[①] 汪晓云：《人文科学发生学：意义、方法与问题》，《光明日报》2005 年 1 月 11 日。

产业的观念变迁，就是要揭示不同意义之间的差异、矛盾、断裂和张力。一是要关注到观念的关联性，即文化产业与另一些词汇构成的逻辑关系，进而彰显出文化产业观念的复杂意义。二是要关注观念的变异性和多样性，亦即在不同语境中使用的差异性，把文化产业观念放在具体的历史语境中去理解，而不是来自概念的推演。基于此，本书的第一章和第二章分别从西方和中国两个视角对文化产业观念的缘起、发生与变迁作了梳理。

第一章主要梳理西方文化产业的思想源流和观念变迁。将文化产业的理论嬗变描述为一种观念变迁，旨在说明文化产业作为一个学术概念的提出很大程度上依赖于知识界对新事物的看法和态度。从这个角度来说，文化产业的发生过程对应了文化产业这一"观念"的发生过程。本章将回答，19世纪以来，西方学界是如何开始介入大众文化批评的？"文化工业"又是如何成为法兰克福学派的核心观念？从"文化产业"到"创意产业"的观念演变背后，又蕴含着哪些新的经济社会变迁？

第二章立足中国本土，将视野从西方转向国内，试图回答中国文化产业观念的本土化与合法化历程，以及其面临的特殊社会语境，以窥探中国与西方文化产业之间存在的关联与异同，寻求中国文化产业观念发生的内在逻辑。其中两个关键的问题是："文化工业"和"文化产业"观念在中国语境中是如何被区别对待和使用的？文化转型、研究拓展和体制改革在促进"文化产业"合法性历程中又是如何发挥作用的？

2. 作为事实形态的文化产业是如何发生的

这一部分可以看作对"观念变迁"的再解释和延伸，也就是从事实本身来论证文化产业发生的原因和结果，并作出因果说明。本书试图构建一种解释文化产业发生的理论模型，并将主要驱动因素分为五个部分，即"人性基础—都市环境—技术体系—商业逻辑—政治意图"。这五个部分对应第三章至第七章的内容。

第三章探究文化产业发生的人性基础。文化产业的基本功能之一，就是其巨大的产能和巨量的产品表达、满足、制造了日益解放的人的文化需求与精神欲望。离开人性欲望的考察，无法解释文化产业发生的原动力。本章将阐释文化需要为什么应当作为考察文化产业发生的逻辑起点？这种文化需要表现为哪几个维度？它在现代消费社会又发生了哪些值得警惕的变化？

第四章探究文化产业发生的都市环境。文化产业是现代性的产物，也可进一步确切地说是都市性的产物。都市是孕育文化产业的沃土，那里有文化产业发生所需要的核心养分，如集聚的人口、积累的财富和被严格规定的闲暇等。本章将回答，都市空间是如何为文化产业集聚产业要素的？为什么都市人群更需要文化产业？此外，都市转型及其与文化产业之间的关联对于我们理解文化产业的发生至关重要。

第五章探究文化产业发生的技术体系。在人类历史长河中，文化与技术的关系并非一成不变。从某种意义来说，典型的和新兴的文化产业形态主要是由现代科技的进步所塑造的，这种技术支配文化的局面是如何形成的？其中有哪些代表性的技术变革发挥关键作用？从技术本身的发展规律来看，现代社会也更加呼吁文化与科技的融合，这是促进文化产业发展繁荣的重要因素，我们将对此进行延伸探讨。

第六章探究文化产业发生的商业逻辑。人类的文化经济行为贯穿着文明社会始终，它是如何一步一步演化成为文化产业这种形态的，它具有哪些区别于传统文化生产的典型特征？资本为什么会渗透到文化领域？二者的耦合是良性的吗？这些都是本章要回答的问题。此外，由于文化经济与物质经济有着千丝万缕的联系，我们还将从物质经济的角度来解释文化产业的发生问题。

第七章探究文化产业发生的政治意图。文化与政治的关系决定了文化产业的发生无法摆脱政治因素的影响，意味着政治在文化产业发生发展的轻重缓急和形态塑造上发挥着重要作用。文化产业的意识形态属性是如何被构建起来的？它作为权力对抗的工具如何在国家内部与国家之间的意识形态博弈中发挥作用？回答这些问题，可以帮助我们把握文化产业与新型文化政治的契合关系。

以上分析框架看似是一个松散的平行结构和彼此不相关的论集，但我以为又是环环相扣、逐步递进的。发生学方法的一般步骤是先找到一个突破口。例如，达尔文以动物和植物的选种和育种作为研究物种起源的突破口，马克思以商品和商品生产作为研究资本主义产生的突破口。本书在考察文化产业生成机理和发生机制时，选择将人的文化需要作为突破口。在我们看来，研究任何一个与人类有关事物的发生之前，我们都必须厘清人类为什么会产生这种需要，它有着怎样的历史形态，又是如何被构建起来的。其次，我们还要了解这种需要是在何种环境下产生的，发生了哪些变化，是什么原因导致这种变化。最后，我们要从外部来考察导致文化产业发生的因素，其中技术（工业化）、资本（市场化）的作用最为关键，它们共同构成的生产机制导致政治体制层面对文化产业作出战略选择。

文化产业发生学研究还应该贯彻一种历史发展的而不是孤立静止的方法，因此历时性的考察必不可少。然而，如果单单以时间线索来串联文化产业的历史，其最终不过是简单地抽离一些事件，许多细节和逻辑便会被忽略掉。如果对产业门类的历史进行平铺直叙，那显然更好的办法是去研究具体行业或各个产业门类的历史。本书在历史研究上采取了第三种方案，即在分析各种发生要素的同时，将其置于一种历史观中。第一章和第二章研究观念的发生，本身就是一种学术史的写作方法，它能够帮助我们了解文化产业的思想流变。第三章研究了人类最原始的四种文化需要及其在现代社会的延伸。第四章论述了都市的历史，论证了都市更新与文化产业结合的时空维度。第五章探讨了文化生产与技术进步之间的关系演进。第六章梳理了文化经济的起源与历史变迁。第七章呈现了文化政治演变的时间线索。当然，本书无法对文化产业的历史问题作通盘的理论探讨，而只能就若干维度提出几点具体的看法。

总而言之，文化产业发生学研究要始终坚持历史唯物主义的立场，采用"以论带史、史论结合"的历史与逻辑相统一的研究方法。运用逻辑的方法研究文化生产在发展状态中各个方面的相互关系、规律联系和相互作用，运用历史的方法研究文化生产真实历史进程中依次形成的各种联系和典型形式。既要在横向上和逻辑思维的自洽性上揭示文化产业与物质产业之间的联系及其在整个社会生产系统中的地位，分析它的新特点、新功能、新趋势，又要在纵向上和历史发展的延续性上揭示其本身的发展过程，揭示其当前与以往的发展的不同特征、表现形式和内在规律。

当然，文化产业发生学研究是一个巨大的宝库，本书只能浅尝辄止。我们已经欣喜地看到越来越多的同行关注到了这些问题，其中许多研究成果为本书的写作奠定了基础并提供了许多有价值的参考，希望有更多学者加入这个领域！

第 一 章

思想源流：西方文化产业的观念变迁

"文化工业"（culture industry）这个词大概是在《启蒙辩证法》这本书中第一次使用的……在草稿中，我们使用的是"大众文化"（mass culture），后来我们用"文化工业"取代了这个用语，旨在从一开始就把那种让文化工业的倡导者们乐于接受的解释排除在外：也即，它相当于某种从大众当中自发产生的文化，乃是民众艺术（Volkskunset）的当代形式。但是"文化工业"与民众艺术截然不同，必须严格加以区分。

——[德] 西奥多·阿多诺《文化工业再思考》

观念，是我们的感觉、情感和情绪在思维和推理中的微弱意象。[①] 一个观念的形成和演变过程，记录了一个时期人们对社会、经济、政治、文化生活领域发生变革所作出的一系列重要而持续的反应，它与特定历史时期以及与它相对应的那个社会构成了一个结构严密的整体。文化产业的发生过程，从一定程度上说也是文化产业这一"观念"的发生过程。因为一种"理论"虽然是对过往事实的

---

① [英] 休谟：《人性论》，关文云译，商务印书馆2011年版，第9页。

叙述，但通常离它所属的那个时代不会太遥远。如果一个新兴的事物还不足以特殊到与相关的历史形态区别开来，那么可以说，我们也就不需要去观察它、讨论它，更不需要关于它的任何所谓"理论"。因此，研究文化产业观念的发生是文化产业作为一个独立研究范式的必然要求。虽说如此，我们觉得仍有必要强调一下，文化产业伴随着人类的活动而产生，但是文化产业作为认识和把握文化生产活动的观念却并不是与文化产业同时出现的，文化产业先于文化产业观念的发生，这无须过多解释。

人类自进入"文明社会"① 以后，纯粹的文化生产（或称"精神生产"）就已经产生了。一般认为，这种现象肇始于艺术与技艺的分离，存在于简单的商品经济当中。考古学和人类学研究已经有许多证据表明，古代社会的工艺品生产、交换、传播、消费已经成为无可争议的事实，且具有较为完备的体系。而进入近代以后，技术的发展使文化和商业的结合更为寻常。可以说，文化生产与物质生产的共生互动关系，在前工业社会是广泛存在的。但是，我们所谓"文化产业"及其观念的萌芽，却是现代性的产物。它和现代各种常用的词汇如"文化"（culture）、"工业"（industry）、"民主"（democracy）、"大众"（masses）、"阶级"（class）、"艺术"（art）一样，至少是从工业革命以来才逐渐进入人们的思维和研究视野并获得新的重要意义的。正是基于这种发现，本书试图展示"文化产业"这一观念如何以及为何发生的过程。

文化产业作为理论概念的思想史缘起虽是 20 世纪 40 年代，但文化产业的社会史脉络却深远地贯穿了现代性的几乎所有面向。"文

---

① 文明与野蛮相对，是一种社会进步的状态。《全球通史》的作者斯塔夫里阿诺斯（L. S. Stavrianos）认为，文明的特征包括：城市中心、由制度确立的国家的政治权力、纳贡或税收、文字、社会分化为阶级或等级、巨大的建筑物、各种专门的艺术和科学，等等。并非所有的文明都具备这一切特征。但是，这一组特征在确定世界各地各时期的文明的性质时，可用作一般的指南。摩尔根根据生活资料和生产的进步，把历史划分为蒙昧、野蛮和文明三个时代，认为阶级社会以后的历史属于文明时代。

化产业"一词中的文化指涉与现代性的发生具有逻辑起点和历史起点的广义同步性。我们不妨把"文化产业"看作一张"特殊的地图",通过研究"文化产业"这一观念的缘起、发生与演变过程,来考察过去一段时期内广阔的文化思想变迁。德国思想家卡尔·雅斯贝尔斯(Karl Theodor Jaspers)在他的历史哲学著作《历史的起源与目标》中,曾把公元前 800 年至公元前 200 年同时出现在中国、西方和印度等地区的人类文化突破现象称为"轴心时代"(Axial Period)。而在过去的一个多世纪中,也就是在 20 世纪 100 年前后的时间里,我们毋宁也将这场延续至今的文化变革称为文化生产的"新轴心时代":大众文化如期而至,文化产业繁荣发展。这些现象在世界大多数地区特别是发达国家差不多同时抬头,推动整个人类的文化生产形态向前迈出了一大步。其中,英美是先行者,随后是欧洲其他国家和第三世界。正如工业革命、城市化在世界范围内的扩张,当今世界几乎都"共时性"地处在文化与经济互动的战略机遇期,文化产业的"世界性"已经成为全球共识。

  对概念的入门性讨论尽管难免会显得抽象,并因而给人以远离现实之感,但却几乎是不能省略的。[①] 否则,思考就像在真空中呼吸,是无法做到的。马克斯·韦伯认为,人类对外物的认识是通过概念和范畴获得的,外物的性质只有经过概念化(conceptualization)后才能成为认识的对象。人们获得的关于客观实在的知识,是经过概念重新组合构建起来的实在,而不是机械的摹写和照相。任何一个观念的产生都起源于观察和对观察的最合理的解释。文化产业作为一个"现在时态",显然不是一个从石头缝里突然蹦出来的概念,它有它的"过去时态"。然而,要从观念上拎出一条关于文化产业的单独线索是不容易的,不仅因为"文化"(culture)和"产业"(industry)这两个概念本身词性在过去几个世纪中发生了变迁(具体可

---

  ① [德]马克斯·韦伯:《社会科学方法论》,杨富斌译,华夏出版社 1999 年版,第 34 页。

参见雷蒙·威廉斯《关键词：文化与社会的词汇》），也因为它交织在"大众文化""文化工业""通俗文化""民间文化""流行文化"等各种不同的概念之中，它们在一些语境下差别甚微，但使用上又相去甚远，这种时隐时现的概念上的差异强烈地影响着人们所表达的意思。诚如约翰·斯道雷（John Storey）所描述的，文化理论与通俗文化结合的历史就是一段理论界人士在特定和社会环境里用不同方法把这两个词（"大众"和"文化"）连在一起的历史。[①] 显然，要理解文化产业的观念是如何形成的，我们首先要知道"文化"的观念是如何发生转变的，"文化"和"大众""工业""产业"等词汇又是如何能够结合在一起的。

本章所要引介评述的，就是作为观念形态的文化产业在西方的变迁历程，对悲观的、中立的、乐观的有关文化产业的看法进行一次思想史的梳理，以明确文化产业观念的思想来源、形成轨迹与发展脉络，并将其视作进一步探讨文化产业发生的理论基础。

第一节 从"大众文化"中剥离的"文化工业"

在论述之前，我们很有必要对"大众文化"及相关的若干概念稍作阐释，以确定"大众文化"一词在本书中的确切用法。这是由于在不同语境下，"大众文化"的概念指涉不尽相同，比我们想象的要复杂得多。在英语世界中，与"大众"这一群体有关的词汇就有Mass、Popular、People、Folk、Pulic等，而这些词汇之间的关系，至今仍然不易解释。在雷蒙·威廉斯看来，它们既不能相互通用，又不能完全划清界限。而面对"大众文化"一词，斯图亚特·霍尔

[①] ［英］约翰·斯道雷：《文化理论与通俗文化导论》，杨竹山等译，南京大学出版社2001年版，第8页。

（Stuart Hall）曾经感叹其所遇到的困难："我在'大众'上遇到的问题几乎与在'文化'上遇到的一样多。两个概念放到一起，困难会大得惊人。"①

人们总是习惯在不同时代使用同一术语，却又或隐或显地加入自己的理解、思想乃至政治倾向，给它赋予这样或那样的含义。在过去的一个多世纪中，试图对"大众文化"下定义的人可谓摩肩接踵，使用的词语也不尽一致。英国当代著名文化理论家约翰·斯道雷在《文化理论与通俗文化导论》中归纳了定义"大众文化"（popular culture）的六种不同方式以及相应的六种不同定义，包括：

（1）大众文化是为许多人所广泛喜爱的文化；
（2）大众文化是在确定了高雅文化（high culture）之后所剩余的文化；
（3）大众文化是具有商业文化色彩的、以缺乏辨别力的消费者为对象的大众文化（mass culture）；
（4）大众文化是人民为人民的文化（culture of the people for the people）；
（5）大众文化是社会中从属群体的抵抗力与统治群体的整合力之间相互斗争的场所；
（6）大众文化是后现代意义上的消融了高雅文化和大众文化之间界限的文化。②

可见，"大众文化"是一个带有多重意义和模棱两可的概念。赵勇曾总结道，"大众文化"经过了 popular culture（通俗文

---

① ［英］斯图亚特·霍尔：《解构"大众"笔记》，载陆扬、王毅选编《大众文化研究》，生活·读书·新知三联书店2001年版，第41页。
② ［英］约翰·斯道雷《文化理论与通俗文化导论》，杨竹山等译，南京大学出版社2001年版，第7—20页。

化）→kitsch①（媚俗艺术）→mass culture（大众文化）→culture industry（文化工业）→popular culture（流行文化）的概念之旅，其中隐含着西方学界在不同的历史时期对大众文化的认识、定位和价值判断，分别对应为"肯定与否定并存→否定→否定→客观面对与肯定"的过程。当大众文化以通俗文化之名进行表述时，它便被涂抹上种种来自民众的、革命的、可爱的，甚至带有反叛色彩的油彩，大众文化因此受到了隆重的肯定。当大众文化以"媚俗艺术""文化工业"之名表述时，它又成了毒害民众的鸦片，大众文化因此受到了严厉的否定和毫不留情的批判。②总之，"大众文化"在使用上都表现出一种"含混"和"复杂"。而如果把与之相对立的"精英文化""高雅文化""官方文化""主流文化"等糅杂在一起来分析，无异于徒增烦恼。

鉴于大众文化在使用上存在种种歧义，而又不可能找到一劳永逸的唯一定义，因此只能寻找一种折中的处理方法。实际上，在具体论述当中，西方学者逐渐形成了两种较为典型的大众文化用法：一种是 mass culture，另一种是 popular culture。这两种用法显然都与中国语境中常说的"市民文化""民间文化"或"通俗文化"等"古典文化时期"③的文化形态有所区别。而具体到 mass culture 和

---

① 卡林内斯库（Matei Calinescu）从美学的角度对媚俗艺术做过如下解释："可以很方便地把媚俗艺术定义为说谎的特定美学形式。……它出现于这样一个历史阶段，其时各种形式的美就像服从供应与需求这一基本市场规律的任何其他商品一样，可以被社会性地传播。一旦它不再能精英主义地宣称自己具有独一无二性，一旦它的传播取决于金钱标准（或者在集权社会中是政治标准），'美'就显得相当容易制造。"参见［美］马泰·卡林内斯库《现代性的五副面孔》，顾爱彬、李瑞华译，商务印书馆2002年版，第246页。

② 赵勇：《大众文化的概念之旅、演变轨迹和研究走向》，《山西大学学报》（哲学社会科学版）2012年第3期。

③ 在"古典文化时期"，出现了属于贵族士绅的上流社会的高雅文化和属于普通民众的通俗文化的矛盾。上流阶层在长期的文化熏陶中，形成了优雅敏锐的艺术趣味和完整成熟的高雅文化的形式与规范，而通俗文化则以淳朴自然见长。大众文化产生于"现代文化时期"，它是工业社会所产生的大众群体的文化伴生物。参见陈刚《大众文化与当代乌托邦》，作家出版社1996年版，第16页。

popular culture，它们既存在共同点，又有差异。其共同之处在于，二者都是伴随着工业化和都市化进程，借助现代大众传播媒介，通过资本主义生产方式生产具有商品特征、以大众为消费主体、满足人们感性娱乐需求的文化形态，如广播、电影、电视、音像制品、广告和流行出版物之类。因此，它与"休闲文化""商业文化""消费文化""媒介文化"有更为密切的联系。不同之处在于，二者在使用上有着明显不同的态度倾向。由于 mass 有"乌合之众"的含义，因此 mass culture 主要是指一种为平民准备的低等文化，其中所蕴含的那种立足精英立场、对大众文化的贵族式的不屑清晰可见。而 popular culture 指一种民众的文化，其中不含贬义，体现的是人们对于大众文化的一种宽容的态度。[1] 例如雷蒙·威廉斯就更倾向于使用 popular culture，约翰·费斯克（John Fiske）则完全舍弃 mass culture 而使用 popular culture。此外，mass culture 和 popular culture 还存在一种前后继承和"替代"的关系。mass culture 这个术语流行于 20 世纪 30—50 年代的文化批判思潮之中，但时至今日，除了回顾历史，mass culture 事实上已经是一个被人忘却的概念。总之，大众和大众文化最初是一个肯定与否定并存的概念，到后来经历了一系列否定的批判，最后肯定的声音又压倒了否定和批判的声音。所以今天西方学界所说的大众文化，无一例外是指 popular culture。

由于 mass culture 和 popular culture 一般在中文语境下都译为"大众文化"，有时也翻译为"通俗文化"[2] 和"流行文化"[3] 等，

---

[1] 潘知常、林玮：《大众传媒与大众文化》，上海人民出版社 2002 年版，第 25—26 页。

[2] 如杨竹山等翻译约翰·斯道雷的著作《文化理论与通俗文化导论》（*An Introductory Guide to Cultural Theory and Popular Culture*）使用的是"通俗文化"（但在常江翻译的版本中，popular culture 一词又翻译为"大众文化"）；甘锋翻译利奥·洛文塔尔（Leo Lowenthal）的著作《文学、通俗文化和社会》（*Literature, Popular Culture, and Society*）使用的也是"通俗文化"。

[3] 如祁林翻译劳伦斯·格罗斯伯格（Lawrence Grossberg）等《媒介建构：流行文化中的大众媒介》（*Mass Media in a Popular Culture*）使用的是"流行文化"。

而"大众"一词在中国又与"公众""民众""群众""人民大众"等词纠缠不清，相互重叠，这种词语变化的游戏的确让我们眼花缭乱。因此，有必要澄清一下本书如何使用这一概念。

显然，文化产业这一"观念"的形成无法与 mass culture 和 popular culture 这两个词完全脱离关系，尽管从表述上它们有着较为明显的差异。从前者来看，mass culture 更接近"文化工业"（culture industry）的内涵，而"文化工业"是现代意义上"文化产业"一词的直接理论来源，"文化工业"和"大众文化"在某些语境下是差不多相一致的概念，有时几乎是可以通用的。从后者来看，由于 popular 比 mass 一词更具有积极的意义，它是"文化产业"一词获得政策合法性的前置条件。因此，本书无意倾向于哪一个，而是要加以区别地对待。为了论述方便，本节中的"大众文化"概念会更接近于 mass culture 一词的含义，因为它更贴合"文化工业"的概念，即"为了满足大量消费而大批量生产的文化"。而在下一节中，大众文化的含义倾向于后者，含有中性和褒义倾向的意义。但是从根本上说，"大众文化"的客观事实如其本身自带的技术性、商业性、消费性、娱乐性是不会因为词汇的变化而改变的。

一　社会转型的焦虑与大众时代的到来

要真正理解什么是大众文化，我们必须回到当时的社会语境来一探究竟。西方近代史的开端虽然颇具争议，但是基本上可以追溯到资本主义形成的时候。到了 18 世纪，以珍妮纺纱机的发明和改良蒸汽机的广泛使用为契机，人类社会进入了以机器和化石能源替代人力和自然动力的伟大时代，大大提高了生产能力和劳动效率，开创了近代人类技术史上乃至后来影响到政治、经济、思想等领域的一场深刻社会变革。这场变革从 18 世纪末开始迅速扩展到西欧、北美等世界其他地区，发展成为一场世界性的"工业革命"。进入 19 世纪，英国基本实现了由手工业向机器化大生产的过渡，率先完成工业革命，成为世界霸主。这场革命带来的物质繁荣和日新月异的科技进步，使得英国在19世纪的"维多利亚时期"成为世界盛极一时的"日不落帝国"，其成就从1851年的"万国博览会"中便可见一斑。

以"世界工业革命"为契机，人类的生存、生产和生活方式发生了翻天覆地的变化，它不仅影响了整个社会的物质财富，也影响了身处其中的人类的政治、社会和思想面貌，这些变化为现代阶级社会的产生创造了条件。雷蒙·威廉斯在《文化与社会》中说，"'文化'一词含义的发展，记录了人类对社会、经济以及政治生活中这些历史变迁所引起的一系列重要而持续的反应"[1]。其所谓"历史变迁"莫过于社会的转型，即农业文明向工业文明的转型，或如马克斯·韦伯所谓"前现代社会"向"现代社会"，丹尼尔·贝尔（Daniel Bell）所谓"前工业社会"向"工业社会"的转型。在各种"社会转型"理论中，"传统社会"总是与落后的、不发达的、静止的特征相联系，"现代社会"则具有先进的、发达的、动态的特征。这意味着我们的社会、经济、政治、文化乃至总体生活方式发生了某种彻底的改变和巨变。然而，就在人们高喊着要与过去的文化彻底"决裂"的运动中，伴随而来的是一系列"现代性危机"[2]，如物质文明与精神文明脱节，社会阶级矛盾激化与斗争，新旧社会来不及衔接等，这些危机激起了文人学者们的强烈回应，其中就包括由社会转型带来的文化焦虑。

英国社会的批评传统就是在这样的语境下出场的。19世纪中后期，以托马斯·卡莱尔（Thomas Carlyle）、马修·阿诺德（Matthew Arnold）、约翰·罗斯金（John Ruskin）和威廉·莫里斯（William Morris）等为代表的英国文学批评家，首先将矛头对准具有机械特征

---

[1] ［英］雷蒙·威廉斯：《文化与社会》，吴松江、张文定译，北京大学出版社1991年版，第19页。

[2] 19世纪以来，当代西方的社会危机、文化危机与心理危机构成了当代西方学者关注的中心议题。他们在理论上将这些由物质生产过度发达所引起的重重危机称为"现代性危机"，并将现代性危机产生的缘由在理论上归结为现代性本身的内在矛盾。

的工业文明，并对由此引发的现代性危机进行批评，并试图提出富有意义的愿景。① 卡莱尔创造了"工业主义"（industrialism）一词，并把工业化时代称为"机械时代"（Mechanical Age），从而赋予了文化以批判机械文明的新内涵。他在《时代的特征》（*Signs of the Times*，1829）中写道："假如我们需要用单个形容词来概括我们这一时代的话，我们没法把它称为英雄的（Heroical）、虔诚的（Devotional）、哲思的（Philosophical）或道德的（Moral）时代，而只能首先称它为机械的（Mechanical）时代。这个机器的时代包含了'机械'这个词所有的内在和外在意义……如今没有一件东西是直接做成或用手做成的，一切都通过一定的规则和计算好的机械装置来做。"② 在另一部名著《拼凑的裁缝》（*Sartor Resartus*，1833—1834）中，卡莱尔则把世界比喻成"一个巨大的、毫无生气的、深不可测的蒸汽机"③。阿诺德也很早就注意到工业主义所导致的缺乏秩序、准则和方向感的"无政府状态"。他在《文化与无政府状态》（*Culture and Anarchy*，1869）中指出："与希腊罗马文明相比，整个现代文明在很大程度上是机器文明，是外部文明，而且这种趋势还在愈演愈烈，但尤其在我们自己国家，机械性已到了无与伦比的地步……关于完美是心智和精神的内在状况的理念与我们尊崇的机械和物质文明相抵牾，而没有哪个国家比我们更推崇机械和物质文明"；他强调"对机械工具的信仰乃是纠缠我们的一大危险"④。阿

---

① 殷企平：《西方文论关键词：文化》，《外国文学》2010 年第 3 期。
② 卡莱尔认为，"目前受机器主宰的不光有人类外部世界和物质世界，而且有人类内部世界和精神世界……不光我们的行动方式，而且连我们的思维方式和情感方式都受同一种习惯的调控。不光人的手变得机械了，而且连人的脑袋和心灵都变得机械了"。参见 Thomas Carlyle, "Signs of the Times", *Socialism and Unsocialism*. Vol. 1. Ed. W. D. P. Bliss. New York：The Humboldt Publishing Co., 1967, pp. 170 – 173。
③ ［英］托马斯·卡莱尔：《拼凑的裁缝》，马秋武等译，广西师范大学出版社 2004 年版，第 127 页。
④ ［英］马修·阿诺德：《文化与无政府状态》，韩敏中译，生活·读书·新知三联书店 2002 年版，第 11—12 页。

诺德创造了我们所熟知的"文化与文明"（culture and civilization）传统，即把"文化"和"文明"截然分开，并定义了一个精英主义的"文化"内涵，认为文化是"世界上最优秀的思想和言论"。在他看来，文化指的是人们的精神生活，而与此相对的文明指的是物质生活，文化是内在于人类内心的，而文明则是外在的、机械的。文化和文明的矛盾，就是精神生活与物质生活的矛盾。所谓"无政府状态"，可以看作大众文化或工人阶级文化的同义词，这种状态会使原有的文化秩序趋于瓦解。

在阿诺德之后，诗人兼文学评论家 T. S. 艾略特（Thomas Stearns Eliot）继承了对精英文化的推崇、对资本主义工业文明的抨击和对工人阶级的蔑视，这些都在他的早期代表作《荒原》（The Waste Land，1922）中体现得淋漓尽致。罗斯金和莫里斯虽然没有像阿诺德那样直指"文化"，但是他们的思想也将矛头指向了由工业革命引起的，以机械进步为内涵的文化现象。罗斯金在《建筑的七盏明灯》（The Seven Lamps of Architecture，1849）、《威尼斯的石头》（The Stones of Venice，1851—1853）等著作中无不表现出对机械化大生产的不安。莫里斯对现代文明的仇恨和批判精神在他的诗歌、小说和政论文中随处可见。如《吉尼维亚的自辩》（The Defence of Guenevere，1858）、《地上乐园》（The Earthly Paradise，1868）等。在实践方面，由罗斯金理论指导，与莫里斯在19世纪下半叶共同发动的影响整个欧洲大陆的"工艺美术运动"产生了深远影响，这场运动反对大工业生产和机械化，主张在设计上复兴传统风格，提倡自然主义等，表达了对当时工业化的巨大反思。为了表达这种情结，莫里斯甚至和自己的朋友菲利普·韦伯（Philip Webb）一起亲自在英国伦敦郊区建造了举世闻名的"红屋"（The Red House）作为自己结婚的房子。

面对社会转型引起的种种冲突和矛盾，卡莱尔、阿诺德、罗斯金和莫里斯等先驱做了许多基础性的研究工作，他们提出许多富有意义的愿景，承载着人类社会面对机械时代的美好表达。可以说，没有他们夯实基础，就没有20世纪红红火火的文化批评与文化研究。然而，随着资本主义经济的发展，自然科学研究取得重大突破，工业革命与科技进步的飞速发展使得他们的"文化愿景"不断落空。19世纪70年代以后，各种新技术、新发明层出不穷，并迅速应用于各种工业生产和日常生活当中，推动人类经济社会迈上一个新的台阶。随着第二次工业革命蓬勃兴起，人类从"蒸汽时代"进入了"电气时代"。与第一次工业革命相比，英国不再是独霸一方的"日不落帝国"，美国在第二次工业革命中迅速崛起，超越英国，成为盛产大众文化的国度。而以日本为代表的亚洲资本主义国家也同时充分吸收两次工业革命的先进成果。在文化领域，19世纪末出现最大的变革便是"电子媒介"技术的应用，随着以伦敦、巴黎为代表的大都市形成，越来越多的人口开始集聚，形成了蔚为壮观的大众都市景观。进入20世纪，通俗小说继续盛行，看电影已经成为许多国家日常生活的一项重要娱乐活动，从30年代开始，美国就迎来了电影的黄金期，每周有成千万的消费者走进电影院。好莱坞作为美国的文化中心令世界瞩目，其生产的电影远销海外，大肆侵占着欧洲市场。电台成为继报纸之后最具时效性、影响力最大的新闻传播媒介。除此之外，具有通俗性、大众性、时尚型的爵士乐开始风靡全球，广告日益渗透到人们的日常生活中，而1939年电视机首次出现在纽约世博会园区，正酝酿着成为文化工业乃至20世纪最具势力的大众传播媒介。

工业化的必然产物之一是"大众社会"（mass society）的形成，都市景观和电子媒介开辟了新的文化市场，而孕育其中的大众文化兴起则是社会转型时期最重要的特征之一，因此"文化转型"是这一时期"社会转型"的应有之义。关于这一点，西班牙哲学家奥尔特加·加塞特（José Ortegay Gasset）在《大众的反叛》（*The Revolt of the Masses*，1930）中可谓有着深刻的表述，"当代欧洲（实际上是整个西方）的公共生活凸显出这样一个极端重要的事实，那就是大众开始占据最高的社会权力"，"如今到处人满为患……我们到底看到了什么，是什么景象让我们如此惊异？我们看到的是大众，他们正在占据着文明所开拓的每一块空间，使用着文明所创造的每一种工具"①。在加塞特看来，大众和少数精英并不是社会阶级的划分，而是两类人的划分。所谓"上层"阶级和"下层"阶级中都存在着大众与真正的精英之分。加塞特并不是"大众时代"的第一个预言者与批评者，也不是精英主义最著名的倡导者，但是他较早地对现代人困境的剖析使他对"时代危机"的诊断独具一格。

对后来大众文化理论影响更为直接的，还有 F. R. 利维斯（Frank Raymond Leavis）和以他为代表的"细绎"②集团。与阿诺德相似，利维斯在《大众文明和少数人文化》（*Mass Civilization and Minority Culture*，1930）一书中坚信文化总是少数人的专利，只有少数人才能够欣赏但丁（Dante）、莎士比亚（Shakespeare）、约翰·唐恩（John Donne）、波德莱尔（Baudelaire）和哈代（Hardy），以及他们的继承人。利维斯认为现代技术社会的危机主要在精神和文化方面，大众文化是缺乏"道德严肃性"和"审美价值"的。因此，他认为"文学批评"的任务之一就是判别"伟大的"文学作品，把那些渣滓（比如"大众的"或"流行的"小说）筛选掉，以唤醒人们对人文价值、社群意识以及共同文化的重视，建立"阿诺德式"和"T. S. 艾略特式"的传统或经典。尤其"利维斯们"已然处在一个"大众文明"和"大众文化"全面登台的时代，"大众民主"逐渐崛起并取代传统的社会精英，通过大众媒介获得了支配各个领域的话语权。而少数文化精英发现自己身处一个敌对环境之中。也就是说，阿诺德在19世纪所亲见的种种文化混乱，在20世纪进一步加剧了。于是，利维斯呼吁"少数人"武装起来主动出击，以抵制泛滥成灾的以"标准化和低水准"为特征的大众文化。比如，他们

---

① [西班牙]奥尔特加·加塞特：《大众的反叛》，刘训东、佟德志译，吉林人民出版社2004年版，第3—4页。

② "细绎"指《细绎》（*Scrutiny*）杂志（1932—1953），创始人是利维斯，是英国广为瞩目的"细绎派"主要阵地。

指责通俗小说不会使读者精神焕发，热爱生活，而是诱导他们精神分散，逃避现实，寻找心理安慰，并将读者称为沉溺于谎言的"瘾君子"。对于电影的大行其道，他们认为是极度危险的。因为电影有一种催眠术般的魔力，使人们沦陷于廉价的情感诉求中不能自拔。这些思想形成了大众文化批判中的"利维斯主义"传统，对后来法兰克福学派大众批判理论产生了广泛的影响。

二　法兰克福学派与大众文化批判

法兰克福学派（Frankfurt School）是由德国法兰克福大学社会研究所（Institute for Social Research）的研究人员所组成的学者集团，是以对现代社会、特别是对当代资本主义社会进行多学科综合性研究与批判为主要任务的哲学、社会学、美学学派。[①] 同时也是"西方马克思主义"阵营中聚集人数最多、绵延时间最长、跨学科力度最大、理论体系最系统完善的一个学派。[②] 在将近60年的发展中，成员多达数十人，绵延三代。其中，对大众文化的研究主要集中在第一代代表人物霍克海默、阿多诺、马尔库塞（Herbert Marcuse）、洛文塔尔（Leo Lowenthal）、本雅明（Benjamin Walter）等人中。法兰克福社会研究所创办于1923年，它是在费利克斯·韦尔（Felix Veil）的积极倡导下，并在其父亲赫尔曼·韦尔（Hermann Weil）的资助下筹备创建的，最初构想旨在提供有关劳工运动和反犹太主义起源的研究，第一任所长是维也纳大学教授、史学家格吕堡（Carl Grünberg）。1930年，霍克海默接任研究所所长，吸收了一批经济学家、哲学家、心理学家和历史学家，旨在对现代资本主义社会进行多学科的综合研究。1932年，研究所创办了《社会研究杂志》（以下简称《杂志》），成为法兰克福学派研究人员的重要阵地。然而好

[①] 欧力同、张伟：《法兰克福学派研究》，重庆出版社1990年版，第3页。
[②] 赵勇：《法兰克福学派内外：知识分子与大众文化》，北京大学出版社2016年版，第15页。

景不长，1933年，希特勒上台执政，社会研究所作为一个公开的马克思主义研究组织，其成员又大都系犹太血统，首当其冲成为被迫害对象，并以"敌视国家的倾向"的罪名被纳粹政权封闭，6万卷图书被查抄。自此以后，法兰克福学派的主要成员开始了流亡的生活。是年，研究所不得不迁往日内瓦，后又迁往巴黎设立了办事处。1934年，社会研究所再次迁往美国，在哥伦比亚大学安家落户。1949年，社会研究所结束了流亡生涯返回联邦德国，霍克海默继续担任所长并重建了研究所的工作，部分成员如洛文塔尔、马尔库塞则留在了美国。

面对法西斯主义在欧洲的崛起与横行，20世纪30年代末期起，社会研究所即以批判法西斯主义作为首要任务。霍克海默在纽约的秘书迈尔（Alice Maier）曾如此描绘过20世纪30年代末40年代初研究所面临的压倒一切的任务："必须抨击希特勒和法西斯主义——可以说这是我们共同的信念，正是这个信念把我们团结到了一起。"[1] 在美国犹太委员会和犹太劳动者委员会的资助下，法兰克福学派成员写下大量的相关著作，包括霍克海默的《独裁主义国家》（1940）、弗洛姆（Erich Fromm，又译为弗罗姆）的《逃避自由》（1941）、诺伊曼（Franz Neumann）的《巨兽》（1944）、阿多诺等人的《独裁主义人格》（1950）、马尔库塞的《理性与革命》（1941）等，以揭露极权国家对思想意识的控制。在法兰克福学派的理论家们把法西斯主义国家作为独裁主义国家来研究时，他们发现身居其中的美国也是独裁主义国家，不过它是另一种典型：它的统治不是凭借恐怖与高压的手段，而是通过在文化领域建立强制遵从的思想与行为模式，来操纵与控制民众，使之屈从独裁主义统治。[2] 法兰克福学派的核心成员曾经目睹纳粹党党魁希特勒如何超绝地运用大众

---

[1] 转引自赵勇《论法兰克福学派大众文化理论的生成语境》，《学术研究》2004年第11期。

[2] 欧力同、张伟：《法兰克福学派研究》，重庆出版社1990年版，第9页。

传播媒介创造法西斯景观；而流亡美国的时候，又看到美国大众文化是如何影响大众的。尤其是第二次世界大战期间，罗斯福精彩地运用大众媒介作为宣传工具令他们印象深刻。他们认识到，文化工业所发挥的统治意识形态功能无论在法西斯极权政治还是在自由民主国家，都具有同样的效果。因此国家对于媒介的控制与政治运用，以及资本家对于娱乐事业的控制，就为批判理论解析"文化工业"作为社会控制工具的模式提供了历史的根源。于是，批判肯定的文化（affirmative culture）[①] 和大众文化（mass culture）就成了法兰克福学派在20世纪40年代的另一个重要主题。1941年，研究所的新刊物《哲学和社会科学研究》（Studies in Philosophy and Social Science）[②] 与拉扎菲尔德（Paul F. Lazarsfeld）"无线电研究中心"合作，出了一期论述大众传播媒介的专刊。1942年洛文塔尔在与霍克海默的通信中，也多次共同对大众文化作了广泛的分析，研究所批判大众文化的一些特征在这些信件中得到证实。

法兰克福学派系统地对大众文化的批判研究主要体现在霍克海默和阿多诺合写的《启蒙辩证法》（Dialectic of Enlightenment，1947）中。这本书写于法西斯主义甚嚣尘上的日子，其论述的核心命题是，在资本主义商品经济、科学技术和工具理性的作用下，启蒙（Aufkirungng/Enlightenment）为什么走向了它的反面？人类为什么没有进入真正的人性状态，反而深深地陷入了野蛮状态？其中《文化工业：作为大众欺骗的启蒙》（"The Culture Industry：Enlightenment as Mass Deception"）一文要阐明的，就是启蒙意识形态的倒退。

[①] "肯定的文化"（affirmative culture）最早由霍克海默在《利己主义与自由运动》（1936）一文中提出来，马尔库塞后来在《文化的肯定性质》（1937）一文中进行了专门阐释。马尔库塞认为，肯定的文化是资产阶级时代按照其本身历程发展到一定阶段所产生的文化，其根本特征就是认可普遍性的义务，认可必须无条件肯定的永恒美好和更有价值的世界。参见［美］赫伯特·马尔库塞《现代文明与人的困境——马尔库塞文集》，李小兵等译，生活·读书·新知三联书店1989年版，第120页。

[②] 《社会研究杂志》在流亡期间先是用德文在巴黎出版（1934—1939），到美国后改名为《哲学和社会科学研究》（1940—1941），以英文出版。

阿多诺第一次使用了"文化工业"（culture industry）概念，被视为文化工业批判理论的正式诞生。阿多诺后来解释道，在《启蒙辩证法》这本书的草稿里，他们最初使用的是"大众文化"（mass culture）一词，后来用"文化工业"取代了那个表述，旨在从一开始就有别于和大众文化概念拥护者相一致的解释：即认为它不过是某种类似文化的东西，自发地产生于大众本身，是通俗艺术（Volkskunst）的当代形式。① "文化工业"这个术语是霍克海默和阿多诺精心选择的，industry一词的使用意味着文化不再是原来的文化，工业也扩大到了精神生产领域。可见，他们所言对象不是那种自发地从大众那里生发出来的文化即"大众的文化"，也不是当代流行文化形式，而是或多或少按照计划而生产出来的文化产品，这种产品是为大众消费度身定做的，并在很大程度上决定了消费的性质。就像大众音乐不是大众创作的音乐，而是为大众生产的音乐一样，文化工业的产品也不是大众自身的东西。也就是说，他们眼中的大众文化不是历史上早就存在的民间文化和通俗文化，也不是它们在当代的延续。而是指进入发达资本主义阶段后，由庞大工业体系所支持，以大批量复制为手段，生产具有消费性文化商品的文化形式。如畅销小说、商业电影、电视剧、通俗歌曲、休闲报刊、卡通音像制品或杂志、营利性体育比赛以及时装模特表演等等，都是这一文化的主要成分。在法兰克福学派看来，文化工业不同于传统社会的通俗文化，传统的通俗文化是自然的，是从大众率性而为的，体现着民众趣味的多样化；文化工业则是技术性的，是在资本驱使下，被有计划、有组织地制作出来的，具有标准化、模式化的特征。② 文化工业概念的意义在于它描述了这样一个生产系统：在这个系统中，文

---

① ［德］西奥多·阿多诺：《文化工业再思考》，高丙中译，载陶东风等编《文化研究》（第1辑），天津社会科学院出版社2000年版，第198页。另赵勇以《文化工业述要》为题重译了此文，参见《贵州社会科学》2011年第6期。
② 李春媚：《文化产业·文化工业·大众文化——涵义与功能的廓清》，《文史哲》2009年第1期。

化形式是由资本积累的逻辑决定的，而不是由任何一个特殊的艺术家或企业主所坚持的炒作因素或政治因素决定的。[①] 因此，霍克海默和阿多诺改用"文化工业"一词，一是为了避免歧义，二是为了更好地突出他们所批判的对象是按照工业化生产的流程生产的，强调其商品化、技术化、标准化、模式化和伪个性化，以及被控制、被操纵的特质，旨在对文化工业进行否定。显然，霍克海默和阿多诺对于文化工业在先进资本主义总体架构中的作用和文化工业如何生产产品不感兴趣，对该行业在个人内部和外部产生的经验形式，以及它如何将大众变成文化工业的产品更感兴趣。

实际上，在"文化工业"这一概念正式提出之前，阿多诺对大众文化已经有过广泛的探讨和分析。例如阿多诺在《论音乐的社会情境》（1932）、《论爵士乐》（1936）、《论音乐中拜物特性与听觉的退化》（1938）、《论流行音乐》（1941）等文章中已经对"文化工业"理论有了相当成熟的思考，它最早来源于阿多诺对现代流行音乐（特别是爵士乐）的反思。例如，他在《论爵士乐》中指出，"一种永久的同一运动的稳定性代替了时间"，这是阿多诺理解大众文化的一个关键特征。他在1937年为此文写的补充中指出，爵士乐中个性主题解体的另一个证据，是它越来越经常地用于舞蹈或背景音乐，而不是直接被聆听。1938年在研究所《杂志》上发表的《论音乐中的拜物教特性和听觉的倒退》是阿多诺1937年踏上美国纽约的第一篇文章，再次攻击了许多当代音乐中的虚假和谐。如前所述，他强调"个性的泯灭是新音乐的特有标志"。在《论流行音乐》中，阿多诺坚持他在欧洲就开始对爵士乐的敌视。他认为，标准化和伪个性化是流行音乐显著特点，只认熟悉的东西是大众听觉的本质，它以自身为目的，而不是导向更深入欣赏的手段，一旦某些程式取得成功，工业就反复鼓吹或大肆渲染某种同样的东西，通过令人神魂颠倒的、移植了的愿望满足和被动的强化，最终使音乐

[①] 单世联：《现代性与文化工业》，广东人民出版社2001年版，第382页。

成为一种社会的黏合剂。① 由于阿多诺受过古典音乐教育的特殊背景，使他对以爵士乐为代表的流行音乐始终持有贬斥的立场，也使得他的"文化工业"理论似乎具有一种音乐社会学的色彩。本雅明虽然从未成为研究所的正式成员，但他作为研究所《杂志》的主要撰稿人之一，则更早地揭示了文化工业的一些基本思想。1936年，阿多诺说服霍克海默刊登本雅明的《机械复制时代的艺术作品》（"The Work of Art in the Age of Mechanical Reproduction"）一文，论述了艺术在机械复制技术的影响下发生的变革，其中许多观点与"文化工业"理论十分接近。但是，与阿多诺等人不同的是，本雅明虽然批判机械复制技术使艺术的展示价值整个地抑制了膜拜价值，认为"震惊效果"取代"凝神静观"会造成传统艺术中"光韵"（Aura）的消失，抹掉艺术的"原真性"（Echtheit）。但是，本雅明对此不喜不悲，冷静地面对和审视。他辩证地看待了照相术、电影等机械复制技术对艺术带来的后果，尤其是他认为大众对艺术的欲求是一种进步的表现，机械复制带来了艺术平等和民主，由此肯定了每个人与文化作品结合的可能。这实际上可以看作为大众文化"合法化"的一项有意义的工作。对此，阿多诺与本雅明之间曾引起多次学术论争，亦不被研究所其他成员认真对待。

法兰克福学派关于大众文化的研究一直延续到20世纪80年代，其他核心成员如洛文塔尔、马尔库塞、哈贝马斯（Jürgen Habermas）、霍耐特（Axel Honneth）等延续了法兰克福学派的批判传统，对大众文化有了继承性和发展性研究。洛文塔尔对大众文化的思考主要集中在印刷媒介中的通俗文学，代表作是《文学、通俗文化和社会》（Literature, Popular Culture, and Society，1961）这本书。② 与阿多诺相比，他对大众文化的态度比较暧昧，他一方面维持着与法

---

① ［美］马丁·杰伊：《法兰克福学派史》，单世联译，广东人民出版社1996年版，第220—221页。

② 这本书由五篇论文构成，分别为《通俗杂志中的传记》（1942—1943）、《文学社会学》（1948）、《通俗文化的历史透视》（1950）、《艺术与通俗文化之争：以18世纪的英国为例》（1957）、《艺术和通俗文化之争论纲》（1960）。

兰克福学派主流观点的正常联系，另一方面对大众文化有着比较微妙的肯定性评价。马尔库塞的大众文化批判主要集中在《单向度的人》（*One-Dimensional Man*，1964）这本书中，他将"技术理性"定性为发达的工业社会的意识形态，认为技术是一种新的控制形式，它为人们提供了虚假的意识和需要，导致了个体的衰落和大众文化的出现，从而使大众丧失了否定性和反抗性，沦为"单向度的人"，这些观点与阿多诺和洛文塔尔遥相呼应。作为法兰克福学派第二代代表人物，哈贝马斯认为大众文化的功能在进入垄断资本主义后发生了转变，在他看来，大众文化一开始创造了一个理想型的"具有批判功能的公共领域"，但是当市场成为文化创造的内在法则，市民社会中的"公共领域"受到商业化原则的渗透和侵蚀，导致文学艺术、新闻出版、广播电视等把利益摆在了首位，从而使大众文化变得庸俗，失去了阐明社会生活的意义和价值的作用。法兰克福学派有关大众文化的批判非常系统且庞杂，各个分支相互缠绕，也存在众多差异、矛盾甚至对立。限于篇幅，这里不准备一一赘述。只需指出的一点是，法兰克福学派成员的研究旨趣与研究路径并非完全一致，有的发生了明显的转向，有的后期又回归到对美学和艺术问题的思考，这构成了法兰克福学派大众文化研究的一个典型特征。

三 "文化工业"的主要思想及其渊源

法兰克福学派对待大众文化的态度并非整齐划一，批判理论也经历从"老批判理论""新批判理论"到"后批判理论"的多次转型。[①] 因此，本书无意对法兰克福学派的批判理论和大众文化研究作一个全面的梳理，而是重点对法兰克福学派的"文化工业"主要思想及其来源作简单阐释，以为后文关于"文化工业"理论的反思以

---

① 王凤才：《批判理论三期发展（专题讨论：上）》，《学习与探索》2017年第4期。

及文化工业向文化产业的话语转变作铺垫。

大体而言,"文化工业"理论所批判的主要有如下几个方面:

第一,文化工业具有商品拜物教的特征。如果我们认真考察了文化工业理论生成的历史语境,我们很容易发现它首先是一种政治经济学意义上的批判理论,它揭示了西方社会进入发达资本主义阶段后统治结构发生的变化,即由过去硬性的、血腥的、暴力的、殖民化的策略转变为借助商品力量和资本逻辑,将统治变成一种温情脉脉的、隐藏在娱乐和消费之后的形式。在资本主义商品制度下,过去的文化格局发生了巨大变化,并且二者都不同程度地纳入了根据市场价值规律进行交换的商品运行轨道,具有"商品拜物教"的特征,变成了一味迎合消费者的"彻头彻尾的商品"(a commodity through and through),成为纯粹赚钱的工具,直截了当,毫不掩饰。例如阿多诺对音乐的创作和消费受利润动机和交换价值支配的商品化作过独到的分析,认为音乐被划分为受市场导向的音乐和不受市场导向的音乐,创作者主要关心的不是审美价值,而是经济收益并一味迎合消费者。大多数作品的价值实现依赖于欣赏者是否为之付钱,以投资效果作为尺度。阿多诺提出"音乐拜物教"来说明对文化商品的偶像崇拜。马尔库塞认为,资产阶级的艺术作品都是商品,他们是作为上市销售的商品被创作出来。哈贝马斯也同意这种看法,认为艺术已经退化为商业性的大众文化。总之,在商品利益的驱动下,文化工业与一般商品在本质上毫无二致,而且正是因为这种特性,人们在消费后很快又将之丢弃,然后再消费,再丢弃,循环往复。

第二,文化工业破坏了艺术的严肃性。阿多诺等人在分析大众文化时有一个共同的立场:他们常常是从维护艺术的角度去反思和批判大众文化的。所以,大众文化实际是艺术、真艺术、自律艺术等的对立面。这使得法兰克福学派对大众文化的批判显然存在着一个美学维度。① 进入发达资本主义社会，文化工业使分离了数千年的高雅艺术与低俗艺术之间的界限消失，它具有标准化、统一化和同质化的特征，扼杀了艺术个性和人的精神创造力，并生产出一种同质的社会主体。它只承认效益，破坏了艺术作品的反叛性和否定、颠覆、救赎的功能。阿多诺指出，"文化给一切事物都贴上了同样的标签。电影、广播和杂志制造了一个系统。不仅各个部分之间能够取得一致，各个部分在整体上也能够取得一致"②。换言之，文化工业按照一定的标准、程序，大规模生产出来的各种复制品毫无艺术性可言，电影拷贝、唱片、照片、录音带、报纸杂志等不过是颠来倒去的程式。与古典时代的伟大艺术家和艺术作品相比，文化工业是以先进技术设备作为后盾的，创作者多为业余的，作品也更粗糙。阿多诺直言，"文化工业将陈旧熟悉的东西熔铸为一种新的特质，它的所有分支当中，产品都是为大众消费所设计，都在很大程度上决定着此种消费的性质，故此，多多少少都是有计划制造的。各个分支在结构上如出一辙，或者至少是彼此契合无间，井井有条被纳入一个几乎是天衣无缝的系统。当代的技术能力以及经济和管理的集中程度，使这一切成为可能。文化工业自上而下，有意识将它的消费者整合成一个模式"③。

第三，文化工业具有自上而下的整合力量。虽然阿多诺并未在"自上而下"作过多的停留和进一步解释，但是他对文化工业所发挥的统治意识形态功能则是不言自明的。他认为，文化工业剥夺了个人的自由选择，控制和规范着文化消费者的需要，操纵了物化的、虚假的文化，使之成为束缚意识形态的工具、独裁主义的帮凶，并

---

① 赵勇：《法兰克福学派内外：知识分子与大众文化》，北京大学出版社2016年版，第36—37页。
② ［德］马克斯·霍克海默、西奥多·阿多诺：《启蒙辩证法：哲学断片》，渠敬东、曹卫东译，上海人民出版社2003年版，第134页。
③ ［德］阿多诺：《文化工业再思考》，高丙中译，载《文化研究》（第1辑），天津社会科学院出版社2000年版。

通过娱乐来麻痹、欺骗大众。因此文化工业的总体效果是"反启蒙"（anti-enlightenment）。阿多诺认为，由于大众文化的典型做法就是"不断重复""整齐划一"，使"一个人只要有了闲暇的时间，就不得不接受文化制造商提供给他的产品"。以电话与广播的区别为例，电话依然可以使每个人成为一个自由的主体，但是广播使所有的参与者都变成了听众，使所有听众都被破去收听几乎完全雷同的节目，从而剥夺了大众的主体性。晚期资本主义社会正是"通过不计其数的大批生产和大众文化的机构，把因循守旧的行为模式当作自然的、令人尊敬的、合理的模式强加给个人"，履行着操纵意识的控制职能。于是，一方面，文化活动失去了为人们提供娱乐和消遣、给人以精神享受的作用，而成为劳动的延长，旨在恢复精力，以能在此应付机械的工作，从而"快乐变成无趣"；另一方面，文化工业决定着娱乐商品的生产，控制和规范着文化消费者的需要，如同宗教一样成了一种支配人的闲暇时间与幸福的力量。这就使得文化工业得以成为独裁主义乃至法西斯主义控制公众舆论的强大手段，通过对"个体意识的控制"（the control of the individual consciousness）来生产他们的追随者。

法兰克福学派关于"文化工业"的批判理论的来源广泛。尤其是后期新成员的加入，新的思想和理论也逐渐被带到研究所中。首先，法兰克福学派作为"西方马克思主义"思潮中的一个学派，无疑也具有公开宣布自己信奉马克思主义这一共性。他们接受了马克思否定资本主义的理论，以及关于人道主义、异化劳动、商品拜物教、意识形态虚假性等思想。其次，法兰克福学派从卢卡奇（Georg Lukacs）那里借用了"物化"的概念。有所区别的是，在论及物化现象时，卢卡奇主要聚焦于物质生产领域，而法兰克福学派所面对的则是发达资本主义社会，精神生产和消费领域都已经全面地渗透着交换原则的运作逻辑。此外，弗洛伊德（Sigmund Freud）的精神分析学说，马克斯·韦伯的合理化理论等，也是法兰克福学派对大众文化进行批判的重要分析工具。

总而言之，对文化工业的批判，以及相应对大众文化、通俗文化、商品文化的批判，是现代主义的一个重要主题。在 20 世纪六七十年代以前，对文化工业毫不宽容地痛加贬斥，深深根植于社会发展的实践运动之中，它既是西方批判浪潮和反思运动的产物，也代表了西方追求超越性的一种文化精神，它们共同构成了这些批判的社会背景和知识根源。然而，无论如何批判，争论本身就说明了争论对象的现实存在，这表明文化工业在现代社会已然扮演着重要的角色。在世界工业化进程不可阻挡的客观规律下，商品化现象和商品化思维堂而皇之地进入各个领域，古典社会的社会结构和分层必然会发生改变，从而也一定要改变传统的文化知识形态和文化观念。

第二节　文化研究的贡献与"文化工业"再思考

在上一节中，我们已经集中探讨了 19 世纪末至 20 世纪 50 年代文化产业观念的"过去形态"，以及"文化工业"从大众文化的批判中剥离出来的过程。"文化工业"是法兰克福学派"批判理论"中的最重要理论成果之一，它展现了法兰克福学派对大众文化最核心的思想，是特定历史条件下的产物。随着第二次世界大战的结束，尤其是 20 世纪 50—60 年代，世界主要资本主义国家在经历了短暂的恢复之后，逐渐进入经济发展的"黄金时代"。尽管周期性危机并没有消除，但工业生产和商业发展势头不减，西方社会环境和社会秩序整体趋于稳定，消费成为人们生活的主导。而在文化领域，新的传播媒介和传播技术应用到文化生产当中，文化与经济的结合日益紧密。在这种浓郁的世俗化氛围中，大众文化得天独厚，迅速扩张，对大众精神生活的影响日益增强。在现代性危机的深化与民众在政治、文化等各方面崛起的双重语境的推动下，伯明翰学派在面对走出"现代性危机"的途径上，选择了在文化层面上对抗"现代性危机"的西方马克思主义道路。① 然而，与法兰克福学派不同的是，伯明翰学派在面对大众文化问题时采取了截然不同的研究路径，其中最重要的部分就包括对法兰克福学派的反思，而随着葛兰西（Antonio Gramsci）、皮埃尔·布尔迪厄（Pierre Bourdieu）、迈克·费瑟斯通（Mike Featherstone）等人的相关理论的引入，大众文化的研究出现了新的转向。这些都为作为积极意义的"文化产业"概念的出场奠定了一定的理论基础。

一 大众文化的观念转向

20世纪60年代兴起于英国的伯明翰学派是西方一支重要的文化批评及美学学派，其堡垒是1964年在伯明翰大学成立的"当代文化研究中心"（The Centre for Contemporary Cultural Studies，CCCS），第一任所长由理查德·霍加特（Richard Hoggart）担任，其他领军人物还包括雷蒙·威廉斯、E. P. 汤普森、斯图亚特·霍尔（Stuart Hall）、约翰·费斯克等。第二次世界大战后的西方社会，阶级矛盾得到缓和，工人阶级迅速壮大，并成长为一支比较成熟的社会力量。这一阶层的崛起，强烈要求一种能够站在他们的立场，维护他们的利益，表达他们的意识、情感以及价值观的理论。而英国传统的"文化主义"因其过于玄虚，远离现实，而变得不合时宜。因此伯明翰学派早期的一个突出特点就是能够站在平民的立场回应他们在文化上的要求，该学派特别关注工人阶级的文化和教育状况，并为青年亚文化族群进行辩护。例如霍加特就曾分析阅读报纸、郊区旅游、酒馆闲聊等20世纪30年代工人阶级大量的生活方式与娱乐方式，并对这种文化大加赞赏。

伯明翰学派是一个复杂的流派，学者思路、理论兴趣以及理论见解都有不同程度上的差异，甚至同一理论家在不同时期对同一问题的

---

① 杨东篱：《伯明翰学派的文化观念与通俗文化理论研究》，山东大学出版社2011年版，第27页。

见解也有所不同。鉴于伯明翰学派的庞杂性，本书无意对伯明翰学派的大众文化研究进行详尽的梳理，而旨在说明大众文化研究到伯明翰学派发生了一种特别的转向。尤其是伯明翰学派在后期吸收了许多其他具有影响力的理论成果，大大拓宽了大众文化研究的视域，也把西方大众文化研究带入一个全新的境界。这些变化对后来西方学界针对法兰克福学派"文化工业"批判理论的再思考产生了广泛的影响，并对作为中性意义的"文化产业"观念出场奠定了一定的理论基础。总之，伯明翰学派的文化研究是对文化工业化生产机制和大众消费社会现象的一种积极的研究转向，是面对文化的产业化、大众化、商业化以及大众传播方式的普及、日常生活审美化等现象及时作出的对研究对象和研究方法的调整，其贡献主要突出在以下几个方面。

1. 对"文化"的重新理解

伯明翰学派虽然深受英国社会批评传统的浸染，但是对于文化的观念有着自己的理解。在19世纪，文化概念大体属于文学知识分子的研究领域。当时对英国社会的不满、抗议和批判主要来自他们，并形成了一种思想传统，而文化是他们用来表示这一重要传统的术语。社会潮流的走向，让这些作家痛心疾首，而文化概念则表达了他们的痛苦，同时彰显了他们的社会关切，以及他们提供的建设性愿景。[①] 伯明翰学派打破了传统文化观中的"经典定义"，如利维斯"少数人的文化"和阿诺德"文明中最优秀的部分"，以及法兰克福学派以经典作品、经典创作者（作家、诗人、画家、音乐家等）等作为标准的传统，开始关注文化更多的意义。威廉斯在写作《文化与社会》的时候，就多次强调要积极拓展文化的定义。在他看来，"文化是普通平常的"[②]。后来他在《漫长的革命》一书中进一步提出了文化的三种界定方式，即"理想的""文献式的"和"社会

[①] 殷企平：《西方文论关键词：文化》，《外国文学》2010年第3期。

[②] Raymond Williams, "Culture is Ordinary", Ann Gray ed. Studing Culture: An Introductory Reader, London: Arnold, 2002, p.6.

的"。按照文化的社会定义，文化是指一种特殊生活方式的描述，不仅指人类优秀的思想言论，还包括其他的知识形式、制度、风俗、习惯等。在约翰·斯道雷看来，文化的社会定义的重要意义在于：一是它扩展了文化的定义，文化不再仅仅被定义为一系列的"精英"文化文本和实践，比如芭蕾、歌剧、小说、诗歌等；相反它可以被重新定义，把电视、电影、流行音乐、报刊、体育、广告、度假等都划归文化的大旗下；二是它把文化和意义进行了联姻，从这个定义出发来进行文化分析，能够澄清特定生活方式所暗含的意义和价值。① 这实际上是把"文化"与"艺术"进行了分离，正是这种分离奠定了文化研究的理论基础，开辟了文化研究的广阔天地，这些现象也得以进入学院理论的视野。

伯明翰学派的文化观念改变了文化以精神意义为中心的内在含义和以精神的高贵与高尚来衡量文化的标准，取而代之的是，以强调社会经验、意识以及承载这种社会经验、意识的物质载体为中心的文化含义和以社会功效为中心的文化标准。② 这种观念的转变使伯明翰学派的文学研究转向了文化研究。在这个基础上，文化工业得以有机会摆脱绝对批判的境地，使得"文化"与"工业"两个词汇的结合留下了一块"合法性"地盘，为文化产业进入文化政策制定者的视野提供了话语支持。文化渗透到日常生活，将经济领域与政治领域以一种温文尔雅的方式联系起来。文化生产变成了文化商品的工业化生产，它强调文化的制度化特征与社会化特征，以区别于个体灵感与想象。至此，文化生产有了更为明确的意指，它强调文学、绘画、音乐、电影、电视等文化产品的制度化和社会化特征，所指向的是大众的群体，而非孤独的个人。③

---

① [英]约翰·斯道雷：《文化研究中的文化与权力》，周敏译，《学术月刊》2005年第9期。
② 杨东篱：《伯明翰学派的文化观念与通俗文化理论研究》，山东大学出版社2011年版，第222—223页。
③ 周才庶：《西方文论关键词：文化生产》，《外国文学》2016年第5期。

2. 对"大众"的重新理解

法兰克福学派认为,"大众"是现代工业组织将民众非个性化、同一化的结果,这个过程就是"大众化"(massify)的过程,其结果是将大众变成了一种固定不变的、单质的群体。而伯明翰学派驳斥了这一观点。他们认为"大众"这样的概念,其内涵不是固定不变的,它代表的是一种价值,一种相对的立场,而作为价值和相对立场,"大众"应当首先理解为一种关系,而不是经验性实体或固定本质。而且,"大众"也并不是单质的整体,所谓的"大众"实际上包含了各种各样由具体利益关系、政治立场和社会联系形成的群体,是一个杂多异质的关系组合。另外,威廉斯等人重视平民及一般人的能力,因此他并不喜欢使用 masses 这个词。他认为,masses 本具有正反两面的意涵(甚至单数和复数也存在区别),不能一概而论。在许多保守的思想里,它是一个轻蔑语,但是在许多社会主义的思想里,它却是个具有正面意涵的语汇。为了更好地表达对大众的理解,他用 popular 代替了 mass,用 popular culture 代替了 mass culture。

3. 对"大众文化"的肯定

在对"文化"和"大众"的重新理解上,伯明翰学派赋予了大众文化一种更为积极的意义。威廉斯把文化看作一种生活方式,这实际上是对文化的"降调"处理。① 而霍加特则挖掘和释放了工人阶级文化的价值和意义。在他看来,工人阶级文化"不但能够抵制商业性大众文化的媚俗风习,而且能够改变大众文化,使之为我所用"②。在这一立场下,popular culture 开始取代 mass culture 成为大

---

① 雷蒙·威廉斯指出,"19 世纪以前,文化一词主要指'自然成长的倾向'以及——根据类比——人的培养过程。但是到了 19 世纪,后面这种文化作为培养某种东西的用法发生了变化,文化本身变成了某种东西。它首先是用来指'心灵的某种状态或习惯',与人类完善的思想具有密切的关系。其后又用来指'一个社会整体中知识发展的一般状态'。再后是表示'各类艺术的总体'。最后,到 19 世纪末,文化开始意指'一种物质上、知识上和精神上的整体生活方式'"。参见 [英] 雷蒙·威廉斯《文化与社会》,吴松江、张文定译,北京大学出版社 1991 年版,第 18—19 页。

② 陆扬、王毅:《文化研究导论》,复旦大学出版社 2007 年版,第 141 页。

众文化一词的新常规表述。显然，当越来越多的学者使用 popular culture 来指称其笔下的大众文化时，就已经淡化了大众文化的贬义色彩，把它还原成了一个中性词。可以说，伯明翰学派所处的时代环境与法兰克福学派对文化工业批判的时代相比已经发生了很大的变化，而文化研究的崛起与当时社会生活环境的变化不无关系。当他们开始研究那些曾经哺育过他们的大众文化时，他们已不可能疾言厉色，而更可能是含情脉脉。

二 西方学界对"文化工业"的反思

如上所述，20世纪60—90年代，大众文化研究在伯明翰学派的影响下走向了多元化的路径，其结果是，"文化工业"理论不再成为主流学术话语。相反，西方学界纷纷开展对于"文化工业"的再思考。甚至法兰克福学派的一些代表人物对"文化工业"的思想和态度有过不同程度的修正，认为文化工业产品不断地流行、更新、自我淘汰本身，已经显露出某种自我批判的精神。而大众在高度开放和交流的环境中，通过选择，同样会培植出自己的判断鉴别能力。例如，阿多诺在《电影的透明性》（"Transparencies on Film"，1966）中承认："文化工业的意识形态本身在其控制大众的尝试中，已变得与它想要控制的社会那样内在地具有了对抗性。文化工业的意识形态包含着自身谎言的解药。"[1] 赵勇在对法兰克福学派的研究中得出以下结论：在法兰克福学派的内部一直存在着两种声音，法兰克福学派的大众文化理论也因此形成了两套话语：否定性话语与肯定性话语……只有一个阿多诺，即终生批判着文化工业的阿多诺，但是却有两个本雅明（布莱希特式的与波德莱尔式的）、两个洛文塔尔（蒙田式的与帕斯卡尔式的）和两个马尔库塞（本雅明式的与阿多诺式的）。因此，本雅明、洛文塔尔与马尔库塞在对待大众文化问题上都具有两面性、暧昧性与矛盾性。这意味着他们既以各自不同的方式参与了大众文化否定性话语的生产，又在不同的历史语境与其个人的个

---

[1] ［德］西奥多·阿多诺：《电影的透明性》，符晓译，《电影艺术》2014年第6期。

性化思考中扮演着大众文化肯定性话语制造者的角色。① 由此可见，"文化工业"在法兰克福学派内部也并非铁板一块、毫无辩证。

总结起来，西方学界对"文化工业"的再思考，主要是从以下几个方面展开的。

1. 关于精英立场

一种普遍的观点认为，"文化工业"批判理论的精英立场与霍克海默、阿多诺等人的出身有关。这与伯明翰学派领军人物多半出身寒微形成鲜明的对比。这一点从他们早期的研究中便可略窥一二。在 20 世纪 40 年代涉足大众文化研究以前，法兰克福学派以文学艺术为主要对象，主要在于该学派重要成员本身就是文艺理论家和美学家。如霍克海默长期涉足小说创作，一直持续到 40 年代；阿多诺是有名的音乐评论家，曾写过多本讨论音乐的书；马尔库塞出版过《席勒〈美育书简〉注释本》（1925）；洛文塔尔在《社会研究杂志》上曾发表大量的文学批评；而本雅明的《机械复制时代的艺术作品》，则是该学派重要的美学遗产。因此，"面对资本的全面渗透，法兰克福学派对资本主义现实进行了否定性的批判，他们内心深处潜藏着复归自然、抵制现代工业文明的冲动，这种冲动在资本主义一往无前的磅礴阵势中不断被压抑，而压抑则升华为深刻的批判立场"②。他们"满怀鄙夷的姿态，打心里缅怀贵族式的生活与价值观，排斥资本主义的意识形态，反对工商行号所抱持的价值观与行事作为"③。例如阿多诺就非常讨厌爵士乐，霍克海默曾反对电影不能同艺术相处，以至于被人们认为是精英主义的势利眼和傲慢的上流社会人物。马丁·杰伊（Martin Jay）在《辩证的想象》（*The Dialectical Imagination*）一书中就形象地把他们说成是"日耳曼的'公

---

① 赵勇：《整合与颠覆：大众文化的辩证法——法兰克福学派的大众文化理论》，北京大学出版社 2005 年版，第 322 页。
② 周才庶：《西方文论关键词：文化生产》，《外国文学》2016 年第 5 期。
③ ［英］阿兰·斯威伍德：《大众文化的神话》，冯建三译，生活·读书·新知三联书店 2003 年版，第 3—4 页。

共贵族'（German 'mandarins'）"。而相反，伯明翰学派的大多数人出身相对较为贫困，这从他们早期研究特别关注工人阶级的社会和文化状况、教育状况便可略窥一二。有学者指出，在文化工业受到强烈批判的时期，大众文化是作为新兴文化出现的，而高雅文化或精英文化仍为主导文化。利维斯、霍克海默、阿多诺等人的价值标准完全建立在"精英知识分子的立场"上，他们的理论假设因其缺乏经验上的论据而无法验证。① 英国学者阿兰·斯威伍德（Alan Swingewood）认为："最初提出大众社会理论的人，其政治意图在于捍卫统治阶级（贵族或是资产阶级）的社会地位，他们企图压制中下阶层民众追求民主的精神，他们重新伸张死板而僵硬之社会阶层的必要性，他们想要让精英稳固地掌握决策权，永远享有特权。"②

2. 关于语境套用

任何思想家之言论都受当时社会刺激而生，都有鲜明的时代特征。文化工业理论作为法兰克福学派对大众文化生产的一种批判，它的典型语境是第二次世界大战前后的德国和美国。离开这两个典型语境，一切批判或将是无的放矢。③ 西方马克思主义的认知模式、法西斯主义给"社会研究所"成员带来的痛苦记忆以及 20 世纪30—60 年代美国大众文化蓬勃发展的局面，是法兰克福学派大众文化理论形成的历史语境。正是在这股合力之下，法兰克福学派的大众文化理论呈现出强烈的批判色彩。④ 换言之，他们之所以视文化工业为大众欺骗，主要是因为来自纳粹主义擅长利用美学手段来作为宣传之经验。纳粹党甚早便开展出大众媒体的政治作用，而利用广播、电影、大众集会的方式来营造一种政治气氛，以美化政治。霍

---

① [英]多米尼克·斯特里纳蒂：《通俗文化理论导论》，阎嘉译，商务印书馆2001 年版，第 85—93 页。
② [英]阿兰·斯威伍德：《大众文化的神话》，冯建三译，生活·读书·新知三联书店 2003 年版，第 3—4 页。
③ 陆扬：《文化工业批判的再批判》，《社会科学》2011 年第 2 期。
④ 赵勇：《论法兰克福学派大众文化理论的生成语境》，《学术研究》2004 年第11 期。

克海默和阿多诺移民美国之后,美国媒体的宣传以及大众文化对普通公众的整合和控制作用令他们感到震惊。这种特殊的经历让他们将法西斯主义和美国大众文化进行了连接。虽然许多后继学者认为此分析方式有待商榷,但难以否认的是,纳粹经验意味着大众化不等于民主化的教训。直至今日,大众媒体仍有大众欺骗的倾向,并且具有相当程度的反启蒙、反民主的因子。但是,反对者认为,机械地将"文化工业"理论套用于所有的资本主义国家是不科学的。阿兰·斯威伍德指出:"资本主义的经济模式、科学技术以及资本主义之下的文化,绝非如阿多诺的和霍克海默所说,已然或即将沉沦至'野蛮之境、无意义之域',并且也绝不是滑落到了无可挽回的地步;与此相反,资本主义所带来的经济成就与丰富的文化内涵及繁复性,已经臻至史无前例的顶峰。"[①] 如果真有一个所谓的"文化工业"能够自上而下地借国家机器来整编其人民,并把人民任意摆布,那可能只有一种情况,就是人民在政治上处于被动状态,这只能发生在极权主义国家,而不是商业挂帅的资本主义社会。

3. 关于工业标准

"标准化"和"伪个性化"是"文化工业"理论最重要的观点之一。但是,随着文化工业本身的发展繁荣,这一观点也不免遭到质疑。美国文化社会学家戴安娜·克兰(Diana Crane)指出,20 世纪 50 年代美国大众文化理论家认为,大众文化是完全一致的,它体现了销售给一群无差别观众的单一系列的思想和价值。事实上,这种看法在某一时期部分是真话。例如,从 30 年代到 50 年代,生产各种文化形式的组织还比较少,通俗歌曲、好莱坞电影和大众杂志、广播电台都由几家大公司生产和传播,主要表现了白人中上层阶级的价值观念,并不反映各个阶层的需要、利益和价值。然而,从 20 世纪 50 年代中期开始,传播文化的组织数量增多,使得文化精神食粮标准化在经济上可行性的条件消失了。电视的出现使媒体被迫转

[①] [英] 阿兰·斯威伍德:《大众文化的神话》,冯建三译,生活·读书·新知三联书店 2003 年版,第 4 页。

向特定受众，杂志变得高度专门化，广播电台也提供特定类型的音乐以取悦不同的听众。① 也就是说，文化工业的标准化动力从来没有得到完全的贯彻，不同群体的利益在市场的作用下得到了不同的满足。再如好莱坞的电影工业表面上都"一致地"在片厂中摄制完成，但这并不妨害导演在这个规格化的片厂体制中发挥创意。在标准化的生产大网之中，仍有无数的缝隙容许创作者的创意。文化工业或许试图完全照着公式进行，但历史上这个公式却从未固定下来。毋宁说，文化工业动力是来自"准标准化"，标准化处于一种动态的结构调整之中，不断变异出多样性，以阻止完全标准化的完成。换言之，"准标准化"是延续文化工业历史发展的主要动力。② 伯尔纳·吉安德隆（Bernard Gendron）在《阿多诺遭遇凯迪拉克》（"Theodor Adorno meets the Cadillacs"）一文中直接地将矛头对准阿多诺在《论流行音乐》中提出的理论，他承认工业标准化是流行音乐的重要特征，但是忽略了文体性产品和功能性产品之间的差别，因此也就"过分夸大了流行音乐中标准化的范围，以致对它的现象作出了错误解释"③。也就是说，文化工业的结构逻辑，可以作用在媒体的领域，也可以作用在"精致文化"的领域。将大众媒体的文化活动直接等同于文化工业是最常见也最荒谬的理论误解。斯科特·拉什（Scott Lash）和西莉亚·卢瑞（Celia Lury）在《全球文化工业——物的媒介化》一书中指出，随着全球兴起的文化工业，霍克海默和阿多诺所谓的文化产品的同一性发生了变化，流通的产品不再是固定的、单个的、同一性的对象，也不再为生产者的意愿所控制。相反，文化实体从其生产者的控制中解脱出来，在流通的同时发生自我变化，并经历

---

① ［美］戴安娜·克兰：《文化生产：媒体与都市艺术》，赵国新译，译林出版社2012年版，第2—3页。
② 黄圣哲：《文化工业理论的重建》，载［德］阿梅龙、［德］狄安涅、刘森林主编《法兰克福学派在中国》，社会科学文献出版社2011年版，第226—240页。
③ ［美］伯尔纳·吉安德隆：《阿多诺遭遇凯迪拉克》，陈祥勤译，载陆扬、王毅选编《大众文化研究》，生活·读书·新知三联书店2001年版，第219、230页。

换位（transposition）、转化（translation）、变形（transformation-andtransmogrifician）等过程。① 也就是说，霍克海默和阿多诺所谓的文化工业产品是确定的，而全球文化工业产品是不确定的。

4. 关于被动观众

斯图亚特·霍尔有一句名言："普通大众不是文化白痴（ordinary people are not cultural dopes）。"② 他在《电视话语的编码与解码》（"Encoding and decoding in the television discourse"）一文中批评了流行的传播学理论把传播看作一种从发送者到接收者的直线运动，他指出，信息的发送并不意味着它可以以同样的方式被接收，在传播的每一个阶段，无论是编码还是解码，都有其特殊的形态和对之施以制约的特殊条件。由于编码者和解码者采用的符码不一样，文本的意义也就会随之发生变化。费斯克在罗兰·巴特（Roland Barthes）"读者性文本"和"作者性文本"的基础上提出了"生产性文本"的概念，即"一种大众性的作者性文本"，它既是通俗易懂的，又是开放的。他进一步用"两种经济"阐释了大众具有主动性的一面。他指出，从财经经济体制的角度来看，大众文化的接受完全是被动的，因为在财经经济的生产和消费过程中，接受者自身也变成了商品。但是，从文化经济体制的角度来观察，作为商品的观众变成了主动的生产者，他们利用大众文化提供的资源在消费过程中生产出意义和快感。这种意义和快感是他们自己生产、自己需要的。从这个角度来看，"文化工业"理论的确低估了大众媒体受众的主体意识，因为观众千差万别，因此他们对文本的理解不尽一致，这样一来，法兰克福学派所担心的那种社会性主体被塑造为同质性的情况就很少发生。"文化工业"理论是一种极端的理论修辞而非实际的社会真实面貌。就生产的层面而言，创作者与创作过程必须取得自主

---

① ［英］斯科特·拉什、西莉亚·卢瑞：《全球文化工业——物的媒介化》，要新乐译，社会科学文献出版社 2010 年版，第 7—8 页。

② Stuart Hall, "Notes on Deconstructing 'The Popular'", in R. Samuel, ed. *People's History and Socialist Theory*, London: Routledge and Kegan Paul, 1981, p. 232.

性；就接受的层面而言，文化的接受者必须确保其接受与欣赏活动的自主性。但是"文化工业"理论关注的焦点却完全集中在生产的层面，对生产体制的结构作用的论述不无夸大之嫌。

由此可见，"文化工业"批判理论是一个时代的产物，它与当时的政治背景和社会语境有着不可分割的联系，也与法兰克福学派的哲学、美学思想甚至个人经历是分不开的。威廉斯认为，在任何一个社会结构中，总是存在三种文化类型：主导文化（dominant culture）、残余文化（residual culture）和新兴文化（emergent culture）。主导文化是指代表着一个社会主流价值观的文化，残余文化是形成于过去但现在依然有效的文化，新兴文化则与某一阶级的兴起及其力量壮大有关。[①] 以此来对照就会发现，20 世纪大众文化正是实现了从新兴文化到主导文化、从边缘位置到主流位置的转变，其间包含着与精英文化之间的激烈博弈，也不同程度地反映到不同学派的观念和理论之中。因此，伯明翰学派和英美文化学者对文化工业批判的反思，也从另一个方面反映出文化产业日益繁荣的现实基础，这为批判的"文化工业"向中性的"文化产业"观念过渡提供了现实基础。

然而，需要指出的是，文化工业理论尽管存在种种理论缺陷，但是也提供了一种具有典型意义的大众文化批判模式。或者说，"文化工业"理论的形成有其历史合理性，我们不能以文化产业的发展来否定文化工业理论的合理性。文化工业本身确有局限性的一面，它的商业化和追求市场利润的动机，使它不可能完全承担起文化应对社会承担的全部责任和功能；相反，它还可能产生"文化污染""低级文化""金钱至上""文化殖民"等诸多新的文化难题，因而对文化工业的反思与批判始终都不无积极的校正意义和警示意义。虽然作为现实意义和机构组织层面的法兰克福学派已经解体，但作为学术范式和思想源流的"文化工业"理论却时时在现实领域里激起广泛的回想，它对文化工业标准化、模式化、商业化、单面性、

---

① 转引自赵勇《大众文化的概念之旅、演变轨迹和研究走向》，《山西大学学报》（哲学社会科学版）2012 年第 3 期。

操纵性、强制性的揭示可谓颠扑不破,历久弥新,仍然充满着人本主义精神和犀利的价值批判态度。低估文化工业是不可取的,但是一味言和也具有一种炫人耳目的欺骗性。

实际情况是,我们现时的世界依然没有越出"文化工业"理论的立场、视角和思维方式,我们应该时不时回头去看看这些论著,而不是绕道而行。诚如大卫·赫斯蒙德夫所说,"我不认为文化产业在当今世界扮演着一个完全进步的角色。毫无疑问,有人对流行文化的赞扬过于自负。在我们周围存在着大量毫无想象力、毫无信息性、非常乏味的文本,我们必须质疑、探察,甚至加以训斥"[①]。文化工业的古典论述或许不再能获得学术界以往的重视,但是在这个"全球化"噪声喧嚣的时代,文化工业实质上不仅没有消失,反而向地球上的每一个角落扩延。在杰姆逊看来,"各种形式的后现代主义都无法避免受到这五花八门的'文化产业'所诱惑、所统摄"。它们"联手构成了后现代社会的文化世界"[②]。这也是为什么许多学者主张,文化产业的发展需要批判理论。因为只有尖锐对立的分析和判断,才能深入展开文化产业的内在矛盾和多重效果,才能帮助我们更加深入地理解文化产业,实现理论的自觉。尤其是它对于大多数人来说,仍然是一个"新生事物",也就难免稚拙和粗糙,而批判理论或"文化悲观论"所发挥的矫正作用,无疑是珍贵且有必要的。

第三节 文化产业:因繁荣而发生的观念

"文化产业"作为一个全新的观念出场,需要从"实践"和

---

① [英]大卫·赫斯蒙德夫:《文化产业》,张菲娜译,中国人民大学出版社2016年版,第318页。

② [美]詹明信:《晚期资本主义的文化逻辑》,陈清侨等译,生活·读书·新知三联书店1997年版,第424页。

"理论"两个维度来理解。从实践上看,随着第三次工业革命的兴起,全球产业结构面临重大调整,西方传统工业国家如英国、美国、德国等一些地区陷入了长期衰退。为了挽救局面,一些国家和地区相继将目光转向第三产业,文化产业便是其中之一,这促进了文化及相关产业的日趋成长、成熟。到了20世纪90年代,文化产业作为一个新兴经济部门俨然成为最具活力的经济增长集合体。从理论上来看,20世纪60年代以来,在反思"文化工业"理论的背景下,西方学者开始寻求一种积极的话语转向,其中就包括作为复数的"文化产业"(cultural industries)的使用和"创意产业"(creative industries)的提出。结合政府层面的推广,世界主要经济体兴起了一股"创意浪潮",也带动了新一轮文化经济研究的兴起。随着文化产业的"合法性"危机在世界范围内普遍得以解困,代之而起的,是世界文化市场潮起潮涌的利益竞争和文化产业财富效果的万众瞩目,各国政府或先或后地在文化消费时代选择以"文化"和"创意"为核心目标的文化政策取向。进入21世纪,文化产业开始从理论的论争全面走向实践层面,成为城市经济发展乃至国家竞争力比拼的重要组成部分。

一 作为复数的"文化产业"观念

从词源上来看,作为复数的"文化产业"(cultural industries)开始在使用上代替单数的"文化工业"(culture industry)是文化产业观念发生转变的一个重要转折点。法国一些社会学家最早提出,"文化工业"未能凸显文化产业当中的复杂性和不同文化商品的生产与操作逻辑,认为文化产业内部之间具有多样性且截然相异,因此倾向于使用复数形式的"文化产业"。例如,法国学者伯纳德·米亚基(Bernard Miège)指出,广播产业的运作与新闻业的运作相差甚远,也与出版或录音录像等"编辑"生产模式大相径庭。[1] 英国学

---

[1] Bernard Miège, "The Logics at Work in the New Cultural Industries", *Media, Culture and Society*, Vol. 9, Issue 3, 1987, pp. 273–289.

者大卫·赫斯蒙德夫也表示赞同,原因在于使用复数的文化产业"比法兰克福学派的方法更贴近现状"①。

随着文化在经济社会中产生的作用越来越大,文化与社会、商业之间的交织更加紧密。尤其是许多跨国公司在投资影视、音乐、游戏上取得巨大成功,凸显了文化在经济、社会和政治层面的作用,逐渐成为影响政策的重要考量因素。比较有代表性的是,20世纪80年代,英国开始寻求用文化重新定义老的商业产业,并在城市复兴中,通过实用艺术的实践将产业置于文化的指导之下,通过集群战略的实施把文化置于产业的指导之下。② 在这一时期,"文化产业"(cultural industries)一词开始作为一种修辞和辩论工具被大伦敦市议会(Greater London Council,GLC)频繁使用,他们强调:第一,那些不在公共资助体系范围内的文化商业经营活动是提升财富和就业的重要推动力;第二,人们消费的绝大多数文化商品和文化物品(如电视、广播、电影、书籍、广告、音乐会)与公共资助体系没有一点关系。③ 此外,以欧洲议会所属的文化合作委员会和联合国教科文组织为代表的国际组织在积极推动"文化产业"上作出了积极方案,激发了文化的经济和更有意义的价值。联合国教科文组织认识到,"1986年以来,人们对文化在经济和社会领域的作用所持的看法已经发生了巨大变化。文化与发展之间的重要联系也得到了援助机构和专家们更加广泛的认可。越来越多的人不但把文化看作发展的方式(即推动和维持经济增长的方式),还把它看作发展的成果

---

① [英]大卫·赫斯蒙德夫:《文化产业》,张菲娜译,中国人民大学出版社2016年版,第19页。

② Cunningham Stuart, "From Cultural to Creative Industries: Theory, Industry, and Policy Implications", *Media Information Australia Incorporating Culture & Policy*, No. 102, February 2002, pp. 54–56.

③ Justin O'Connor, "The definition of the 'Cultural Industries'", *The European Journal of Arts Education*, Vol. 2, Issue 3, 2000, pp. 15–27.

（也就是说它赋予了人类生存的意义）"①。他们不仅召集学者、企业家、政府官员共同探讨"文化产业"的含义、政治背景与经济背景以及对社会与公众的影响等问题，还制定了文化统计框架，从政策上推动了文化产业的发展。1998 年，欧盟委员会发布了《文化、文化产业和就业》（*Culture, the Cultural Industries and Employment*）的工作报告，意味着文化政策从边缘逐渐走向中心，文化和文化产业作为一种生产因素被广泛认可。

复数"文化产业"一词的使用，意味着由阿多诺创造的具有否定性色彩的"文化工业"开始获得新的、积极的意义。与"文化工业"不同，作为复数的"文化产业"的概念是经政策领域的发布而得到广为传播，这与包括欧洲议会合作委员会、联合国教科文组织、世界知识产权组织在内的国际组织和一些国家政党的努力是分不开的。在这之后，文化产业的观念从"学院派"走向了"应用派"，变成了一种经济类型，一切提供精神产品和服务的产业都被囊括其中。

二 文化经济研究的开展

文化的经济问题是一个长期被忽略的问题，它源于经济学本质上对理性和效率的偏好。一方面，从政、作战、执法、传教、表演、教学、锻炼和游玩之所以被排除在经济范畴之外，在于它们既不是为了增殖，即盈利和赚钱，也不是通过一定的供给来满足某种需求；另一方面，在资本主义发展初期，由于物质生产及其海外市场开拓的效用远大于用于文化产品生产方面的效用，文化生产规模相对较小，水平还很落后。经济学先哲们总是撇开精神产品，将其作为经济分析中的特例，这实际上与他们生活在资产阶级革命和工场手工

---

① 参见《2009 年联合国教科文组织文化统计框架》。在此框架中，文化产业被定义为"文化产业就是按照工业标准，生产、再生产、储存以及分配文化产品和服务的一系列活动"。而早在 2000 年，联合国教科文组织在 *Culture, Trade and Globalization: Questions and Answers* 的报告中就使用了 cultural industries 一词。

业发展早期的现实条件是相适应的。例如马克思在《资本论》中"撇开真正的艺术作品不说"的主要原因在于，要揭示社会关系就必须而且只能从社会存在的根本基础——物质生产入手。而就其所处的时代来看，工业革命的完成使得物质生产较过去有了突飞猛进的发展，从而在物质生产领域最早、最明显地暴露了资本主义的种种弊端。而与之相比，当时社会精神生产活动以缓慢且不平衡的速度发展，在社会生活中不居于重要位置。

随着文化的经济效益日益受到重视，文化与经济之间由对立而走向综合的趋势越来越明显。因此无论是文化的经济化问题，还是经济发展中的文化问题，抑或是"大文化"对于经济的促进问题[①]，都由于这种关系的消解而逐渐引起人们的关注和思考。然而，尽管有关文化经济的研究逐渐活跃，但是在20世纪60年代以前，文化经济研究一直处于边缘的地带。尽管早期西方部分学者注意到了文化与经济之间的关系，但是绝大多数仍然难以摆脱"文化工业"理论的影响，要么表现为对经济决定力量的否定；要么过分强调接受和文本分析，相反对文化的生产及其经济学强调不够。在保守主义知识分子那里，市场经济能否生产出优秀文化产品值得怀疑。例如文化活动可以脱离市场而取得成功，也会因为市场而失败。另外，传统观念的束缚、新古典经济学的发展和社会学、语言学等学科对文化研究的深化，扩大了经济与文化学科间认识上的鸿沟，经济与文化变得各执一端，甚至成为完全风马牛不相及的领域。[②] 大卫·赫斯蒙德夫指出，新古典经济学"将人类幸福和等于经济满足的乐观性等同起来"，主流文化经济学家对诸如流行音乐和电视等重要文化

[①] 一般指广义的文化经济学（Cultural Economics），如马克斯·韦伯关于文化和宗教对经济体系影响的研究，道格拉斯·诺斯（Douglass C. North）对意识形态作为合约实施的变量影响经济发展的新锐观点。区别于狭义的文化经济学（Economics of Culture）。

[②] 傅守祥：《文化产业与大众文化：正本清源与理论梳理的尝试》，《宁夏党校学报》2003年第3期。

产业的忽视，却是很显著的现象。[①] 理查德·凯夫斯（Richard E. Caves）认为，经济学家们只满足于自己的理论体系，对各种统计工具谙熟于心，于是不愿意去研究那些无法产生预期数据的行业。[②] 正如戴维·思罗斯比所感慨的那样，"很多同事将'文化经济学'仅仅视为业余消遣，注定要被排斥在正统的经济学研究的研究范围之外"[③]。例如，由美国经济协会（AEA）出版发行的《经济文献杂志》（*The Journal of Economic Literature*）创立的经济类文献分类系统（JEL Classification System Code）中，文化经济学被列为Z1，在字母排序上远远低于它相对于其他经济学分支本可能拥有的地位。坚守古典经济学的学者认为，只有生产耐久"有用"的商品才是"真正的"经济活动，因此经济学的"物质主义"倾向十分明显，且对文化问题虽有涉及，但少有正面评价。其中就包括阿尔弗雷德·马歇尔（Alfred Marshall）、亚当·斯密（Adam Smith）、大卫·休谟（David Hume）等。这引起了以莱昂内尔·罗宾斯（Lionel Robbins）为代表的经济学家的不满与忧郁，他们力图突破经济学"物质主义"的堡垒，重新定义经济学，使物质和非物质得到统一。其中，政府资助艺术（如表演艺术、博物馆、文化遗产等）的合法性与方式问题得到广泛关注，除罗宾斯外，凯恩斯（John Maynard Keynes）、艾伦·皮考克（Allan Peacock）、迪克·纳策（Dick Netzer）、加尔布雷斯（Galbraith）、泰勒·考恩（Tyler Cowen）等经济学家都有不同程度的涉及和研究。这为文化经济研究的开展提供了思想基础。

1966年，美国经济学家鲍莫尔（William Baumol）和波温（William Bowen）出版《表演艺术：经济的困境》（*Performing Arts：The Economic Dilemma*），提出了"生产力落差"（productivity lag）和

---

① ［英］大卫·赫斯蒙德夫：《文化产业》，张菲娜译，中国人民大学出版社2016年版，第30页。

② ［美］理查德·凯夫斯：《创意产业经济学：艺术的商品性》，康蓉等译，商务印书馆2017年版，"前言"第1页。

③ David Throsby, *Economics and Culture*, Cambridge University Press, 2001.

"成本病"（cost disease）①的概念，首次概括了文化生产的不确定性并将其理论化，这被看作西方文化经济研究的开端，具有开创意义。1977年，阿仑克大学的威廉·亨顿（Wiuiam Hendon）与同事共同创办了《文化经济学杂志》（*Journal of Cultural Economics*）。1979年，以此这主题的第一次国际会议在爱丁堡召开，并在此后形成两年一届的惯例。②此后，文化经济学开启其独立发展的历程，并在趣味及形成、文化需求与供给、艺术市场等诸多领域取得不错的实证研究成果，从而构筑了文化经济学学科的基本问题框架。③其中，以戴维·思罗斯比、理查德·凯夫斯、露丝·陶斯（Ruth Towse）等为代表的文化经济学者贡献颇大。尤其是露丝·陶斯在文化经济学科体系构建方面取得了令人瞩目的成就，大大推动了文化经济研究。与此同时，60年代中期，在苏联和东欧社会主义国家兴起的"非生产领域经济学"的研究，也展现出了对文化经济问题的关注。大概从20世纪70年代开始，更多经济学家开展了跨学科的研究，对经济与文化间的关系作了较系统的探讨，阐释了"文化"成为"产业"的可能空间和发展特点。主流经济学对文化问题的研究方法更加灵活，对核心文化产业也更加关注，对文化商品的运动、变化和

---

① 鲍莫尔（William J. Baumol）和波温（William G. Bowen）提出的"成本病"问题，后被称为"鲍莫尔定理"。该定理建立了两部门宏观经济增长模型，其中一个部门是"进步部门"（progressive sector），另一个部门是"停滞部门"（stagnant sector），进步部门的生产率快速增长将导致停滞部门出现相对成本的不断上升。鲍莫尔在后续研究中指出，表演艺术等服务行业的"困境"源于"提供这类服务所需的劳动量难以压缩"。"自工业革命以来，大多数制造活动中劳动节约型生产的规模空前扩大，即使生产者的薪水仍保持增长，商品生产成本还是降低了。然而在服务业领域，自动化并不能完全替代人力，劳动节约型生产的扩展效率远低于经济的平均发展水平，因此，服务业劳动成本增速会远高于通胀率。"参见 Baumol, W. J., Bowen, W. G., *Performing Arts*: *The Economic Dilemma*, New York: Twentieth Century Found, 1996。

② ［比］维克托·金斯伯格、［澳］戴维·思罗斯比:《艺术文化经济学手册》，东北财经大学出版社2018年版，第4页。

③ 周正兵:《文化经济学学术史》，《北京联合大学学报》（人文社会科学版）2020年第1期。

发展的客观规律以及文化企业产生了浓厚的兴趣。

进入21世纪，文化经济研究具有了明显体系化的倾向，如戴维·思罗斯比的《经济学与文化》（Economics and Culture，2001），詹姆斯·海尔布伦（James Heilburn）、查尔斯·格雷（Charles M. Gray）的《艺术与文化经济学》（The Economics of Art and Culture，2001），以及大卫·赫斯蒙德夫的《文化产业》（The Cultural Industries，2002）等都是从经济学范式研究文化产业的代表性著作。2006年，全球知名出版集团爱思唯尔（Elsevier）出版的《经济学手册》（Handbooks in Economics）将文化经济学收录其中，并命名为《艺术和文化经济学手册》（Handbook of the Economics of Art and Culture），意味着狭义的文化经济学作为经济学一个新兴分支学科的定位逐渐明晰，成为文化经济学学科走向成熟的重要标志。总之，文化经济研究的开展与繁荣，从一个侧面反映了文化产业繁荣的发展态势。它表明过去文化艺术以一种潜移默化的、深层次的方式影响经济发展，逐渐变成了一种剧烈的、浅层次的力量，从而施展其巨大的影响力。

三 从"创意产业"到"创意经济"

20世纪末，"创意"成为一个被热烈讨论的高频词汇。它一开始出现在澳大利亚的"创意国家"（creative nation）理念和英国的"创意产业"（creative industries）政策文件当中，随后在全球范围内流行开来。早在1994年，时任澳大利亚工党政府艺术文化部部长的保罗·基廷（Paul Keating）提出了"创意国家"的理念，旨在发展文化并从中谋求财富。在"创意国家"议程中有这样一段表述："文化能创造财富……文化可以增值，对创新、市场营销以及设计作出了重要的贡献。它是我们产业的徽章。我们创造力的水平在很大程度上决定了我们适应新的市场需求的能力。它本身就是一种高价值的出口商品，也是其他商品出口时的重要搭配。

它吸引游客和学生，对于经济上的成功非常重要。"① 这份报告强调了文化对于国家认同的重要性，并大大拓宽了文化和艺术的含义，不仅包括传统的高等艺术机构，如澳大利亚歌剧院、澳大利亚芭蕾舞团、国家交响乐团，还包括电视和电影、社区节日、广播、学校节目、图书馆和信息技术等。更为重要的是，报告确立了文化与经济之间的联系，即"创意国家"不仅仅是一个文化政策，而且是一个经济政策。

1997 年，英国工党打败了执政 18 年之久的保守党，托尼·布莱尔（Tony Blair）登上首相宝座，提出"新英国"（New Britain）的构想。为了试图向民众树立"创新型"政党的形象，扭转日益萎缩的传统工业并振兴低迷的英国经济，布莱尔首相在考察了澳大利亚"创意国家"的政府经验后，成立了文化、传媒与体育部（The Department for Culture, Media & Sport, DCMS）②，并建立了一个由英国政府官员和文化企业家组成的"创意产业工作小组"（Creative Industry Task Force, CITF），旨在对那些被认为是英国创意产业一部分的行业的经济活动进行追踪，衡量它们对英国整体经济表现的贡献，以及对英国的出口形象和国际品牌的总体战略的重要性，并制定促进其进一步发展的政策措施。1998 年，"创意产业工作小组"首次发布《创意产业规划图》（*Creative Industries Mapping Document*）③，将"创意产业"确定为英国经济的一个规模庞大且不断增长的组成

---

① Department of Communications and the Arts (DCA), *Creative Nation: Commonwealth Cultural Policy*, Canberra: Australian Government Publishing Service, 1994.

② 2017 年，原英国文化、媒体与体育部更名为数字、文化、传媒和体育部（Department for Digital, Culture, Media & Sport, 简称仍是 DCMS），以应对数字技术给创意产业带来的变革。

③ 在 1997 年英国工党大选胜利之前发布的艺术政策文件中，使用了"文化产业"（cultural industries）这一术语来描述一系列与其相关的活动。在大选胜利之后所发布的政府政策文件中，这一组织术语转向了"创意产业"（creative industries）。参见［英］尼古拉斯·伽纳姆《从文化产业到创意产业——解读英国艺术及媒体发展政策中"创意产业"一词的含义》，马绯璠译，《文化艺术研究》2009 年第 6 期。

部分，认为它每年创造了 140 万个就业机会和 600 亿美元的经济增加值，占整个英国国民收入的 5%。① 在这份文件中，"创意产业"被定义为"源自个人创意、技巧及才华，通过知识产权的开发和运用，具有创造财富和就业潜力的行业"②。根据产业结构，创意产业分为两大类：一是大量生产及分配部门，如电影、电玩、出版等产业。二是以手工艺为基础，且在一特定地点和时间消费的产业，如视觉艺术、表演艺术、文化遗产等。

20 世纪末，世界主要发达国家面临着社会经济的全面转型，驱动经济增长的主要要素发生了结构性变化，其中文化和人的创造力对经济发展的贡献率不断增加。因此，"创意产业"的提出令人耳目一新，它意味着文化艺术不仅是"花钱"的部门，是一种社会福利，而且可以创造财富，可以作为一个产业来发展。这一新的观念强调了创意产业是一种"知识经济"的创造活动，特别是知识产权在创意过程当中所起的重要作用和创造性活动对于文化产业发展的重要意义。如约翰·霍金斯（John Howkins）认为，尽管并非全部，大部分创意性的产出都符合带有"知识财产权力"（Intellectual Property Rights，IPR）的标准，它最常见的三种形态是版权（Copyright）、专利权（Patent）和商标权（Trademaker）。③ "创意产业"由政策制定者"发明"，也在政策的推动下不胫而走，在全球尤其是英联邦国家和地区引起了广泛的关注。如澳大利亚政府和高校于 2001 年合作建立了全球第一个创意产业学院（Creative Industries Faculty）④，致力

---

① Department of Culture, Media and Sport, *Creative Industires Mapping Document*, 2001.
② 根据这个定义，英国将广告、建筑、艺术和文物交易、工艺品、设计、时装设计、电影、互动休闲软件、音乐、表演艺术、出版、软件、电视广播 13 个行业确定为创意产业。
③ [英] 约翰·霍金斯：《新创意经济》，王瑞军、王立群译，北京理工大学出版社 2018 年版，第 13 页。
④ 该学院位于昆士州首府布里斯班（Brisbane）昆士科技大学（QUT）凯文格罗夫校区（KG Campus）。

于推动创意产业教育和研究，其中包括在全球具有相当影响力的金·迈克（Michael Keane）、约翰·哈特利（John Hartley）、斯图亚特·坎宁安（Stuart Cunningham）等，他们与英国学者约翰·霍金斯、美国学者理查德·凯夫斯、法国学者伯纳德·米亚基等一起，致力于在全球推广"创意产业"这一概念，他们坚持将文化产业与创意产业区分开来，强调"创意"的外延大于"文化"，创意产业是对文化产业的超越，是文化产业发展的更高阶段，并且认为"创意产业"概念的使用有诸多优势。在他们看来，文化产业与创意产业之间存在不可忽略的差异，以至于无法实施相同的政策方案。如戴维·思罗斯比认为，"创意产业是指那些生产创造性产品和服务的产业，而文化产业是指那些生产文化产品和服务的产业。根据这一定义，文化产业是创意产业的一个子集。"[①] "创意产业"这一概念的提出，在全球引起了很大的反响。例如新加坡效仿英国成立了创意产业工作小组（Creative Industries Working Group，CIWG），于2002年9月提出一份针对新加坡而拟定的创意产业发展策略——《创意产业发展策略：推动新加坡的创意经济》。中国香港2003年发布了《香港创意产业基础性报告》（*Baseline Study on Hong Kong's Creative Industies*），并在报告中正式宣布发展创意产业。中国台湾则在2002年发布的《挑战2008：台湾发展重点计划》中提出了"发展文化创意产业"目标。

与"创意产业"同时流行的，还有"创意经济"这一新的经济概念。2008年，联合国贸发会议发布《2008世界创意经济》报告，对全球创意经济进行全面总结和大力推动。这份报告指出，"当今世界，一种新的发展范式正在全球兴起，它连接了经济和文化，在宏观与微观层面上涵盖了经济、文化、科技和社会的发展。这一新发展范式的核心就是——创意、知识与信息逐渐被人们认识

---

① ［英］戴维·思罗斯比：《文化政策经济学》，易昕译，东北财经大学出版社2013年版，第96页。

到是全球化世界中推动经济增长、促进发展的强大动力……人们对创意、文化和经济交互作用的理解越来越多,这就是'创意经济'概念出现的内在逻辑"①。这意味着,"创意经济"的概念比"创意产业"的范围更大,创意产业是创意经济的核心。诚如斯图亚特·坎宁安指出的,创意经济是一个很难界定的领域。但是它一定非常大、非常广泛,大到超出我们曾经有过的想象。尤其可以肯定的是,它远远超出了文化和艺术的范围。创意产业是经济的一个组成部分,当我们停止对创意产业分类范围的争议,转而关注作为整体经济一个部分的创意产业,就是说更加关注整个经济中创意部分的时候,创意经济就形成了。② 创意产业和创意经济的研究,还带动了冠以"创意"的其他领域的研究。例如查尔斯·兰德利(Charles Landry)的"创意城市"(creative city)理论;理查德·佛罗里达(Richard Florida)的"创意阶层"(creative class)理论;约翰·霍金斯的"创意生态"(creative ecology)理论等。

"创意"一词在全球范围内都受到了政界和学界的青睐,是不无道理的。第一,就"创意"一词本身而言,它具有一系列积极褒义的内涵,这源于在很多社会文明中,创意和知识有着较高的地位,它们更强调"创造性"而非单纯的"文化性"。大卫·赫斯蒙德夫认为,管理分析学家和经济学家一直对"创意"这一术语情有独钟,它源于经济学的内生增长理论。该理论借鉴了信息社会理论,赋予构思、创意和知识以核心角色。人文主义心理学论述了人类行为中大量出现的创意,使得这一术语能够被各个年代的人接受。③

---

① 参见联合国贸发会议、埃德娜·多斯桑托斯主编《2008 创意经济报告》,张晓明、周建钢等译,三辰影库音像出版社 2008 年版,第 3 页。
② Stuart Cunningham, "What Price A Creative Economy?", *Platform Papers*, No. 9, July 2006.
③ [英]大卫·赫斯蒙德夫:《文化产业》,张菲娜译,中国人民大学出版社 2016 年版,第 129 页。

第二,用"创意"取代"文化"一词,可以更好地强调创意资产拥有增进经济成长和发展潜能,从而"避免诸如民族传统、政治价值、意识形态之类的制约,减少争议、凸显核心"①。尽管自古以来,经济利益就是一些作家、艺术家的创作动机,但在传统的社会精英阶级及其美学话语中,都存在拒绝把"文化"商业化的观念和态度。所以,即使在"文化产业"的复数意义被广泛使用后,"文化产业"概念所蕴含的批判性意义仍然存在。既然"文化产业"蕴含着取消文化产品的特性、把文化产品混同为一般商品的逻辑,这个概念还是不用为好。相反,"创意产业"之所以易于普及并似乎更受到推崇,在于它回避了两个多世纪以来与工业、经济保持距离的"文化"而代之以并不明确的地域、民族或价值意义的"创意"。②

第三,"创意"使用起来更加民主。文化特别是文学艺术的生产在过去被视为一部分精英行为。而当艺术家垄断创造性的幻觉破灭之后,创意成为所有人的能力与品质。贾斯汀·奥康诺指出:"对于许多人来讲,创意带来了一种适用于每一个人的普遍能力的暗示,一种反精英主义和对专家的挑战,这主要存在于它的民主化的力量方面,而这种力量先前属于艺术家。因此,'创意'总是频繁地被认为更加民主化,更加接近通俗文化,作为呆板的由来已久的'艺术和文化'的对立面,它也更容易接近。"③

第四,"创意"体现了一种融合的理念,它对于概括说明文化生产领域内的诸多新现象、新问题越来越有用。创意产业的本质在于"用创意资本投入把所有产业联系在一起"。法国社会学家弗雷德里克·马特尔（Frédéric Martel）认为:"在文化、传媒和互联网相互融

---

① 单世联:《本自同根生,相煎何太急——关于"文化产业"与"创意产业"的一点思考》,《学术探索》2005 年第 5 期。
② 单世联:《文化大转型:批判与解释——西方文化产业理论研究》,中国社会科学出版社 2017 年版,第 31 页。
③ [法]贾斯汀·奥康诺:《艺术、产业和现代化》,王斌等译,中央编译出版社 2014 年版,第 44 页。

合的今天，再谈论'文化产业'就显得脱离实际，而应称之为内容产业或创意产业。"① 斯图亚特·坎宁安则表示，创意产业可以捕捉到大量新经济企业的动态，这是诸如"艺术""媒体"和"文化产业"等词汇无法做到的。② 约翰·哈特利也认为，"创意产业"这一概念，试图以新知识经济中的新媒体技术发展为背景，描述创意艺术（个人才能）和文化工业（大规模）在概念和实践层面上的融合，供新近才能实现互动的"公民—消费者"使用。它把艺术（即文化）直接与传媒娱乐（即市场）等大规模产业联系起来，提出了跨越精英与群众、艺术与娱乐、接受资助与商业化、高雅与庸俗之间的判别的可能性，这些差别困扰着政界和学术界对创造力和创新的思考，尤其是那些有着欧洲公共文化传统的国家。③

第五，基于"创意"一词的融合性质，政府提出"创意政策"实际上就倾向于用一种"政策组合工具"来重组、优化和提升第三产业，这对于城市复兴有重要作用。例如，"创意"进入英国政府考虑范围的第一个条件是它撇开了与文化艺术的那种令人尴尬的联系。"创意产业"被采用的一个基础是因为它允许文化政策制定者在国家层面使他们所关心的事情合法化，这也是被各国政府先后效仿的原因。

然而，"创意"一词的滥用也带来了许多问题。人类文明的所有活动，鲜有与创意无关者，影视剧作、媒体广告固然需要创意，制造鞋帽、空调冰箱也需要创意。所有的现代产业、商业都在一定程度上涉及创意，没有任何一个行业愿意承认自己没有创意、技巧或

---

① ［法］弗雷德里克·马特尔：《主流：谁将打赢全球文化战争》，刘成富等译，商务印书馆2012年版，第370页。

② ［澳］斯图亚特·坎宁安：《从文化产业到创意产业：理论、产业和政策的含义》，载林拓等主编《世界文化产业发展前沿报告》，社会科学文献出版社2004年版，第134页。

③ ［澳］约翰·哈特利主编：《创意产业读本》，曹书乐等译，清华大学出版社2007年版，第4页。

才华。因此,"创意产业"作为一个实际执行概念是非常令人困惑的,它在文化领域内外引发的各种对话具有炒作的嫌疑,有时被蓄意拓展和操纵。而且,它催生了大量令人难以置信的数据,也制造了数量众多的混合词和各种令人困扰的同义词。因此,"创意产业"并不是西方国家一致使用的政策话语,一些国家如日本、韩国、美国等坚持自己独特的理解,使用"内容产业"(content industry)①或"版权产业"(copy-based industries)②等概念。而类似"符号经济""注意力经济""体验经济"等一系列新名词的发明,既折射出当下学者对文化产业观念的新发展,也反映了经济社会发展进程中新的认知关系的创造。

---

① 1995 年"西方七国信息会议"最早提出"内容产业"这一概念。1996 年欧盟《信息社会 2000 计划》(*European Commission Info* 2000)把内容产业定义为制造、开发、包装和销售信息产品及其服务的产业,其产品范围包括各种媒介的印刷品(书报杂志等)、电子出版物(联机数据库、音像服务、光盘服务和游戏软件等)和音像传播(影视、录像和广播等)。1998 年,经合组织(OECD)《作为新增长产业的内容》(*Content As a New Growth Industry*)专题报告把内容产业界定为"由主要生产内容的信息和娱乐业所提供的新型服务产业",具体包括出版和印刷、音乐和电影、广播和影视传播等产业部门。

② 依据 IIPA(国际知识产权联盟)的标准,美国将版权产业划分为"核心版权产业""交叉版权产业""部分版权产业"和"边缘文化产业"。版权产业强调生产经营具有版权属性的作品(产品),依靠版权法和相关法律强有力的保护而创造经济价值。包括专利、版权、商标和设计权等在内的知识产权产业。

第 二 章

理论旅行：中国文化产业观念的发生

（就像人和批评流派一样，观念和理论也会旅行——从这个人向那个人、从一个情境向另一个情境、从一个时期向另一个时期。）文化和知识生活通常在这种观念传递中被滋养和维持，不论它是以公认的还是无意识的影响，创造性借用还是大规模挪用的形式存在，观念和理论从一个地方向另一个地方的流动既是生活的事实，也是知识活动的有益条件。

——［德］爱德华·赛义德《旅行的理论》

关于中国文化产业的萌芽和发生问题，是近年来中国文化产业学界日渐关注的焦点。它涉及如何追溯中国文化产业的起源，如何划分中国文化产业发展的历史分期，以及如何构建一部中国意义上的文化产业史，而其中争议则主要来自对文化产业内涵与外延不同的理解和言说路径。但是，如果抛开历史的因素，仅从观念切入，我们就会发现这种异议小得多。这是因为，"文化产业"作为一个学术和政策话语并为人们所关注，在中国不过30多年的历史，这是学界都予以承认的。本章将视野从西方转向国内，试图回答文化产业观念在中国形成的本土化与合法化历程及其面临的特殊社会语境，以窥探中国文化产业与西方文化产业之间存在的关联与异同，寻求中国文化产业观念发生的内在逻辑。中国文化产业观念的发生及其确立，有着自身的历史背景与社会语境。毕竟，中国的现代文化市场不像西方资本主义社会那样经过长期的积累，它是从一个反差极大的计划经济背景下慢慢探索形成的、"中国化"的特殊历程。对中国文化产业观念的发生作一次梳理，旨在说明文化产业是如何在多重因素的作用下，获得言说的正确性、客观性和普遍性的。这对于中国文化产业历史研究和学科构建都具有积极的意义。

第一节　中国大众文化兴起的特殊语境

无论是立足全球视野还是中国语境，对大众文化的观察都需要将整个20世纪作为重要时间坐标来参考。目前，中国学界习惯将中国大众文化的"不期而至"与20世纪90年代前后的文化转型关联起来，这一点无可厚非。其一，从社会风貌上看，20世纪90年代的确是中国大众文化喷涌而出的年代，大量人们不熟悉的新事物或被看作"洪水猛兽"，或被赋予"解构神圣"的角色，不断冲击着人们的思想观念与日常生活。其二，从学术研究来看，20世纪90年代国内集中了一批最早关于大众文化的文章和著作，尤其是西方大众文化相关理论被译介到中国后，引发了国内研究大众文化的热潮。但是，这并不意味着在此之前的中国就不存在大众文化现象或对它的讨论。

中国大众文化现象的萌芽或所谓现代概念上的文化市场在19世纪末20世纪初的许多开埠城市如上海、广州、汉口、天津等地已经初具规模，具有与世界的同步性。[1] 随着新兴市民阶层对精神的需求不断提升，以上海张园、汉口华商总会为代表的公共文化商业空间和一些茶楼、戏园、剧社、舞场、游乐场等公共娱乐场所兴起，电影业和出版业也十分发达。许多百货公司表现出了强大的娱乐机能。例如，广州人从20世纪20年代起就将到百货公司购物称为"逛公司"，充分说明了百货公司不仅是购物中心，也是娱乐中心。这些公司积极实践"视觉营销"的概念，不只提供关于商品的信息，更借由一系列感观刺激，激发消费者购买动机。20世纪20—40年代，上海南京路的先施公司、永安公司、新新公司、大新公司以及丽华百货公司五大公司占据上海零售业的枢要地位，促进了上海作为巨大国际都市的消费文化的成熟。这些公司利用巨大的豪华的商业大楼兼营游戏场[2]、电影馆、旅馆、跳舞场、高级浴室、溜冰场等多样娱乐活动，玻璃橱窗和开放柜台被百货公司用于商品展示，霓虹灯[3]和

---

[1] 例如视听文化产业在中西方是几乎同步的：1839年，摄影术由法国摄影家达盖尔发明，1844年，中国新式知识分子邹伯奇制作出了中国第一台照相机；1895年，法国摄影师卢米埃尔尝试播放电影成功，10年后，电影进入中国；1920年，美国匹兹堡西屋电气公司的KDKA电台开播，这是世界上最早的商业电台，仅仅6年之后，奉系军阀张作霖就在哈尔滨成立了中国第一家广播电台；1877年，美国发明家爱迪生（T. Edison）发明了留声技术，1897年，英商谋得利商行便在上海出售留声机设备。凡此种种皆说明了：中国的视听文化产业之所以几乎与世界同时起步，而且规模、成就毫不逊色，乃是因为全球化时代下技术迅速转移。参见韩晗《论中国文化产业的分类问题》，《晋阳学刊》2017年第4期。

[2] 百货公司经营非商品部门，首先是运用商场空间的一种策略，以避免闲置。其次，这种多元化的经营也可以降低风险。当商品部门遇到经济波动而影响利润时，非商品部门的收入正可予以弥补。一般而言，百货公司的服务对象主要是中上阶层，下层阶级很少涉足其间，甚至经常有百货公司店员鄙视布衣顾客的传闻。游戏场的经营却反其道而行，低廉的门票使一般的劳动阶级也能够开开洋荤，搭乘电梯上屋顶游乐场听说书、看影戏，甚至尝试哈哈镜之类的新鲜玩意儿。因此游戏场与百货公司的其他部门形成了截然不同的消费文化。参见连玲玲《打造消费天堂——百货公司与近代上海城市文化》，社会科学文献出版社2018年版，第167页。

[3] 第一支商业用霓虹灯出现于1910年的巴黎，20世纪30年代百货公司开始使用霓虹灯作为广告形式，并将高楼层的外墙辟作霓虹灯广告用途，以供出租。参见赵琛《中国广告史》，高等教育出版社2005年版，第282页。

电台①刺激着消费者的视觉和听觉,奇观式的商品的营销与推广活动、表演带着浓厚的娱乐性质,报纸广告在塑造消费主义上所发挥着巨大作用,这些都承担了"摩登上海"都市娱乐、文化机能的重要部分。例如在游艺场有为京剧、地方戏和现代戏演出搭建的舞台,有供演艺、说唱、曲艺、魔术演出的戏台,还有电影馆和其他各种各样娱乐的戏场。以工薪阶层和商人、学生、主妇层为首的都市中产阶级在这里养精蓄锐,或是在这里度周末。② 在"西风东渐"之下,上海服装设计、建筑设计、橱窗设计、陈设设计和装帧设计独具特色,由报刊和广播电台带动起来的广告业也表现出了一派繁荣景象,甚至娱乐性的选美选秀活动也曾风靡一时。随着新闻业和出版业的发展,雅文化传统的报馆、书局被纳入商业经济的轨道。中国出现了被时人称为"期刊热""杂志年"的新一轮办刊热潮。一些报刊更是将"雅俗共赏"作为办报办刊方针,采用更加活泼和通俗的文体(如"报章体"),内容不仅涉及经济新闻和市场行情,也包含游艺场、剧场、影院的戏目广告,注重娱乐性和趣味性,可谓开风气之先。③ 例如,英国商人安纳斯脱·美查(Ernest Major)创办《申报》的目的是营利,由于发行量十分庞大,成为当时最重要的广告大户。类似地,自汉口 1861 年开埠以来,人流、商流集聚于此,文化娱乐中心亦随之形成。1919 年,综合性文化娱乐中心——汉口民众乐园应运而生,成为商民休闲娱乐首选之所,乃至城市的文化地标与代名词。④ 天津作为开埠以来北方闻名的商业中心,劝业

---

① 1923 年 1 月美国人奥斯邦(E. G. Osborn)创办中国无线电公司(Radio Corporation of China),与《大陆报》(*The China Press*)合作播送音乐及新闻节目,为中国广播事业的发轫。一些自身不具备电台的百货公司纷纷利用民间广播作冠名宣传,内容涉及各种曲艺节目。

② [日]菊池敏夫:《近代上海的百货公司与都市文化》,陈祖恩译,上海人民出版社 2012 年版,第 7 页。

③ 张炼红:《"海派京剧"与近代中国城市文化娱乐空间的建构》,《中国戏曲学院学报》2005 年第 3 期。

④ 胡俊修、高洁:《近代大众文化娱乐空间与都市社会——以汉口民众乐园(1919—1949)为中心》,《光明日报》2014 年 8 月 27 日第 14 版。

场曾开设过以"八大天"①为代表的娱乐场所,反映了当时都市生活中形式多样、繁荣活跃的文化消费场景。这些与现代都市集吃、住、游、乐、购等于一体的"城市综合体"或"商业综合体"的概念极为相似。可见,以"十里洋场"的上海为代表的城市在20世纪30年代已经有产业化规模的新闻出版、电影和娱乐文化。为了应对市场竞争,文化企业的经营也十分注重产品的多样和市场细分。此外还发展出了文化中介人、明星制、股份制的资本募集形式等。对于此等繁华景象的文化事实,我们不可能视而不见。

但是需要指出的是,我们不可笼统地将它们与新时期②以来的"大众文化"混为一谈。

第一,从社会背景来看,上海、广州、汉口等城市文化形式呈现出与西方大众文化一致的步调,具备"大众文化"的基本特征。但是它并不是建立在中国庞大的文化工业之上,也不是现代工业和市场经济充分发达后的产物,它们的发展很大程度上受到"西风东渐"的影响。例如,电影传入中国后很长一段时间内都被称为"西洋影戏",新式出版不是源于传统出版内部条件的成熟,而是来自外力的推动。有学者认为,在华外侨对于促成中国现代文化产业的发生起着重要的作用,他们为了满足自身精神文化需要,将西方成熟的文化产业移植入华,如英国拍卖商奚安门(Henrry Shearman)1850年在上海创办的纯英文报纸《字林西报》、创办于1866年的A. D. C剧团(Amateur Dramatic Club of Shanghai)与工部局乐团等。这些早期大众文化被与日俱增的中国新兴社会阶层所推动而壮大。③当时许多书生到上海租界为外国传教士工作,成为晚清上海的第一

---

① 分别为:天华景戏院、天乐戏院、天宫影院、天会轩戏院、天露茶社、天纬台球社、天纬地球社、天外天屋顶野花园。

② 这里的"新时期"是指"文化大革命"结束后,1978年12月召开中国共产党第十一届中央委员会第三次全体会议,实现了新中国成立以来党的历史的伟大转折,开启了我国改革开放和工作重心转移到经济建设上的历史新时期。以下不再赘述。

③ 韩晗:《在华外侨与中国现代文化产业的发生》,《现代传播》2017年第3期。

批职业文人，后来他们进入书局报馆，开始了对表现市民情趣的文化产品的制作。再如，视听技术传入广州和上海后，由于缺乏工业生产上的需要，照相机和留声机从一开始就表现出作为娱乐手段的用途。

第二，从地域范围来看，中国早期大众文化的产生有明显的地域性。由于半殖民地半封建的社会性质，都市、大众和城市文化的繁荣在当时的中国只是局部现象，无法发展成为独立的形态，因此，其主要发生在开埠城市的租界当中。如毗邻香港的广州，作为租界的上海、汉口、天津等地。以上海为例，自开埠、辟设租界以来，这座城市不仅从西洋各国输入大量的商品，伴随其流入的还有资本、各种制度、技术、思想和文化等，迅速发展为一个国际化的大都市。20世纪20—40年代的上海在都市消费文化及大众文化等领域，都呈现出在中国最进步、最成熟的状态。[1] 这些成熟的文化行业以报刊、电影为主要代表。尤其是大批新式文化人才如传教士、商人、医生等进入上海，成为上海文化产业化的中坚力量，他们开展大量新式文化活动，如新闻和出版、教育、图书翻译等。为躲避战乱，国内其他地方的旧式知识分子和新式文化人才也汇聚到上海，他们受西方思想浸染，也积极投身新式文化活动当中。如戏曲艺人的聚集直接推动了上海戏剧产业的发展。上海《良友》画报（1941年第166期）曾刊出一篇文章讨论中国文化，将其由高到低分为四个等级：租界、都市、乡村、部落。从某种意义上说，近代上海之在中国，就是乡村里的都市。可见，与20世纪90年代的全国大众文化运动相比，其影响范围非常小。

第三，从时间跨度来看，中国早期大众文化现象的繁荣具有短暂性与断裂性。中华人民共和国成立以后，国家对社会的控制进一

---

[1] 从政治的角度来说，上海是以租界这一贯彻欧美列强政治统治力的政治空间为主轴开始进入它的近代的。参见［日］菊池敏夫《近代上海的百货公司与都市文化》，陈祖恩译，上海人民出版社2012年版，第7页。

步加强，政治经济文化的统一模式抑制了市场经济和大众繁衍的可能性。昙花一现的大众文化被扫进了历史的垃圾堆，扣上了"资产阶级"和"享乐主义"的帽子，文化娱乐业的"政治性""教育性"功能压倒"娱乐性"功能。例如，国家对戏曲行业进行的"改人、改戏、改制"的"三改"运动便是一例。[①] 由于政治体制和文化体制的原因，中国文化产业进入长期的压抑状态，到"文化大革命"时发展到了顶峰，以旧上海为代表的都市繁华和文化场景似乎已被完全淡忘了。由此可见，我们今天所说的"大众文化"是指在新时期尤其是90年代以后出现的具有广泛市场意义的大众文化。近代中国出现的大众文化现象虽然具备"大众文化"的诸多特征，但严格意义上不能看作中国大众文化普遍意义上的开端。

那么，中国现代意义上的"大众文化"这个观念究竟是如何进入人们的视野的呢？在"大众文化"观念产生以前，中国文化语境中经常出现"大众"二字。但与西方通常要结合"大众文化""大众主义""大众社会"等词语来理解不同，中国的"大众"概念是在"大众化""大众语"的论争中显现出来的，这与中国20世纪初特殊的历史国情有关。一方面，中国还未真正出现全国范围的大众文化，尽管20世纪30年代在中国的大都市至少是上海已经形成了丰富多元的大众文化工业及其市场，但除却作为间或提及的批判、否定对象（"小市民文化"或封建渣滓），它几乎不进入知识分子群体的关注视野[②]，因此也不存在严格意义上针对大众文化的探讨；例如，"鸳鸯蝴蝶派"常常受到正派文人学者的鄙视和挖苦，"京派"文人对"海派"也不以为然。另一方面，中国早期对大众文化的关注还充满着对几千年中国封建专制的反抗和民族救亡意识，毕竟动荡不安的半殖民地半封建社会无法让大众文化发展成为完全独立的

[①] 张炼红：《从民间性到"人民性"：戏曲改编的政治意识形态化》，《当代作家评论》2002年第1期。

[②] 戴锦华：《隐形书写：90年代中国文化研究》，江苏人民出版社1999年版，第10页。

形态。有学者指出，中国现代文化产业正是在"民族国家"观念初步形成的语境下发生的，因此还念兹在兹地存在着多重民族救亡的历史责任。① 这样一来，知识界对大众文化的关注具有独特的家国情怀。例如20世纪30年代，为了反映革命斗争对于文艺的要求，知识界发生了一次"文艺大众化"运动。这次文艺大众化问题的讨论，其时间之长，内容之广，影响之大，在中国现代文学史上是罕见的。它所涉及问题的范围非常之广，包括大众文艺的内容、形式、语言、创作方法、艺术价值以及作家生活的"大众化"等问题。鲁迅先后写了《文艺的大众化》《"连环图画"辩护》《论"旧形式的采用"》《"此生或彼身"》《门外文谈》等文章，创作了大众化的歌谣和谚语，从理论上实践上为文艺大众化作出了宝贵贡献。② 他在《文艺的大众化》一文中指出，"应该多有为大众设想的作家，竭力来做浅显易解的作品，使大家能懂爱看"。而《"连环图画"辩护》直接表明维护这一通俗文艺读物的坚定而明朗的态度。他引用中外古今的许多实例，"证明了连环图画不但可以称为艺术，并且已经在'艺术之宫'的里面了"，从而驳斥了连环图画不是艺术的论调。③ 这种"大众化"运动实际上是革命文化的一部分，可以称为"革命性大众文化"，讨论的内容不涉及任何商业色彩。

与"大众"一词紧密相关的是"人民大众"这一提法。毛泽东在《在延安文艺座谈会上的讲话》中对"人民大众"和"文化"之间的关系作了非常详尽的描述，奠定了新中国成立以来"工农兵文艺"创作的基调和"文艺为人民大众"的思想。他说："许多同志爱说'大众化'，但是什么叫做大众化呢？就是我们的文艺工作者的思想感情和工农兵大众的思想感情打成一片。而要打成一片，就应当认真学习群众的语言。如果连群众的语言都有

---

① 韩晗：《略论中国现代文化产业史的几个特征》，《人文杂志》2017年第11期。
② 李振坤：《鲁迅与文艺大众化运动》，《新疆师范大学学报》（哲学社会科学版）1981年第1期。
③ 赵家璧：《回忆鲁迅与连环图画》，《美术》1979年第8期。

许多不懂，还讲什么文艺创造呢？"① 他进一步指出："什么是人民大众呢？最广大的人民，占全人口百分之九十以上的人民，是工人、农民、兵士和城市小资产阶级……这四种人，就是中华民族的最大部分，就是最广大的人民大众。"② 可见，社会主义文化语境中对大众的界定，有着十分强烈的政治意识和阶级意味，它是指人民群众尤其是受剥削、受压迫的工人和农民，也即"劳苦大众""工农大众"，他们"在现代中国历史上始终在反封建与社会民主的层面上具有某种道义的正义性"③。所谓"工农兵文艺"则是作为意识形态的一部分而存在的，是服务于民众的文化，目的在于教育民众，没有自己的独立性。而所谓的"大众化"实际上是用通俗和贴近民众的形式来使民众接受主流文化的熏陶。这实际上仍然是根源于 20 世纪 30 年代的"大众化"运动，并在新中国成立后得到长期的贯彻。

在这种背景下，虽然市场化的大众文化在改革开放的进程中再次萌芽，但是一开始仍然不具有"合法性"。这是因为，大众文化作为现代工业和市场经济充分发达后的产物，完全是一种新的文化发明。与传统的各种文化形式相比，它最显著的一个特点就是赤裸裸的商品性——没有一种大众文化的产品不是为了在其消费过程之中或之后赚钱。正是大众文化这种商品性和消费性，使它在与具有悠长历史的各种传统文化形式的冲突、较量中，往往处于某种劣势，特别是长期以传统文化作为自己文化资源的知识界，并不需要"大众文化"的观念。对于新兴的大众文化来说，它是对于既定的文化体制具有破坏性的异己力量。为了维持现有的文化权力，主流文化对大众文化必欲置之死地而后快。因此，虽然一些译著中已有对"大众文化"的解释和探讨，但此时学界的兴

---

① 《毛泽东选集》（第 3 卷），人民出版社 1991 年版，第 851 页。
② 《毛泽东选集》（第 3 卷），人民出版社 1991 年版，第 855—856 页。
③ 戴锦华：《隐形书写：90 年代中国文化研究》，江苏人民出版社 1999 年版，第 9 页。

趣和讨论实际上是集中在"纯文学和通俗文学"方面，大众文化也被限定在"通俗文学"的思考框架中。① 可以说现代"通俗文学"这一概念更多的是认指此种文学形体的娱乐功能和消遣性质，例如民间戏剧、歌谣、传说、故事等，凸显其在形式和内容两个层次上广泛的流通性。

可见，在中国传统的表述中，所谓"大众文化"最初是指占人口多数的民众可以接受的文化形式，也就是通俗文化和民间文化的另一种表述，并没有被当作一个特殊的现象加以对待。直到20世纪80—90年代，"大众"被用来意译西方masses和popular，才成为"西风东渐"过程中被深刻改写的词汇，显露出完全不同的层面。即"在对大众文化持拒绝态度、批判态度的文化讨论中，隐约显现出尼采、利维斯、T. S. 艾略特这一理论脉络上的'大众'观，而90年代大众文化的批判者更多采取的，则是延续并改写了这一理论的法兰克福学派的思想资源"②。由此可见，中国"大众文化"的出现一方面联系着文化市场与文化产业系统再度出现的事实，另一方则是对西方大众文化理论的引进和借鉴。它既不同于中国传统意义上的"民间文化"和"通俗文化"，也不等同于中国革命时期所倡导的文艺"大众化"，更不是"流行文化"的代称，它"是一种产生于20世纪城市工业社会、消费社会的以大众传播媒介为载体并且以城市大众为对象的复制化、模式化、批量化、类像化、平面化、普及化的文化形态"③。

---

① 例如郑振铎在《中国俗文学史》中说，"俗文学就是通俗文学，就是民间的文学，也就是大众的文学。所谓俗文学就是不登大雅之堂，不为学士大夫所重视而流行于民间成为大众嗜好、所喜悦的东西"。参见郑振铎《中国俗文学史》，上海书店1984年版，第1页。

② 吴晓黎：《作为关键词的大众：对二三十年代中国相关讨论的梳理》，载饶芃子主编《思想文综》（第四辑·当代文化研究专辑），暨南大学出版社1999年版，第102页。

③ 潘知常、林玮：《大众传媒与大众文化》，上海人民出版社2002年版，第6—7页。

第二节　西方批判理论的引入
及其追随者

美国著名文学理论家与批评家爱德华·赛义德（Edward W. Said）在《世界、文本与批评家》（*The World, the Text and the Critic*, 1983）中有一篇非常著名的文章叫《旅行的理论》（Travelling Theory）。该文主要讨论了匈牙利马克思主义文论家卢卡奇的学说在其法国弟子鲁西德·戈德曼和英国弟子雷蒙·威廉斯（Raymond Williams）那里的旅行情形。他指出："思想和理论就像人和批评流派一样，经历从这个人向那个人、从一个情境向另一个情境、从一个时期向另一个时期旅行。"[1] 他提出理论旅行的几个条件，包括：

> 首先，有一个起点，或类似起点的一个发轫的环境，使观念得以发生或进入话语。第二，有一段得以穿行的距离，一个穿越各种文本压力的通道，使观念从前面的时空点移向后面的时空点，重新凸显出来。第三，有一些条件，不妨称之为接纳条件或作为接纳所不可避免之一部分的抵制条件。正是这些条件才使被移植的理论或观念无论显得多么异样，也能得到引进和容忍。第四，完全（或部分）地被容纳（或吸收）的观念因其在新时空中的新位置和新用法而受到一定程度的改造。[2]

如果以"理论旅行"观照中国的大众文化，我们会发现，中国

---

[1] Edward Said, *The World, the Text, and the Critic*, Cambridge: Harvard University Press, 1983, p. 226.
[2] ［美］爱德华·赛义德:《赛义德自选集》，谢少波、韩刚等译，中国社会科学出版社1999年版，第138页。

本土真正意义上与西方接轨的大众文化研究，是西方大众文化理论"旅行"到中国的结果。① 而由于中国具有完全不同于西方的社会背景，批判理论在进入中国后产生了不同于西方世界传播时所遇到的复杂情形。

从 20 世纪 70 年代末 80 年代初开始，政治环境相对宽松导致的思想解放使得大量的西方理论被引入中国，法兰克福学派的大众文化批判理论是其中的重要组成部分。一方面，由于该理论在当代西方社会产生了广泛而深刻的影响，是我国学界了解西方当代社会文化的重要窗口；另一方面，批判理论与经典的马克思主义既相互关联又相互区别，而马克思主义又是我国学界长期以来的主流话语，因此法兰克福学派的批判理论引起了国内学者的重视。② 1978 年，作为当时我国唯一翻译外国哲学的研究杂志，《哲学译丛》（2002 年改名《世界哲学》）从第五期开始翻译介绍法兰克福学派的文章，如《法兰克福哲学—社会学学派基本思想的历史发展》《法兰克福学派的主要代表人物——阿多诺》，第六期又设专栏介绍了马尔库塞的《当代工业社会的攻击性》和哈贝马斯的《作为"意识形态"的技术和科学》。1979 年，潘子立在《国外社会科学》摘译刊发了西德学者赫·杜毕尔（Helmut Dubiel）的《评〈辩证法的幻想〉》③ 一文，文中主要对马丁·杰伊《辩证的想象》④ 一书的

---

① 法兰克福学派研究专家马丁·杰伊（Martin Jay）曾在《辩证的想象》中文版序言中提道："令人愉快的是批判理论的旅行并未终结。现在，由于《辩证的想象》译成中文，一个新的广大的读者群得以了解本世纪最为卓越的一群人的思想和个人生活的故事。"参见［美］马丁·杰伊《〈辩证的想象〉中文版序言》，张晓明译，《世界哲学》1991 年第 5 期。

② 尤战生：《流行的代价——法兰克福学派大众文化批判理论研究》，山东大学出版社 2006 年版，第 222—223 页。

③ ［西德］赫·杜毕尔：《评〈辩证法的幻想〉——关于 1923—1950 年法兰克福学派和社会研究所的历史》，《国外社会科学》1979 年第 2 期。

④ 单世联译本在考虑到中国接受背景时，将书名改为《法兰克福学派史》（广东人民出版社 1996 年版）。

内容梗概进行了介绍，其中对"大众文化"与"文化工业"的内容都有简略提及。1981年，"大众文化"作为一个名词解释出现在《国外社会科学》杂志第 8 期上，被解释为"资产阶级用来麻痹群众意识的一种资产阶级文化类型"[①]，带有强烈的批判意味。1985年，美国杜克大学的杰姆逊在北京大学开设以"后现代主义与文化理论"为题的系列演讲，在"意识形态诸理论"章节中对文化工业理论进行了简要介绍。杰姆逊提到，法兰克福学派提到的"文化工业"研究的是当代社会中大众文化的兴起及其后果。他们认为这是商品形式对文化这样一个领域的渗透，这个领域一直被认为是一块自由的天地，不受商品形式的影响。他们探讨一种旧式文化（仍然是对抗性的）的形式和内容是怎样被抽掉了其中的"否定性"和"批评性"力量，被纳入商品消费中去。[②] 与此同时，20 世纪80 年代还译介了大量的相关著作，包括阿诺德·豪泽尔（Arnold Hauser）的《艺术社会学》[③]、托马斯·英奇（Thomas Inch）的《美国通俗文化简史》[④]、丹尼尔·贝尔的《资本主义文化矛盾》[⑤]、本雅明的《发达资本主义时代的抒情诗人》[⑥] 等。季啸风、李文博主编的《文化研究——台港及海外中文报刊资料专辑》中也收录了

[①] 张新梅译自苏联《科学共产主义词典》（1980 年第 3 版），《国外社会科学》1981 年第 8 期。

[②] ［美］弗雷德里克·杰姆逊：《后现代主义与文化理论——弗·杰姆逊教授讲演录》，唐小兵译，陕西师范大学出版社 1987 年版，第 222 页。

[③] ［匈］阿诺德·豪泽尔：《艺术社会学》，居延安译编，学林出版社 1987 年版。

[④] ［美］托马斯·莫奇编：《美国通俗文化简史》，任越等译，漓江出版社 1988 年版。

[⑤] ［美］丹尼尔·贝尔：《资本主义文化矛盾》，赵一凡等译，生活·读书·新知三联书店 1989 年版。此书是贝尔以现代和当代的资本主义文化为研究对象的社会学著作，并且明确以"探究资产阶级社会的经济与文化危机"及其"修复"的可能性作研究主题。大约正是书的这种性质，使该书在 1989 年出了中译本之后，在中国影响颇大，常把它当作权威著作来引用。

[⑥] ［德］本雅明：《发达资本主义时代的抒情诗人》，张旭东、魏文生译，生活·读书·新知三联书店 1989 年版。

不少介绍大众文化的文章。这些都对中国大众文化研究产生了重要影响。20世纪80年代末，西方五六十年的思想在5—6年的时间内被引介给了中国读者。① 据统计，1978—1987年，西方人文科学的译著达到5000多种，是此前30年的10倍，包括西方的哲学、政治、历史等，这些翻译工作与八九十年代文化研究的进入一脉承续。② 但是，由于80年代中国大众文化还处于探索阶段，也缺乏接受大众文化的现实条件，中国大众文化和学界对大众文化的认识还没有真正浮出水面。③ 由此产生了一种奇怪的现象，即"文化工业批判是我们的主流文化，而大众文化不是我们1980年代的主流文化"④。也就是说，中国学界对于西方文化理论的接受与选择受到自己的现实文化需要的深刻制约，尤其是彼时的中国还缺乏与西方文化产业发展相类似的典型环境，因此对大众文化的思考主要在道德内涵上。人文知识分子们的讨论更多地指向了哲学批判层面，错将"文化工业"理论用于中国大众文化研究的批判，形成一种理论的错位。

20世纪90年代，随着改革进程的加速，中国选择了社会主义市场经济道路。商品大潮随之汹涌而来，物欲刺激无处不在，原本被鄙视的金钱，一夜之间成为被膜拜的对象，过惯了清心寡欲生活的中国人承受着市场经济导致的社会变化给他们的思想和心理所带来的巨大冲击。崇高被消解、文化被娱乐，精神产品被商品化，肤浅得无法负载精神价值。⑤ 1991年，《上海文论》新设"当代视野中的

---

① Zhang Longxi, "Western Theory and Chinese Reality", *Critical Inquiry Autumn*, 1992.
② 王晓明：《翻译的政治——从一个侧面看80年代的翻译运动》，载王晓明《半张脸的神话》，南方日报出版社2000年版。
③ 赵勇：《透视大众文化》，中国书籍出版社2013年版，第17页。
④ 陆扬、路瑜：《大众文化研究在中国》，《天津社会科学》2003年第6期。
⑤ 傅永军：《接受与排斥——批判理论在中国大陆的命运》，参见［德］阿梅龙、［德］狄安涅、刘森林主编《法兰克福学派在中国》，社会科学文献出版社2011年版，第29—37页。

大众文艺"专栏，一些批评家加盟并进行讨论。其中以1993年前后知识界关于"人文精神"的大讨论最具代表性，既指向了商品经济也指向了大众文化，其意在为精英知识分子寻找出路，寻找自身存在的支撑点。① 这是由于，近代以来的中国知识分子通常是作为"启蒙者"②的角色出现的，尽管到了20世纪80—90年代，他们仍然认为历经数代人的启蒙使命并没有完成，中国社会的症结仍然在于民众的不觉悟，所以，精英文化应该继承启蒙的传统。而启蒙的前提是先预设一个理想状态的存在，然后确定民众的文化属于低层次的文化，而提高民众的文化水平是进入理想状态的唯一途径。但是，随着现代化的推进，精英知识分子们的价值理想、终极关怀被淹没在消费主义的浪潮中，人们很少再关心价值理想，而是追求如何获取更多的财富，过更好的生活。因此，市场经济中浮现的拜金主义、极端利己主义等负面倾向使知识分子们变得前所未有的惶惑，无法在突然而至的世俗化社会里找到自身的定位。他们发现他们的角色经历了从社会变革的启蒙者到边缘者的转变。因此，精英批评的立场常常是以站在大众的对立面而出现。抵抗在当时被认为是一种重要的精神坚守，不向商业主义投降的立场被认为是表现了传统知识分子的人格与勇气。

而就在这个时候，一批国外相关书籍尤其是法兰克福学派的重要著作和文章被翻译到中国，为精英知识分子提供了理论武器。其中包括霍克海默的《批判理论》③，霍克海默和阿多诺的著作《启蒙

---

① 在这之后，这种论争一直存在，如21世纪初的日常生活审美化争论；2006年围绕玄幻小说的争论，都是这种论争的延续。

② 20世纪70年代末80年代初的知识分子们认为历经数代人的启蒙使命并没有完成，中国社会的症结仍然在于民众的不觉悟，所以，精英文化应该继承启蒙的传统。而启蒙的前提是先预设一个理想状态的存在，然后确定民众的文化属于低层次的文化，而提高民众的文化水平是进入理想状态的唯一途径。参见陈刚《大众文化与当代乌托邦》，作家出版社1996年版，第32页。

③ 李小兵等译，重庆出版社1989年版。

辩证法》[1]，阿多诺的《电视和大众文化模式》[2]《论流行音乐》[3]《美学理论》[4]《弗洛伊德理论和法西斯主义宣传的程式》[5]和《文化工业再思考》[6]，本雅明的《机械复制时代的艺术作品》[7]，等等。这些作品的翻译使得"文化工业"理论正式进入中国学者的视野，为这一理论的接受提供了条件。与80年代相比，90年代西方大众文化理论尤其是法兰克福学派的"文化工业"理论终于有了用武之地，也恰逢其时。赵勇曾总结"文化工业"理论适合中国学者的胃口的两个原因：第一，对于大众文化时代的到来，人文知识分子并没有充分的心理准备，而大众文化对精英文化的消解，对消费大众的裹挟，很容易激起他们的道德义愤，进而化作犀利的批判。当阿多诺等人的批判理论进入中国时，它与人文知识分子的心境、姿态是相吻合的。第二，在20世纪90年代初期和中期，中国虽然有了大众文化的滥觞，却并无更多的大众文化理论资源可以借用，而只有法兰克福学派一家独领风骚。既无法让中国学界拥有多元的大众文化研究视角，也在很大程度上助长了情绪化的批判之风。[8] 尤其是法兰克福学派的政治立场（反资本主义）和审美趣味（精英主义）与中国长期以来主流意识形态对马克思主义的倡导较为一致，因此对中国知识界影响极为广泛。在这种情况下，让"文化工业"理论与中国当代的大众文化现实发生关系，便成了一件顺理成章的事情。这些知识分子"突然发现，自己的处境与心态似乎和西方马克思主义

---

[1] 霍克海默与阿多诺的《启蒙辩证法》第一个译本出版于1990年（重庆出版社），译者为洪佩郁、蔺月峰；第二个译本出版于2003年，由渠敬东、曹卫东翻译。
[2] 王小婴译，载《外国美学》（第9辑），商务印书馆1992年版。
[3] 周欢译，载《当代电影》1993年第5期。
[4] 王柯平译，四川人民出版社1998年版。
[5] 张明、陈伟译，载《法兰克福学派论著选辑》（上卷），商务印书馆1998年版。
[6] 高丙中译，载《文化研究》（第1辑），天津社会科学出版社2000年版。赵勇以《文化工业述要》为名进行了重译，载《贵州社会科学》2011年第6期。
[7] ［德］瓦尔特·本雅明：《机械复制时代的艺术作品》，王才勇译，浙江摄影出版社1993年版。
[8] 赵勇：《未结硕果的思想之花——文化工业理论在中国的兴盛与衰落》，《文艺争鸣》2009年第11期。

者一样，在现代化的潮流中，在市场化的过程中，他们感到一种'资本主义'式的而非以前那种斯大林模式的压迫。他们发现，法兰克福学派的理论可以用作抗拒和批判现实的武器"①。这种心态甚至到了 21 世纪初关于"日常生活审美化"的论争中仍然可见。由此可以看出，大众文化研究和"文化工业"理论的兴起的确具有本土文化语境与西方理论影响两个方面的原因，而本土现实的挑战或许是更为根本的因素。许多译著和西方思想在 20 世纪 80 年代引入中国之初并未产生很大的影响，引用率并不高。反而是伴随着市场化、世俗化以及大众文化的兴起，人们感觉到了西方文化研究的理论魅力。

在这样的背景下，一方面，介绍法兰克福学派的著作和文章相继出现，法兰克福学派及其相关人物、理论、思想等得到较为系统的介绍。代表性著作有徐崇温的《法兰克福学派述评》（1980），江天骥等主编的《法兰克福学派——批判的社会理论》（1981），刘继的《法兰克福学派对文化的批判》（1986），赵一凡的《法兰克福学派的旅美文化批评》（1989），欧力同、张伟的《法兰克福学派研究》（1990），张伟的《法兰克福学派的文化观剖视》（1990），郑一明的《法兰克福学派"文化工业论"析评》（1994）等。另一方面，文化工业理论在中国大众文化的快速发展过程中落地生根，催生了中国学者对大众文化的研究热情，不少学者挪用"文化工业"理论对国内新兴的大众文化进行批判。比较有代表性的如高小康的《反美学：当代大众趣味描述》（1990），陶东风的《欲望与沉沦——大众文化批判》（1993），金元浦的《试论当代的"文化工业"》（1994），张汝伦的《论大众文化》（1994），潘知常的《MTV：当代人的"视觉快餐"——当代文化工业的美学阐释》（1994）、《文化工业：美学面临着新的挑战——当代文化工业的美学阐释之一》（1994），杨经建的《90 年代影视剧作："文化工业"的典型产品》（1995），尹鸿的《大众文化时代的批判意识》和《为人文精神守望：当代大众文化批评导论》（1996），王彬彬的《两种不同质地的

---

① 汪洋：《法兰克福学派理论在中国的运用》，《社会科学论坛》2005 年第 3 期。

文化——略论"通俗文化"与"大众文化"的差别》(1996),刘润为的《文化工业论》(1997)……这些文章都开辟了本土大众文化研究的先河,其理论和观点大多来自法兰克福学派。1988年4月14日,《文艺报》发表了周玉宁编写的《"文化工业"问题研讨会纪要》,集中展示了1997年前后不同学者对"文化工业"问题的认识。其中谈及如何评价中国出现的"文化工业"现象时,也多半保持了批判性的态度。有学者指出,这是一个非常"法兰克福"的时期。[①]

然而,对于法兰克福学派的盲目追随,也带来了一些问题。最典型的就表现在西方理论资源与中国本土实践的格格不入。诚如霍耐特所提到的,法兰克福学派所有核心人物的理论是十分欧洲化的,确切说是灌注着欧洲中心主义视野的体系,即只是指向欧洲的历史进程,只是以欧洲思想家为依托并将作为世界一部分的欧洲看成世界的全部。他们有关文化发展的阐述不假思索地与欧洲历史联结在一起,他们在构建自己的理论时提及的只是欧洲或德国思想家们的理论,在阐述文学、音乐和绘画中的审美感知时触及的也局限于欧洲内部,连东欧邻国或美国的情况也只是被用疑虑的眼光审视着。[②]由于越来越多的学者意识到,中国文化工业的兴起有着与西方尤其是欧洲截然不同的历史背景和社会语境,学术界开始出现一批对早期盲目借用西方理论的反思运动。[③] 其内容包括:一是反思这种理论

[①] 雷颐:《今天非常"法兰克福"》,《读书》1997年第12期。

[②] 〔德〕霍耐特:《法兰克福学派在亚洲的接受史及影响》,原文为施耐特于2008年9月25日在法兰克福大学召开的"法兰克福学派在中国"国际学术研讨会上的开幕致辞。施耐特是法兰克福学派第三代的主要代表人物,在2001年3月出任法兰克福社会研究所所长。参见〔德〕阿梅龙等主编《法兰克福学派在中国》,社会科学文献出版社2011年版,第1—2页。

[③] 赵勇曾把中国学界对法兰克福学派的反思形成的结果归纳为"错位说""瘙痒说"和"简化说"。"错位说"代表性文章有陶东风的《批判理论与中国大众文化》(1997)、雷颐的《今天非常"法兰克福"》(1997)、郝建的《大众文化面对法兰克福学派》(2000);"瘙痒说"代表性文章有朱学勤的《在文化的脂肪上瘙痒》(1997)、徐友渔的《西方马克思主义在中国》(1998);"简化说"代表性文章有曹卫东的《法兰克服学派的历史效果(1997)》等。参见赵勇《法兰克福学派的中国之旅——从一篇被人遗忘的"序言"说起》,《书屋》2004年第3期。

自身的局限性；二是反思这种理论与中国大众文化之间的契合关系；三是反思国内学界对其理解是否存在误读。① 例如，陶东风在后来重提 1993 年所写《欲望与沉沦——大众文化批判》一文时曾直截了当地说，"在这里，我也要作一个自我'检讨'，我本人就曾热衷于套用法兰克福学派的理论来批判中国当代的大众文化，而且在同类文章中算是比较早的。因而今天我对此问题的学术清理，带有自我反省的意味"②。这很能代表 90 年代中国学界对法兰克福学派的复杂态度。戴锦华在她的访谈录中也毫不掩饰地说道："进入 90 年代以后，我始终处于相当茫然的状态。这种茫然到 1992、1993 年之交达到了极致。这主要是因为商业大潮不期而至。我经历了一次'知识的破产'：自己过去所娴熟使用的大部分理论和方法都在新的现实面前显示出了苍白无力……其中最重要的是反省，一个是对西方理论的反省，对自己不假思索地使用西方理论的态度的反省……另一个是对自己的精英文化立场的反省。"③ 类似地，金元浦后来也重新审视了大众文化，认为"正是大众文化，实际地改变着中国当代的意识形态，在建立公共文化空间和文化场域上发挥了积极的作用"④。李泽厚认为，我们应"正视大众文化在当前的积极性、正面性功能"，"当前知识分子要与大众文化相联系……它们的联盟有两个作用：一是消解正统意识形态，二是引导大众文化走向一个健康的方向"。他还指出："大众文化不考虑文化批判，唱卡拉 OK 的人根本不去考虑要改变什么东西，但这种态度却反而能改变一些东西，这就是……对正统体制，对政教合一的中心体制的有效的侵蚀和解构。"⑤ 此类

---

① 尤战生：《接受与误读：法兰克福学派大众文化理论在中国》，《山东社会科学》2011 年第 10 期。

② 陶东风：《批判理论与中国大众文化》，载刘军宇等编《经济民主与经济自由》，生活·读书·新知三联书店 1997 年版，第 302—303 页。另参见陶东风《文化研究：西方与中国》，北京师范大学出版社 2002 年版，第 41 页。

③ 戴锦华：《犹在镜中：戴锦华访谈录》，知识出版社 1999 年版，第 5 页。

④ 金元浦：《重新审视大众文化》，《中国社会科学》2000 年第 6 期。

⑤ 李泽厚、王德胜：《关于文化现状与道德重建的对话》，《东方》1994 年第 5 期。

观点对大众文化、人的欲望和文艺的消遣娱乐性等采取了基本肯定的态度。有学者指出，与法兰克福学派批判的美国大众文化遮蔽理性不同，中国的大众文化在20世纪八九十年代恰恰发挥了思想启蒙、情感解放的作用。用阿多诺等人对于美国大众文化和文化产业"误读"的理论来阐释中国的大众文化和文化产业，只能是"误读"的"误读"。①

基于这样的思考，一些学者开始结合中国本土实践开展新的大众文化研究。例如陈刚的《大众文化与当代乌托邦》（1996），黄会林、尹鸿主编的《当代中国大众文化研究》（1998）等。与此同时，"娱乐文化研究丛书"（1998）②、"当代大众文化批评丛书"（1999）③等丛书的推出，将国内大众文化研究推向一个高潮。此外，罗钢、刘向愚主编的《文化研究读本》（2000），陆扬、王毅选编的《大众文化研究》（2001），周宪、许钧主编的"现代性研究译丛"（2000）等，都从不同角度选材，将当代西方大众文化研究成果推举到中国读者面前。2000年，陶东风、金元浦和高丙中主编的《文化研究》丛刊面世，意味着中国大众文化研究开辟了一个阵地。需要指出的是，大众文化研究的本土化并不意味着国内学者完全摒弃了人文主义的立场和批判的视野，相反，对大众文化根深蒂固的偏见一直存在于国内知识界。

---

① 李辉：《西方文化产业理论在中国的"穿越"》，《文艺争鸣》2019年第6期。
② 包括王一川的《张艺谋神话的终结》、高小康的《狂欢世纪——娱乐文化与现代生活方式》、王德胜的《文化的嬉戏与承诺》、贾磊磊的《武之舞——中国武侠电影的形态与神魄》。
③ 包括戴锦华的《隐形书写——90年代中国文化研究》、南帆的《双重视野——当代电子文化分析》、王晓明主编的《在新的意识形态的笼罩下——90年代的文化与文学分析》、戴锦华主编的《书写文化英雄——世纪之交的文化研究》、包亚明的《上海酒吧——空间、消费与想象》、邵燕君的《倾斜的文学场——当代文学生产机制的市场化转型》、胡大平的《崇高的暧昧——作为现代生活方式的休闲》、陈映芳的《在角色与非角色之间——中国的青年文化》、宋伟杰的《从娱乐行为到乌托邦冲动——金庸小说再解读》、陈昕的《救赎与消费——当代中国日常生活中的消费主义》。

第三节　中国文化产业观念的"合法性"依据

汉语"文化产业"一词具体何时在中国出现和使用，学界仍存争论。但是有一点可以肯定的是，作为经济学意义的"文化产业"概念的形成是在20世纪80年代对"第三产业"的讨论中逐渐显露出来的，即是在文化产品和劳务产业化的合法性基础上被逐渐认识的。到了1985年，国务院同意国家统计局《关于建立第三产业统计的报告》，带动了国内"第三产业"研究的热潮，而作为第三产业的文化艺术生产及其商品化、市场化、产业化等问题也逐渐进入学界和政策制定者的视野。在这一过程中，"文化产业"作为一个新的概念多次被提及。如早在1987年，作为文化部政策研究室成员的李军在《试论文化艺术的商品性质及其调节机制》一文中就运用了马克思的价值理论对满足精神文化需要的文化艺术产品进行了分析，指出文化艺术产品是使用价值与价值的统一体，同其他物质产品一样也是商品。他在文中使用了"文化产业"一词，并认为对文化产业需要引入市场机制和行政机制相结合进行调节。[①]随后，1988年李建中在《人文杂志》第3期发表《论社会主义的文化产业》一文，从文化经济学的角度对文化产业物质与精神的二重性，文化市场的供给与需求，社会主义制度下文化产业运行中的价值补偿机制等问题进行了探讨，并指出了我国文化产业存在的问题与解决路径。文中指出社会主义文化产业是国民经济的重要组成部分，主要涉及电影、艺术表演、广播电视、新闻、出版、文物、博物馆、图书馆等文化部门和企事业单位。[②]这是国内较早对文化产业的表述。1989

[①] 李军：《试论文化艺术的商品性质及其调节机制》，《求索》1987年第6期。
[②] 李建中：《论社会主义的文化产业》，《人文杂志》1998年第3期。

年，范作申翻译的日本学者日下公人的《新文化产业论》（1979）出版，是国内最早以"文化产业"一词出现的译著。范作申在中译本前言中说道，当经济开发、社会开发、人才开发告一段落之后，必然进入文化开发阶段……人们追求生活享受和幸福的经济行为，在经济学领域却没有专门的术语加以表现。日下公人将它表述为"文化产业"。他指出日本学者眼中的日本经济新色彩就是"文化产业化"，并认为文化产业的目的就是创造一种文化符号，然后销售这种文化和文化符号。① 可以说，这种观点已经与当下使用的文化产业概念无异。如此可见，早期国内对"文化产业"一词的使用，更多的是从文化经济学的角度进行的阐释，强调文化对经济的积极作用。

但是，从另一条线索来看，20世纪80年代末至90年代初这段时间，随着法兰克福学派代表人物的著作和文章被译介到中国，culture industry 一词被翻译为"文化工业"进入国内学者视野（也有少数学者采用"文化产业"的译法，但不是主流），这与经济学意义上的"文化产业"一词显然是两个完全不同的学科话语体系。从时间上来看，作为批判意义的"文化工业"和积极意义的"文化产业"在西方世界本是先后发生的概念，却几乎在同一时间平行出现在中国本土，并发生了激烈的思想碰撞。这就无怪乎这两个词在国内的翻译和使用常常存在既统一又区别的混乱局面。② 赵勇曾指出，在汉语体系中，"文化工业"与"文化产业"或许只是一字之差，但实际上它们却分别代表着两种完全不同的价值观和学科范畴：如果谈论的是文化工业，它所接通的必然是法兰克福学派的美学和文化批判理论传统，其贬义色彩与负面意义不言而喻；如果谈论的是

---

① ［日］日下公人：《新文化产业论》，范作升译，东方出版社1989年版，"中译本前言"，第2—3页。
② 例如秦朔在《大脑风暴——文化工业探寻》（广州出版社1993年版）中所论"文化工业"来源于法兰克福学派，但是作者肯定了"文化工业"的客观性，从而赋予"文化工业"积极的意义。而刘润为则坚持"文化工业"是西方的，与中国的"文化产业"虽然名称相像，却是两股道上跑的车。参见刘润为《西方的文化工业》，《光明日报》2011年9月5日第5版。

文化产业，它所联系的往往是日下公人所论述的那套经济学理论。而由于日下公人的极力推崇，文化产业不但不可能具有贬义性和负面性，反而获得了许多正面价值。可以说，从此之后，文化工业与文化产业虽所指相同，却分别在否定性与肯定性层面获得了两套被各自思考和言说的路径。[①] 换言之，"文化产业"与"文化工业"在中国语境下是完全不同的概念，二者基本上不存在前后继承性。尤其当越来越多的西方文化产业理论进一步介绍到中国后，中国学者更倾向于认为"文化产业"是一套重新建构的知识体系，它与"文化工业"是格格不入的。

然而，虽然"文化产业"的出现在中国看似是一条单独的线索，但是这并不意味着它能"独当一面"。一方面，在中国摸索社会主义市场经济道路的初始阶段，市场和大众的力量都不够强大。即使大众逐渐形成，他们也是处于社会的底层，无法掌握文化的话语权，这些因素都加剧了大众文化发展的难度。中国的大众文化就像岩缝中的小草，突破多重阻力，才冒出一点嫩芽。而当它们出现以后，既要面临着保持中心意识形态的权威的主流文化的压力，又要受到对大众文化世俗化本性的精英文化的排斥，可谓是两面夹击，生存困难。另一方面，在"文化产业"一词进入中国官方话语体系之前，关于文化产业的探讨延续的是西方法兰克福学派关于对大众文化的批判话语体系，具有强烈的文化否定性，而只在小范围流通、处在经济学研究边缘的文化经济研究还无法与之抗衡。这无疑对经济学意义上的"文化产业"话语体系形成了牵制。只是，随着"文化产业"一词进入政府工作报告，以及知识精英们看到了文化产业几乎不可阻挡的发展态势，人文阵营与经济阵营才逐渐达成和解。其结果是，"文化工业"一词除了用于理论的历史回顾，已经渐渐退出主流学术话语，这一点与 mass culture 一词在西方的处境颇为相似。自

[①] 赵勇：《未结硕果的思想之花——文化工业理论在中国的兴盛与衰落》，《文艺争鸣》2009 年第 11 期。

此以后，文化产业在理论和实践两大领域都获得了"合法性"，开始了野蛮生长。

作为回顾，以下将从"文化转型""研究拓展"和"体制改革"三个层面对文化产业观念在中国的发生进行梳理，旨在说明文化产业如何在社会背景、学术话语和政治体制的综合作用下获得"合法性"。

一 文化转型

要想理解文化产业观念如何在中国获得"合法性"，我们首先必须对20世纪改革开放以来中国整个经济、社会和思想领域的转向有大致了解。从新中国成立至1978年以前，中国的文化是完全意识形态性的一体化整体，几乎没有为其他类型的文化留下生存的空间。计划文化体制以意识形态规定了文化的运作，由公有制的同一性代替了市场的灵活性，推动文化发展的力量不是直接的市场需求，而是政治意识形态的目标。1978年以后，中国社会结束"以阶级斗争为纲"，把工作重心转移到经济建设上，过去"铁板一块"的文化整体逐渐破裂，文化的发展出现新的转机。当服从于政治和意识形态标准的政治文化影响力逐渐减弱，思想禁锢被打破，为新的文化发育创造了一个较为宽松的外部环境，表现为"由单一革命教化文化向包括先锋文化、纯文艺、通俗文化、娱乐文化在内的多元文化发展，由政治宣传文化向半商品文化、商品文化转化，由统死管死的行政计划型一统管理到允许文化的多样自主发展的巨大变化"[①]。从20世纪70年代末80年代初港台流行音乐、影视剧、通俗文学开始"走私"内地，到80—90年代以电视连续剧《渴望》为代表的中国本土大众文化的尝试，中国大陆的文化市场悄然兴起。随着市场经济的迅速发展，文化产业犹如一片燎原大火蔓延全国，使中国的文化景观在短短几年内一下子改观。由于当代中国社会转型是把

---

① 金元浦：《试论当代的"文化工业"》，《文艺理论研究》1994年第2期。

市场化、现代化和社会主义改革这三个重大的社会变迁浓缩在同一个时空中进行，其爆发的能量十分巨大，文化作为其中一个重要组成部分，无疑也深受影响。

一是大众文化的崛起。在中国过去两千多年的历史中，精英文化掌握着绝对的主导权，通俗文化无法与之抗衡。因此，"阳春白雪"的高雅文化与"下里巴人"的通俗文化总是并行不悖：高雅文化以书面文化的形式不断发展，成为古典文化的主流，而通俗文化主要利用口语文化的形式传播，规模虽小但极有活力。需要的时候，高雅文化还经常从通俗文化中汲取养料。但是在 20 世纪 70 年代末 80 年代初，大众文化刚刚萌芽，就开始受到主流文化和精英文化的挤压和批判。例如，港台流行歌曲刚刚"走私"进入大陆时，主流文化就对这种大众文化现场进行了猛烈的攻击，流行音乐被看作资产阶级生活方式的表现，甚至被列入不健康、异己的范畴。由于大众文化的"世俗性"与精英文化的"启蒙性"格格不入，因此当大众凭借大众媒介从文化边缘进入文化的中心地带并获得话语权后，二者的矛盾就更加凸显。

然而，随着日常生活的政治化状态的终结，经济的控制力得到增强，中国社会出现了一种明显的世俗化趋势，大众文化急剧膨胀，精英文化不得不作出让步。如果说 20 世纪 70 年代末到 80 年代中期，以港台流行音乐、通俗小说和电视剧为先导的大众文化开始出现时，精英文化还表现出一副居高临下的姿态，那么，随着 80 年代中后期本土大众文化的兴起，精英文化便走向了悲壮的衰退和分化过程。它们一部分进入象牙塔，另一部分则汇入大众文化的世俗化洪流之中，二者界限日趋模糊。诚如陶东风指出的，如果说 90 年代初、中期人们还习惯于以官方—精英—大众（消费娱乐）的"三分天下"或"三足鼎立"来描述中国的文化格局，那么在今天，"三足"或许依然，鼎立却已不再。大众（消费娱乐）文化一头独大，占据了文化地盘的大半壁江山。已经习惯于这种不平衡格局的精英知识界好像也不再对此愤愤不平了。① 从 90 年代开始,大众文化以其娱乐性和消费性席卷全国,逐渐确立了自身的地位,占据着人们的文化生活空间,这为文化产业观念的合理性出场奠定了基础。

二是主流文化的模糊。大众文化的崛起,必然导致主流文化的模糊。从新中国成立到改革开放以前,政治不仅是人们日常生活的主题,还渗透到文化的方方面面。主流文化承担着中心意识形态的功能,要求个人向社会主体认同,力图将社会成员纳入稳定的社会模式中。大众文化刚刚兴起时,主流文化还试图将大众文化纳入主流文化之中。但是,当主流文化意识到大众文化不可阻挡的潮流和趋势后,开始正视大众文化的存在。一方面,主流文化把大众文化看作社会主义精神文明的重要组成部分;另一方面,主流文化选择主动与大众文化接近,用人们喜闻乐见的方式表现主流文化,而流行文艺也越来越多地呈现出主流价值观。蒋述卓指出,流行文艺与主流价值观并不存在天然的鸿沟,相反,流行文艺在发展实践中还在个体精神的表达方式、表现主题与内容以及思想的探索、表达姿态和艺术形式的创新方面都为主流价值观提供了积极因素。②

三是消费文化的形成。无论对文化作何解释,有一点可以肯定的是,历来人们总是把文化理解成具有精神特征和价值特征的东西,与人们的日常生活尤其是经济生活区别开来,保持着适当的距离。这就是为什么文化与商业的结合一直不入主流,成为精英知识分子嗤之以鼻的"怪胎"。20 世纪 70 年代末以前,文化与商业格格不入,文化的供给由国家严格调控和计划生产,几乎没有自由的文化市场,西方消费主义文化被看作"小资陋习",在中国受到严厉的批判。尽管买书仍要付钱、看戏还要买票,从事文化工作的人却很少有市场的观念,文化处于不能沾"企"字"商"味的禁区。改革开

---

① 陶东风:《去精英化时代的大众娱乐文化》,《学术月刊》2009 年第 5 期。
② 蒋述卓:《流行文艺与主流价值观关系初议》,《文学评论》2013 年第 6 期。

放以后，中国迅速融入市场化的全球性大众传媒网络之中，港澳台和西方的大众文化产品短时间内涌入内地，强有力地刺激了中国文化娱乐市场的发展，尤其是东南沿海和珠三角地区，率先出现了企业办文化的潮流。而随着中国物质生活水平和文化教育程度不断提高，人们对精神文化的需求更加普及。诚如李陀所形容的："只不过短短的几年，消费主义文化就像洪水泛滥一样席卷全国，把我用一生时间来熟悉、认可的一切，文学艺术、价值规范、道德观念、生活方式、行为准则、风土人情，都一下子冲得七零八落，这给我带来的震撼，用目瞪口呆都绝不足以形容。"① 在新一轮科技革命推动下，文化市场能够生产出与大众需求和口味相匹配的文化产品和服务。在中国由生产型社会向消费型社会转变的过程中，文化的产业化也就不可避免地发生了。如果我们稍加回顾20世纪90年代国内热议的"人文精神"就会发现，精英知识分子控诉的对象不仅仅是世俗化的大众文学和艺术，而且是掺杂着商品社会、拜金主义以及媒介技术。也就是说，由机械化大生产带来的丰富商品如汽车、食品、服饰和电影、电视、流行小说、音像制品是掺杂在一起的。

二 研究拓展

20世纪80年代以来中国知识界的研究拓展，为文化产业观念的"合法性"提供了阐释空间与理论支撑。

一是"人文阵营"向文化研究和文化产业研究拓展。20世纪90年代初期，中国虽然有了大众文化的滥觞，却并无更多的理论资源可以借用。在文化研究兴起之前，关于大众文化最有影响力的理论便来自法兰克福学派，也是精英知识分子最得心应手的理论工具。法兰克福学派以批判见长的风格令中国学界产生了某种"错觉"，即在无法拥有多元的大众文化研究视角的前提下，以为只要谈到大众文化理论，便是法兰克福学派的专利，这在很大程度上助长了情绪

---

① 李陀：《雪崩何处》，中信出版社2015年版，第194页。

化的批判之风。① 实际上，有学者指出，自杰姆逊 1985 年到北京大学开展一系列讲座（演讲录《后现代主义与文化理论》于 1986 年出版），就意味着"西方文化研究成果在中国的第一次亮相"②。而 1988 年伯明翰学派代表人物霍加特的文章《当代文化研究：文学与社会研究的一种途径》与威廉斯《马克思主义与文化》的部分章节译文③的出版，可看作正宗文化研究的正式到场。但是，由于彼时的中国不具有接受文化研究的现实条件，文化研究在国内的传播仍然相当有限。甚至在 90 年代中前期，中国学界主要流行的是文化批评和文化批判，而并不存在严格意义上的文化研究。④ 1994 年，《读书》杂志分别在第 7、8 期刊发了美籍华人学者李欧梵的《什么是文化研究》《文化研究与区域研究》两篇文章，并于同年 9 月举办了"文化研究与文化空间"的研讨会，英国文化研究的相关理论被介绍到中国，标志着伯明翰学派和文化研究开始对中国学界产生影响。1995—1996 年，海外学者徐贲连续在《文学评论》《文艺争鸣》和《戏剧艺术》上发表三篇文章⑤，批判了法兰克福学派存在的种种缺陷，并介绍了美国约翰·费斯克的大众文化理论、德国亚历山大·克卢格（Alexander Kluge）和奥斯卡·耐格特（Oskar Negt）的新电影理论、法国皮埃尔·布尔迪厄（Pierre Bourdieu）的趣味批判理论等，并呼吁"走出阿多诺模式"。1995 年 8 月，"文化研究：中国与西方"国际研讨会在大连召开，这是国内文论界较早的一次大型国际学术研讨会，会议探讨的议题、范围之广泛和学术理论之前沿在

---

① 赵勇：《未结硕果的思想之花——文化工业理论在中国的兴盛与衰落》，《文艺争鸣》2009 年第 11 期。
② 陶东风：《文化研究：西方与中国》，北京师范大学出版社 2002 年版，第 2 页。
③ 收入周宪等人编定的《当代西方艺术文化学》（北京大学出版社 1988 年版）一书。
④ 赵勇：《关于文化研究的历史考察及其反思》，《中国社会科学》2005 年第 2 期。
⑤ 这三篇文章是《美学·艺术·大众文化——评当前大众文化批评的审美主义倾向》（《文学评论》1995 年第 5 期）、《影视观众理论和大众文化批评》（《文艺争鸣》1996 年第 3 期）、《能动观众和大众文化公众空间》（《戏剧艺术》1996 年第 1 期）。

当时都是前所未有的。随后，有关文化研究的专门刊物①和丛书②不断推出，在这一系列文章、论著和事件的推动下，文化研究不断被介绍、传播和讨论，逐渐形成了一支相对独立和稳定的学术队伍。有学者指出，文化研究的本土化进程实际与90年代初的人文精神大讨论有着密切的关系，它完成了西方文化研究理论第一次具有影响力的移植。③

20世纪90年代，中国文学界一个引人注目的走势或许就是从文学研究向文化研究的拓展。其迅速壮大的根本动力来自中国现实社会文化的要求，而不仅仅是西方文化研究理论旅行的结果。90年代以来，中国的社会、文化转型和技术进步已经极大地改变了艺术的形态、创作、传播与消费方式，对原先的许多艺术理论、观念提出了挑战。艺术从精英走向大众，审美从高雅走向日常生活，消费主义的兴起等，给传统艺术理论带来了巨大冲击，"文论失语症""文学研究边缘化""艺术终结论"的焦虑不断蔓延。面对艺术理论与日常生活脱节、研究视野狭隘等问题，一些学者选择坚守传统阵地，但更多学者呼吁推动研究边界的扩容、拓展，主张跨学科研究，以适应时代需求。"越界"带来的重要变化是冠以"文化"的研究不断兴起，如"文化研究""文化批评""文化诗学""文化产业"等在学界悄然流行开来。

可以说，文化研究的拓展一方面充实了中国文学和文艺批评界对"文化"观念的狭窄批判视野，推动了学界对大众文化的态度转变，影响了对文学艺术与社会生活之间关系的认识；另一方面对法

---

① 如陶东风等主编的《文化研究》（1999年第1辑）。
② 如李陀主编的"当代中国大众文化研究丛书""大众文化研究译丛"，周宪和许均主编的"文化和传播译丛""现代性研究译丛"，陶东风主编的"文化研究关键词丛书""文化研究个案分析丛书"，张一兵主编的"当代学术棱镜译丛"，刘东主编的"人文与社会译丛"，罗钢、刘象愚主编的《文化研究读本》等。
③ 蒋述卓、李石：《文化研究的本土化历程与当代语境》，《中国文艺评论》2015年第2期。

兰克福学派"文化工业"理论在90年代的话语权构成一种消解，克服了理论套用带来的一些不良后果，这在20世纪90年代后期学界的相关检讨和反思中有所体现。其结果是，在日益接近法兰克福学派提出的文化工业理论的中国语境中，关于文化工业理论的研究却严重萎缩。赵勇将文化工业理论在中国的发展比喻为"未结硕果的思想之花"。他认为，文化工业理论的兴衰枯荣映衬着中国政治、经济、文化变迁的诸多信息，也在很大程度上成为思想界、学术界研究范式、价值观念、身份立场转换的风向仪。其中既有学术话语权的争夺，也有经济利益的渗透，还有对政治正确的迎合。[①] 可以说，文化研究是对文化工业化生产机制和大众消费社会现象的一种积极转向，其最引人注目的研究内容就是对大众文化与大众日常生活的关注，对观众和观众反抗策略的重新发现。尤其是文化产业的发展很快使一些争论湮没在产业实践的浪潮中，辩证看待文化产业成为文化研究的一个重要议题。

20世纪90年代中期，当部分人文学者仍然纠缠于大众文化该不该批判时，一些人文学者已经悄然转变思路，投入"文化产业"这一新领域开辟的研究当中。以金元浦为代表，作为借用法兰克福学派理论批判文化工业的学者之一，仅在《试论当代的"文化工业"》[②] 发表一年之后，他便有了《文化市场与文化产业的当代发展》[③] 一文问世，从控诉文化工业与艺术的背离到论证文化产业发

[①] 赵勇：《未结硕果的思想之花——文化工业理论在中国的兴盛与衰落》，《文艺争鸣》2009年第11期。此外，赵勇还认为，"不仅是大众文化，其他许多的事情、现象问题也往往如此。当它们最初出现的时候，往往是一个现实问题，当时的学者思考也往往是在面对现实问题思考和发言，但越往后走，越是随着更多的人加入进来讨论，这个现实问题也越会变成一个学术问题。为了占领学术的制高点，为了争到学术的话语权，学者们往往会挖空心思出奇招。结果，这个问题虽然变成了一个学术热点，但是却离真正的现实越来越远了。"参见赵勇《关于大众文化的通信》，《粤海风》2006年第2期。

[②] 金元浦：《试论当代的"文化工业"》，《文艺理论研究》1994年第2期。

[③] 金元浦：《文化市场与文化产业的当代发展》，《社会科学战线》1995年第6期。

展的合理性，前后话语策略的转变便可窥见一斑。文化产业研究初期，明显地表现出文化和经济两个阵营的共存，但由于文化阵营在前期占据主导地位，文化产业研究主要被划归到哲学、文学、艺术学和社会学等更具包容性的人文学科之下，学者也多来自传统文史哲领域。① 他们摆脱了与法兰克福学派"文化工业"概念的纠缠，中国学术界不得不另起炉灶，将其从具体的历史语境中抽离出来，变成一种中性的、普遍的知识，肯定了将文化作为一种新的商业进行运作的正当性。② 一时间，为了争夺新的学术资源，不同学科也纷纷介入，推动文化产业成为中国近 20 年学术研究的热点领域。尤其是国家相关政策的出台，给人文学者转向文化产业研究注入了一剂强心剂，为进一步丰富文化产业研究的知识体系奠定了基础。作为中国文化产业领域的第一本专业性的学术辑刊，《中国文化产业评论》在创刊"前言"中的呼吁很能反映当时知识界的心态：

> 在三年中，对发展中国的文化产业提出了三次不同的要求，一次一个大台阶。这既表明中国在国家文化发展战略思想上和战略方针选择上的重大突破，同时也表明了中国积极发展文化产业的坚定决心和充满自信的创新与前瞻。这就为中国学术界提出了一个全新的命题：如何为中国的文化产业发展提供不断创新的理论支持，回答文化产业发展在中国的实践中提出来的重大问题？在这样一个需要文化产业理论创新和文化产业理论家的时代，需要中国学术界贡献出智慧和培养造就一批文化产业理论家。③

---

① 蒋述卓、宗祖盼：《文化产业研究范式的嬗变及其启示》，《福建论坛》（人文社会科学版）2017 年第 4 期。
② 刘海龙、黄雅兰：《试论"文化工业"到"文化产业"的语境变迁》，《山西大学学报》（哲学社会科学版）2013 年第 2 期。
③ 叶取源、王永章、陈昕：《中国文化产业评论》（第 1 卷），上海人民出版社 2003 年版，"前言"，第 1 页。"三次不同的要求"指 2000 年"十五规划"、2002 年《政府工作报告》和"十六大报告"对文化产业的论述。

21世纪初，受到西方发达国家"创意产业"和"创意经济"等政策的影响，中国学界在文化产业研究上也发生了一次"创意转向"。[1] 其中也有将"文化产业"与"创意产业"结合起来的用法，提出了"文化创意产业"这一概念，一些城市如北京、上海、深圳、杭州等也纷纷制定文化创意产业发展规划。[2] 作为国内极力推行"创意产业"概念的学者之一，金元浦认为："创意产业是文化产业发展到新阶段的产物，是相对传统的文化产业发展创新的更高形态，也是文化产业内调整升级和产业管理突破原有边界的必然结果。"[3] 另有学者表示，"创意产业"的概念是对"文化产业"这一术语的超越，大有取而代之的意味。[4] 但也有学者提出批评，认为新概念的使用导致了混乱的局面，部分城市在产业统计上甚至实行"双标准"，造成学术研究者与政策制定者之间较为激烈的学术争议，以至于国家统计局发文规范文化产业统计工作，要求继续统一使用"文化产业"概念，不宜简单以新概念（如文化创意产业、数字文化产业、数字产业）代替"文化产业"概念、自行扩大统计口径。

二是"经济阵营"向文化经济研究拓展。20世纪80年代以前，由于文化生产被严格限定在文化事业的范畴之下，中国不存在严格意义上的文化经济。一方面，文化政策多集中于社会和政治领域，很少以经济发展为目的来开拓文化资源，文化经济并不纳入国民经济统计体系。另一方面，文化领域的经济问题一直受到轻视，经济

---

[1] "创意产业"的概念大概2004年进入中国大陆，引起广泛关注。参见 Michael Keane, "Creative industries in China: Four perspectives on social transformation", *International Journal of Cultural Policy*, Vol. 15, No. 4, 2009, pp. 431–443。

[2] 如北京在2006年《北京市国民经济和社会发展第十一个五年规划纲要》草案中使用"文化创意产业"一词，并很快成立了北京文化创意产业领导小组和北京文化创意促进中心，颁布了《北京市促进文化创意产业发展的若干政策》。深圳于2011年印发了《深圳文化创意产业振兴发展规划（2011—2015）》。

[3] 金元浦：《论创意经济》，《福建论坛》（人文社会科学版）2014年第2期。

[4] 荣跃明：《超越文化产业：创意产业的本质与特征》，《毛泽东邓小平理论研究》2004年第5期。

学家都有意回避科教文卫的生产性这一学术风险大的问题。而有限的独立研究长期被市场学、劳务经济学和政治经济学等学科的研究所替代。① 也就是说，中国现代意义上的文化经济研究是从20世纪80年代开始才被正式提上日程的，而在这之前（主要指50—70年代），文化经济问题一直作为艺术理论研究与文学理论研究的论域，研究者多是文艺理论家而不是经济学家。② 还有一个重要原因在于，中国彼时物质财富的增长还没有达到可以发展第三产业的程度，因此作为非物质经济的第三产业被经济领域长期忽略。但是，到了暗潮涌动的80年代，经济学界已经明显感受到文化活动与社会经济活动融合越来越紧密，文化对经济的作用日益凸显。与此同时，文化市场的发展使得旧有的社会主义文化体制存在的种种弊端也日益显露，主要体现为落后的文化生产与人民日益增长的文化需要之间的矛盾，文化发展较经济发展严重滞后，文化艺术产品供给不足，已经影响到人民群众的精神生活。以上海为例，1949年以来，由于第三产业的萎缩，文化设施的数量大大减少，以前所具有的优势地位已经被严重地削弱。美国《时代周刊》曾评价："20世纪80年代的上海是二三十年代旧上海一张黑白照片的翻版，最好的音乐厅、最好的医院、最好的戏院是德国人盖的，最好的电影院是美国人盖的。"③

改革开放以后，"第三产业"作为非物质生产的部门和产业，开始进入政府官员、科学家和经济学家的视野。1982年，党的十二大首次提出"建设物质文明的同时努力建设社会主义精神文明"的战

---

① 程恩富：《论创立"大文化"经济学》，《江西社会科学》1993年第12期。

② 研究的主要价值取向是意识形态的，研究的主要方法是马克思主义文艺学、美学和政治经济学，一些文化经济学问题，例如"票房"和"票房价值"则是意识形态的批判对象，而不是文化经济学的研究对象。参见胡惠林《中国文化经济学：历史、现状与特点》，《福建论坛》（人文社会科学版）2017年第12期。

③ 潘维明：《那些年，我们做过的文化发展战略规划》，《中国文化报》2012年3月24日第2版。

略决策。同年，钱学森在《中国社会科学》上发表《研究社会主义精神财富创造事业的学问——文化学》，论证了社会主义精神财富创造事业在整个社会主义建设中的重要地位，主张从宏观的角度、从加强与改善党对各项事业领导的高度，建立各有关社会事业的现代组织管理理论。[①] 1985年，上海市委宣传部为配合经济发展战略的制定，在全国率先举办了文化发展战略的大型研讨会，经济学家于光远在研讨会上正式倡议建立我国自己的文化经济学。[②] 沈建新、程恩富随后响应了于光远关于建立"文化经济学"这种文化与经济相交叉的新学科的建议，并于1986年在《赣江经济》杂志"新兴经济学科"栏目连续发表三篇文章[③]探讨文化经济学理论，开创了我国文化经济学研究的早期理论探索。李向民于1985年提出"精神经济"的概念，将精神经济学的观点用于中国艺术史研究，并呼吁建立一门崭新的学科——精神经济学。[④] 他在《精神经济》一书中指出，对于精神经济中人们普遍注重的审美、名声、个性等问题，亚当·斯密等古典经济学学者无法解释，19世纪的新古典经济学、凯恩斯主义及后来的其他主流经济学都不能提供完美的答案。他们的经济模型为了说明问题的方便，往往"假设"科技和文化的影响为零。尽管到后来有一些学者开始关注这些"外生变量"对经济的影响，但仍然没有从正面来说明它们对于经济发展的作用。[⑤] 随后，有不少学者开始思考如何促进文化事业繁荣，如何制定文化经济政策，如何改善文化市场的乱象等问题。其中"第三产业"作为重要的研

---

① 钱学森：《研究社会主义精神财富创造事业的学问——文化学》，《中国社会科学》1982年第6期。

② 程恩富：《文化经济学通论》，上海财经大学出版社1999年版，第11页。

③ 三篇文章分别为《经济和文化的基本含义及其相互关系——文化经济学理论探索之》、《文化变迁和经济改革——文化经济学理论探索之二》和《从文化变革的高度来指导经济改革——文化经济学理论探索之三》。

④ 李向民：《人类应当建立一门崭新的学科——精神经济学》，参见李向民《精神经济学》，新华出版社1999年版，第345页。原载《江苏商专学报》1986年第3期。

⑤ 李向民：《精神经济学》，新华出版社1999年版，第10—11页。

究对象，已经积累了一定的研究成果。

进入20世纪90年代，中国政府明确提出了"完善文化经济政策"议题（1992年党的十四大报告），1993年，上海交通大学经国家教育委员会批准设立"文化艺术事业管理专业"（文化经济学方向），文化经济学在国内开始走上体系化的道路。万家良的《文化经济学》（1991）、朱来常的《文化是明天的经济》（1991）、严行方的《文化经济学》（1992）、程恩富的《文化经济学》（1993）和《文化经济学通论》（1999）、安应民的《文化经济学》（1994）、王恒富和石争的《文化经济论稿》（1995）、胡惠林的《文化经济学》（1996）、李向民的《精神经济》（1999）等都从不同角度构建了文化经济学的研究体系，具有奠基性意义。进入21世纪，中国加入世贸组织（2001），文化市场放松市场准入限制并实行对外开放，提出了发展文化产业这一重大的文化经济研究命题。紧接着，在"全国高校文化产业研究与学科建设联席会议"（上海，2003）的推动下，文化产业管理专业被列入中国高校本科招生目录，相关论著被列入教材系列，文化产业管理和文化经济也开始出现分支学科，如艺术经济学、国际文化贸易、文化遗产经济学、媒体创意学、会展经济与管理等。此外，一系列研究报告和学术论文纷纷推出，文化经济学作为一个全新的学科建设与理论研究的学术地位得以确立。与此同时，西方"创意产业"和"创意经济"的概念和一批国外文化经济学领先学者的相关著作进入中国学界视野，进一步带动了文化经济学研究的热潮。如戴维·思罗斯比的《文化政策经济学》（*The Economics of Cultural Policy*）和《经济学与文化》（*Economics and Culture*）、大卫·赫斯蒙德夫的《文化产业》（*The Cultural Industries*）、露丝·陶斯的《文化经济学》（Advanced Introduction to Cultural Economics）和《文化经济学教程》（*A Textbook of Cultural Economics*）、维克托·金斯伯格（Victor Ginsburgh）和戴维·思罗斯比主编的《艺术与文化经济学手册》（*Handbook of the Economics of Art and Culture*）等对国内学者产生了广泛的影响。近年来，国内学者也在纷纷吸收宏观经济学、微观经济学、产业经济学、公共经济学的基础上，开展对文化产业研究范式的构建，取得了一定的研究成果。

中国的文化经济研究与文化产业研究二者并行不悖，研究的对象几乎是一致的，只是在概念、内容和方法以及参与其中的学者上存在些微的差距。一般而言，以"文化经济"切入偏重于经济学、营销学和管理学等社会科学的视角，主要受到国家提出"文化经济政策"的影响。而以"文化产业"切入则偏重哲学、文学、艺术学等人文科学的视角，是"文化工业"研究的惯性延伸。二者的共同点是强调文化理论与经济理论的结合，都属于交叉新兴学科或文化综合学科的范畴，并越来越呈现出相互融合的趋势。

三 体制改革

中国文化产业获得官方的合法性承认，还与中国改革开放的实践和文化体制改革的尝试是分不开的。中国对计划文化体制的选择是一定历史条件的产物，有着深刻的历史背景和理论渊源，是多重因素导致的结果。它源于中国共产党彻底改造社会的革命理想，延续了革命时期以来中国共产党逐步确立的"为工农兵服务，为人民大众服务"为核心的一整套文化政策体系，也是与计划经济体制相匹配的一种文化制度。[①] 此外，中华人民共和国成立后，中国结合国情采取了"一边倒"的外交政策，在文化发展上照搬"苏联模式"，逐渐形成了一种以高度集中为特点、以政府为主要运行机制的计划文化体制，即政府对文化生产和消费进行统一的计划、组织、指挥、协调和监督。这种文化经济管理体制带来了种种弊端，如单一的文化经济公有制形式，统得过多过死的行政干预机制，文化产业只能在传统计划经济给定的范围内运行，文化企事业单位缺乏经济自主权，平均主义的经济利益分配关系，冗员渐增，无法流动，国家财

---

① 凌金铸：《文化体制改革的缘起》，载《中国文化产业评论》（第17卷），上海人民出版社2013年版，第128—129页。

政负担加重。[①] 由于过度迷信和依赖政府的作用，市场的价值和作用遭到排斥，导致组织成本处于高消耗状态，文化生产力受到极大限制，文化产品严重短缺，不能满足文化消费的需求。

随着经济体制改革率先取得突破，潜在的文化市场也逐渐从"地下"转到"地上"。1979年11月，邓小平关于"社会主义也可以搞市场经济"[②]的新论断，扫清了人们观念上的禁忌，为社会主义与市场经济的结合开辟了道路。与此同时，经济领域改革中所形成的新的商品观念必然渗入文化领域，文化市场的实践也慢慢开展。如1978年财政部批准《人民日报》等8家新闻单位实行"事业单位，企业化管理"，1979年上海电视台播出了中国电视的第一条商业广告，1980年广州东方宾馆出现了首家音乐茶座等，都成为那个时代的重大文化标志性事件。全国大大小小城市的商业大厦、大楼的缝隙中闪出一块又一块舞厅、歌厅、音乐茶座、游艺室、录像店的招牌。然而，作为经济体制改革的附属产品，文化体制的改革相对滞后。在80年代初期，虽然文化市场重新萌芽，但长时间在制度上未取得合法的身份，文化娱乐市场实际上是在"非法"的环境中自然发育。换句话说，政府对文化领域出现的新生事物的态度非常暧昧，既不排斥，也没有给出明确的说法。由于国家对文化领域的调控仍然十分严密，文化经营者和从事文化工作者的文化市场观念也较为滞后。但是，计划文化体制本身的制度缺陷已是不争的事实，改革呼之欲出。在这种背景下，我国文化体制改革选择了一条独特的路径：一方面，凡是政府管理成本过高而难以管控的文化市场，采取听任发展、加强监管的办法进行管理；凡是政府能够继续通过

---

① 程恩富：《文化经济学通论》，上海财经大学出版社1999年版，第322—323页。
② 1979年11月，邓小平在会见美国和加拿大来宾时说："说市场经济只存在于资本主义社会，只有资本主义的市场经济，这肯定是不正确的。社会主义为什么不可以搞市场经济，这个不能说是资本主义。我们是计划经济为主，也结合市场经济，但这是社会主义的市场经济。"参见《社会主义也可以搞市场经济》（1979年11月26日），《邓小平文选》（第2卷），人民出版社1994年版，第236页。

行政许可等手段控制的文化市场，采取市场准入、严格审批的办法进行管制。另一方面，政府把改革目光放到体制内文化事业单位的身上，即通过赋予原体制中承担公共文化产品职能的文化事业单位以文化商品生产和经营的市场职能，让其优先发展、成长和壮大，而最终成为文化市场主体。① 这样，文化系统中以"以文补文""以文养文"为代表的经营活动逐渐展开。

  作为回顾，我们不妨从制度政策层面再来梳理一下文化产业是如何一步步进入国家顶层设计层面的，以期把握其"合法性"确立进程中的关键节点。早在1983年，国务院《政府工作报告》就提出"文艺体制需要有领导有步骤地进行改革"，随后，文化被纳入体制改革的重点工作。当时，全国范围内的文化市场研讨会纷纷开展，承认文化市场是确实存在和发展着的事实。1985年，在国务院办公厅批转的国家统计局《关于建立第三产业的统计报告》中，文化艺术被纳入第三产业范畴，第一次在国民经济和社会发展指标体系中获得了"产业"的身份。② 1987年，文化部、财政部、国家工商行政管理局联合颁发《文化事业单位开展有偿服务和经营活动的暂行办法》，对文化事业单位开展有偿服务和经营活动进行规范。1988年，文化部、国家工商局联合发布了《关于加强文化市场管理工作的通知》，这是政府文件中首次出现"文化市场"的字眼，文件中对文化市场的范围、管理原则和任务等作了界定，从而结束了文化市场管理无法可循的局面。进入90年代，与文化产业相关的政策法规密集发布。如1991年国务院批转文化部《关于文化事业若干经济政策意见的报告》，正式提出了"文化经济政策"的概念。1992年

---

  ① 凌金铸：《文化体制改革的缘起》，载《中国文化产业评论》（第17卷），上海人民出版社2013年版，第136页。
  ② 国家统计局《关于建立第三产业统计的报告》将第三产业分为流通部门和服务部门，具体分为四个层次。其中与文化相关的第三个层次是为提高科学文化水平和居民素质服务的部门，包括教育、文化、广播电视事业，科学研究事业，卫生、体育和社会福利事业等。

国务院颁布《中共中央国务院关于加快发展第三产业的决定》，首次把国民经济进行了三次产业的划分。在同年出版的《重大战略决策——加快发展第三产业》一书中，国务院办公厅将"文化产业"概念单列，指出文化产业包括"文化娱乐业""文化服务业"和"文化艺术商品经营业"等。[①] 虽然这一时期对"文化产业"的门类界定较为含糊，但是已经表现出与"文化事业"相区分的意思。1996年，在国务院《关于进一步完善文化经济政策的若干规定》中，决定从1997年7月1日起在全国范围内向各种文化经营行业征收文化事业建设费，并鼓励社会力量对文化事业的捐赠，同时对宣传文化单位实行财税优惠政策，对文化企业上缴的所得税列支出预算，建立宣传文化建设发展专项资金等。1998年，文化产业司在文化部机关大精简中脱颖而出，成为文化部唯一新成立的部门。这是我国首次设立专门的文化产业管理机构，标志着我国文化产业进入"从自发到自觉"的新的历史阶段。2002年，党的十六大报告提出积极发展文化事业和文化产业，深化文化体制改革，第一次正式把"文化事业"和"文化产业"作为两个概念提出来，这在文化建设的理论认识上是一个重大的突破。随后，中国针对文化产业的统计工作、规划纲要、政策法规纷纷出台，意味着文化产业结束了早期的观念之争，上升为国家战略，中国文化产业在政策层面的推动下迎来了发展的"黄金期"。

我们可以清晰地发现，中国文化产业观念的发生过程，可以看作人们在思想和感觉上对共同生活环境中文化生产变迁所作出回应的记录，它与特定历史时期以及与它相对应的那个社会构成一个结构严密的整体。中国文化产业观念的发生并不是一个孤立的现象，它与"文化""大众""工业""市场""消费"等观念的变迁一样，共同记录了改革开放以来人们面对社会各个领域的变革

[①] 罗干：《重大战略决策加快发展第三产业》（上卷），中国政法大学出版社1992年版，第360—365页。

所作出的一系列重要而持续的反应，其中不乏激烈的对抗博弈和话语争夺。从根本上讲，中国文化产业观念之所以能够发生，是全球化背景下文化经济不断崛起，文化价值不断凸显的潮流所致，是文化产业本身繁荣发展的结果，具有历史发展的必然性。在城市更新、技术进步、资本渗透和文化治理等因素的推动下，传统的文化生产呈现出诸多新的特征，正是这些新的特征将"文化产业"从众多的言说语境中慢慢剥离出来，逐步演化成今天我们所熟悉的观念。

第 三 章

文化需要：文化产业发生的人性基础

> 显然，一切科学对于人性总是或多或少地有些关系，任何学科不论似乎与人性离得多远，它们总是会通过这样或那样的途径回到人性……我们可以希望借以获得成功的唯一途径，即是抛开我们一向所采用的那种可厌的迂回曲折的老方法，不再在边界上一会儿攻取一个城堡，一会儿占领一个村落，而是直捣这些科学的首都或心脏，即人性本身；一旦被掌握了人性以后，我们在其他各方面就有希望轻而易举地取得胜利了。
>
> ——［德］大卫·休谟《人性论》

英国艺术史家贡布里希（E. H. Gombrich）在《艺术发展史》（*The Story of Art*，又译《艺术的故事》）中说："实际上没有'艺术'这种东西，只有艺术家而已。"[1] 在他看来，大写的艺术（Art with a big A）已经成为叫人害怕的怪物和为人膜拜的偶像了，与我们的生活遥不可及，而所谓的"艺术作品"并不是什么神秘行动的产物，无非就是一些人为另一些人创造的东西罢了。类似地，其实

---

[1] ［英］贡布里希：《艺术发展史》，范景中译，天津人民美术出版社2006年版，第4页。

也没有大写的"文化"这个东西，只有"人"而已。有了人，才有了文化；有了文化，人才能称为人。人存在于这个世界，也就是存在于文化中。人类学家爱德华·泰勒（Edward Tylor）对"文化"所下的定义①表明，文化不仅是一个复杂的总体，而且是后天形成的。所以梁漱溟也说，文化"不过是那一民族生活的样法罢了"，而"生活就是没尽的意欲（will）和那不断的满足与不满足"②。因此，理解了人，就理解了文化，就能理解与文化相关的一切生产生活形态。美国人类学家摩尔根说过："人类是从发展阶梯的底层开始迈进，通过经验知识的缓慢积累，才能从蒙昧社会上升到文明社会的。"③ 摩尔根所说的"经验知识"，不妨就看作"文化"的另一种指称。马克思进一步把这种"经验知识"的获得归结为"劳动"，他说，"整个所谓世界历史不外是人通过人的劳动而诞生的过程，是自然界对人来说的生成过程"④。德国哲学家恩斯特·卡西尔（Ernst Cassirer）在《人论》中也有类似的说法，他认为"作为一个整体的人类文化，可以被称作人不断解放自身的历程"⑤。这就是说，人只有在创造文化的活动中才成为真正意义上的人，也只有在文化活动中，人才能获得真正的自由。文化就是"人化"和"化人"，有了人类方有文明的诞生和人类实践活动的延展，才能创造如此丰富的文化世界。

基于文化与人的这种不言自明的内在关系，我们探讨文化产业的逻辑起点也必须是"人"这一高级生命体。这并非夸夸其谈，而

---

① 爱德华·泰勒在《原始文化》（*Primitive Culture*，1871）一书中对文化下的定义是："文化是包括全部的知识、信仰、艺术、道德、法律、风俗以及作为社会成员的人所掌握和接受的任何其他的才能和习惯的复合体。"参见［英］爱德华·泰勒《原始文化》，连树声译，上海文艺出版社1992年版，第1页。

② 梁漱溟：《东西文化及其哲学》，商务印书馆1999年版，第32页。

③ ［美］摩尔根：《古代社会》，杨东莼等译，商务印书馆1981年版，第3页。

④ ［德］马克思：《1844年经济学哲学手稿》，人民出版社2018年版，第89页。

⑤ ［德］恩斯特·卡西尔：《人论》，甘阳译，上海译文出版社1985年版，第389页。

是因为文化产业不仅具有我们常说的经济属性和文化属性，最根本的是，它具有"人"的本质属性。

1. 文化产业是面向人的生产，人是文化产业的唯一目的与归宿

一座食品加工厂可能会同时为人类和牲畜生产食物，但是影视制片公司绝不可能为牲畜生产一档真人秀节目、一部电影或电视剧，印刷厂也不可能为它们生产报纸和杂志。即是说，文化产业是面向人的生产，只有人才会产生文化消费的动机，只有人才是文化产品的消费终端。因此，文化产业关注的是人的普遍精神需要。人的特征直接决定与制约文化产业的特征，生活在不同时代、不同地域、不同种族、不同文化中的人会呈现出不同的文化需求。

2. 文化产业与人发生最直接的联系

人类的许多生产活动与人的实际需要之间并不直接发生关系。例如，钢铁、水泥可以用来建造房子，但钢铁与水泥的生产之于人的需要来说显然没有房子重要。文化产业则不同，它不仅是面向人的生产，而且是面向人的最直接生产，文化产品一经生产，就必须直接面向受众，文本对于受众而言只有接受程度的不同而不存在中间的意义消耗，也就更不存在"半成品"之说。未经整理剪辑的图文、视频素材不能称之为文化产品，或者不能成为完整意义上的文化作品，在主编、导演、设计师、作曲者确定最终版本之前，它们不面向观众；反之，一旦面向观众，它们就是文化产品。

3. 文化产业本质上是一种精神生产，因此文化消费往往比物质消费更能体现人性

譬如，观看同一部电影或收听同一首音乐、同一档节目，由于人作为接受主体的不同，其理解和评价总是千差万别的。而一个杯子对于任何人的价值而言，首先都在于它是一个容器。假若一件产品的功能性让位于精神性，它要么是"舍本逐末"和"华而不实"的低劣产品（中看不中用），要么索性就宣称自己是一件"艺术品"，如马塞尔·杜尚（Marcel Duchamp）的《泉》、安迪·沃霍尔（Andy Warhol）的《布里洛的盒子》，或有价值的"纪念

品"，如文物、故居、名人用过的物品等，其结果是物质生产的部分会被人的精神生产"收编"，变成有意义或有差别的部分。这也就不难解释拍卖市场上为什么一件普通的物件往往能拍出惊人的价格，艺术家信手拈来的废弃物能够展出并卖出高价，因为它们的功能性几乎可以忽略不计。人们对文化产品的消费差异性还表现在文化产品对不同受众的价值差异，这件文化产品对一个人有价值，对另一个人可能就没有价值，对一个人来说是需求，对另一个人来说未必就是需求，但是衣、食、住、行等物质消费对任何人都是必需的。也就是说，物质需要本质上是无差别的共性需要，是客观的、有限的，精神需要则由于精神活动的自主性而表现为个性需要，是主观的、无限的。

由于文化产业本身所具有的这种内在属性，要想获得揭开文化产业发生的"密钥"，就必须从认识人与文化产业的关系这一问题着手。文化产业的主体是人，人是推动文化产业进步的主体，也是享用文化产业成果的主体。但实际情况是，我们热衷于探讨文化产业之于人的意义，却常常会忽略对文化产业发生的人性追问。本书将"需要"作为研究文化产业发生的突破口，旨在传达一种观点，那就是文化产业的发生根植于人性需要，无论这种需要是出于一种本能还是被唤起、被诱发的，是自然的还是异化的，是一种"真实需要"还是"虚假需要"，它首先都是人性需要的组成部分，其次才存在对它的价值评判。假如我们想知道什么东西对人有用，我们就必须探究人的本性。不仅要研究人的一般本性，还要研究在每个时代历史地发生了变化的人的本性。只有这样，我们才能解释当前纷繁复杂的文化生产和文化消费图景，才能对其发生或存在的合理性进行"还原"，由此揭示出文化产业背后隐蔽的人性。正如卢梭的那句箴言："人类的各种知识中最有用而又最不完备的就是关于'人'的知识。"因此，就让我们从人类的本性开始吧！

第一节 文化需要与文化生产的内在逻辑

人的欲望、本能、愿望、需要及其表现的消费行为是人类社会生产活动的前提,尽管它们之间总是呈现出不一致的情况,但也正是这种矛盾的存在推动着人类社会不断向前发展。一个时代的社会矛盾变化,不仅反映出那个时代的社会生产活动的条件和重心,更反映出那个时代的需要变化。一个社会的进步与发展是在人的需要与满足这种需要的过程中实现的。因此,人的需要虽然有主观的意愿驱使,但也表现出一定的客观性,即它是与一定的生产力水平和社会历史条件相适应的。文化生产作为人类一种特殊的非物质性生产活动,是整个人类社会生产活动的一部分,同样受到客观规律的制约,它是人类需要的产物,也决定了人们的具体文化消费内容。因此,厘清文化需要与文化生产的内在逻辑,是探究文化产业发生的前提,有助于我们加深对人性的认识,澄明文化需要作为文化产业发生的逻辑起点的追问。

一 人的需要是人性的重要组成部分

关于什么是人性,历来争议颇多。从最宽泛的意义上来解释,人性应指人之所以成为人,之所以区别于其他动物(兽性)的属性之和。如德国著名哲学家马克斯·舍勒(Max Scheler)所说,在自然系统论里,虽然"那个被称之为人的从属于动物的概念,而且在动物王国里也只占据了按比例看极小的一角……但是'人'这个词却又全然不受这个概念的束缚,在日常语言中,而且是在一切文化发达的民族里,它描绘着一种全然不同的东西"。"'人'这一词应当说明人们用以与'动物'针锋相对的一切事物的总体概念,当然也与所有哺乳—脊柱动物截然相反。"① 因此，为了表达人与动物的本质区别，人们习惯性地在动物的基础上给人以各种"修饰"。在逻辑学中，有一种常用的属加种差定义法。其中"属"是确定与该概念邻近的更高一级的属概念，即确定它属于哪一个类；"种差"是确定把该概念所指之物与并列种概念所反映的对象区别开来的一种或一组特性。用公式可以表示为：被定义项 = 种差 + 邻近的属。按照这种逻辑和定义方式，先哲们从许多不同的角度给予了"人"以丰富的阐释。例如人是"理性的动物""政治的动物""符号的动物""自由的动物""具有语言的动物""具有意识的动物""具有道德的动物""能制造工具的动物""心灵制造的动物""精神性的动物""文化的动物""经济的动物"等等，不一而足。他们对人性的界定都有各自的逻辑和道理，这是人们在面对一般事物下定义时所难能遇到的复杂局面。为什么会有如此众多不同的答案呢？这"既根源于人本质的生成性与未竟性，又根源于人的自我超越性"②。因为人是"未完成的动物"，既没有先天的规定性，也没有固有的存在方式，因此也就没有恒定的本质。例如，一个婴儿出生并生活在东方世界，他就会被塑造成一个东方人；反之在西方，他的观念和行为就具有了西方人的特征；而如果这个婴儿被狼攫取并由狼抚育起来，那他无疑会变成"狼孩"，具有野兽的习性。这也难怪一些人拒绝对人的本质追问，在他们看来，人有无限的可能，对人的任何定义都是对人的固化，都会顾此失彼，因此人的本质就是没有本质。可以说，对于复杂人性追问和自我趣解是人类一个永恒的命题。

为了认识自我，人类自古就从"伦理"（如人性善还是恶）、"心理"（如理性还是感性）、"生理"（如食色人性）等多种角度来归纳人的本质。而从"需要"的角度出发来探讨人性只是诸多命题

---

① ［德］马克斯·舍勒：《人在宇宙中的地位》，李伯杰译，贵州人民出版社1989年版，第3页。

② 张守奎：《生存论视阈下的人的本质观》，《江汉论坛》2007年第12期。

中的一种，也是本书探讨文化产业发生问题的逻辑起点。马克思指出，一切人类生存的第一个前提，也就是一切历史的第一个前提，这个前提就是：人们能够"创造历史"，必须能够生活。但是为了生活，首先需要吃喝住穿以及其他一些东西。因此第一个历史活动就是生产满足这些需要的资料，即生产物质生活本身。而且，这是人们从几千年前直到今天单是为了维持生活就必须每日每时从事的历史活动，是一切历史的基本条件。① 虽然我们不能将马克思的观点简化为"人的需要是人的本质"，但是其提供了我们看待人性的一个重要维度。众所周知，人类从事任何活动，且不看它是物质的还是精神的、善的还是恶的、集体的还是个人的，它必定指向人的某种需要。如果没有这种需要，人类就不会产生足够的动力从事这项活动。例如在农业社会，人类不会大规模开采煤炭，就是因为农业生产不需要这种矿物质；到了工业社会则全然不同，由于对能源的需要剧增，开始表现出对煤炭的极大热情。成中英先生认为："人性的内涵是在不同的境遇下突出地表现其真实的面向，由此而发展出来的文明价值，也就是实现与满足人性需要的特性。将之组合为一个整体，自然也就较能见到人性的全貌，同时也就能够展现人类文明合乎人性的理性向度。"② 可见，不仅人的本质没有规定性，人的需要也处在不断发展之中，是多元的、创新的、向前追求的。

但是，"需要"作为一般范畴，是包括人在内的一切生物有机体所共有的一种特性，这是有机体为了维持正常运转（生存、发展）必须与外部世界进行物质、能量、信息交换而产生的一种摄取状态。③ 从这一点上看，地球上一切生物有机体为了生存生长，都会产生需要。就拿与人最接近的动物来说，人和动物都需要水、空气和食物，都有性的冲动和游戏的精神宣泄，那么按照马克斯·舍勒的

---

① 《马克思恩格斯选集》（第1卷），人民出版社2012年版，第158页。
② 李翔海、邓克武编：《成中英文集》（第1卷），湖北人民出版社2006年版，第75页。
③ 袁贵仁：《人的哲学》，工人出版社1988年版，第5页。

逻辑，我们又该如何论证"需要"可以作为人区别于动物的特殊性质呢？

一般来说，人与动物都有欲望和需要，但是由于满足需要所采取的手段和途径不同，人的需要通常能够与动物的需要从根本上区别开来。如恩格斯在《反杜林论》中说："人来源于动物界这一事实已经决定人永远不能完全摆脱兽性，所以问题永远只能在于摆脱得多些或少些，在于兽性或人性的程度上的差异。"① 在这里，人性相对于兽性而言，说明人性是区别于其他动物表现出来的特征。有学者指出："就人的需要本身来说，它不仅有自然的生物性需要，还在后天的劳动实践中创造了为人所独具的社会交往、精神文化等需要，以及创造性的活动这种本质性的需要。而且，即便是人的生物性需要，也已经被社会化、人性化了，打上了人的活动和社会历史的印迹，已经不是纯动物性的生物需要，而是人的生物性需要，是用人的方式来满足的，具有人性的特征。"② 就拿最基本的吃来说，人类早已摆脱了"填饱肚子"这一项功能，而是衍生出了丰富的饮食文化，那些隐藏在食物背后有关禁忌的、象征的、崇拜的内涵比吃本身重要得多。所以马克思说："吃、喝、生殖等等，固然也是真正的人的机能。但是，如果加以抽象，使这些机能脱离人的其他活动领域并成为最后的和唯一的终极目的，那它们就是动物的机能。"③ 马克思认为，"动物的生产是片面的，而人的生产是全面的；动物只是在直接的肉体需要的支配下生产，而人甚至不受肉体需要的影响也进行生产，并且只有不受这种需要的影响才进行真正的生产"④。这就是说，人是"灵"与"肉"的对立统一体，"不像其他动物那样把吃喝生殖等等当作最后和唯一的终极目的，人还有其他

---

① 《马克思恩格斯选集》（第3卷），人民出版社2012年版，第478页。
② 张维祥：《需要、劳动和人的本质》，《北京大学学报》（哲学社会科学版）1993年第1期。
③ 《马克思恩格斯选集》（第1卷），人民出版社2012年版，第54页。
④ 《马克思恩格斯选集》（第1卷），人民出版社2012年版，第57页。

活动领域,如政治活动、科学活动、艺术活动、宗教活动"①。由于社会性的劳动是人类财富和文化的源泉,人的需要不限于维持机体生存的直接的肉体需要,更重要的是超出种的延续的肉体需要之外的广泛的社会需要,这种需要是由人按照自己规定的各种尺度,通过进行生产改造对象来满足。由此可以看出,无论是作为"自然界的人"还是作为"社会中的人",人的需要与动物都有着根本的区别。

也就是说,人作为特殊的、最高类型的生命体,他的需要与动物的需要能够在根本上不同,并不在于需要本身在性质上的差别,而在于为满足这种需要所进行的活动方式的不同。动物的需要是以本能的无意识的活动来满足的,是作为遗传的行为模式表现出来的。当一种本能已经相当强地建立起来以后,行为上的适应性变化就很少了。所以,如果一条毛虫做茧已经做了一半,那么即使这一半茧被移开,它还是会一如既往地做好另一半。它只是消极被动地适应自然,占有自然物,而不能自觉地、有目的地生产任何东西,其需要的范围是十分狭窄的,仅限于生物的新陈代谢。对于两类不同的生命体,它们的经验是彼此不能比较的,所以卡西尔曾转述生物学家乌克威尔(Jakob von Uexküll)的话说,在苍蝇的世界中,就只有"苍蝇的事物",而在海胆的世界中,就只有"海胆的事物"。这意味着即使一些高等灵长类动物具有相当高的智力,但是它们身上仍然具有与其他动物一样的某些基本的存在因素。动物按照自然的生物学法则"生活",是自然的一部分,从来没有超乎自然之上。② 而人的需要则靠自觉的能动性,以积极的、创造性地改造自然的生产活动来满足,并在各种社会实践的基础上不断丰富和发展,包括广泛的物质需要和精神需要。如果仅仅使人的生理需要如饥饿、干渴

---

① 秦志、龙王岩:《"人性"概念考辩与人的本质探要——基于历史唯物主义的视角》,《理论月刊》2017年第7期。
② [美]埃里希·弗洛姆:《健全的社会》,孙凯祥译,上海译文出版社2011年版,第19页。

和性等被满足，那么这种满足并不能使人完全快乐，人就是不健全的人，是有缺陷的人。马克思说："可以根据意识、宗教或随便别的什么来区别人和动物。一当人开始生产自己的生活资料，即迈出由他们的肉体组织所决定的这一步的时候，人本身就开始把自己和动物区别开来。人们生产自己的生活资料，同时间接地生产着自己的物质生活本身。"① 也就是说，人与动物的根本区别，关键不在于人有"需要"这种本质力量和机能（因为动物也有需要），也不在于人的需要在质或量上是否比动物的需要更丰富、更完善或更发达，而在于人的需要是用完全不同于动物的方式来满足的，在于为满足这种需要所进行的活动的性质。② 所以马克思不仅说"人的需要即人的本质"，也说"人的本质是社会关系的总和"。

二 需要的层次与文化需要的特殊性

人的需要纷繁复杂，在多种多样的需要中，有抽象与具体之分，有层次高低之分，有的起主导作用，有的起辅助作用，从而构成了一个多层次、多水平、多侧面的异常复杂的需要结构系统。由于人的社会实践、社会活动是多层次、多方面的，人的社会关系也是多层次、多方面的，因而人作为社会存在物，他的需要也具有复杂的结构，也是多层次、多方面的。③ 其归根结底是由不同需要对于人们生存、发展的不同程度的迫切性和重要性造成的。

人的需要林林总总归结起来，最粗略地可以划分为"自然性需要"和"社会性需要"。"自然性需要"是在生物进化过程中形成的那些物质性和生理性需要，如吃、喝、性行为等。孔子所谓"饮食男女，人之大欲存焉"，就是说"饮食"和"两性"是人最基本的需要。英国著名性心理学哈夫洛克·霭理士（Havelock Ellis）曾指

---

① 《马克思恩格斯选集》（第1卷），人民出版社2012年版，第147页。
② 张维祥：《需要、劳动和人的本质》，《北京大学学报》（哲学社会科学版）1993年第1期。
③ 陈志尚、张维祥：《关于人的需要的几个问题》，《人文杂志》1998年第1期。

出："人生以及一般动物的两大基本冲动是食与性，或食与色，或饮食与男女，或饥饿与恋爱。它们是生命动力的两大源泉……而到了人类，一切最复杂的文物制度或社会上层建筑之所以形成，我们如果追寻原要，也得归宿到它们身上。"① "社会性需要"则是超越自然性需要的，为人所特有的需要，如中国古人常说的"仁""爱""礼""义"，当下人关注的"关爱""尊重""自由""个性""审美""成长"等等，皆可以看作人的社会性需要。一般来说，自然性需要是低层次的需要，社会性需要是较高层次的需要。但是这也并不意味着，人类只有在自然性需要得到满足之后，才会有社会性需要，所谓"第一需要"和"第二需要"通常是相互交织、并行不悖的。

关于人的需要类型和层次，不同学科提供了不同的理论视角。恩格斯曾指出："通过有计划地利用和进一步发展一切社会成员的现有的巨大生产力，在人人都必须劳动的条件下，人人也都将同等地、愈益丰富地得到生活资料、享受资料、发展和表现一切体力和智力所需的资料。"② 他把消费资料划分为生活资料、享受资料和发展资料三大类，实际上意味着把人的需要划分为生存需要、享受需要和发展需要三大层级，三者密切联系在一起，构成了人性的实质内容。美国著名心理学家亚伯拉罕·马斯洛（Abraham Harold Maslow）认为，人主要是受满足某种需要的欲望所驱使的动物，并且这种需要具有普遍性。他把人类的需要由基本到复杂分为生理的需要（physiological needs）、安全的需要（security needs）、友爱和归属的需要（love and belong needs）、受人尊重的需要（respect & esteem needs）和自我实现的需要（self-actualization needs）五个层次。他认为人的需要会影响人的行为，而需要表现为一定的层级性和阶梯式，即只

---

① ［英］哈夫洛克·霭理士：《性心理学》，潘光旦译，商务印书馆1997年版，第490页。
② 《马克思恩格斯选集》（第1卷），人民出版社2012年版，第326页。

有当低层次需要得到满足之后,才会追求更高一级的需求。[①] 美国哈佛大学教授戴维·麦克利兰(David McClelland)注重研究人的高层次需要和社会性动机,进一步细化并提出了"成就需要理论"。他把人的高级需要分为三类,即权力、交往和成就需要。即在人的生存需要基本得到满足的前提下,成就需要(Need for achievement)、权力需要(Need for authority and power)和合群需要(Need for affiliation)是人的最主要的三种需要。美国行为科学家克雷顿·奥尔德弗(Clayton Alderfer)则提出了著名的"ERG 理论",他发展并修正了马斯洛的观点,认为人的需要有三类:生存的需要(Exsistence)、相互关系需要(Reletedness)和成长发展需要(Groth),并强调三个层次需要缺一不可。开源软件的先驱林纳斯·拖瓦兹(Linus Torvalds)对人的需求进行了一个更简洁的划分:"人类的任何动机都可以被归类为生存(survival)、社会生活(sociallife)或快乐(fun)。"[②] 我国著名社会学家郑也夫在塞托夫斯基(Scitovsky)提出"个人舒适"(personal comforts)、"社会舒适"(social comforts)和刺激(stimuli)的基础上,发展出"舒适""牛逼"和"刺激"三种需求,所谓"舒适"就是排除了生理上的痛苦,"牛逼"就是炫耀与崇拜,而"刺激"则是指消费者重视的新奇、变化、兴奋、挑战、惊讶,或其提供的趣味之类。[③] 如此可见,人的需要是丰富的、发展的,体现了人性的未规定性和未完成性,而试图划分出一个严格的需要层次是十分困难的,也是无解的。但是从诸多理论中我们仍然可以得到一个初步的结论,那就是低层次需要总是相似的,高层次需要各有各的不同。这表明,也正是由于人类的高层次需要,人才有了超越自然的文化,使人类社会变得复杂和充满个性。

---

① [美]亚伯拉罕·马斯洛:《动机与人格》,许金声等译,中国人民大学出版社 2013 年版,第 62 页。

② [英]约翰·霍金斯:《新创意经济》,王瑞军、王立群译,北京理工大学出版社 2018 年版,第 15 页。

③ 郑也夫:《后物欲时代的来临》,上海人民出版社 2007 年版,第 14 页。

其中就包括文化需要。在这里，用"文化需要"来统筹一种与"物质需要"相对应的需要，是为了更好地说明它与文化生产的关系。但为了避免讨论的对象过于宽泛，我们不妨把"文化需要"理解为一种对具体的文化产品的需要，是抽象精神需要的一种具体表现。它首先属于社会性需要的范畴，是指与自然性需要中物质需要相对应的满足人类精神需要的那部分需要，也是社会性需要中层级较高的需要，即人们在满足这类需要时会得到审美、快乐、求知、信仰、自我实现等情感体验。从历史发展规律来看，物质需要与文化需要起初是结合在一起的，并不存在孰轻孰重。例如信仰与狩猎往往是统一的，游戏与享用劳动成果也通常同时举行。但是随着社会分工的发展和社会阶层的分化，物质需要与文化需要逐渐分离开来，其中物质需要成为占据大多数人核心地位的需要，在劳动中脱颖而出是他们唯一的游戏，而文化需要则变成少数人的"专享"，是以牺牲多数人的文化需要为前提的，这样一来，少数人与多数人就对立起来。凡勃伦（Thorstein B. Veblen）把这类"少数人"称为"有闲阶级"，即拥有充足财富，可以不从事通过实质性生产劳动，生活以休闲和娱乐为主的阶层。在未开化文化的较高阶段，劳工阶级和有闲阶级有明确区分。随着劳务朝多样化和专业化演进，工作的区分就将生产性劳动与非生产性劳动分离开来。但是，工业革命以来，随着生产力的快速发展，人们的物质需要普遍地得到比较充分的满足后，文化需要在多数人的生活里也相对地凸显出来，越来越成为人们追求的主要目标。到了这个时候，文化需要才成为一个普遍问题被人们重视。

为了说明文化需要与其他类型需要特别是物质需要的区别，这里我们有必要讨论一下文化需要所具有的特殊性。

1. 文化需要具有"高层次性"

虽然我们不能对人的需要进行严格的层次划分，但不可忽视的事实是，人作为"社会的动物"，文化需要是人类需求中的高级形态，这也是区别于动物的重要特征之一。其原因在于"人不仅是社会的动物,不仅是政治的动物,不仅是会制造工具的动物,而且还是有灵魂的动物,是有精神生活和精神需求的动物,是一种追求心灵自由即追求超越个体生命有限存在和意义的动物"①。所谓"仓廪实而知礼节,衣食足而知荣辱",只有当丰衣足食时,人们才能顾及礼仪,产生荣辱观,这就是为什么马克思主张社会存在决定社会意识,经济基础决定上层建筑。马斯洛的"需要层次理论"认为,人的需要像阶梯一样逐级递升,虽然这种次序不具有固定性,也会产生例外情况,但总体来说,高层次需要通常是以低层次需要得到满足为基础的。马斯洛和一些行为心理学家相信,一个国家多数人的需要层次结构,是同这个国家的经济发展水平、科技发展水平、文化和人民受教育的程度直接相关的。在发展中国家,生理需要和安全需要占主导的人数比例较大,而高级需要占主导的人数比例较小;在发达国家,则刚好相反。如果借用经济学上"效用"②一词来解释,对于物质产品紧缺的消费者而言,文化产品所能带来的满足程度就较低,其产生的效用往往较低;相反,对于物质丰富的消费者而言,物质产品产生的效用则较低,文化产品和文化服务所带来的满足感就要高于物质产品。这即是说,文化需要相对于物质需要而言,是高层次需要的重要体现。

2. 文化需要具有"反稀缺性"

经济学主要研究无限的个人和社会需求与有限的资源之间的矛盾,其重点在于稀缺资源的分配。在经济学范畴当中,人类社会物质构建的逻辑起点是"稀缺性"——这是经济学最根本的假设之一。例如对食物、空气、水、栖息场所的需要,是人类的刚性需要,一旦稀缺,就会对人类的生活造成很大的影响。如果资源是无限的,

---

① 叶朗:《美学原理》,北京大学出版社2009年版,第23页。
② 在经济学上,"效用"是指"人们通过消费某种商品或服务所产生的满足程度,是消费者对商品和服务的主观评价,效用的大小取决于商品或服务能够在多大程度上满足人们的欲望或需要"。参见刘厚俊《现代西方经济学原理》,南京大学出版社1998年版,第56页。

"生产什么""如何生产"和"为谁生产"就不会成为问题。稀缺规律制约着人类社会的物质生产和物质生活的博弈态势，进而也就制约着供需关系结构变化，形成价格杠杆，调节着人们生产和生活资源的配置。人类对物质的稀缺性是永恒的，"绝对稀缺"关乎人类的整体利益，"相对稀缺"关乎特定群体的局部利益。我们不会怀疑，人类至今的绝大多数艺术成就是由少数人创造的，比如艺术赞助人是典型的艺术受益者，占有艺术多寡和优劣关乎他们的身份、名望和素养，并有将他们与普通人区分开来的功能。

然而，文化消费行为使凯恩斯以来几乎所有经济学流派陷入不同程度的尴尬，那就是人类的"刚性需要"并不包括"物化的符号需要"（文化需要），因此文化市场也就从来没有"绝对稀缺"。在更高的层次上，任何需求所需要的都是更高级的东西，它值得人们拥有，但不是必需的。有些人需要艺术，有些人则不需要。这使得经济学对文化问题束手无策，因此也长期被置于主流的经济学之外。现实的挑战恰恰又在于，进入"创意时代"以来，"文化需要"在"刚性需要"之上呈"井喷式"市场态势。但是，文化需要作为一种摄取状态又是待规定的，具有一种"反稀缺性"。我们可以说文化需要具有一种永不满足的特性，因为它是定义人之所以为人以及人获得全面发展的重要标识；但也可以说，没有文化产品的供给，我们可能就没有具体的文化需要。由于没有绝对的文化需求，因此也就没有绝对的稀缺性。

3. 文化需要具有"不确定性"

由于文化需要呈现为一种"反稀缺性"，意味着我们几乎无法将文化需要进行刚性化和标准化。对于供给方而言，"生产什么""如何生产"和"为谁生产"都具有不确定性，从而赋予了文化市场高度的风险性和不可预测性。也就是说，在文化领域，"市场失灵"现象极为普遍。对于需求方而言，每个人的文化需求或想要的东西往往因为自身对事物的理解和审美差异而不同。买方和卖方存在巨大的信息不对称。我们在文化市场中通常会看到这样一种情况，高投入和低产出是一种时刻都要面对的常态，新产品可能找不到买家，但有时又有可能获得超出预期的高收益。有时候，电影公司投资数亿元拍摄受欢迎的题材，最后还是没有得到观众的青睐，反倒是利用简易设备拍摄的另类电影获得了票房的佳绩，我们称为"票房黑马"。日本人习惯称那些在很大程度上依赖顾客的买方市场产业为"水式贩卖"。所谓"水"有抓不住的意思，而抓住它的最有效的方法就是了解顾客的文化需求。[①] 然而，对于需求方而言，无论承认与否，受众对于文化商品的使用方式具有高度的不稳定性与不可预测性，他们借此来标榜自己的独树一帜。[②] 另外，调查和预测也都很少见效，因为一件文化商品无论成功与否，很少能够根据过去的经济发展形势判断是否会满足现在的需要。我们通过分析票房信息也许可以一定程度上知晓观众收入，但是想要知道其趣味和受教育程度却要难得多，因为我们缺乏客观的标准。谁也不敢保证，一部电影或一场演出由哪位演员主演就一定能保证票房。正是由于这种不确定性，文化需要通常是随机的、动态的，因此生产大量作品以弥补失败作品对畅销作品的冲击，或者对产品进行"格式化"处理来降低风险，往往是文化公司一贯的做法。

三　文化生产与文化需要的辩证关系

我们上文已经分析，无论人的需要层次作何种程度的划分，文化需要都是人性需要中最特殊的部分之一。这种特殊性不仅体现在它与物质需要的差别上，更体现在实现文化需要的文化生产途径和手段上。那么，文化需要与文化生产究竟表现为一种怎样的关系呢？

文化生产作为一种特殊的生产活动，是由人的需要本质驱使的。需要源自人的抽象的欲望，这种主观愿望和心理倾向必须通过客观

---

① ［日］日下公人：《新文化产业论》，范作升译，东方出版社1989年版，第32页。

② Nicholas Garnham, *Capitalism and Communication: Global Culture the Economics of Information*, London: Sage, 1990, p. 161.

的现实对象才能得到满足。按照马克思的观点，社会生产总过程包含四个环节，即生产、交换、分配和消费。其中消费作为社会生产的最后一个环节，实现了将人的抽象欲望转化为满足需要的实在性。通过消费，人的需要以一定的数量和经济关系呈现了出来，进一步为生产提供了参考。反过来，如果离开需要，消费就不会产生，生产就会变成没有对象的无效行为，产品即使被生产出来，也是无意义的。也就是说，人的需要是人类实践活动的内在动机和力量源泉，作为一种"动机力量"，是由于特定的缺乏在体内产生的不平衡或紧张状态造成的，表现为人类内在于自身的某种特定要求。因此，有什么样的需要，就有什么样的生产，就有什么样的劳动。对于"现实的人"来说，他们的生命活动总是从自身的不同需要开始的，他们的一切经济活动也总是和需要相联系的，都受需要的制约和支配。动物与人一样也进行生产，但动物的生产只是为了生存，而人不仅有生存需要，还有更高级需要。黑格尔曾说，"对历史最初的一瞥，便使我们深信人类的行动都决定于他们的需要、他们的热情、他们的个性和才能，因此这些需要、热情和兴趣，便是一切行动的唯一的源泉，只有它们才起着主要的作用"[①]。从这个意义上讲，人的需要本质规定了文化生产的发生。

但是，是不是就可以说，文化需要决定文化生产呢？这里我们要区别的是，"需要"和"文化需要"是两个不同的概念。比如，人类有"趋乐避苦"的本性，因为人类需要快乐，追求快乐，因此人们会作出相应的行为使自己感到快乐。但是人类对快乐的需要是一个抽象的概念，是一种主观的心理状态和观念性构想，因为满足快乐的手段有很多并且因人而异，因此我们很难断定一件事情是否会令人感到快乐。而这里的"文化需要"则是一个具体的概念，例如人们通过观看一场喜剧电影让自己感到快乐，那么这里的"看电影"就是满足快乐需要而延伸出的文化需要。喜剧电影的生产本质

[①] [德]黑格尔：《历史哲学》，王造时译，上海书店2001年版，第20页。

上是由人的抽象的快乐需要决定的，但是反过来，在电影技术问世之前，人类就不可能会有对电影的文化需要。也就是说，人们对电影的文化需要往往是由电影生产创造出来的。我们可以进一步举例，对于沉迷于电子游戏的人，如果得不到满足，就可能不开心或抑郁。然而，如果他们从未玩过电子游戏，或者压根就没有发明电子游戏，就不会受到这样的伤害。相反，如果不顾一切地满足他们对电子游戏的需要，就会在许多方面造成更多的伤害。因此，从生产的角度来看，文化生产通常对具体的文化需要具有决定性的作用，人类文化需要的丰富性，正是由文化生产在历史中不断创造和积累而成的。

马克思在考察生产对需要的作用时，特别强调生产对于消费的决定作用。他在分析了生产和消费的各自作用后总结道："这里要强调的主要之点是：无论我们把生产和消费看做一个主体的活动或者许多个人的活动，它们总是表现为一个过程的两个要素，在这个过程中，生产是实际的起点，因而也是起支配作用的要素。消费，作为必需，作为需要，本身就是生产活动的一个内在要素。但是生产活动是实现的起点，因而也是实现的起支配作用的要素，是整个过程借以重新进行的行为。"① 因此，在考察文化生产与文化需要的关系时，应作以下几个方面的理解：

第一，文化生产决定着文化需要的对象和材料。文化需要如果没有对象，就不能形成文化需要，也就无法进一步形成这方面的文化消费，而文化消费的对象又是由文化生产创造出来的文化产品。没有生产，消费就没有对象。例如制片公司只有生产出影像，我们才有电影、电视、综艺节目可看；唱片公司只有发行了唱片，我们才有流行音乐可听；游戏公司开发出游戏硬件和软件，我们才有游戏可玩。只有当这些文化产品被生产出来，消费者才能消费得到；消费者选择看什么、听什么、玩什么，几乎完全取决于导演、编剧、记者、音乐人、软件开发者的高投入和天赋异禀。

---

① 《马克思恩格斯选集》（第2卷），人民出版社2012年版，第694页。

第二，文化生产决定着文化需要的形式和文化消费的方式。文化生产一般会随着生产力的发展而发展，因此在不同时期能够表现出不同的形式。自古以来，人们对文字、图像、声音等文化内容都抱有极大的热情，但是在不同的技术条件下，人们获取文化内容的方式却因时代而异。从印刷媒介到电子媒介，从在场消费到虚拟消费，现代技术的发展为新的文化需要和文化消费方式创造了条件。文化生产给予文化消费以消费的规定性、消费的性质，使消费得以完成。

第三，文化生产通过它所生产出来的对象而创造出新的文化需要。文化生产也是一种劳动性生产，意味着劳动成果或劳动服务可以满足劳动者原有需要并因此产生新的更高的需要，这种需要是劳动者进行新劳动的根本动因，是劳动者本质力量提升的核心内容。人的各种需要生产导致人的各项实践活动，而个体的生产和生活实践必然形成社会的实践，因而它本质就是社会的实践；人的需要也直接产生社会交往，结成社会关系。反过来，一定的社会关系的性质和内容又制约着人的实践活动的方式及其结果，进而改变着人的需要本身。[①] 人们不断出现的新的文化需要，不是由文化需要本身自发地产生出来的，而是对于对象的知觉所创造的。文化生产的对象创造出懂得艺术和具有审美能力的大众，反过来就会促进文化产品的生产。因此，文化生产不仅为主体生产对象，而且为对象生产主体，即创造出具有新的文化需要的人。

由此可见，文化生产决定文化需要的对象、方式和动力。但是这并不意味着文化需要就完全处于被动的角色。如果文化产品不被消费，它只是可能性的文化产品，不是现实的文化产品。没有文化生产，就没有文化消费；但是没有文化消费，也就没有文化生产，因为如果没有文化消费，文化生产就没有目的。例如，一部电影由

[①] 胡广文、李长学：《人的需要是人的本性》，《昭乌达蒙族师专学报》（汉文哲学社会科学版）1990年第4期。

于看的行为才现实地成为电影，它只有在文化消费中才证实自己是产品，才成为产品。而且，文化消费还创造出新的文化生产的需要，它从观念上提出文化生产的对象，如果通俗小说好看，那么这种类型的小说就会源源不断地生产出来。因此，文化消费不仅是使文化产品成为文化产品的终结行为，而且也是使文化生产者成为文化生产者的终结行为。此外，由于文化需要是人性需要的一种具体表征，那么它一定蕴含着人性抽象需要的某些规律，而掌握这些规律往往是文化产品取得成败的关键。当代文化产品的获取渠道几乎都来源于商品市场，为了使投资获得最优回报，文化公司必须竭力挖掘隐藏在文化需要背后的人性，生产制造出适合需要的对象。

第二节 文化需要的原始表征及其现代延伸

人类社会是一个由低级到高级，由简单到复杂的历史发展过程，人的需要也经历了从贫乏到丰富，从单一走向多元的嬗变。任何人无不是在无休止地、有目的地为增进他们对生活中美好事物的享用而奋斗的。从本质上说，人是"欠缺"和"不足"的动物，而不是一个"自足"的动物，欲望就是匮乏，因此才会有说不清道不明的物质和文化追求。在文化消费创造经济神话的当下，我们很容易将文化产业的发展仅仅归结为技术与资本结合的产物，而不对人的需要作深刻的思考。如果仅仅理解为由技术进步与经济动机驱使的话，那么将不会有足够的"刺激力"来生产超出本能必需的文化产品了。如果我们稍加注意就会发现，人类对文化需要的诉求在古代社会就已经表现出非常强烈的倾向，这种需要产生的源泉正是人类本身普遍具备的人性欲望和心理动机。例如尽管现代人的精神需要复杂多变、形式丰富，当代诗歌体裁、歌曲风格和舞蹈种类十分多样，但与古人相比，却并不显得有多高明。而从满足需要的各种结果来看，现代人在文化产业中得到的快乐、情感也未必比朴素的文化娱乐活动多。文化产业发生的根本动力并非我们想象的那样深不可测，如果在消费文化商品之前稍微思考一下购买动机，我们就会发现人性当中隐藏着的那些欲望只不过借助商业化的文化产品"外壳"进行了一种现代化的延伸。文化产业只不过是追求利润的企业捕捉人类文化需要并不断思考填补人类闲暇时间的结果。人的需求总是由无数最原始的、最基本的需求复合而成，就导致追求复合需求的文化产业的产生。如此循环下去，文化产业就会不断优化、升级、发展。① 也就是说，文化需要并不是凭空出现的，它隐藏着人类一以贯之的心理动机。如果把目光投向遥远的古代社会，我们会发现文化需要的原始表征就在那里，只不过它在现代社会换了一个样式。

一　审美性情

审美活动是人类审美地把握世界的活动，是"以心灵感知和情感体验为表现的内在生命活动和独特精神活动"②。马克思关于"人也按照美的规律来构造"③ 这一经典论述，为我们很好地描述了"人与美"的内在关系。固然，一些动物也按照美的规律来择偶和生存，例如达尔文从生物学的角度出发，认为对美的追求是一切生命之物的共性，他发现美感并不是人类的专利，动物在选择配偶时也能领略到异性的色相美。他在《人类的由来》中说："如果我们看到一只雄鸟在雌鸟之前尽心竭力地炫耀它的漂亮羽毛或华丽颜色，同时没有这种装饰的其他鸟类却不进行这样的炫耀，那就不可能怀疑雌鸟对其雄性配偶的美是赞赏的。"④ 这一点与弗洛伊德关于审美及艺术创造的"性本能说"是相似的，他们都把审美归结为"力比

---

① 蔡尚伟：《文化产业精要读本》，江苏人民出版社 2015 年版，第 19 页。
② 朱立元：《美学》，高等教育出版社 2001 年版，第 84 页。
③ 《马克思恩格斯选集》（第 1 卷），人民出版社 2012 年版，第 57 页。
④ [英] 达尔文：《人类的由来》，潘光旦、胡寿文译，商务印书馆 1983 年版，第 136 页。

多"（libido）的释放，把美看作一切生物的本能。但是，在马克思看来，动物的生产是片面的，而人的生产是全面的，这在于动物无法摆脱"直接的肉体需要的支配"来生产，因而天鹅和鸵鸟各有各的生活范围和方式，其物种的特定性是预先规定好的，其生存方式是有局限的。人则不同，他是超越性的，因而可以摆脱直接的肉体需要来生产，并且只有在他摆脱了这种需要时才真正地进行生产。因此，动物只是按照它所属的那个种的尺度和需要来构造，而人却懂得按照任何一个种的尺度来进行生产。① 这也就是说，同时拥有躯体能力和精神能力，是人类生产活动与动物生产活动的本质区别。例如，蜘蛛织网、蜜蜂造房纵然十分精美和高明，但仅仅是一种躯体能力，并不经过大脑设计，因此无论经过多久的岁月推移，它们的动作及样式都没有丝毫改变。而人的劳动之所以能不断进化，正是因为人的大脑中蕴藏着各种复杂而又精致的精神能力。② 可见，审美或人类对美的追求，是体现人性的重要部分。正因为热爱美、创造美、追求美贯穿人类文明始终，才创造了我们今天如此崇尚美感的世界。

对审美之于人的重要性，德国古典美学家席勒（Friedrich Schiller）有一个经典的表述，他在《美育书简》中说，"什么现象标志着野蛮人达到了人性呢？不论我们对历史追溯到多么遥远，在摆脱了动物状态奴役的一切民族中，这种现象都是一样的：即对外观的喜悦，对装饰和游戏的爱好"③。他区分了两种游戏："自然的游戏"与"审美的游戏"。前者为人和一切动植物所共有，后者才为人所专有。我国著名美学家朱光潜先生在谈到美的时候，也特别提到人性中对美的追求。他说："人性本来是多方的，需要也是多方的。真善美三者俱

---

① 《马克思恩格斯选集》（第1卷），人民出版社2012年版，第57页。
② ［日］山本二三丸：《人本经济学：经济学应有的科学状态》，王处辉译，东方出版社1995年版，第5页。
③ ［德］席勒：《美育书简》，徐恒醇译，中国文联出版公司1984年版，第133页。

备才可以算是完全的人。人性中本有饮食欲望，渴而无所饮，饥而无所食，固然是一种缺乏；人性中本有求知欲而没有科学的活动，本有美的嗜好而没有美感的活动，也未始不是一种缺乏……人所以异于其他动物的就是于饮食男女之外还有更高尚的企求，美就是其中之一。"① 所谓"食必常饱，然后求美；衣必常暖，然后求丽；居必常安，然后求乐"（《墨子·佚文》），创造美的生活，对武器、物品和身体等进行装饰以增加美观，是人性的体现。普列汉诺夫（Georgii Plekhanov）曾说："人的本性使他能够有审美的趣味和概念。他周围的条件决定着这个可能性怎样转变为现实。"这"周围的条件"就是原初社会、劳动实践中的各种活动，如劳动、劳动工具的制作、模仿游乐、巫术活动等。② 这种将"审美"或"精神能力"作为"人猿揖别"的思想在中西美学理论中都能找到相当多的表述。

由此可见，无论美是主观的还是客观的，是起源于一种模仿、巫术、劳动还是过剩精力的宣泄，人类对于审美的追求和创造都是与生俱来和一以贯之的。人类不管生产什么物品，在消耗或选择上也常常倾向于美，无论是物质生产还是文化生产皆是如此。只是在不同时期，人类的审美性情会随着生产力的发展而不断变化，不同文化不同地域的人类对于审美的标准也不尽一致。例如在遥远的原始社会，人类对美感的获取主要体现在生活材料的获取和各类巫术礼仪之中，它们与劳动密切相关，例如打磨石器时形成的对称意识，将劳动所得副产品如骨头、羽毛做成精美的装饰品。而随着文化生产从物质生产中逐渐剥离出来以后，人类的审美活动较为集中地发生在艺术领域，久而久之，艺术凌驾于生活，审美成为与日常生活相去甚远的东西。在古代社会尤其是封建统治社会中，美感的获取从器物层面转向文化层

---

① 朱光潜：《谈美》，生活·读书·新知三联书店2014年版，第127—128页。
② ［俄］普列汉诺夫：《没有地址的信：艺术与社会生活》，曹葆华译，人民文学出版社1962年版，第17页。

面，诗词歌赋和古典艺术是审美活动的典型代表。

如今，人类的审美性情再次发生了巨大的转变。由于我们的生活被一系列人造物和消费品所包围，我们的审美活动也不得不掺杂其中。在现代消费社会，美感的获取主要来自文化商品，审美活动被纳入日常生活和商品生产的总体过程之中，已经大大超出了所谓纯艺术、纯文学的范围。而就在一个多世纪以前，人们还坚守着几千年来的艺术传统。实际上，从19世纪开始，艺术的观念开始发生转变，"艺术终结论"甚嚣尘上，反映出艺术在现代化过程中所面临的艰难转型。在阿瑟·丹托（Arthur Danto）看来，古典的艺术叙事模式逐渐被颠覆，代之而起的是现代艺术叙事结构。艺术不断地在寻求自我定义、自我确证和自我表达。20世纪初，法国艺术家马塞尔·杜尚把现代工业品小便池送往展览馆，对艺术的观念造成了极大的震动。人们不禁反思，艺术和非艺术的界限究竟是什么？而在这一过程中，艺术实现了来自哲学的压抑和剥夺，完成了艺术自身的解放，更是一种"向死而生"，是对传统审美观念的突破。费瑟斯通认为，当代社会出现"日常生活审美化"（The aestheticization of everyday life）转型。"日常生活审美化"正在消弭艺术和生活之间的距离。一方面，艺术和审美进入日常生活，被日常生活化；另一方面，日常生活中的一切，特别是大工业批量生产中的产品以及环境被审美。艺术的深度感、距离感消失了，开始从"膜拜价值"转向"展示价值"。也就是说，人们的审美经验不再只来源于小说、诗歌、散文、戏剧、歌剧、绘画、雕塑等艺术门类，也包括广告、流行歌曲、时装、电视剧、电影、城市规划、室内装饰等。审美活动更多地发生在城市广场、购物中心、街心花园等空间场所中。在这些场所中，文化活动、审美活动、商业活动、社会活动之间不存在严格的界限。[①] 这样一来，审美发生了从抽象到具体、从艺术到商

---

① 陶东风：《日常生活的审美化与文化研究的兴起——兼论文艺学的学科反思》，《浙江社会科学》2001年第1期。

品、从精英到大众、从高雅到通俗的转变。

如果说，人们的审美性情在传统艺术中还表现为对一种绝对精神的追求，还属于少部分人，那么当代审美已经在文化产业和浩浩荡荡的文化商品浪潮中变成了一种对"文化创意"的崇拜，由此实现了多数人的审美追求，并衍生出审美经济和创意经济。格尔诺特·波梅（Gernot Böhme）认为，"光韵"的存在赋予"审美劳动"以神奇的魅力，创造出展示价值，商品审美化的"审美劳动"可以增加商品的交换价值并满足人们的欲望，这一过程就是审美经济产生的过程。[①] 在审美经济中，传统的美学标准不再奏效，反而是对审美价值的掏空和抽离，这样一来，"文化创意"开始成为一种新的标准，成为衡量一件文化商品成功与否的关键指标。越来越多的案例表明，蕴含文化创意的产品往往更受欢迎，因为"成功的文化创意其实是意味着心灵的美在生活及生活器具、生活风味中的具体化存在"[②]。

当然，这种现代审美形式也招致了许多争议。譬如文化产业的美学批评范式就基本沿着两条线展开：一种是来自精英立场的批判态度，即文化与审美绝对的割裂，文化产业被看作一种"媚俗"（Kitsch）行为；诚如杰姆逊指出的，"美感的生产已经完全被吸纳在商品生产的总体过程之中。……在社会整体的生产关系中，美的生产也就愈来愈受到经济结构的种种规范而必须改变其基本的社会文化角色与功能"[③]。文化与市场的联姻，使得文化生产的研究中产生了一种典型的焦虑，即审美构建问题，即在生产机制中化解商业逻辑和艺术逻辑的冲突。例如，理查德·霍加特认为20世纪30年代工人阶级的文化是"活生生"的文化，但这样的文化在50年代遭

---

① Gernot Böhme, "Contribution to the Critique of the Aesthetic Economy", *Article Information*, Vol. 73, Issue 1, May 2003.
② 王一川：《文化产业中的艺术——兼谈艺术学视野中的文化产业》，《当代文坛》2015年第5期。
③ [美]詹明信：《晚期资本主义的文化逻辑》，陈清侨等译，生活·读书·新知三联书店1997年版，第429页。

到了商业化大众文化的破坏。这些大众文化形式，如通俗小说、自动点唱机、流行音乐、电视、电影等，不断刺激着大众的品位，钝化他们的欣赏趣味，甚至扼杀他们的审美能力。另一种态度则较为乐观，认为文化产业不仅具有经济意涵，还具有美学意涵。在这一背景下，有不少学者尝试提出一种"新的美学原则"，试图在审美与日常生活间构建一种新的联系。

无论是批判还是褒扬，传统文化艺术的衰落和产业类型艺术在艺术界地位的上升已经是不争的事实。康德（Immanuel Kant）在《判断力批判》中把鉴赏判断区分为纯粹的与非纯粹的两种，纯粹鉴赏判断是不掺杂感官享受的对单纯形式的喜爱，非纯粹鉴赏判断则混合了感官享受、生理欲望和道德诉求等功利因素。这一区分构成了精英文化和日常消费文化之间分野的基础。从美学的角度来看，大众文化的出现意味着从实践角度对传统美学的解构，是对正统体制、对政教合一的中心体制的有效的侵蚀和解构，它在美学上的特点，是提出一个虽不完善但值得反思的命题——"审美与生活的统一"，这与传统美学固执的"审美对生活的超越"是不同的，在这个意义上，可以说在当代大众文化中看到了传统美学的根本缺憾。[1]无论是传统的美学标准，还是现代的文化创意，它们只不过是人类在不同时代背景下表现出的不同形式而已。而我们始终相信，正因为人们喜欢美的装饰品，工艺美术才得以历经几千年长盛不衰；正因为人们崇尚美的自然风景，现代旅游产业才能够蓬勃发展；正是因为人们喜欢美的身体，现代广告中才充斥着俊男靓女……文化产品在审美机制的作用下同样焕发了生机，尽管也带来了巨大的商业利润，甚至一些浅薄的、低俗的审美问题。无论哪个朝代，无论富贵贫寒，人类从未放弃过"爱美之心"，正是这种对美的孜孜追求从根本上决定了文化创意在当代产业中发挥重要作用的必然性。后现

---

[1] 苏明如：《解构文化产业：岛屿文化创意产业生态行旅研究》，春晖出版社2004年版，第45页。

代文化追求的是大众化，而不是高雅，在后现代主义文化里，文化与工业生产和商品已经紧紧地结合在一起，从而使文化完全大众化了，高雅艺术与通俗文化、纯文学和通俗文学的距离正在消失，文化已经从过去那种特定的"文化圈层"中扩张开来，进入了人们的日常生活，成为了消费品。其结果是艺术和生活界限的消失，传统与现代界限的消失，精英文化和大众文化界限的消失。

二 游戏冲动

与审美一样，游戏不是现代人的专属，甚至也不是人的专属。一些游戏行为在动物世界是普遍存在的。因此，"玩游戏"对人类生活和动物生活同样适用。如果动物暂时摆脱了物质上的匮乏而有了精力上的盈余，就有可能进入游戏："当狮子不受饥饿所迫，无须和其他野兽搏斗时，它的剩余就为本身开辟了一个对象，它使雄壮的吼声响彻荒野，它的旺盛的精力就在这无目的的使用中得到享受。当缺乏是动物活动的推动力时，动物是在工作。当精力的充沛是它活动的推动力，盈余的生命力在刺激它活动时，动物就是在游戏。"[1] 当游戏超出了纯粹物理或生物学的范围，就会变成一项有意义的行为。但对于动物来说，游戏可能只是一种"剩余精力"无目的的消耗和一种能量的调节，还无法摆脱它的生物性；对于人类来说，游戏则是人在摆脱了物质欲望的束缚和道德必然性的强制之后所从事的一种真正自由的活动。这也是人与动物的区别之一。席勒曾高度评价游戏之于人的作用："只有当人在充分意义上是人的时候，他才游戏；只有当人游戏的时候，他才是完整的人。"[2] 荷兰历史学家和文化学者赫伊津哈把游戏当作文化的一种功能来研究，认为游戏是一种重要的文化现象。他从文化的角度出发，指出"文明是在游戏中成长的，是在游戏中展

---

[1] [德] 席勒：《美育书简》，徐恒醇译，中国文联出版公司1984年版，第139页。
[2] [德] 席勒：《美育书简》，徐恒醇译，中国文联出版公司1984年版，第90页。

开的，文明就是游戏"，"没有游戏要素，就不可能有真正的文明"。他强调："游戏是文化本质的、固有的、不可或缺的、绝非偶然的成分。"① 可以说，游戏不仅具有"生命功能"，而且具有"心理功能"和"文化功能"。

游戏通常是在闲暇时发生，这为游戏在现代社会的延伸指明了方向。亚里士多德认为："人的全部生活可以分为劳作的与闲暇的，或分为战争的与和平的，还可以分为实用的和高尚的……战争是为了和平，劳作是为了闲暇，实用是以高尚为目的。"② 英国也有一句众人皆知的谚语：All work and no play make Jack a dull boy。人类游戏的一切要素早在原始的闲暇活动中已然存在。例如在新石器时代，人类狩猎的劳动技能和自卫攻防中创造出的武技与超常体能，在他们休息、娱乐或再现其猎获和胜利的欢快时，逐渐演化为一种技艺表演和杂技艺术。渔猎、上树、走索、攀登、爬崖、跳涧等原始技能都孕育着杂技的某种技巧。弓箭、舟车、兵器或劳动工具的使用，熟练到超凡入圣的阶段，也都可以说就是杂技的最原始表演。杂技艺术中的很多节目是生活技能和劳动技术、武技的提炼和艺术化。"飞去来器""飞刀"这些节目至今在民俗活动或现代剧场演出中传承着。

由于人类对于游戏的需要，我们的祖先乐于创造并纵情于各种游戏活动，角力、竞技、斗智、猎射、赌博……尤其是在富足之后，这种需要表现得更为强烈。早在战国时期，苏秦曾描绘齐宣王时临淄的繁荣景象："临淄之中七万户……甚富而实，其民无不吹竽鼓瑟，击筑弹琴，斗鸡走犬，六博踢鞠者。"(《战国策·齐一》)而在宫廷之中，奢靡之风盛行，游乐更为丰富。如三国时代的大发明家马钧在机械方面的不少创造发明，都是为宫廷杂技百

---

① ［荷］约翰·赫伊津哈：《游戏的人：文化中游戏成分的研究》，何道宽译，花城出版社 2007 年版，第 33 页。
② ［古希腊］亚里士多德：《政治学》，袁岳编译，中国长安出版社 2010 年版，第 183 页。

戏演出装置道具而设计的。唐朝作为中国古代社会的全盛时期，唐诗中也可以找到大量描述当时娱乐活动的精彩诗篇。比如高骈的《风筝》诗云："夜静弦声响碧空，宫商信任往来风，依稀似曲才堪听，又被风吹别调中。"来鹄的《早春》诗云："火树银花合，星桥铁锁开。暗尘随马去，明月逐人来。"张籍的《少年行》诗云："日日斗鸡都市里，赢得宝刀重刻字。"宋人陶榖在《清异录》中对鸣虫玩赏有过翔实的记载："唐世京城游手夏月采蝉货之，唱曰：'只卖青林乐。'妇妾小儿争买，以笼悬窗户间，亦有验其声长短为胜负者，谓之'仙虫社'。"这些均可视为我国历史上出现的文化娱乐和人文旅游市场。清代文学家沈复在《浮生六记》中如此描述了他理想中的艺术生活法则："逢时遇景，拾翠寻芳，约几个知心密友，到野外溪旁。或琴棋适性，或曲水流觞，或说些善因果报，或论些今古兴亡。看花枝堆锦绣，听鸟语弄笙簧。一任他人情反复，世态炎凉。优游闲岁月，潇洒度时光。"可见，古代社会人们拥有一套完整丰富的娱乐体系。其中相当部分延续至今，成为民间娱乐的范本。

现代社会的游戏俨然又呈现出另外一幅图景。杰姆逊认为，在古代社会里，一年的时间基本上可以分作三个部分：沉思、劳动和休息。而休息通常是一种宗教性质的庆祝活动，最主要的就是喜庆宴。进入现代社会后，人类自然也需要游戏和休闲，但是休闲的方式和时间却与古代大相径庭。其中最大的区别在于职业化的社会分工导致劳动与休闲的完全分离，取代劳动的是工作，取代喜庆节或狂欢日的不再是神圣性的快乐的追求。[①] 与古代游戏活动相比，现代游戏活动被打上了商业的烙印，最典型的就是休闲娱乐行业。也就是说，现代休闲通常是在文化消费中完成的，游戏要花钱购买才能实现，这构成了当下文化产业的一个主题。例如主题公园中才有的

[①] ［美］弗雷德里克·杰姆逊：《后现代主义与文化理论——弗·杰姆逊教授讲演录》，唐小兵译，陕西师范大学出版社 1987 年版，第 41 页。

极限挑战，影院才有的视听享受，更别说那些新开发出来的琳琅满目的文化消费体验项目。尤其是身处都市，当人们离开传统民俗的土壤，被千篇一律的文化商品包围时，就不得不用一些新的游戏样式来填满闲暇，而这些新的样式被发明出来大多是为了追求利润而为他们量身定做的。诚如美国社会学家大卫·里斯曼（David Riesman）所说："工业的发展为我们提供了较多的闲暇时间，有时人们不知道该如何打发这些闲暇时光。工业的发展，同时也代表了娱乐业开始了史无前例的专业化过程，出现了许多娱乐专家，这给那些非专职的娱乐者也造成一定影响。"①

日本学者日下公人将现代人的闲暇生活分为三类：（1）消遣，是一种"再创造"，包括"恢复元气"的成分，使因工作而疲惫的身体重新恢复元气，使受压抑的心理恢复正常。（2）闲暇，也可称为"余暇"，包括剩余的意思，是工作、消遣之后虽然恢复了元气，但处于无工作可做的状态。他举例说，若周六使一天身体疲劳得到完全恢复，周日就成为闲暇，可以由个人自寻欢乐。（3）假日，在时间上占有绝对优势，可以完全忘掉自己的工作，忘掉社会，有时甚至忘掉自己，大有天地自然浑然一体的感觉。② 显然，在越是接近"假日时代"的社会，用来填补人们闲暇的文化娱乐商品就会越丰富。有一种主张认为，享受悠闲生活要比享受奢侈生活便宜得多。只要有一种艺术家的性情，在一种全然悠闲的情绪中，就可以消遣一个闲暇无事的下午。③ 但是，现实生活中拥有这种中国式的浪漫主义情怀的人甚少。实际情况则是，现代社会中人们的闲暇时间被各种各样新的"游戏样式"包围着，我们的游戏空间不再是自然或某一固定场所，而是变成了游乐场、歌舞厅、电影院和时兴的网络虚

---

① ［美］大卫·里斯曼：《孤独的人群》，王崑、朱虹译，南京大学出版社2002年版，第291页。
② ［日］日下公人：《新文化产业论》，范作升译，东方出版社1989年版，第129—131页。
③ 林语堂：《生活的艺术》，越裔译，湖南文艺出版社2018年版，第152页。

拟空间。如果稍加注意并细数当代文化业态，我们会发现一个庞大的以"游戏"为中心的文化产业娱乐体系，它们几乎占据着都市成年人和儿童大部分的闲暇时间，甚至在一些乡村地区，由于交通和网络的发展，新兴的娱乐方式也伴随着城镇化的进程无孔不入，构成了现代人类最重要的生活内容。可以说，文化产业对消费者的影响是通过娱乐确立起来的，它包含游戏的一切基本因素：竞争、表演、展示、挑战、装饰、夸耀、卖弄、佯装、痴迷和有约束力的规则，等等。游戏的情绪是欢天喜地、热情高涨的，随情景而定，或神圣，或喜庆。兴奋和紧张的情绪伴随着手舞足蹈的动作，欢声笑语、心旷神怡随之而起。无论什么游戏、什么时候的游戏，它们无不诉诸丰富的情感与体验。

　　游戏是我们心灵生活的戏剧模式，给各种具体的紧张情绪提供发泄机会。[1] 然而，在商业行为驱动下，游戏很有可能走向它的反面。古代的娱乐在宗教仪式和扮演中通常具有原始的意义。而现代娱乐工业只是为了娱乐而娱乐。原始游戏和利益没有直接的关系，游戏本身具有非物质属性。游戏不是平常的生活，它处在欲望和胃口的直接满足之外，实际上它中断了食欲的机能。但是在商业运作的游戏场中，游戏变成了一种功利性、扁平化的狂欢，这的确是我们需要警惕的。对于当代人而言，生活不仅仅是衣食，事业也不仅仅是利益或地位；机器式的有序性和效率不再被人们视为最高的价值，更加丰富多彩的生活内容和更审美化的精神需要构成了当代文明的特殊价值内涵，而其表现形式便是当代特有的娱乐化和形象化了的文化生活。[2] 在原始游戏和休闲活动中，冲动的力量是瞬时的，就像性的冲动，绝不是按时间均匀分布的。但是在现代社会，游戏则严格遵循着时间的规制。

---

　　[1] ［加］马歇尔·麦克卢汉：《理解媒介——论人的延伸》，何道宽译，商务印书馆2000年版，第293页。
　　[2] 高小康：《游戏理论与当代文化》，《南通师范学院学报》（哲学社会科学版）2000年第3期。

三 符号占有

尽管历史上许多人宣称人与动物的重要区别在于人会使用工具，但这一观点显然不能让人信服。因为工具并不是人类所特有的，为了捕食，许多昆虫、鸟类和猿类动物都做出了大量的工具。为了生存，海狸做的坝、蜘蛛结的网、燕子搭的窝、织布鸟编织的巢穴，还有几何状的蜂窝、城市般的蚁丘和白蚁窝，都表现出令人叹为观止的结构。伊索寓言中"乌鸦喝水"的故事告诉我们，乌鸦不仅会使用工具，而且拥有较高的智商。因此哲学家深信，人不但生活在物理的世界中，同时也生活在符号的世界中。卡西尔认为，人与动物的区别在于人比动物多了一个符号的维度，人能制造并且使用符号，从而创造出属于人的文化世界。他在《人论》中指出"信号"（signs）和"符号"（symbols）的不同：在动物的行为中我们可以看到相当复杂的信号和信号系统，如动物不仅可以被训练成对直接刺激作出反应，而且能够对各种间接刺激即替代刺激（如摇铃铛）作出反应。但是这种"命题语言"或"条件反射"的现象是远离符号化思想的基本特征的。符号不能还原为单纯的信号，因为二者属于两个不同的论域：信号是物理的存在世界之一部分；符号则是人类的意义世界之一部分。信号是"操作者"（operators）；而符号是"指称者"（designators）。[①] "人不再生活在一个单纯的物理宇宙之中，而是生活在一个符号宇宙之中。语言、神话、艺术和宗教则是这个符号的各个部分，它们是组成符号之网的不同丝线，是人类经验的交织之网。人类在思想和经验之中取得的一切进步都使这符号之网更加精巧和牢固……人的符号活动能力进展多少，物理实在性似乎也就相应地退却多少。"[②] 在卡西尔那里，人通过不同的符号创

---

① ［德］恩斯特·卡西尔：《人论》，甘阳译，上海译文出版社1985年版，第40—41页。
② ［德］恩斯特·卡西尔：《人论》，甘阳译，上海译文出版社1985年版，第33页。

造了神话、宗教、语言、艺术、历史、科学等文化，正是在创造文化的活动中，人才成为真正意义上的人并获得自由，"人—运用符号—创造文化"构成了其全部哲学的基本公式。由于人具有这种符号的维度，制造、运用和识别符号是人类一开始就具备的能力，并且随着生活逐渐丰富起来。

与审美、游戏不同，生产符号也许是为数不多可以区别人与动物的重要特征之一。人类生产符号的历史可以追溯到很久以前，且多与宗教有关。比如图腾可以看作人类创造的最早符号之一，具有象征性的力量。世界各原始部落的人类相信万物有灵，他们给一切现象凭空加上无所不在的人格化的灵魂，以便通过巫术达到控制自然的目的。原始崇拜就是将人的灵魂附着在某种动物、植物或无生命体的巫术礼仪中慢慢形成的。氏族标识是不同部落共同的信仰，作为一种符号化的图腾，通常也由动植物构成。如中华民族发展史上，龙、凤、蛇、鹿、虎、麒麟、鸟类等都曾作为图腾的崇拜物，成为渔猎生活之外人们精神上的信仰和寄托。可以说，几乎每一个部落都曾有过自己独特的图腾崇拜、神灵崇拜和各种巫术活动。法国社会学家列维-布留尔（Lucien Lévy-Bruhl）在《原始思维》一书中，就描述过巴西波罗罗部落人自称"金刚鹦鹉"的例子，根本不是说他们死后会变成鹦鹉或鹦鹉会变成波罗罗人，而是说他们现在就已经是真正的金刚鹦鹉了。[①] 夸扣特尔印第安人（Kwakiutl Indians）把自己绘成熊，被画者显然被看作具有了熊的生命力。华拉孟加人的蛇节，跳舞者用色彩涂身，象征大蛇。摩魁斯人的跳舞集会，部族成员把图腾记号绘于胸部、背部。野牛族的人，脸部与胸部皆绘野牛头。我国南方的壮族把鸟纹文在自己的身上，代表自己是鸟的后代。有的则是文青蛙纹，现在壮族跳《蚂蚜舞》，还有四个舞者只穿一条裤衩，周身上下画黑白相间的蚂蚜文身。傣族文身，把龙

---

① ［法］列维·布留尔：《原始思维》，丁由译，商务印书馆1985年版，第70页。

图腾刺在身上，同时也刺有十字形的太阳装饰图案，图案四周还刺上日芒纹饰。傣族中青年妇女喜欢在脑门儿上涂上一红圆点，也是对太阳的崇拜。① 除了图腾之外，人类还热衷于赋予器物以各种符号意义。在中国的青铜时代，青铜除了用于铸造工具、武器和生活用具外，青铜礼器被大量制造出来用于贵族间的各种礼器活动，服务于等级社会和政治需要，实际上也是一种意义的创造和符号的生产。正因为制造、运用和识别符号是人类具备的独特能力，人类进化发展的漫长历史，也可以看作一种不断创造符号、占有符号的历史。从作为部落信奉崇拜物的"图案""图腾"到具有丰富的意涵和表征意义的"文身""面具"，从服务于等级社会和政治需要的"青铜礼器"到代表权力财富的"皇家宫殿"，包括服饰的颜色、建筑的形制、器物的数量等都可以变成符号和象征被大量生产出来，成为人类思维发展的重要标志。

即使到了现代社会，人类也从未摆脱对符号的占有和贪婪，甚至这种欲望在某些方面比以往任何时期还要强烈。弗雷泽（James George Frazer）在《金枝》中将人类的思想发展分为"巫术—宗教—科学"三个阶段，体现了人类思想进化的文明向度。然而，尽管人们的思维逐渐倾向于科学阐释，但理性主义并没有让我们告别依恋前理性的混沌自然状态。"人类从自然的子宫中娩出至今，已经过了漫长的岁月，而图腾崇拜像一块胎记似的始终没有抹去。"② 如果说过去对符号的占有是被少数阶级所垄断，而且具有普遍的、共同的政治、宗教或民族意义，那么现代人对符号的占有欲则随着启蒙运动的开展以及工业化、商品化进程，全面走向了世俗化和分众化。在鲍德里亚（Jean Baudrillard）看来，消费社会的典型特征是物质极大丰富，且商品富有象征意义。狂热粉

---

① 蒋述卓：《宗教艺术论》，暨南大学出版社1998年版，第224页。
② 高小康：《大众的梦——当代趣味与流行文化》，东方出版社1993年版，第7页。

丝和追星族为占有"明星符号"疯狂地为偶像应援,"漫威迷"们对美国队长、蜘蛛侠、钢铁侠等"超级英雄"符号的追逐,这些又何尝不是另一种崇拜?

伊戈尔·科普托夫（Igor Kopytoff）在他那篇著名的论文《物的文化传记：商品化过程》（"The cultural biography of things: commoditization as process"）中,早就用前殖民时期尼日利亚梯乌族人的交换实践告诉我们,一件物品绝不仅具有交换价值,也绝不只是从物质上生产出来满足人们某种需要的物件。它同时也是铭刻了某种文化意义和文化价值的东西。① 在社会学家的眼中,文化消费不仅仅是一个经济行为,而且是一个涉及文化符号与象征意义的表达过程。正因为如此,在西方文化产业理论中,"文本"（Text）通常作为重要的概念提出来,即文化活动的首要目标是与受众沟通并创作文本。文化产品被称为符号化的载体,它是由文化企业根据文本生产出来的,用于流通和消费的意义的符号化载体,其核心是满足人们的思想、情感等精神需求,形式上包括有形的物质、无形的服务以及不可复制和替代的过程。文化产品的消费就是一种符号的消费。当代大众文化中,大规模的追随、认同和仿效,使种种文化现象成为具有象征意义的符号,说到底是在以象征的方式寻求心理归属与依附,是一种显示出当代特点的大众图腾崇拜。

明星偶像崇拜以及由此滋生的庞大"粉丝"群体便是其中一例。当代社会是个群星璀璨的社会——影视明星、体育明星、歌手、主持人、综艺咖、网红等,随时随地涌出,令人目不暇接。明星实际上是一种文化消费形式。在有明星的电影文化中,电影的吸引力不仅来自影片本身,而且来自明星的魅力。明星对崇拜者意味着什么?我们也许永远说不清为什么大众选择这个人而不是那个人作为崇拜

---

① ［美］伊戈尔·科普托夫：《物的文化传记：商品化过程》,载罗钢、王中忱主编《消费文化读本》,中国社会科学出版社 2003 年版。参见 Arjun Appadurai, *The Social Life of Things: Commodities in Cultural Perspective*, Cambridge University Press, 1988, pp. 64 – 94。

的偶像，但是我们知道，每个明星作为崇拜的偶像都携带着大众所寻求的意义，而支撑意义生产的娱乐业及其背后的营销、策划、推广则发挥着生产符号的功能。在传统社会，偶像崇拜主要表现为对神灵、圣人、英雄的崇拜，通常与宗教、政治、民族等意识形态联系在一起。但是现代社会的偶像崇拜全面走向世俗化。可以确切地说，明星是携带大众文化意义的符号，具有恒定意义的符号。

符号型文化产业的另一个典型特征是符号的物化，即将符号内容转化成商品，符号可以是一种品牌、礼仪、声誉、标准、规范、品位、习俗。例如，一些收藏爱好者痴迷于购买的动漫、电影、游戏周边商品，就是一种典型的"物化符号"。在文创跨界的引领下，艺术品、电影、动漫变成了日常生活中人们的玩具物品，意象变为物质，媒介变为物。与之相反的，则是一种"时尚符号"的生产，即物质变为意象，物变为媒介。时尚产业是现代文化产业中迷人的"混血儿"。该产业是艺术、手工艺、设计、制造、零售和广告的混合体。[1] 它透过特殊形态的组织创造出饶富生趣的作品，在功能性及意义性之间求得高度平衡。[2] 它的兴起是人类"符号占有"逻辑下的现代延伸。时尚产业是以符号生产为核心的产业领域和产业链条。时尚符号的重要存在特征之一就是它所链接的是人的物性欲望或物的人性意象，而非超越物质的意义、价值或精神诉求。[3] 在占有"时尚符号"的逻辑下，球鞋、T恤和一些时尚单品可以摇身变成收藏品和投资品，此时它们已经不再是简单的物质产品，而是符号产品、文化产品，功能已经被意义所收编。罗兰·巴特在谈到服装的时尚时曾指出，所谓时尚是由生产集团为促进服装的消费更替而努力维系的一种手段。如果只依赖使用的消耗，服装的更替就太慢了。

---

[1] ［英］约翰·霍金斯：《新创意经济》，王瑞军、王立群译，北京理工大学出版社2018年版，第191页。

[2] ［英］大卫·赫斯蒙德夫：《文化产业》，张菲娜译，中国人民大学出版社2016年版，第15页。

[3] 王列生：《时尚产业：符号生产与市场操控》，《艺术百家》2014年第1期。

对于穿着服装来说，流行实际上是由两个周期的关系决定的。一个是损耗期（d），它是在物质需求层面，由一件衣服或全套服装的自然更换时间构成的，另一个是购买期（p），它是由两次购买同一件衣服或全套服装的时间构成。流行，可以说是 p/d。如果是 d＝p，即如果衣服一穿破就更换的话，就不存在流行了。如果 d＞p，即如果衣服的穿着超过了它的自然替换时间，那么就是贫困化。如果 p＞d，即如果买的衣服超过所要穿的，那就是流行。购买期大于损耗期越多，流行的倾向就越强烈。① 当代社会的时尚逻辑是购买永远大于消耗，它决定着商品的加速度生产与消费的过程。当代文化商品（服装已越来越成为一种文化商品，手工制作的服装可以拥有版权）同样遵从这一规律，消费者的需要远非基本需要，而是时尚左右下产生的身不由己的消费冲动，一旦这种冲动在较低阶层得到普遍满足后，较高阶层就会摒弃这种时尚，于是新的时尚又被创造出来。正如凡勃伦指出的，"一切阶级在服装上的消费，大部分总是为了外表的体面，而不是为了御寒保暖，这种极其平凡的情况是没有人会否认的"②。时尚产业已经成为文化产业和创意经济中的重要组成部分，例如在英国，时尚界从业者人数及其创造的产值超过了汽车制造和钢铁。

四 知识获取

知识作为人类抽象地把握世界和塑造自我、超越自我的一种介质和通往真理的一种途径，在人类文明的进化过程中发挥着重要的作用。人类进入文明社会以来，就存在对获取知识的强烈需求，不仅是因为知识占有量的多少决定着一个人在文明社会中所处的位置，也是因为求知本身也是人性表现的一个重要特征。如果说在审美、

---

① ［法］罗兰·巴特：《流行体系》，敖军译，上海人民出版社 2016 年版，第 273 页。

② ［美］凡勃伦：《有闲阶级论》，蔡受百译，商务印书馆 2018 年版，第 130 页。

游戏中我们都能找到人与动物类似的结构，那么知识则是人类智慧的结晶，是向往与追求自身发展与社会进步的特有产物，这是与被动地适应客观自然环境来繁殖生存的动物根本不同的地方，尽管它们也具有一定的智力，能够凭借现象、经验与记忆而生活着。这是因为，由于人没有固定的"本质"，因此可以突破具体的边界，从而不断进行知识迭代，用于超越现实、追求进步和实现自我超越。也正是知识存在的这种力量，亚里士多德在《形而上学》开篇就说，"求知是人类的本性"[1]。

人类认识这个世界，或者获取知识，有很多不同的方式和渠道，且一直都处在变化之中。在表意文字发明之前的口语传播时代，人类主要通过口传的形式将知识与经验代代传递下去。到了文字传播时代，书写文字可以把知识转化为信息，打破了距离限制，知识的生产和传播效率得到提高，但是复制起来仍然困难。在传统社会，知识领域主要为特权阶层所垄断，知识的传承是自上而下的，知识的传播是静态的，知识以及它所带来的能力属于极少数人。直到印刷术的发明尤其是德国古登堡活字印刷技术的推广，知识的生产和传播进入机械复制时代，催生了印刷产业，成为文化产业萌芽的最初形态。因此，可以从一定程度上说，文化产业的发生，本身自带了传播知识的使命，承担着人类文化传承的重要职能。随着电子技术的应用，知识的生产和传播进入"数字化生存"时代，为人类信息共享，高效率地产生新的知识，或者说提高知识生产率，提供了坚实的技术条件，并最终推动人类社会进入知识经济时代。而更多的文化行业涌现，为知识的数字化、网络化、信息化、娱乐化传播提供了各种载体，大大丰富了知识的存在形态。

从本质上讲，文化产业的知识性是由文化本身具有的知识内涵所决定的，无论它以何种形式存在。在文化的众多含义中，与知识相关

---

[1] ［古希腊］亚里士多德：《形而上学》，吴寿彭译，商务印书馆1997年版，第1页。

的就有很多。在日常语境中,狭义的"文化"总是和"知识"并用,"文化知识"几乎是一个固定词汇。我们说一个人"有文化",几乎等同于赞赏一个人"有知识""有教养""有素质"。在汉语中,文化自古有"文治和教化"的含义,即文化是精神文明对人本身的影响和塑造过程,其本质是文以载道、以文化人。因此文化产业也就具备这两个核心功能。文化具有理想的性质,因此就有突破社会的陈规陋习、推动社会变革的意义。虽然文化进入了产业化阶段后,通俗性、大众性、娱乐性占据了主流,且不乏"娱乐至死"的倾向,但不可否认,文化产业自诞生起就同时担负着传播文化价值的任务,无论这种传播方式是显性还是隐性的。今天,除了"寓教于乐"这种人们喜闻乐见的形式,文化业态中已经有大量专业的知识形态的节目,也催生了知识分享网络社区、自媒体和知识付费产品。也就是说,一切便于享乐同时又增加知识的新发明,都是人类智力的优秀成果,人们在文化产业中来理解和追求思想和知识,使得文化获得了最大意义的推广和普及,也获得了比以往更宽广的范围与天地。

人们往往认为,承担优秀精神、思想的伟大作品主要是公共文化的一部分,文化具有公共属性,文化产业则以获取经济利润为目的,因此传递的并不是高雅的、成功的思想。尤其是当我们看到伟大的优秀产品通常产生于非功利的自由创造,难以用市场价值来加以衡量,这让我们有理由相信,文化的一部分必然只能属于公益性的事业,不能用产业的方式来生产。例如美国凯文·马尔卡希(Kevin V. Mulcahy)认为,娱乐文化提供的是我们之"想要",公共文化提供的是我们之需要。娱乐业依托的是市场选择;公共文化则列举责任和社会之必要。娱乐业宣称,个人可自由选择休闲时间;公共文化主张,通过教育、审美多样性及科学学习,我们能自由达成自我实现的目标。[①] 但是,这并不能否定娱乐文化在教育、知识传

---

① [美]凯文·马尔卡希:《公共文化、文化认同与文化政策》,何道宽译,商务印书馆2017年版,第27页。

递上的作用。文化产业与文化事业的划分，并没有否定文化产业以实现精神旨趣和社会效益为目标的原则。其中，"社会效益优先"原则恰恰可以看作文化产业发挥知识功能的一种体现，具有某种意义上的公共责任。尽管人们对文化产业的印象更多停留在大众休闲娱乐上，但是，由于文化产业配置的是文化资源，而文化资源的核心是价值观，它势必关乎意识形态的身份"询唤"和人文价值教化，进而关乎社会变革与文化进步。[1] 实际上，文化内容并非因为是高雅的或是精英的，就更具有知识性。相反，随着精英文化的式微，越来越多的思想观念需要通过大众娱乐的形式传递，这就使得知识型文化产业成为一个重要类型。需要指出的是，由于知识的接受往往受到大众知识架构和"文化资本"的影响，因此它不像审美或游戏那样对受众具有普遍性。

第三节　文化需要的异化与理性回归

当今社会，人们对琳琅满目的文化商品需求和消费是有目共睹的。不仅仅是因为人类的文化需要是与生俱来的，也因为我们身处一个崇尚消费的社会。在技术和资本的作用下，文化生产者可以轻松辨别谁是购买者并产生刺激文化消费欲望的科学化手段，广告与营销无处不在，大数据和算法精准地掌握着消费者的喜好，其结果是"人性能量被极大地开发出来，并转化为商业消费的对象"[2]。在前文中，我们已经论述了人的需要本质是文化产业发生的人性基础，而具体的文化需要又是由文化生产决定的。尤其是20世纪在技术与资本作为外部条件大规模介入文化生产以后，人类的文化生产活动

---

[1] 范玉刚：《新时代文化产业发展趋势探究》，《艺术百家》2018年第2期。
[2] 苏桂宁：《消费时代中国文艺的价值演变》，中国社会科学出版社2010年版，第17页。

发生了有史以来最深刻的变革。但是，如果单从技术和资本等外部条件来衡量，这似乎还不足以解释现代文化产业成倍增长的事实。尤其是人的需要被市场极大地开发出来以后，消费反过来又成为拉动资本和技术介入文化产业的关键条件。这使得我们不得不关注需要本身在消费社会中发生的变化。消费作为社会主体的需要与可能满足这种需要的物之间的关系，不应当被简单地看作主体占有、使用、消耗客体的过程，而应当看作社会主体的一种再生产形式。人的本质、需要、意识、能力并不是一成不变的，而是伴随着人创造的对象化世界的发展而不断发展，随着人创造的"自然"变得越来越丰富，人自身的主体也变得越来越丰富。[①] 从这个意义上说，文化产业发生的人性基础是人类固有的需要本质，但导致文化需要井喷式激增则是由异化的消费所推动的。更具体地说，是由被异化的文化需要所构建起来的商品世界所赋予的。

一 消费社会与异化需要

不同时代之间的差别并不在于人类基本需要上的变化，而主要在于这些需要实现方式上的差异。按照鲍德里亚的说法，我们已经由"生产社会"进入"消费社会"，我们处在"消费"控制着整个生活的境地。[②] 消费社会没有一个明确的时间界定，但是我们承认，在这个社会中，我们周围存在一种由不断增长的物、服务和物质财富所构成的惊人的消费和丰盛现象，无论是贫穷还是富裕，人们不再像过去那样受到人的包围，而是"受到物的包围"。它们不仅以全套或整套的形式组成，而且呈现出一串意义。对于这种丰盛，鲍德里亚作了一个形象的比喻："物既非动物也非植物，但是它给人一种

[①] 罗钢、王中忱：《消费文化读本》，社会科学文献出版社2003年版，第13—14页。

[②] ［法］鲍德里亚：《消费社会》，刘成富等译，南京大学出版社2014年版，第6页。

大量繁衍的植物和热带丛林的感觉。"① 原先由生产活动所担当的,将个体动机、社会整合和系统复制连接在一起的角色,现在已经由消费活动来承担。在现代世界中,消费的生产变得比物品的生产更重要。在过去,受尊敬的工业家指的是成功地创造生产的人,现在则是创造消费的人。② 消费者的信心、激情、活力,已经成为经济增长和社会繁荣的主要尺度。

消费本是满足人性需要的基本行为,但是人类历史上却存在两种极端。一种宣扬禁欲苦行,消费长期受到压抑,购买行为被严格控制。在思想和道德层面,人的物质需要反而成了人的"耻辱"和"罪过",奢华懒惰风气应该严加惩戒,视同魔鬼;反之,越是不能满足自身需要的人,他离"耻辱"和"罪过"就越远。统治阶级或神职人员用抽象的需要来否定具体的需要,用虚无的需要否定现实的需要,用片面的需要否定全面的需要,实质上是对人的需要即人性的全面否定,这是一种"禁欲主义"的伪科学。中国古代社会讲求"生财有道",所谓"生之者众,食之者寡,为之者疾,用之者舒,则财恒足矣"(《大学》),历代均鼓励"节用崇俭",并时而出现关于"禁奢"的法令和言论。这种"悲剧"在历史上上演数目之多,可以说难言其清,哪怕到了现代社会也从来不曾谢幕。例如中国在改革开放以前,都市是一个个单纯的生产中心,产业工人在城市中以物质财富生产者的身份占有主导地位,而意识形态教育人们以节俭为荣,以浪费为耻,把人们的需求压到最低。高度统一的计划经济对个人主体地位、权利和欲求的压抑与剥夺,使得城市社会缺乏活力,也缺乏欲望。③

---

① [法] 鲍德里亚:《消费社会》,刘成富等译,南京大学出版社 2014 年版,第 2 页。
② John Lukacs, *At the End of an Age*, New Haven: Yale University Press, 2002, pp. 19–20.
③ 包晓光、徐海龙:《中国当代文化产业导论》,北京大学出版社 2010 年版,第 5—6 页。

另一种极端则是在"消费主义"的大旗下，消费得以无节制地扩张。尤其是 20 世纪人类步入物质丰裕的"消费时代"，商品泛滥，物欲横流，"享乐主义"迅速取代"禁欲主义"盛行，成为一种新的主导意识形态。美国社会学家玛莎·沃尔芬斯坦（Martha Wolfenstein）在谈及这种现象时指出，"在过去，满足违禁的欲望令人产生负罪感。在今天，如果未能得到欢乐，就会降低人们的自尊心"①。美国社会学家斯图尔特·埃文（Stuart Ewen）在其著作《意识的首领》中自问自答："在今天的西方世界中谁是意识的首领？不是政治家，不是无冕之王——新闻记者们；在今天的西方世界中没有第二个意识形态，只有一个意识形态，就是消费；而它们的首领不是政治家，不是记者，而是商人。"② 这样一来，消费被赋予了新的意义。消费者在购买和使用某物品时，不是为了获得物品的使用价值和实际功能，而是为了某种外在的目的（如显示社会地位、财富和权力）而去进行消费的一种文化现象。这实际上是一种消费与需求的错位，主要体现为消费者为了夸耀其社会地位、财富或权力等目的去购买和使用物品。在异化的消费活动中，消费者不是以满足最基本的生活需要为目的去消费产品，消费行为本身并不是目的，而是向他人显示自身经济力量、社会地位和身份从而获得虚荣心和自我满足的一种手段。

消费异化的原因复杂，生产资料私人占有、商品经济的确立、社会化大生产以及享乐主义和消费主义价值观盛行等都是消费异化的重要原因。然而，归根结底来说，消费的异化根源于需要的异化，是与人真正需要的背离。马克思认为，由于人的需要的丰富性，生产的某种新的方式和生产的某种新的对象具有重要意义，那就是人的本质力量的新的显现和人的存在的新的充实。但是，在私有制的

---

① ［美］玛莎·沃尔芬斯坦：《娱乐道德观的产生》，转引自［美］丹尼尔·贝尔《资本主义文化矛盾》，生活·读书·新知三联书店 1989 年版，第 119 页。
② 转引自郑也夫《后物欲时代的来临》，上海人民出版社 2007 年版，第 6 页。

范围下，这一切都具有相反的意义。"每个人都指望使别人产生某种新的需要，以便迫使他做出新的牺牲，以便使他处于一种新的依赖地位并且诱使他追求一种新的享受，从而陷于一种新的经济破产。每个人都力图创造出一种支配他人的、异己的本质力量，以便从这里面获得他自己的利己需要的满足。""产品和需要的范围的扩大，要机敏地而且总是精打细算地屈从于非人的、精致的、非自然的和幻想出来的需要。"① 也就是说，技术不仅能满足自己已有的需要也能诱发新的需要，有些需要是合理的，有些需要是不合理的，甚至是畸形的。

马尔库塞在《单向度的人》中进一步论述了这种需要的异化，在他看来，人本来是有"真实需要"的，即出自人的本性的自主的需要，包括基本需要与剩余需要。但是在发达的资本主义工业社会中，一种"虚假需要"反客为主。如何辨别"虚假需要"呢？即"为了特定的社会利益而从外部强加在个人身上的那些需要，使艰辛、侵略、痛苦和非正义永恒化的需要"，这种需要是社会通过种种手段强加给个人的强制性需要，"现行的大多数需要，诸如休息、娱乐、按广告宣传来处世和消费、爱和恨别人之所爱和所恨，都属于虚假的需要这一范畴之列"。他认为，当代工业社会作为富裕社会对人所造成的新压抑，正是通过对虚假的需要实现"强制性的满足"来压抑人的"真实需要"，因此是一个"病态社会"。那些看起来是为了满足人类需要的工具，结果却制造出无数虚假的需要。② 林语堂先生曾十分精辟地论述过一种"虚假旅行"现象：旅行从前是行乐之一，但现在已变成一种实业。他认为有三种"虚假旅行"。第一种虚假旅行，即以求心胸的必进。这种对旅行的不正确的概念，产生了现代导游者的组织。第二种虚假的旅行，即为了谈话资料而旅行，

---

① ［德］马克思：《1844年经济学哲学手稿》，人民出版社2018年版，第117—118页。

② ［美］赫伯特·马尔库塞：《单向度的人：发达工业社会意识形态研究》，刘继译，上海译文出版社2014年版，第6页。

以便事后可以夸说。游客的时间和注意力已完全消耗于拍摄照片之中,以致无暇去细看各种景物了。这种愚拙的旅行,产生第三种虚伪旅行家:定了游览程序的旅行家。他们在启程之前,都预定下游览的程序,临时如上课一般切实遵时而行。① 在林语堂先生的休闲哲学中,旅行的真正动机应以求忘其身之所在。一个真正的旅行家必是一个流浪者,经历着流浪的快乐、诱惑和探险意念,使人能在旅行中和大自然更加接近。在他看来,一个人不一定要有钱才可以旅行,就是在今日,旅行也不一定是富家的奢侈生活。但是,旅游产业仿佛制造了一种错觉,让人们觉得只有花钱旅行才是真正的旅行。那些热门景区和必游景点出现在精致的旅游网站和宣传册上,不得不说已将旅行变成了千篇一律的、毫无个性的消费行为。

二 文化需要的异化特征

不可否认的是,当今社会的确充斥着大量的异化需要。身处消费社会的我们,无时无刻不在享受着各种商品带来的满足,各种各样的商品虽然被源源不断地创造出来,但是人们的需要似乎永远处于不满足的状态。不仅在物质领域,文化领域也是如此。这就是说,文化需要也多多少少表现出异化特征。

1. 膨胀化

马克思曾经指出早期资本主义阶段劳动异化导致需要异化的一个典型的情况:"一方面出现的需要的精致化和满足需要的资料的精致化,却在另一方面造成需要的牲畜般的野蛮化和彻底的、粗陋的、抽象的简单化,或者毋宁说这种精致化只是再生出相反意义上的自身。对于工人来说,甚至对新鲜空气的需要也不再成其为需要了。"② 在马克思看来,矿井下奴隶般的劳动,原先是对犯罪分子的

---

① 林语堂:《生活的艺术》,越裔译,湖南文艺出版社2018年版,第298—300页。
② [德]马克思:《1844年经济学哲学手稿》,人民出版社2018年版,第118—119页。

有意惩罚，但后来却变成产业工人天经地义的正常生活环境。但是在当下社会，文化需要却呈现出相反的一面，即对文化需要的非精致化和膨胀化。文化产业的重要特征在于雅文化的式微和俗文化的兴起。技术革命的膨胀带来的消费过速、消费膨胀使人们的文化需要大量剩余。文化公司并非迎合消费者的潜在需求，他们自发地帮助消费者进行新需求的定型。特别是在广告的刺激和诱导下，人的文化需要无限膨胀，它让消费者将"想要"当作"需要"，在不知不觉中受到消费市场的钳制，造成了"重复性需求"的循环。产业的存在依赖于市场，市场的存在依赖于消费者的欲望。文化产业需要面对的问题，不是消费欲望的消失，而是如何建立一种欲望链条，引发消费者无休止的欲望，即所谓的"创造需求"。例如，一旦某一类型的文化产品或某一具体文化产品获得了消费者的青睐，那么一段时期内很快就会有同类型的文化产品或同一产品的系列出现，这在电影、小说、电视节目中已经是一种常态。消费主义不是事关欲望的满足，而是事关为了更多的欲望而激起欲望，否则以消费者为目标的经济体系就会崩溃。现代社会里，欲望和需要的推动力是日益增长的生活标准和导致生活丰富多彩的广泛产品种类。

2. 感官化

极力夸大的感性欲望是当代受众的典型性格。过度追求欲望的快感，会与真实生活形成巨大的反差，以至于他们在现实社会不容易得到满足，而沉溺于虚拟的快感之中。文化产品总是以个人感觉作为评判标准，竭力缩短心理审美距离，追求即兴冲动、同步反应和本能共鸣。我们观察整个文化市场就会看到，相当一部分文化产品的制作格调不高，平庸甚至恶俗的作品屡见不鲜。而且，许多作品主要受商业利润的驱使，创作以带给人们即时的情感满足和感官刺激层面为标准，根本没有蕴含终极精神和价值追求的内容，导致文化消费成为一种快餐式的饕餮盛宴。例如从艺术内容的创造来看，一部好的电影并不需要 3D 甚至 4D 来展示，甚至也不需要沉浸式体验，然而它所追求的无非是一种额外增加的感官化满足。视觉的感官化还表现在从为了求知而"看",逐渐变成了为"看"而看,明显地表现出"好奇"的特征。对形式和外观的兴趣逐渐压倒了对物质实在本身的兴趣是近代文明演进的一个特点。古典绘画不仅提供"看"的外观,而且需要观众通过"看"达到对视觉外观背后的某种实在的认知。但是摄影艺术却脱离了物质实在而变成了虚幻的外观,尤其是成为商业广告的工具时,视觉图像就变成了符号。

3. 工具化

在现代社会,虽然需要不再被压抑,但是由于它的满足完全依赖于商品的获得,因此这种需要被抽空为另一种形式的抽象需要,即对金钱的需要,对财富的需要。但从社会的角度来看,这种对金钱的需要自身并不是目的,而仅仅是资本家实现交换价值的手段。这种需要构成有效的市场需求,构成资本主义扩大再生产的动力。当代资本主义正是通过价格、广告和市场营销以及各种技术和策略不断地制造出需求。这种需要实际上是生产的产物。[①] 因此,人的文化需要常常被利用来作为谋利的手段和支配他人的力量,它是一个巨大的"生产力仓库"。需要的工具化,意味着对需要的满足不再以需要本身为目的,而是以利己为目标,能够带来利润的需要,就想方设法满足它。文化需要的审美性、价值性统统让位于利润。为了激起各种需求欲望,厂商不惜利用各种手段制造眼花缭乱的虚假需求。他们利用大众媒介进行地毯式的宣传,运用视听体验制造美丽的幻想,进而激发消费者潜意识的欲望。但是,这种欲望已经不是真实的、自然的欲望。为利润而生产就意味着,文化产业的决策人试图生产的是可以流行、销售的东西。将人的文化需要对象变成一种类似"最小公分母"的东西,既可以引起共鸣,又能吸引大量受众。

---

① 罗钢、王中忱:《消费文化读本》,社会科学文献出版社2003年版,第14页。

三 健全社会需要的文化

对欲望的感知、承认和控制,是人类文化生活的主要内容之一。正是人们有了对于文化产品的无止境需求,诱导文化公司绞尽脑汁地向消费者生产铺天盖地的文化产品。其结果是,我们不仅处在物质极大丰富的时代,也处在文化信息过载的时代。从一定程度上讲,文化产业的繁荣是建立在人们日益异化的文化需要的基础之上的。文化不再是洗涤心灵的作品,而是变成商品供人们挑选。而且与物质产品相比,文化产品的质量显得更加参差不齐。信息技术和网络技术的发展,使文化产品通过新媒介无孔不入地介入日常生活当中,影响着人们的观念和行为。如今,我们的文盲率比历史任何时候都要低,我们每天有数不尽的新闻、广播、电视、电影、报刊可看,但是这些传播媒介很少给我们介绍古往今来优秀的文学作品和音乐,而是在广告的协同下,用缺乏真实感的低级趣味的东西、虐待狂的幻想,来充塞人们的心灵。[1] 然而,相对于产品本身而言,其最大的问题还在于,这种异化的文化需要满足并没有带来实质性的心灵上的满足与提升,而是将人们绑架在无尽的文化消费当中难以自拔,文化消费和文化休闲变成了一日三餐,再也难以带来雪中送炭般的慰藉。

霍克海默和阿多诺曾一针见血地指出:"晚期资本主义的娱乐是劳动的延伸。人们追求它是为了从机械劳动中解脱出来,养精蓄锐以便再次投入劳动。"[2] 人们受到工具理性的束缚,所以无法获得真正的快乐,因为快乐总是从摆脱束缚、消除苦难中实现的。他们认为,文化工业的升华是伪升华,它不断地供应文化快感和幸福承诺,用伪审美、假升华遮蔽人性压抑的真实,无限期地支付它开出的快

---

[1] [美]埃里希·弗洛姆:《健全的社会》,孙凯祥译,上海译文出版社2011年版,第3页。

[2] [德]马克斯·霍克海默、西奥多·阿多诺:《启蒙辩证法:哲学断片》,渠敬东、曹卫东译,上海人民出版社2003年版,第153页。

乐支票。因此文化工业不是纯化愿望，而是压抑愿望。提勃尔·西托夫斯基（Tibor Scitovsky）在其名著《无快乐的经济：人类获得满足的心理学》中解释说，一方面，经济的发展与财富的增加给人们带来更多类型的消费，以及更多快乐的可能；另一方面，由于消费技巧的缺失，人类却无法让这种可能性变为现实，只能一味地追求舒适，而与快乐渐行渐远。原因就在于，工业社会以来的教育从"消费技巧训练"演变为"生产技能的培训"，人们开始贬低消费技巧以及文化，并逐渐形成对于文化的理性主义偏见，这种变化让现代人类缺乏寻找快乐的技巧，而只能退而求其次，去消费那些无须技巧的舒适，于是，快乐就与人类渐行渐远。① 因此，休闲因而并非就意味着一种享受自由时间、满足和功能性休息的功能，而是一种逃避。它的定义是对非生产性时间的一种消费。这种时间在经济上是非生产性的，但却是一种价值生产时间——区分的价值、身份地位的价值、名誉的价值。非生产性时间并不是"自由的"，它在这里被花费，而且也没有被纯粹地浪费，因为这对社会性个体来说是生产身份地位的时刻。"没有人需要休闲，但是大家都被要求证明他们不受生产性劳动的约束。"② 如此一来，休闲也"被异化"了，因为它仅仅是恢复劳动力所必需的时间。而休闲的"异化"更加深刻：它并不直接隶属于劳动时间，而是与消磨时间之不可能性本身相联系。③ 时间是一种服从于交换价值规律的珍贵的、稀缺的东西。这一点对劳动时间而言是显而易见的，因为它是被出卖和被购买的。但是自由时间本身也变得越来越需要直接或间接地被购买以被"消费"。因为"自由"时间实际上是"赚到的"时间，是可赢利的资

---

① ［美］提勃尔·西托夫斯基：《无快乐的经济：人类获得满足的心理学》，高永平译，中国人民大学出版社2008年版，第206页。
② ［法］鲍德里亚：《消费社会》，刘成富等译，南京大学出版社2014年版，第153—154页。
③ ［法］鲍德里亚：《消费社会》，刘成富等译，南京大学出版社2014年版，第150页。

本，是潜在的生产力，因而需要将其买回来加以利用。①

鉴于文化消费表现出这样一种"补偿"的性质，我们呼吁一种更加健全的文化需要。要知道，完全根除这种异化需要不是目的，实际上也不可行。我们也不倡导压抑的需要，那相当于倒退到"禁欲主义"的伪科学时代。弗洛伊德认为，人类的文明始于对感官快乐的否定和对欲望的压抑，文明越往前发展越需要更多的压抑，文明的进步就是将这些外部的强制逐渐内在化并形成"超我"，"超我"接受了这些外部强制而把它包括在文明的禁律之中。但是，压抑并不意味着根除，"无意识"总是在虎视眈眈地寻找着出口，而更具积极意义的方式在于如何使人的需要"升华"，使之既能满足欲望，又不违反文明准则。所以弗洛姆强调，"一个健全的社会是一个符合人的需要的社会"②。一个社会是否合乎人性，主要看它在多大程度上满足了人的需要，给人提供了多少自由。人具有发自人的本性的各种文化需要，这些文化需要推动着人本身及人类社会不断地向前发展。但是，人的文化需要在相当长的历史时期受到压抑、歪曲和否定，在当下消费社会又表现得毫无节制，似乎与人类最初的目的越来越远。如今，满足文化需要的手段尽管十分丰富，但是人们从中获得的满足感和自由度却未见提升。相反，人们越是空虚，文化消费也表现得越机械化。

文化需要的满足首先要体现人性的解放，这是"健全社会"的一个基本前提。无论西方还是东方，文化的现代内涵与发现，都有一个共同的特征，那就是意识到人的主体创造功能。弗洛伊德看到了人并非纯粹理性的动物，他相信人的心灵如同一口高压锅，由理性与文明铸成的锅壳禁锢着沸腾的本能生命力，随时可能通过种种

---

① ［法］鲍德里亚：《消费社会》，刘成富等译，南京大学出版社2014年版，第148—149页。
② ［美］埃里希·弗洛姆：《健全的社会》，孙凯祥译，上海译文出版社2011年版，第15页。

孔道喷薄而出。① 文化产业刚刚兴起时，一度被精英知识分子认为是"人性的低劣部分"，甚至是反人性、反文化的东西。他们认为，潜意识是"被压抑的东西"，它包含许多部分，但文化产业主要刺激潜意识中"低级的、阴暗的、不道德的东西"，也就是与"本我"有关的"性本能"和"死本能"，所以色情、暴力、对各种禁忌的破除成为文化产品中屡屡展现的要素。而这些文化产品所培养出的消费者迷恋于对潜意识的反复诱发和释放，于是对文化产品产生更多的需求和依赖，由此整个文化市场不断地扩大和发展。

但是，从一定意义上说，文化产业又是贴近人性的，是人性的直接宣泄。正如蒙田（Michel de Montaigne）所主张的一种悲观主义的人的观念："人类天性之中的需要不能被改变，我们必须善待它们；阻止它们获得（幻想的或现实的）满足是毫无意义的。我们所能做的一切，就是尽力提升我们给人的文化产品的质量。"② 文化产业之所以能够发展起来，是以近代以来"人性的解放"为口号拉开序幕的，是人性向本能层面的复苏和张扬。在文艺复兴、宗教改革、工业革命、市民运动等此起彼伏的大变革背景下，人们逐渐从过去对中世纪基督教基础教义的盲目信仰、对封建君主的盲从和因循守旧、物质蒙昧等状态中解放出来，萌发了自我意识。③ 马尔库塞在《爱欲与文明》中指出，文明对于身体快乐的剥夺是特定历史阶段的产物，取缔身体和感性的享受是维持社会纲纪的需要，然而，现今已经到了终止这种压抑的时候了，现代社会的经济条件已经成熟，社会财富的总量已经可以造就一个新的历史阶段。④ 人性的解放意味

---

① 高小康：《大众的梦——当代趣味与流行文化》，东方出版社1993年版，第27页。
② ［美］利奥·洛文塔尔：《文学、通俗文化和社会》，甘锋译，中国人民大学出版社2012年版，第37页。
③ ［日］镜味治也：《文化关键词》，张泓明译，商务印书馆2015年版，第3页。
④ ［美］赫伯特·马尔库塞：《爱欲与文明》，黄勇、薛民译，上海译文出版社1987年版，第147页。

着欲望的解放。需要不被满足的人，是不可能进行创造的，个人不能创造，社会就会停滞不前，就会陷入中世纪般的黑暗时期。因此，一个基本需要得到满足的人，才谈得上全面发展，一个全面发展的人，才符合人的本性，人的需要的异化的克服和扬弃、人性的复归就是人的需要的满足、就是人的全面发展。

然而，毋庸置疑的是，以"流量至上"的文化市场中仍然充斥着人性的各种丑陋面。我们这个时代不缺乏文化产品，而是缺乏好的文化产品。这就需要我们在文化生产上符合人类社会的主流价值取向。文化生产对文化消费具有决定性作用，因此在内容上生产商具有自主性和决策权。尽管政府部门和社会舆论发挥着一定的监管功能，但更多的是一种事后的补救措施。我们这个时代，应根据文化的健全性、合理性和生长性来对其作出价值判断，激浊扬清、去芜存菁，呼吁生产符合人文精神的文化产品，进而使之不断得到更新和提升。

第 四 章

空间集聚：文化产业发生的都市环境

  孤独而沉思的漫游者，从这种普遍的交往中汲取一种独特的迷醉。他容易进入人群，品尝狂热的乐趣，这种乐趣和那些如箱子般封闭的利己者、像软体动物一样蜷缩着的懒惰者永远无缘。他接受任何环境给予他的任何职业、任何苦难和任何欢乐。（《人群》）

  我知道，魔鬼愿意涉足荒野，孤独之中，凶杀和淫荡的精灵却得其所哉。但同时，孤独只对于那些闲散和胡思乱想的灵魂才是危险的，他们在孤独中充满情欲和幻想。（《孤独》）

——［法］夏尔·波德莱尔《巴黎的忧郁》

  这里使用"都市"（urban）而不用"城市"（city）这个概念，是因为我们倾向于在相同的意义上说明都市与"工业主义""资本主义""大众文化"和"消费社会"等现代性词汇的关系。因为都市是现代性展示得最充分，也是个体感受现代性最强烈的地方，它既是现代性的载体，也是其表征、内容和果实。[①] 诚然，"前工业时代"的人类也曾拥有过辉煌灿烂的城市文明，但是无论在数量还是

---

 ① 汪民安：《现代性》，广西师范大学出版社2005年版，第20页。

规模上都无法与现代经济高度发达的都市景观相提并论。雷蒙·威廉斯在分析"城市"（city）这一关键词时指出：

> city 这个词自 13 世纪就已经存在，但是它的现代独特用法——用来指涉较大的或是非常大的城镇（town）——以及后来用作区别城市地区（urban areas）与乡村地区（rural areas）的用法源自 16 世纪。后来的词义用法很明显与 16 世纪以来都市生活（urban life）日渐重要有关，然而在 19 世纪之前，这种用法经常局限在首都城市伦敦。较普遍的词义用法是因应工业革命期间都市生活（urban living）的快速发展而产生的。[①]

从城市历史发展的角度来看，都市是城市发展的高级空间形态，它代表着当代城市化进程的最高逻辑和当代社会生产、消费活动的中心，直接表现为一种与城镇或中小城市完全不同的文化模式。

犹如生物学上观察细胞的发生需要做许多准备工作，除了显微镜这种必不可少的仪器，还要将它置于一个便于观察的特殊环境。如果我们要观察文化产业的发生，不妨也将其置于一个巨大的"容器"之中，而这个最合适不过的"容器"就是都市。文化产业的发生显然是与现代都市工业社会的产生和发展分不开的，没有人会否认这一点。我们必须承认这样一个事实：如今全球仍有数以亿计的人口处于极度贫困状态，至少四成人口无法使用互联网，更多的人只为实现温饱而生存忙碌。他们纵然也休息和娱乐，但要么与某种仪式有关，要么是为下一次投入生产所做的必要精力恢复。因此，在很多地区还难以触及或很少有所谓"文化消费"的情况之下，我们谈论或研究文化产业全然都是以都市为观察对象的，对于"文化产业"这一观念的理解也必须身处都市之中才能切身体会。从波德

---

① ［英］雷蒙·威廉斯：《关键词：文化与社会的词汇》，刘建基译，生活·读书·新知三联书店 2016 年版，第 89 页。

莱尔对巴黎都市现代生活的观察和体验到齐美尔（Georg Simmel，又译为西美尔）对货币、时尚、大都会与精神生活的审视与研究，从本雅明对巴黎街道、游荡者、拱廊、艺术与技术的描述到阿多诺对美国大众文化的批判，从弗洛姆对资本主义"病态社会"的考察到马尔库塞对资本主义发达工业社会的批判……他们无一不是以都市为观察中心的。从发生学的意义上来说，只有都市环境才能够提供足够孕育文化产业的要素条件，反过来又塑造了如此丰富的现代都市文化景观。由此看出，文化产业具有潜在的"区域"内涵。

第一节　都市空间与文化产业要素的集聚

世界上占支配地位的大都市都有着惊人的要素集聚能力，能够以更快速和更密集的方式聚集人口、财产、技术、交通、权力、信息和教育等资源，使自己迅速成长为一个地区、一个国家的政治、经济或文化的中心。马克思曾说过："物质劳动和精神劳动的最大的一次分工，就是城市和乡村的分离……城市已经表明了人口、生产工具、资本、享受和需求的集中这个事实；而在乡村则是完全相反的情况：隔绝和分散。"[①] 在过去的几个世纪中，由于科技革命释放的巨大生产力，世界各地都在发生着大规模的"城市化"和"城镇化"运动，至今为止仍然充满活力。所谓"城市化"，从经济学的角度来看，就是指"人口稀疏并相当均匀遍布空间、劳动强度很大且个人分散为特征的农村经济，转变为具有基本对立特征的城市经济的变化过程"[②]。换言之，就是各种经济要素由分散的农村向城市集中的过程，使职业、产业结构、土地和地域空间发生了变化，农

[①] 《马克思恩格斯选集》（第1卷），人民出版社2012年版，第184页。
[②] ［美］沃纳·赫希：《城市经济学》，刘世庆等译，中国社会科学出版社1990年版，第22页。

村屈服于城市的统治。从18世纪开始，工业革命就在塑造全新的城市景观中发挥着重要作用。但一般认为，真正以都市形态发展起来的城市出现在19世纪，如英国伦敦、法国巴黎、德国柏林等在当时呈现出了都市文明的典型形态，延续至今。到了20世纪，以都市面貌呈现的城市数量越来越多，其中以纽约、洛杉矶、东京、米兰、上海等为代表。这些都市构成了文化产业的发生场，也一度创造了每个都市的文化繁荣：伦敦的歌剧、巴黎的时装、意大利的家具、好莱坞的电影、东京的漫画，"许多类型的（文化）产品在偏好各异的消费者眼里总是和特殊的地理位置联系在一起的"[1]。可以说，现代都市与大众文化相伴相生，它们都是政治、经济或文化发展到一定阶段即走向现代化的必然产物。如果说现代都市的产生是由于工业化和后工业化导致的现代性在物质和现实层面上展开的话，那么大众就是现代性在精神和心理层面上的演绎。[2] 因此，现代都市是观察文化产业发生的不可缺少的视角，从都市出发，可以了解文化产业发生的经济基础、社会环境和文化语境，可以更好地考察文化产业发生的外部环境。本节将从"人口""财富"和"时间"三个角度来阐释这些要素在都市空间中的集聚是如何作为文化产业发生的条件产生作用的。

一 人口集聚：作为产业基础的大众

人类社会的绝大部分时间是在没有城市的环境中度过的，并且我们对此所知甚少。直到步入城市社会，我们才通过调查研究窥得其中的一小部分。世界上最早的城市起源于何时何地至今不甚了然，但是在3000多年前尼罗河流域、美索不达米亚南部、地中海和黄河

---

[1] ［美］阿伦·斯科特：《文化产业：地理分布与创意领域》，载林拓等主编《世界文化产业发展前沿报告》，社会科学文献出版社2004年版，第124页。参见 Allen J. Scott, "The Cultural Economy: Geography and the Creative Field", *Media, Culture & Society*, Vol. 21, Issue 6, 1999, pp. 807–817。

[2] 贾明：《现代性语境中的大众文化》，上海人民出版社2007年版，第101页。

中下游地区等，已经有了城市的雏形。早期的城市发展十分缓慢，尽管有个别城市如中国古都南京在兴盛时期曾达到过百万人口的规模，但在世界总人口中仅占微小的比例，且数量极少。但是从18世纪中叶开始，工业革命的发展带来了城市产业的飞速发展。由于城市能够创造更多的就业机会和更高的收益，机器生产同时使用大量的劳动力，大量的农村人口流入城市，城市人口开始急剧增长。英国经济学家威廉·配第（William Petty）早在17世纪末就发现，不同产业的收益差异使从事不同产业的劳动者的收入也出现差异，因此会促使劳动力在不同产业之间流动。他认为，"工业的收益比农业多得多，而商业的收益又比工业多得多"[1]，这种比较利益的差异驱使劳动力从农业部门转移到非农业部门，从而导致农村劳动力流向城市。马克思、恩格斯在《共产党宣言》中指出，"资产阶级日甚一日地消灭生产资料、财产和人口的分散状态。它使人口密集起来，使生产资料集中起来，使财产聚集在少数人的手里"[2]。据统计，1800年，世界城市人口约为2930万人，占总人口的3.1%，到了1900年，城市人口增加到22440万人，占总人口的比重上升到13.6%。[3] 1800年，西方世界没有一个城市超过100万人口，到1850年时，伦敦就有200万居民，巴黎有100多万；到了1900年时，就出现了11个突破百万人口大关的大都市，包括伦敦、巴黎、柏林、芝加哥、纽约、费城、莫斯科、圣彼得堡、维也纳、东京和加尔各答。[4] 中国历史上第一个称得上现代都市的城市是上海，这从人口中也能反映出来。在开埠初期的1852年，上海约有54万人，1910年约有130万人，但是仅仅5年以后，1915年就增加了70万人，超过了200万。进入20世纪30年代后，上海人口超过350万，

---

[1] [英] 威廉·配第：《政治算术》，陈冬野译，商务印书馆1978年版，第19页。
[2] 《马克思恩格斯选集》（第1卷），人民出版社2012年版，第405页。
[3] 盛朗：《世界人口城市化进程》，《人口与经济》1986年第6期。
[4] [美] 刘易斯·芒福德：《城市发展史——起源、演变和前景》，宋俊岭、倪文彦译，中国建筑工业出版社2005年版，第542页。

成为名副其实的世界大都市,其面貌发生了巨大的变化。① 进入21世纪,许多城市人口已经超过千万级别,2007年世界城市化率首次超过50%,意味着世界有超过一半的人居住在城市,而根据联合国人口与发展委员会的数据显示,全球农村人口的城市化进程仍然不断加速。这些数字足以证明过去一两百年的富饶与多产。而与人口大规模集聚相匹配的,则是全球各地出现的庞然大物——光怪陆离的大都市。

人口的集聚是资本主义大工业环境的典型后果,而都市人反过来又塑造了新的都市景观。当无数原来分散在乡野和城镇的人口汇聚于都市,像潮水一样涌动在都市的街道上的时候,大众和大众文化就在都市的温床上滋生了。诚如加塞特所描述的:"大众一夜之间崛起,在那些最值得人们向往的地方,是那些洋溢着现代文明之高雅气息的地方。在那些先前只为少数精英人物所保留的地方,如今都出现了大众的身影。""如果以前他们存在的话,那么他们不被注意,只待在社会舞台的后台。现在,他们进入前台,而且是主要角色。如今不再有什么独唱者,只有合唱队。"② 我们进入的,是一个千真万确的大众时代,大众的势力成为无可匹敌的力量,声势不断壮大。丹尼尔·贝尔曾以美国为例说,"当代社会的特征不仅仅表现在它的大小和数目上,而且表现在已经增大的相互影响——既是身体上(反映在旅游、庞大的工作单位和居住密度方面),又是心理上的(通过大众传播媒介)——这种相互影响把我们同如此众多的人既直接又象征地联系在一起"③。我们不能将"大众"单纯地描述为一个数量上的概念,不可忽略的事实是,过去200年里,都市人口所迸发的力量绝对不可忽视。恩格斯早在《英国工人阶级状况》中

---

① 邹依仁:《旧上海人口变迁的研究》,上海人民出版社1980年版,第90页。
② [西班牙]奥尔特加·加塞特:《大众的反叛》,刘训东、佟德志译,吉林人民出版社2004年版,第5页。
③ [美]丹尼尔·贝尔:《资本主义文化矛盾》,赵一凡等译,生活·读书·新知三联书店1989年版,第136—137页。

对伦敦就有过十分贴切的描述:"这种大规模的集中,250万人口这样聚集在一个地方,使这250万的力量增加了100倍;他们把伦敦变成了全世界的商业首都,建造了巨大的船坞,并聚集了经常布满泰晤士河的成千船只。"[1] 在现代的大机器生产以前,从不曾有过这样的规模庞大、自由流动的人群。大众是由资本主义的生产方式创造出来的,是资本主义发展的条件和保证,与都市一样,成为资本主义社会的表征。

如果稍加考察大众与文化产业的关系,我们很容易得出一个结论就是,没有大众就没有文化产业,也就无法形成大众文化。他们既是生产者,也是消费者,他们部分人参与文化的生产,如作家、编辑、出版人、录音师、歌手、演员、设计师、建筑师等,也是文化消费的主体,如职员、学生、工人、官员、工商业者,也可能是城市中的"游荡者"。大众是由现代都市创造的一个新的截然不同的群体。加塞特指出:"18世纪的人当然不同于17世纪的人,而17世纪的人自然也不同于16世纪的人;但是与这批新人相比,他们之间的差异是微不足道的,他们彼此相似,甚至可以说本质上是完全一致的。因为,对于其他所有时代的平民大众来说,生活就意味着限制、义务和依附:统言之曰'压力';如果你乐意的话,也可以说是压迫(oppression),不仅是法律意义和社会意义上的压迫,还包括自然意义上的压迫。直到100年前,也就是在现代科学——物理学和管理学——开始大规模地应用于实践之前,人类从未摆脱过自然意义上的压迫。"[2] 大众从中世纪等级森严的制度和社会结构中解放出来,并逐渐发展成为一支日益壮大的社会力量。

人口的大量集聚还意味着都市必须有精细的社会分工,将人们

---

[1] 转引自[德]瓦尔特·本雅明《巴黎,19世纪的首都》,刘北成译,商务印书馆2017年版,第125页。参见《马克思恩格斯全集》(第2卷),人民出版社1957年版,第303页。

[2] [西班牙]奥尔特加·加塞特:《大众的反叛》,刘训东、佟德志译,吉林人民出版社2004年版,第51页。

置于各种相互依赖的职业和角色当中。城市的形成和出现是劳动分工的产物。没有起码的分工，就没有城市；反过来，没有城市的干预，就不会有比较发达的分工。没有市场就没有城市；没有城市就没有地区性或全国性市场。① 城市化环境的特点之一就是将各种职业和各个阶级都高度集中。文化产业最能明显地反映规模日渐庞大的市民生活，越是满足市民精神需要、体现市民阶层意志的文化产品越是能脱颖而出，反映了新兴市民阶层在精神文化消费中的诉求。以 20 世纪初的上海为例，作为新的社会阶层登台的资本家阶级、都市中产阶级、劳动者上层已经有了更加厚重的力量积蓄，作为大消费时代的大众消费者，他们已经成为带动上海消费文化和都市文化发展的重要力量。正是由于这股中坚力量的存在，推动了 20 世纪 30 年代被讴歌为 "摩登上海" 的自由并且繁华的上海大众都市文化、消费文化的形成。② 外国文化与中国文化或是复杂地冲突、融合，或是多样性地重叠，构成被称为 "华洋杂居" 的具有独特文化风土的近代都市的空间。于是，作为租界都市和中转贸易都市的上海就成为当时中国贸易和工商业领域占据第一位的大都市。

文化产业是一个需要都市大众支撑的产业。由于大众仿佛是一个全新的 "物种"，大众文化作为自身身份彰显在传统精英文化当中显得 "另类"。与过去相比，由于资本主义的生产方式对劳动者有较高的文化素质要求，都市为居民提供了更为广泛的普及教育，大众一般具有识字能力和阅读能力。工业和城市文明给不断增加的城市下层居民带来教育的因素。比如英国 1870 年通过了 "教育法案"，以法律的形式规定了大众拥有接受教育的权利。由此出现了一个广泛识字的社会。在工业社会以前，没有文化的劳动者也有自己的精

---

① [法] 费尔南·布罗代尔：《15 至 18 世纪的物质文明、经济和资本主义》（第 1 卷），顾良、施康强译，生活·读书·新知三联书店 1992 年版，第 570 页。
② [日] 菊池敏夫：《近代上海的百货公司与都市文化》，陈祖恩译，上海人民出版社 2012 年版，第 7 页。

神需求，但这种需求的满足只能通过口头流传为主的通俗文化形式。而受过最基本教育的大众不同于过去的文盲，他们已经产生更高的文化需求，这就使社会的文化形态发生了变化，表现在绝对数量总是很小的古典的、高雅的艺术作品与广大的文化消费者之间出现了巨大的供需落差，一种新的满足大众需要的商业文化形式脱颖而出。① 短短一个世纪的时间，大众文化以前所未有的速度发展，这与教育的普及不无关系。而现代文化产业的兴起，正是由于在传统艺术活动的原创与保存两极结构中插入了"大众"这个第三者。凭着大规模复制技术和商业传播技巧，比较稀缺的原创性作品最大限度地传递到尽可能多的消费大众面前。

二 财富集聚：丰盛背后的欲望生产

从古至今，城市中一贯商贾云集，贸易繁盛，是各国商品交换的中心。欧洲海洋文明以商业见长，孕育诞生了早期最伟大的商业城市如雅典、佛罗伦萨、威尼斯等。中国古代也不乏这样的大城市，如长安（西安）、洛京（洛阳）、江都（扬州）、汴京（开封）、金陵（南京）、临安（杭州）等，都曾是当时盛极一时的政治、经济和文化中心。因此，人口流向城市的另一层隐藏含义是"流向财富"，也正是因为这种财富上的落差，流动才有可能。如果说人口是城市的静脉，那么财富就是城市的动脉。城市与乡村在经济总量上构成两极，是人类文明社会的基本形态之一。诚如雷蒙·威廉斯在《文化与社会》一书中引用19世纪作家威廉·科贝特（William Cobbett）描述英国富庶与实际贫困的对比："这里有资源！这里有财富！

---

① 20世纪50年代在欧洲只有不到5%的适龄青年能够进入大学学习。到了60年代，许多欧洲国家的高等院校招收15%或更多的适龄青年。1970年瑞典的高等教育入学率达到24%，法国为17%。与此同时，第二次世界大战刚结束的几年内，美国的高等教育系统招收30%左右的适龄青年入学。60年代末，美国的适龄青年入学率提高到50%左右，接近普及型入学水平；1971年，美国高等教育毛入学率超过50%，成为第一个实现高等教育普及化的国家，标志着世界高等教育进入普及化阶段。

这里有国家富强和个人丰衣足食、幸福康乐的一切资源！但是，到了这一路铺满丰衣足食资源的美丽的十英里终点，我们就进入考文垂市（Coventry），就在此刻，全市2万居民中就有8000以上饥寒交迫的贫民。"① 可见，无论是过去还是现在，城市不仅代表着经济上的繁荣，还是人类最先进文化生活方式的发源地。直到今天，人口资源和财富资源作为重要的资源要素不断流向高收入地区和高效率行业的规律依然不变。城市一直是货币经济的重心，因为商业活动的多面性和集中性赋予了交换中介一种重要性，而这是乡村生活的商业状况达不到的。

人类城市最近一次爆发式的财富增长来源于工业革命带来的强劲动力，促进了现代大都市的形成。进入工业社会以后，由于现代技术和资本主义的发展，城市的财富急剧增长。与古代城市相比，现代都市"扩展的动力主要来自商人、财政金融家和为他们服务的地主们"②。马克思曾不止一次地称赞资产阶级在促进生产力上的贡献，"资产阶级在它的不到一百年的阶级统治中所创造的生产力，比过去一切世代创造的全部生产力还要多，还要大。自然力的征服，机器的采用，化学在工业和农业中的应用，轮船的行驶，铁路的通行，电报的使用，整个整个大陆的开垦，河川的通航，仿佛用法术从地下呼唤出来的大量人口——过去哪一个世纪料想到在社会劳动里蕴藏有这样的生产力呢？"③ 随着财富的集聚，城市社会开始步入鲍德里亚所谓的"消费社会"，即我们的周围存在一种由不断增长的物、服务和物质财富所构成的惊人的消费和丰盛现象。它构成了人类自然环境中的一种根本变化。恰当地说，富裕的人们不再像过去那样受到人的包围，而是受到物

---

① ［英］雷蒙·威廉斯：《文化与社会》，吴松江、张文定译，北京大学出版社1991年版，第37页。

② ［美］刘易斯·芒福德：《城市发展史——起源、演变和前景》，宋俊岭、倪文彦译，中国建筑工业出版社2005年版，第427页。

③ 《马克思恩格斯选集》（第1卷），人民出版社2012年版，第405页。

的包围。① 更为重要的是，消费经济过去一直限于宫廷和贵族之间，但财富的积累很快把少数人享受到的舒适奢华成倍地增加，逐渐扩大到整个大众消费中间去。

财富、欲望观念的转变对于消费主义和商业主义的盛行起到了推波助澜的作用。马克斯·韦伯认为，新教伦理改变了传统的认识，使追求财富的商人事业获得了正面的价值："从伦理上说，只有当财富诱使人们游手好闲、贪图享受时，它才是一种不良之物；只有当取得财富的目的是为了以后生活惬意、无忧无虑时，它才是一件坏事。但是，就其作为履行职业义务的意义而言，获得财富不仅在道德上是允许的，而且在实际上是必行的。"② 这样一来，人们把勤勉地追逐财富变成了一种"天职"。

当都市财富集聚到一定程度的时候，意味着还要形成与之相匹配的消耗财富的力量，只有这样，财富的再生产才得以为继。都市大众是财富的生产者，也是财富的消耗者。正因为市民本身具有生产者和消费者的双重身份，所以他们为了赚钱而工作，为了享受而消费，他们只有搬到城市中心才能获得这样或那样的机会。但是物质上的消耗总是有限的，这就要求我们不得不开发出非物质的需要。诚如配第所指出的，当物质产品生产发展到很高的程度，财富足够丰富的时候，我们应该做些什么呢？他认为，"我们应该推断上帝的行为和意志，这种推断不仅要以肉身的闲适作为根据，而且要以肉体的快乐作为依据，不仅要以精神的安谧作为根据，而且要以心灵的宁静作为根据。这种工作就是人类在现世中的自然目的。它也为人类在来世中的精神快乐作了最好的安排。精神的活动，在其他一切活动中间，是最灵敏、最富于变化的。正是在精神的活动中间，才有快乐的形式和实质。我们享有这种快乐越多，我们就越能够使

---

① ［法］鲍德里亚：《消费社会》，刘成富等译，南京大学出版社2014年版，第2页。

② ［德］马克斯·韦伯：《新教伦理与资本主义精神》，彭强、黄晓京译，陕西师范大学出版社2002年版，第154页。

精神活动无止境地发展下去"①。因此，一旦财富积累到一定程度，至少是对于那些相对富裕阶层而言，都市就不仅是物质的丰裕之地，也是文化的精神乐园。城市经济直接刺激了城市文化功能的发展，而文化功能的发展又不断地扩展到城市生活的政治、经济和社会各方面，使原本主要倾向于实用目的的城市在城市结构、功能上发生了许多重要的变化。与乡村相比，现代都市是一个充满欲望的地方，不仅仅有物质上的欲望，也有心灵上的欲望。它在满足人们欲望的同时制造着新的欲望，引导着人们不惜余力去展示欲望、表达欲望、刺激欲望。除短暂的时间外，都市人极少达到完全满足的状态。一个欲望满足后，另一个欲望将迅速取代原来的位置。而乡村是一种既定的和单调的模式，一切是预定好的、可预期的，一切都在顺其自然、合乎逻辑地进行着和演绎着。由于缺乏偶然和变化，身处乡村生活的人很少会产生足够多的欲望，因此许多民俗和民间文化得以历经千年的传承。都市则全然不同，尽管大多数都市人也遵循着一种模式化的工作制度，但是在模式之外，却时时刻刻充满着动荡的、不确定的因素。精细的分工创造着纷繁丰富的消费场景，吸引着都市人消磨闲暇时光。

都市财富的增长同样意味着人均可支配收入的增加，基本物质需要消费所占的比例缩小了，恩格尔系数逐步下降，花费在非基本需求方面如休闲娱乐上的金钱日益增多。更为重要的是，前工业时代真正能够在休闲娱乐上消费的人只占极少数，而工业化使市场作为资源分配的主体地位得以确立，使更多的人可以购买娱乐和"奢侈品"，贵族特供的产品可以在市场上找到，工人和老板观赏同样的电视节目，漫游同样的风景胜地，阅读同样的报纸。文化产业就是为大众量身定做的，因此他们消费得起。物质丰裕的背后，通常是新的文化生活方式产生的基础。凡工商发达必兴文化之盛，这在历史上有无数的例证。当今社会的经验也表明，文化产业繁荣程度及

---

① [英] 威廉·配第：《政治算术》，陈冬野译，商务印书馆1978年版，第114页。

其创造的财富和社会效益与城市规模无不存在着极为密切的"正相关"性。全球 GDP 有一半甚至更多是由城市贡献的，而且在 GDP 增长的产业中，发达城市的第三产业同比增长和所占比重都超过第一产业和第二产业。这意味着，几乎所有国家一线城市都步入了文化消费的全盛时代，越是具备"大都市"特征的城市，文化产业越发达。

财富的集聚进一步刺激了都市人的感官欲望，拓展了都市人的需求结构，派生出了社会生活的多样性。这一"新型人"出生伊始，所处的世界就没有强迫他们局限于任何固定的形式，也没有对他们设置任何否定性的条件；恰恰相反，都市一直都在刺激他们的欲望，而欲望即是匮乏，本质上是没有止境的。都市娱乐业作为商业消费与休闲活动的结合，更集中地体现为身体欲望的对象化、景观化和感官化，构成了都市景观的一部分。娱乐在本质上就是感官体验的一种令人愉快的形式。娱乐的愉悦感官的成分，在娱乐活动的运作中具有如此核心的地位，以致都市人的身体与感官成为欲望的容器，成为精神化的肉体存在，而同时也是生命活力的源泉。换言之，通过在都市空间中安全而恣肆地享乐，不断刺激并满足个体欲望的想象性释放，从而获得新的紧张与平衡，以此来应对或维持繁复而乏味的日常生活。力量、速度、数量和新奇的东西，都成了追求的对象。

三 时间集聚：工作与闲暇一分为二

文化产业有时被称作"闲暇产业"或被定义为"与闲暇相关联的服务业"，这从另一个方面强调了时间要素对于文化产业的重要性。这不仅意味着典型的文化消费场景如看一场电影、听一场演唱会、观一个展览需要花费金钱，而且也要"支付"一整块连续的时间。都市人的闲暇时光是被分割的，因此是短暂的、碎片化的，是需要文化公司竭力去争取的。因为一旦流量变得十分拥堵，商机就会从空间逐渐转向时间。约瑟夫·派恩（B. Joseph Pine Ⅱ）和詹姆斯·吉尔摩（James H. Gilmore）在《体验经济》一书中说："如果你就初级产品收费，则你是产品企业；如果你就有形产品收费，则你是商品企业；如果你就你与顾客相处的时间收费，则你是体验企业。"① 所谓进入"体验经济"时代，便意味着时间资源不仅可以拿来买卖，也变成越来越重要的资源之一。鲍德里亚曾指出，在"消费社会"现实或幻想的大量财富中，时间占据着一种优先的地位。仅仅对这种财富的需求就几乎相当于对其他任何财富需求之总和。② 因此，"时间就是金钱"这一口号对于文化产业同样适用。而随着工业机械化和办公自动化的普及，工人和白领的工作效率大大提高，人们在休闲娱乐上花费的时间也越来越多，加上能够支付这些花费的能力越来越强，以至于我们产生一种幻觉，将我们所处的时代描述为"休闲时代"。

　　为什么会这样呢？因为我们的时间被"集聚"了起来。在这里，使用"集聚"一词具有某种修辞的意味，因为时间不像某种实物那样可以集中到一起。但是现代社会对时间的切割的确给人一种感觉，那就是时间变成了"堆积物"，如同将海滩的细沙变成一个个沙堆，使它们失去了本该有的自由、柔和、平缓和流畅的姿态。这种"集聚"可以从两个角度来看：一是工作时间的集聚；二是休闲时间的集聚。这两种时间的集聚形式都是人类进入工业社会以后才逐渐形成的。更具体地说，是从农村人口流向都市转化为工人开始显露出来的。自此以后，资本剥夺了绝大多数自给自足者的生产资料，将他们从赖以生存的生活资料中分离开来，劳动异化为别无选择地为赚取工资而工作。紧接着时空观产生了巨大的变化，人们的工作时间和闲暇时间被迫分离，时间开始与道德和金钱产生关系。例如，在古典经济学家和禁欲主义者的眼中，懒惰的穷人和游手好闲者通

---

　　① [美] 约瑟夫·派恩、詹姆斯·吉尔摩：《体验经济》，毕崇毅译，机械工业出版社 2002 年版，第 193—194 页。
　　② [法] 鲍德里亚：《消费社会》，刘成富等译，南京大学出版社 2014 年版，第 306 页。

常遭到强烈的谴责,迫使他们到车间工作,付出最大工作努力;相反,浪费时间是首要的,而且原则上是最该死的罪孽。马克斯·韦伯曾一针见血地指出,资本主义的精神是,"一个通过自己一天劳动可以挣到十先令的人,如果游逛或闲坐半天,尽管他玩乐或消闲中只花了六便士,也不应将此算作全部开销;因为他实际上还另外花掉了或者不如说还另外扔掉了五先令"①。所以,时间经济学强调,时间是人类可以轻易利用的最大资源,时间浪费是人类最惨重的经济损失。麦克卢汉(Marshall McLuhan)认为,机器文明第一个特征是时间上的规律性。在资本主义制度下,遵守时间不仅是联络并协调复杂运作的一种手段,而且也像金钱一样变成了具有自己的价值的独立商品。②诚如法国著名诗人波德莱尔在《时钟》这首诗中所描述的:"每分钟,嬉戏的人啊,都是母岩,丢弃之前一定要把金子采出。"③

工作时间,或者更为专业的叫法"工作日",就是一昼夜24小时减去几个小时休息时间。休息时间与工作时间同样重要,否则劳动力就根本不能重新工作。一个过度疲劳、急需休息的人不会做出任何富有实效的工作。但是由于资本无限度地追逐剩余劳动的本性,就像狼一般地贪求剩余劳动,不仅突破了工作日的道德极限,而且突破了工作日的纯粹身体的极限。诚如马克思所描述的:"它侵占人体的成长、发育和维持健康所需要的时间。它掠夺工人呼吸新鲜空气和接触阳光所需要的时间。它克扣吃饭时间,尽量把吃饭时间并入生产过程本身,因此对待工人就像对待单纯的生产资料那样,给

---

① [德]马克斯·韦伯:《新教伦理与资本主义精神》,彭强、黄晓京译,陕西师范大学出版社2002年版,第19页。
② [美]刘易斯·芒福德:《技术与文明》,陈允明等译,中国建筑工业出版社2009年版,第238页。
③ [法]波德莱尔:《恶之花:巴黎的忧郁》,郭宏安译,上海人民出版社2008年版,第196页。

他吃饭，就如同给锅炉加煤、给机器上油一样。"① 在查理·卓别林（Charles Chaplin）主演的电影《摩登时代》（*Modern Times*，1936）中，机器人给卓别林自动喂食的场景实在滑稽，但却揭露了市场经济规律中"时间就是金钱"的本质。片头一开始出现的巨大时钟，正是那个时代的隐喻。而在更早的德国科幻电影《大都会》（*Metropolis*，1927）中也有类似的一幕，生活在地下世界的工人如同僵尸，一个不断重复的影像就是巨大的时钟，这个时钟必须由工人用双手控制，随时防止机器过热和爆炸，象征着工人在时间下奴役。可见，资本主义生产就是剩余价值的生产，是对剩余劳动的疯狂吮吸。然而，资本家们也深知，过度劳动违反自然规律，会缩短工人的寿命，会阻碍劳动力的发挥。因此为了保证再生产的顺利进行，同时也为了自身长远利益的考虑，他们就会想方设法延长在工人身体可以承受的极限范围以内的工作日，并使之正常化。而被生产机器"绑架"的工人阶级一旦稍稍清醒过来，就开始进行反抗，为缩短工作时间而努力和争斗。经历了几个世纪的博弈、罢工、示威游行，最后才形成世界各国普遍遵循的"八小时工作制"。

这看似是一场"胜利"，但我们只要稍加留心便可知，人类的劳动时间从一开始就没有被要求严格地集聚起来，也就是说并不存在所谓的"工作日"和"休假日"。在自然劳动的状态下，尤其是在现存游牧社会和农业社会，劳动本身是自由的，因此劳动和休闲是交织在一起的，几乎无法严格区分。你可以说他们每天工作 16 个小时，也可以说他们从不工作。时间观念是一种与日出日落、斗转星移、四季变换相关的循环性时间感，比如牧民的时间会按照绵羊的生长周期来安排，农民的时间会按照农作物的周期来划分。花开花落、冰雪融化、母猪下崽、稻子结穗……时间的尺度保持着多样性。但是进入工业社会以后，尤其是身处都市，人类的时间却被人为地划分为"工作"和"闲暇"两个部分。工作时间有严格的管理制

---

① 《马克思恩格斯选集》（第 2 卷），人民出版社 2012 年版，第 191 页。

度，规定了工人或职员必须在规定的时间内集中精力专注工作，老板有时还会通过"加班""轮值"或"废除节假日"等一些花招延长工作时间。而随着以"福特主义"为代表的资本主义大规模工业生产方式的出现，资本家开始从榨取工人的"绝对剩余价值"向"相对剩余价值"转变。为了提高同一单位时间内的劳动效率，工人变成了装配流水线上的"螺丝钉"，完全失去了对自己劳动的控制。由此，个体的生活方式和工作方式被纳入了固定的机械化和技术化程式。在这种环境下，劳动就变成了一种"异化劳动"。对劳动者来说，他无法支配自己的劳动，劳动变成了外在的东西，不属于他的本质。因此，劳动者在自己的劳动中不是肯定自己，而是否定自己，不是感到幸福，而是感到不幸，不是自由地发挥自己的体力和智力，而是使自己的肉体受折磨、精神遭摧残。① 劳动者只是在劳动之外才感到自由和如释重负，相反在劳动之内则感到爽然若失和如坐针毡。劳动者的劳动不是需要的满足，而只是满足劳动以外的其他各种需要的手段。马克思指出："劳动的异己性完全表现在：只要肉体的强制或其他强制一停止，人们就会像逃避瘟疫那样逃避劳动。"② 所以一到了周末或者假期，人们就会计划离开自己所在的城市，以获得短暂的逃避。工业社会到来以前，人类的某项工作或劳动通常还和一定的神话有关，有一定的祭祀成分，人们在劳动过程中释放的能量和得到的积累，仍然具有某种内在意义。但是到了资本主义社会，新的工作方式实质上是一种"延缓的满足"。一个无可辩驳的事实是：大多数人只要还有别的谋生手段，并不热衷于雇佣劳动，工作是痛苦的，无法令人满足的。因为工人只有向资本家付出了劳动的代价后，才能赢得娱乐的特权，使自己沉浸在短暂欢乐的氛围中。

近几个世纪以来，人们平均工作时间的压缩的确让我们感觉到现代企业制度的"人性光辉"。但是，如果我们把可支配的休息时

---

① 《马克思恩格斯选集》（第 1 卷），人民出版社 2012 年版，第 53 页。
② 《马克思恩格斯选集》（第 1 卷），人民出版社 2012 年版，第 54 页。

间放在整个人类历史中比较，会发现我们的闲暇少得可怜。在前资本主义时期，虽然生活标准可能不会过于奢侈，但大多数传统平民保留了数不清的宗教节日和庆祝活动，来打断工作节奏，从空闲时光中得到极大享受。当然，从另一个角度来讲，劳动效率提高使工作日减少，意味着闲暇时间的增加，这对于都市人来说已经是一种慰藉。不工作的时候，休闲就变成了一种对工作的补偿。机械的文明使我们趋近于休闲的时代，工作环境也使我们希望少做工作而多过游玩生活。随着社会经济的发展，都市化进程的加快，社会开放和民主化促进了市民阶层的职业条件和福利待遇的改善，让普通市民拥有了更多的收入和时间来丰富自己的日常生活。尤其是随着"福特主义"向"后福特主义"转变，僵化的生产组织和生产体系开始瓦解，已经无法适应迅速变化的市场需要。这使得生产更加灵活，在使用劳动力上逐渐摆脱了"泰勒"式的狭隘观念，工人在劳动中的个性和创造性得到重视，劳动时间和闲暇时间更为灵活。美国经济学家加尔布雷思（John Kenneth Galbraith）作过一个统计：在1850年，工人的平均工作时间是70小时，相当于每周工作7天，每天工作10小时，或者每周工作6天，每天从早上6点到晚上6点。而在1975年，正常每周工作时间为40小时，或者说是每周5天8小时工作。[①] 然而，结果又是怎样呢？大多数人并不知道如何使用这些新获得的自由时间，因为等待他们的仍然是工作，所以人们只想消磨掉这些时间，就心满意足了。于是，在这个自由支配的时间里，花钱娱乐成为一项重要的支出。在许多欧美国家，平均每户家庭休闲消费支出超过20％甚至更多，远远超过汽车业和食品业。

工作与休闲的分离在强调了工作的重要性的同时，也抬高了休闲的意义。而所谓"休闲时代"或"闲暇时代"这一术语，显然是

---

① ［美］约翰·肯尼思·加尔布雷思：《富裕社会》，赵勇等译，江苏人民出版社2009年版，第234页。

从经济学的角度来使用的。它并非想表明人类比以前更加悠闲，而是说人类的闲暇时光被大量的消费所填充。因为休闲是最佳的消费时间，而消费又刺激生产制度，循环往复。亚里士多德说："幸福存在于闲暇之中，我们是为了闲暇而忙碌。"罗素也有一句名言："能聪明地充实闲暇时间是人类文明最新成果。"当人类觉得有很多的闲暇工夫时，他不得不去想出一些消磨空闲的聪明方法。这种空闲是飞快进步的结果，不管他愿不愿意，都必须接受。贯穿人类整个20世纪，消费文化遍布所有发达产业经济之中。文化产业日益成为经济生活和社会生活的核心，有很多重要的原因，其中与人们的休闲时间增加有很大关系。不断增加的业余时间成为资本家投资的方向并从中获利，他们一边创造休闲，也一边创造休闲的空间，工作的城市和休闲的城市相互渗透、浑然交融。

第二节 都市人群的文化困境与消解途径

都市为文化产业的发生提供了基本环境，但是我们绝不能忽视人自身的力量。"都市文化模式作为当代人精神生产最直接与最重要的背景，它的所有现象、矛盾与问题都会首先直接影响到都市人自身。"[①] 如果我们把都市比作"土壤"，那么不妨把都市人看成"种子"，当他们扎根都市，欲望就如根系般在大地蔓延开来。这里将生活在都市中的人也作为重要的研究对象，是想进一步论证都市人这一特殊群体与文化产业关系的密切性。这不仅仅因为当今世界绝大多数人生活在都市，也因为他们是大众文化的缔造者、文化消费的主力军。更为重要的是，文化产业的发生是与都市人的欲望和需要环环相扣的。现代都市赋予人以新的人格和生活节

---

① 刘士林：《城市化进程与都市文化研究在中国的发生》，《人文杂志》2006年第2期。

奏，使得他们面临的诸多文化困境都需要通过文化消费来得到缓解。就拿电影来说，那些被称为"票仓"的城市，往往是人口最密集的城市，都具有典型的都市特征。如果在过去或者如今的一些乡村，没有电影和卡拉OK并不是什么大不了的事情，人们可以做许多其他事情来打发时间，但是对于都市人来说，关闭电影院和KTV则会让自己的娱乐生活大打折扣。许多例子表明，物质世界越是发达，精神世界面临的困境并不会少，我们很难说现代人比以前感到更幸福。相反，在那些物质水平极低的地方，人们能够活下来完全依靠的是精神和信仰力量。可以说，文化产业既是都市这一社会结构的产物，也满足了此种社会所需的文化功能，都市人与文化产业是不可割裂的整体。

一 都市生存与都市人群的心理症候

马克思曾说："人创造环境，同样，环境也创造人。"[1] 都市与乡村属于一种表里关系，一般而言，都市就是非农业人群的部落，这种新的"部落"形式已经发展成为人类现代文明最典型的生存方式。都市最大限度地会集着来自四面八方的人群，塑造着都市特有的完全异质的生产方式和生活方式，这种生活方式塑造了全新的都市人，它"激发了人们从未有过的想象力，并且赋予人们新的知觉，仿佛一种新的人出现了"[2]。芝加哥学派的代表人物之一路易斯·沃思（Louis Wirth）在一篇题为《作为一种生活方式的都市性》的文章中指出，"人口规模"（numbers of population）、"居住密度"（density of settlement）和"居民和群体生活的异质性"（Heterogeneity of inhabitants and group life）三个变量的相互结合创造了都市特有的生活方式，他称为"都市性"（Urbanism）。这种"都市性"可以把都市人和乡村人从根本上区别开来，而城市规模越大，这种"都市性"

---

[1] 《马克思恩格斯选集》（第1卷），人民出版社2012年版，第172—173页。
[2] 汪民安：《感官技术》，北京大学出版社2011年版，第4页。

的特征就越明显。① 雷蒙·威廉斯在《乡村与城市》中将"乡村"（country）与"城市"（city）两个关键词作了分析，认为它们代表了两种"人类群体的经验"：乡村的生活特点是平静、纯真和简单，而城市是一种与众不同的文明形式，它代表嘈杂、物欲和野心。② 齐美尔也指出，大都会以其街道的纵横交错以及经济、职业和社会生活的发展迅速和形态多样，造成了它的心理环境，从这个意义上说，它在精神生活的感官基础方面，在我们的有机体所需的知觉量度方面，与小城镇和乡村生活那种更加缓慢、更加熟悉、更加平稳流畅的韵律形成了深刻的对比。③ 因此，都市生存是一种完全不同于传统社会的文明形式，这一文明下孕育的都市人，也有着不同于乡村人的心理症候。

1. 因流动而孤独

都市中的劳动者摆脱了土地、宗教的束缚，可以在资本的世界中任意出售自己的劳动力。因此，都市人看似是"自由人"④，但也是"游荡者"。这一"游荡"的特征进一步表现为一种关系的"短暂性"：人与物的短暂性，人与地点的短暂性，人与人的短暂性，人与组织的短暂性……这种短暂性打破了人的情感和期望的长久性、稳定性，让关系失去了其直接性和人情味，呈现出一种操纵精神与工具性，因此会产生无根的飘零感，从而会迷失自我，陷入孤独的

---

① Louis Wirth, "Urbanism as a Way of Life", *The American Journal of Sociology*, Vol. 44, No. 1, 1938, pp. 1 – 24.

② Raymond Williams, *The Country and the City*, New York: Oxford University Press, 1973, pp. 1 – 8.

③ ［德］格奥尔格·齐美尔：《大都市与精神生活》，载《桥与门——齐美尔随笔集》，涯鸿、宇声译，生活·读书·新知三联书店1991年版，第258页。

④ 弗洛姆认为，资本主义把人从传统的束缚中解放出来，促进了积极意义上的自由的增长，促进了积极进取、爱挑剔、有责任心的自我的成长。然而这只是资本主义对自由增大过程中的一个影响，它同时使个人更孤独、更孤立，并使他深深感到自己的微不足道、无能为力。参见［美］埃里希·弗罗姆《逃避自由》，刘林海译，国际文化出版公司2000年版，第76页。

境地。如同浮萍,大多数都市人随遇而安,寻求着改变命运的机遇。传统社会是熟人社会,而现代社会则是一个契约社会,即由松散的个人所组成,他们都有着自己的特殊生活原则和特殊目的。美国社会学家罗伯特·帕克(Robert Ezra Park)在研究美国城市化过程时便注意到,这些"流动工人最初是掐断了自己同家庭、同邻里的社会联系纽带而开始其流浪生涯的,而到最后他已经挣脱了其他一切社会联系",成为一个"无家可归的人",这些人便构成了"一个边界正在消失或已不存在的时间和地点里存在的边界民"。[①] 交通和通信革命促成了人与人之间更加密切的交往,用一些新的方式把人们联结了起来。劳动分工使人们在职业上更加相互依赖,某一方面的社会变动将影响到所有其他的方面。但是,这种相互依赖往往是利益上的往来,这种关系一旦结束,个体之间却变得日益疏远起来。此外,有"居"而无"家"[②] 是都市社会的典型特征之一。费孝通先生曾在《乡土中国》中以"差序格局"来概括中国的乡土社会,是对中国社会以血缘、地缘为生活中心的传统社会人际关系结构的准确概括。但是随着改革开放和城市化进程的推进,中国现代社会的流动性越来越强。中国的"春运"现象就相当程度上反映出都市关系的不稳定:他乡容纳不下灵魂,故乡安置不了肉身,从此便有了漂泊,有了远方,有了乡愁,才有了"春运"。这种反差在中国传统社会结构向现代都市社会结构的过渡中似乎显得更为明显。由流动带来的另一个结果是身份的消失。一切自然的、天赋的联系和差异(如血缘、种族、家庭甚至宗教背景)已经消失或接近消失,把

[①] [美]罗伯特·帕克:《城市社会学》,宋俊岭等译,华夏出版社1987年版,第275—281页。转引自叶南客《当代都市人格与乡村人格的对峙》,《学习与探索》1995年第2期。

[②] 对家的破坏是城市化进程中一个重要的标志。这种破坏来自资本主义工业的迅速发展,大量的劳动力需要破坏了家庭原有的劳动结构,家用电器的使用、性解放、女权主义将妇女从意识形态的束缚中解放出来,社会保障使得父母不再完全依赖子女,等等。网一样的社会因此完全成为碎片。

人们联系起来或使之相互区别的是社会化的职业和身份，个体不再拥有天然属于"自我"的一切，而成为都市"大众"中的一个原子、一个可以相互取代的"符号"。① 这种身份变化是我们自身的现代性标记。

2. 因庞杂而戒备

都市人给人的感觉是无法透析的模糊的一团，不同出生地、种族、社会阶层、财富水平，以及不同价值观、教育水平、职业、年龄的人掺杂在一起，构成了都市人错综复杂的关系。都市生活的匿名化、分工化和职业化，使得大众这一群体的"异质性"要远远大于"同质性"。丹尼尔·贝尔称之为"自我意识"。他举例说，对于"你是谁？"这个典型的身份问题，一个墨守传统的人通常回答说，"我是我父亲的儿子。"今天的人则说，"我就是我，我是自己的产物，在选择和行动的过程中我创造自己。"人们在创造自我，个人变得不可替代、不可重复和独一无二。但也正因为这一点，都市成为一个由庞杂的"个人"组成的新网络。每个人都有不同的诉求，为了达到目的不择手段甚至犯罪。市场规律是都市社会及人际关系的准则，竞争对手之间的关系必须以人与人间的漠不关心为基础。由于这种庞杂性，人与人之间相互戒备，使个人更加孤独、孤立、疑虑重重、无安全感。本雅明在《发达资本主义时代的抒情诗人》中曾指出："大都市的人际关系鲜明地表现在眼看的活动绝对超过耳听，导致这一点的主要原因是公共交通工具。在公共汽车、火车、有轨电车还没有出现的19世纪，生活中还没有出现过这样的场景：人与人不进行交谈而必须几分钟，甚至几小时彼此相望……大都会居民的眼睛过重地负担着戒备的功能。"② 与乡村密切的人际关系相反，都市居民维系着分割的、短暂的关系，带有功利主义的印记。

---

① 谢名家等：《文化产业的时代审视》，人民出版社2002年版，第66页。
② ［德］格奥尔格·齐美尔：《相对主义哲学散论——文化哲学文集》，转引自［德］瓦尔特·本雅明《发达资本主义时代的抒情诗人》，王涌译，译林出版社2014年版，第157页。

这是因为每一位市民都处于复杂的角色和所属关系中。① 齐美尔也指出:"都会性格的心理接触包含在强烈刺激的紧张之中,这种紧张产生于内部和外部刺激快速而持续的变化……瞬间印象和持续印象之间的差异性会刺激他的心理。"②

3. 因疏远而冷漠

由于都市人的这种庞杂性,他们的聚集不是为了一个共同的目的,而是彼此毫不相关。不光是雇主与雇员之间弥漫着这种漠不关心的精神,而且人与人的关系也具有这种异化特征,他们的交往方式常常是漠不关心地擦肩而过。波德莱尔在他的诗歌《雨中》曾写道:"每个人都在打滑的人行道上用胳膊肘推搡我/每个人都自私而野蛮,匆匆而过,把积水溅在我们身上/要不然就加快脚步,越过我们,把我们推在一边/到处是泥泞,倾盆大雨天空阴沉/这阴郁者埃泽基尔梦见过的忧郁。"③ 在 19 世纪以前,人们是不能相识数十分钟,甚至数小时而不攀谈的。但是随着集聚的人群越来越庞杂,城市变成了一个陌生人相遇的居民聚集地。恩格斯在《英国工人阶级状况》中曾描述道:

> 这种街头的拥挤中已经包含着某种丑恶的、违反人性的东西,难道这些群集在街头的代表着各个阶级和各个等级的成千上万的人,不都是具有同样的属性和能力、同样渴求幸福的人吗?……可是他们彼此从身旁匆匆走过,好像他们之间没有任何共同的地方。好像他们彼此毫不相干,只在一点上建立了一种默契,就是行人必须在人行道上靠右边行走,以免阻碍迎面

---

① [法]伊夫·格拉夫梅耶尔:《城市社会学》,许伟民译,天津人民出版社 2005 年版,第 8 页。
② [德]齐奥尔格·西美尔:《时尚的哲学》,费勇、吴燕译,文化艺术出版社 2001 年版,第 186—187 页。
③ [德]瓦尔特·本雅明:《发达资本主义时代的抒情诗人》,张旭东、魏文生译,生活·读书·新知三联书店 2012 年版,第 158 页。

走来的人；谁对谁连看一眼也没想到，所有这些人越是聚集在一个小小的空间里，每个人在追逐私人利益时的这种可怕的冷漠，这种不近人情的孤僻就愈使人难堪，愈是可怕。①

由于都市人口密集而复杂，人们无法相互了解，因此只能照面却不攀谈。虽然都市中的职业分工使大多数人相互依赖，但是这种交往是以特定角色出现的，并不处在亲密的情感状态之中。相反，在小城镇和乡村中，人人都几乎认识他所遇到的每一个人，而且跟每一个人都有积极的关系。在大城市里，如果跟如此众多的人不断地表面接触中都要像小城市里的人那样作出内心反应，那么他除非会分身术，否则将陷于完全不可设想的心理状态。这种心理状态，或者说我们面对短暂的接触中瞬息即逝的大城市生活特点所拥有的怀疑权利，迫使我们矜持起来，于是，我们跟多年的老邻居往往也互不相见，互不认识，往往教小城市里的人以为我们冷漠、毫无感情。②

4. 因计划而忙碌

林语堂在《生活的艺术》中曾写道，人类是唯一在工作的动物。他说："世间万物都尽在过悠闲的日子，只有人类为着生活而工作。他因为不能不去工作，于是在文明日益进步中的生活变为愈加复杂，随时随地是义务、责任、恐惧、障碍和野心。这些并不是生而有之，而是由人类社会所产生。"③ 原始人类只为温饱而行动，很少考虑人生的目标，或许比现代人拥有更多的闲暇和快乐，这在许多人类学家对原始少数部落的研究中有充分的例证。有时他们只需花 3—5 个小时从事我们所谓的"工作"——提供食物、居所、衣服和工具，

---

① 转引自［德］瓦尔特·本雅明《巴黎，19 世纪的首都》，刘北成译，商务印书馆 2017 年版，第 125 页。参见《马克思恩格斯全集》（第 2 卷），人民出版社 1957 年版，第 304 页。

② ［德］G. 齐美尔：《桥与门——齐美尔随笔集》，涯鸿、宇声等译，生活·读书·新知三联书店 1991 年版，第 267 页。

③ 林语堂：《生活的艺术》，越裔译，湖南文艺出版社 2018 年版，第 144 页。

其他时间则用于聊天、休息、跳舞。相反，在丰裕的现代社会，不仅一些富人的幸福和慷慨都建立在赤贫人群的痛苦之上，就算是个人，也通常要在达成工作目标之后才能享受快乐。在弗洛姆看来，现代都市人的命运便是促进经济制度的进步，帮助积累资本，这并非为了自己的幸福或得救，而是把它作为目的本身。人成了巨大经济机器上的一个齿轮，如果他有很多资本，便是一个重要齿轮；如果没有资本，便是个无足轻重的齿轮，但都总是一个服务于自身目的之外的齿轮。[①] 都市的白天和黑夜（一般要到凌晨之后）给人两幅反差极大的景象，白天车水马龙，人群熙攘，黑夜万家灯火，安静祥和。然而，看似安静的夜晚又实则暗流涌动，因为每一次沉睡都在为第二天蓄积能量。英国作家乔治·奥威尔（George Orwell）在《狮子与独角兽》中曾描述两次世界大战期间涌现出大量的"欣然接受收音机广播和钢筋水泥的人"，他们无休无止的、无文化的，以罐头食物、图片新闻杂志、收音机和电视机为中心的生活状态。20世纪中叶以来，一种被称为"新中产阶级"（区别于农场主、手工业者和独立自由职业者等"旧中产阶级"）的群体开始成为都市的主要人群之一，"白领"阶层不断成长和扩张，他们整天疲于奔波劳碌。生活在都市的每一个人，几乎都生活在对未来的期许中。传统社会的人们是根据自己的劳作对象和劳动方式来确立自己的生活节奏，但是现在，人们的工作都一致地受制于同一种时间模式。丹尼尔·贝尔认为，我们的社会已经全面地转向一种"未来定向"（future-oriented）的模式："一个政府必须计划未来的发展；一个公司必须盘算未来的需要（资本来源、市场和产品变化等等）；个人必须从事业的角度考虑问题。事实上，社会不再以自身的方式前进了；它为某些特定的目的而被动员起来。"[②] 所以鲍德里亚说，现在"唯

---

① [美] 埃里希·弗罗姆：《逃避自由》，国际文化出版公司2000年版，第77页。
② [美] 丹尼尔·贝尔：《资本主义文化矛盾》，赵一凡等译，生活·读书·新知三联书店1989年版，第138页。

一真实经历过自由时间的指导性范例就是童年"①。因为童年对时间的未来感知力很弱,因此不会觉得时间过得很快。但是当人成年后走向工作岗位,走向城市,他们就必须为了生存而工作忙碌,为了更好地生活,将未来划分为一个个小目标。因此,对于未来的强调让都市人承担了更多的压力,而反抗这种压力也成为其中的一部分。

二 都市人群的精神焦虑与文化困境

以色列历史学家瓦尔·赫拉利（Yuval Noah Harari）在他的畅销书《未来简史》中曾有过一句发人深省的思考:"现在每天因为吃太多而丧命的人比被饿死的人要多;因为太老死去的人比感染病毒死去的人多;自杀而死的比被战士、恐怖主义和罪犯杀害的人多。"② 他揭示了在现代文明中,当困扰人类的三大难题即饥饿问题、疾病问题和战争问题解决后,人类应该如何面向未来?他认为,其中一项中心议题是要保护人类和地球不被自己的力量所害,因为人类对于这个危机承认得很晚,至今努力不足,因此要在21世纪作出更好的选择。而面对已经达到前所未有的繁荣、健康与和谐,人类接下来的目标很可能是长生不老、幸福快乐,以及化身为神。如果我们进一步了解了都市人群的生存状况和心理症候,就会首先为他们感到担忧:不是物质上的,而是精神上的焦虑。在都市社会中,食物和用品以商品的形式源源不断地被输送进来,人的生理需要与生存需要得到最大限度的满足。与之对比,由于都市人的这种流动性、庞杂性和冷漠性,理性而忙碌,都市人的精神焦虑更为明显。一项普遍的调查表明,都市的精神障碍患病率比乡村高;富裕的国家自杀率比贫困国家高。物质的繁荣却带来了不断增加的精神焦虑,这的确是一个需要正视的问题。怎样度过生命中睡眠和工作以外的

---

① [法]鲍德里亚:《消费社会》,刘成富等译,南京大学出版社2014年版,第153—154页。

② [以]瓦尔·赫拉利:《未来简史》,林俊宏译,中信出版社2017年版,第3页。

时光？现代社会的每一个社会阶层和文化阶层都在问这个问题。对金钱和物质的无度追求不仅不会带来真正的快乐，而且是导致神经质的重要原因。相反，受到尊重、自我实现等高级需要的满足能够引起更深刻的幸福感、宁静感以及内心深处的丰富感。

从造就人性全面发展的角度看，现代都市生活远非一种理想生活。席勒曾对古希腊城邦的生活十分推崇。他认为古希腊城邦里的每个人都享受独立的生活，必要时又可以变为一个整体。而现在的都市生活变成了一种精巧的钟表机构，由无限众多但却无生命的部分组成一种机械生活的整体。"国家与教会、法律与习俗都分裂开来，享受与劳动脱节、手段与目的脱节、努力与报酬脱节。永远束缚在整体中一个孤零零的断片上，人也就把自己变成了一个片断了。"[1] 在这样的情况下，都市人的思想与感受、时间与空间、肉体与灵魂、行动与意图、计划与实施之间都发生了分离，文化和生活的整体性、和谐性遭到侵蚀。林语堂曾这样描述都市文明："如果你在都市街上散步，你可以在大街上看见美容院、鲜花店和运输公司。在后面的一条街上可以看见药店、食品杂货店、铁器铺、理发店、洗衣店、小餐馆以及报摊。如果那都市很大，就是闲荡了一个钟头，还是在那都市里，只不过多看见一些街道，多看见一些药店、食品杂货店、铁器铺、理发店、洗衣店、小餐馆以及报摊。这些人都怎样过生活？他们都来此干什么？问题很简单，就是洗衣服的去洗理发匠和餐馆堂倌的衣服，餐馆里的堂倌去伺候洗衣匠的饭食，而理发店替洗衣匠和堂倌剃头，那便是文明。"[2] 这样的场景真正比比皆是。十分讽刺的是，人们在乡村中劳苦工作，希望能够到都市去，在都市里赚足了钱，又希望可以回到乡村中隐居。

---

[1] [德]席勒：《美育书简》，徐恒醇译，中国文联出版公司1984年版，第50—51页。

[2] 林语堂：《生活的艺术》，越裔译，湖南文艺出版社2018年版，第147页。

但是，要让都市人远离都市又变得很难执行。查尔斯·兰德利曾指出，多数生活在城市中的人是出自需要，而非渴望。根据1997年的一项调查显示，英国有84%的民众想生活在小村庄，但实际能这么做的人只有4%。① 逃离都市不仅仅意味着更多工作机会的流失，更重要的是，他们无法真正甩脱都市的影响，面对与都市反差极大的生活会让他们感到无所适从。刘易斯·芒福德（Lewis Mumford）把城市比作"社会活动的剧场"，他曾举例说，一位市民在城市中的住处可能非常逼仄，但是如果要他离开都市回到郊区或者农村，他也会非常不情愿和犹豫再三。因为城市生活是多样的、多面的，城市生活在社会的分歧和斗争中总是充满着机遇，城市创造了戏剧性，而这些正是乡村生活所缺乏的。② 尽管他们时常向往乡土生活的平缓、淳朴与宁静，时常怀念与青山、绿水、泥土相伴的故乡童年，但是一旦身处其中，又很快感到无比的空虚和无聊，这正是都市人普遍面临的矛盾心理。弗洛姆曾经假设，如果电影、广播、电视、体育活动以及报纸等相关娱乐活动停止四个星期，即这些作为逃避自我的主要通道封闭之后，人们不得不重新依靠自身的力量的时候，情况会是怎样呢？他坚信，即使是这样短暂的时间内，也会有数以千起精神崩溃的事件发生，更多的人将陷入强烈的焦虑状态，这跟那种被临床诊断为"神经症"的情形没有两样。弗洛姆还以大学各年级的学生为对象，试图让他们假设三天之内完全与外界隔绝，没有广播、电视、电影和逃避现实的小说等，只有一些优秀的文学作品、正常的食物以及其他生活设施。结果90%的学生表示会非常痛苦或恼火，只有靠做一些杂事和睡大觉来消磨时间，并急切地等待这三天过去。只有极少数人感到十分自在，乐于单独享受

---

① ［英］查尔斯·兰德利：《创意城市——如何打造都市创意生活圈》，杨幼兰译，清华大学出版社2009年版，第38页。
② ［美］刘易斯·芒福德：《城市是什么?》，张艳虹译，载罗岗主编《帝国都市与现代性》（知识分子论丛第4辑），江苏人民出版社2006年版，第194页。

清净。① 因此，丹尼尔·贝尔认为："现代主义的真正问题是信仰问题，用不时兴的语言来说，它就是一种精神危机，因为新生的稳定意识本身充满了空幻，而旧的信念又不复存在了。如此局势将我们带回到虚无。由于既无过去又无将来，我们正面临着一片空白。"② 因为家庭和地方社群中古老而原始的团体纽带已经被摧毁，自古以来形成的地方观念和信仰受到了质疑，没有什么统一的价值观念能取代它们的位置。有学者指出，我们可以将现代都市人群的痛苦描写成一个孤立的和疏离的过程，即人与自然、人与人、人与上帝的疏离。③ 近几年互联网上出现了一股风潮，与大自然密切接触的综艺和视频节目越来越多。虽然观众心里非常清楚它们表现出的商业属性，但是都市人仍然心向往之，希望在短暂的视频影像当中寻求一丝慰藉。

更为重要的是，身处都市的人们希望通过闲暇和娱乐来恢复工作能力，结果却是，"恢复娱乐能力与恢复工作能力一样困难。收入与工业组织的变化，或许使闲暇时间的分配日趋公平，人们娱乐的罪恶感也随之减少，但这种变化并没有教会人们如何去娱乐，甚至反而使娱乐专业化了。与此同时，人们早已忘了该如何去从事真正的娱乐活动"④，一个人只要有了闲暇时间，就不得不接受文化制造商提供给他的产品。但这样的休闲是被动的，是被精心安排好的，因此多少含有虚假的成分。现代都市将市民与自然隔得远远的，一到节假日，他们便渴望出游，与自然亲近。然而，即使他们决定回到自然中去"疗伤"，"都市人"的概念仍然控制

---

① ［美］埃里希·弗洛姆：《健全的社会》，孙凯祥译，上海译文出版社 2011 年版，第 14—15 页。

② ［美］丹尼尔·贝尔：《资本主义文化矛盾》，赵一凡等译，生活·读书·新知三联书店 1989 年版，第 74 页。

③ ［德］孙志文：《现代人的焦虑和希望》，陈永禹译，生活·读书·新知三联书店 1994 年版，第 68 页。

④ ［美］大卫·里斯曼：《孤独的人群》，王崑、朱虹译，南京大学出版社 2002 年版，第 291—292 页。

他们，使他们不能和自然发生真实的相遇。许多人想借旅行来短暂逃避都市生活，期望能够不断地与这个不可预期的美丽世界进行对话。但现代旅行经常沦为肤浅的、只求感官上满足的消费活动。或者，要尽量在最短的时间，走最长的旅程，看最多的东西，人们根本没有多余的时间做深入了解或做有意义的反省。[①] 闲暇和娱乐使我们从社会秩序的清规戒律中获得短暂的解脱，但是它们最终又让我们回到我们在社会秩序中所处的位置，直到下一个法定休息时间的到来。用波德莱尔的话说，"这是和紧张生活的有害力量之间缔结的一次停火，也是无休止的斗争中和紧张中的一次短暂的停歇"[②]。而一旦结束停火，人们很快又要回到都市的疏离、无聊、挫折、恐惧之中。这就是为什么人们批判资本主义精神与享受、幸福无关，因为休闲受到了文化、时间和制度的制约。但是，这是否意味着要对文化产业盖棺定论了呢？消遣和闲暇究竟是都市人生存的保证，还是自我毁灭？

三 都市文化产业的文化解困功能

亚里士多德说过，人们来到城市是为了生活。人们居住在城市是为了更好地生活。人类在城市化开展之初，就一直尝试让现代都市生活更美好的各种方案。大到发展经济、制度改革、城市规划，小到教育、住房、医疗、交通、环境，但是这些似乎都难以缓解精神层面的需求困境。由于人们来到都市之前，就已经做好了将传统民俗、家乡语言等暂时忘记的准备，为了适应都市新的生活，他们必须遵循都市的生存法则。其结果就是造成了与传统的疏离、与家乡的疏离和与亲人的疏离。如何解困？这是摆在当代都市人面前的重大命题。除去工作时间，如果不愿像一窝猪猡

---

① ［德］孙志文：《现代人的焦虑和希望》，陈永禹译，生活·读书·新知三联书店1994年版，第68—69页。

② ［法］波德莱尔：《恶之花：巴黎的忧郁》，郭宏安译，上海人民出版社2008年版，第454页。

似得蜷缩在一起或者宅在家里无事可干，那么开发一种什么样的生活方式或工作方式能够缓解这种文化上的困境呢？美国积极心理学家米哈里·切克森米哈赖（Mihaly Csikszentmihalyi）的一项研究发现，虽然一般人都很期待下班回家的那一刻，准备好好享用辛苦挣来的闲暇，可是他们往往不知道如何利用这段时间。更讽刺的是，工作的乐趣比闲暇更多，因为工作有类似心流（Flow）活动的内在目标、回馈、游戏规则与挑战，能使人投入，全神贯注，浑然忘我；然而闲暇却没有结构可言，必须花更多精力才能把它塑造成产生乐趣的形式。① 因此，都市人群的文化困境必须从文化自身找出路，在这一背景下，文化产业所发挥的文化解困功能就具有了积极意义。

1. 作为都市社会的"黏合剂"

刘易斯·芒福德十分重视城市的"对话"功能，在他看来，"若从较高的形式上给城市下一个定义的话，那么最好莫过说城市是一个专门用来进行有意义的谈话的最广泛场所"②。因此，冷漠和理性的规范远非人类理想的生活方式，孤独和寂寞也不是人和自然原本的特性，而是现代都市的机器体系强加给人们的。都市大众犹如"原子"那样呈现分散状态，互相独立，互不相关，相互隔绝，冷漠淡然。因此，生活在都市里的人比生活在乡村里的人更容易感到无聊，工作之余常常无所事事，百无聊赖，原因就在于人与人之间缺乏对话，缺乏城市生活的戏剧性场面。利维斯曾批判大众社会普遍存在"社群意识"的倒退，他认为工人在工厂不能找到完整的意义，他们不再是为了社群的生活与目标。一个精神不健全的人，往往就是那种无法与他人建立任何联系的人，因此都市人的这种焦虑、孤独和不安定的情感总要寻求对象和通道来得到缓和。于是我们看到，

---

① ［美］米哈里·切克森米哈赖：《心流：最佳体验心理学》，张定绮译，中信出版集团2017年版，第274—275页。

② ［美］刘易斯·芒福德：《城市发展史——起源、演变和前景》，宋俊岭、倪文彦译，中国建筑工业出版社2005年版，第123页。

人们实在不知做些什么好的时候，就会选择读小说、听广播、看电视、打游戏、听音乐，它们是孤独者的伴侣，是和外界取得联系的通道。都市人一旦闲暇下来，就要到人多的地方凑热闹，酒吧、电影院、游戏城、商场、公园、景区成为他们消遣和与人建立联系的地方。这样看来，文化产业的确有助于消解都市大众的孤独感，成为连接都市人群的黏合剂，使得孤独的大众连接在一起，有共同的思想方式、行为方式和情感方式，成为他们获得认同感和归属感的有效方式，成为他们的心理依托和精神生存方式。日本学者日下公人曾指出，日本在 20 世纪 70 年代具有代表性的社会倾向是"家族主义"欲求的增加。因为家庭生活普遍表现为父亲加班，母亲外出打零工，孩子上补习学校。全家人即使聚在一起，也会不时被电话所干扰。加上有吸引人的电视节目，一家人在一起接触的时间越来越少。为此社会上产生了希望确保家人接触的欲求，在这个欲求的基础上出现了相应的文化欲求。① 这可以解释为什么越来越多的文化产业会营造出人与人之间充满对话的场景，如流行产业充满了小家庭情趣，旅游业极力推销双人游、家庭游，电影院则开发出私人影院和情侣座位等。

2. 类型化解决身份认同危机

类型化生产是文化产业区别于一般产业的典型特征之一，这不仅体现在文化产业可以创造不同的"一级菜单"文化产品，如电影、音乐、小说，还体现在每一种文化产品下丰富的"二级菜单"设置，如电影有"喜剧""剧情""悬疑""恐怖"之分，音乐有"古典""流行""嘻哈"之分，小说有"言情""武侠""科幻""侦探"之分等等，它们几乎都有明确的受众。在农业社会，人群的划分往往由家庭而定；在工业社会，都市人群的划分基本由职业而定。但是通过类型化的文化生产，人们能够寻找共同的兴趣

---

① ［日］日下公人：《新文化产业论》，范作升译，东方出版社 1989 年版，第 33 页。

所在。古斯塔夫·勒庞（Gustave Le Bon）在谈到个人和群体关系时说："构成这个群体的个人不管是谁，他们的生活方式、职业、性格或智力不管相同还是不同，他们变成了一个群体这个事实，便是他们获得了一种集体心理，这使他们的感情、思想和行为变得和他们单独一个人时的感情、思想和行为颇为不同。若不是形成了一个群体，有些闪念或情感在个人身上根本就不会产生，或不可能变成行动。心理群体是一个由异质成分组成的暂时现象，但他们结合在一起时，就像因为结合成一种新的存在而构成一个生命体的细胞一样，会表现出一些特点，它们与单个细胞所具有的特点不大相同。"[1] 类型化的作用就像标签，或者商标，它向观众提示，可以通过体验本产品获得某类文化的群体身份，进而找到一种归属感，解决了都市人群的文化认同和身份认同问题。例如由文化娱乐业带来的明星崇拜和饭圈文化，无论何种身份、职业、年龄，粉丝都可以紧密地维系在一起，甚至出现职业的"粉丝应援团"，用实际行动为明星组织应援活动，其背后凸显的正是粉丝强大的认同感。如今，人们已经习惯借助文化产品来标榜自己的兴趣爱好，这种兴趣爱好可以细化到某种类型甚至某一具体影视、动漫、音乐、游戏作品等。诚如林语堂所说："我们只有知道一个国家人民生活的乐趣，才会真正了解这个国家，正如我们只有知道一个人怎样利用闲暇时光，才会真正了解这个人一样。只有当一个人歇下他手头上不得不干的事情，开始做他所喜欢做的事情时，他的个性才会显露出来。"[2] 这恰恰体现了文化产业类型化所能解决的都市身份认同问题。

3. 在文化消费中寻求个性自由

在都市中，高耸单调的公寓建筑和写字楼、学校的集体生活方

---

[1] ［法］勒庞：《乌合之众——大众心理研究》，冯克利译，中央编译出版社2004年版，第14页。

[2] 林语堂：《中国人》，易坤译，广西民族出版社2011年版，第312页。

式和明确的校服制度，都说明都市充满着具体的无个性特点的思想。就业生活单一化，给予工薪族自我表现的机会越来越少。从这个角度来看，休闲与就业对立，它是工作的"解毒剂"。齐美尔认为："现代生活最深层的问题，来源于个人试图面对社会强势力量，面对历史传统的重负、生活中的物质文化和技术，保持独立和个性。"①"现代文化的特征就是……要不断地表现并再造'自我'，以达到自我实现和自我满足。……它尽力扩张，寻觅各种经验，不受限制，遍地挖掘。"② 人越感到自由，他需求的东西就越少。相反，我们在都市中被束缚得越多，就越需要东西来填充，使自己感到充实。英国社会学家齐格蒙特·鲍曼（Zygmunt Bauman）认为，从生产角度看，现代人是苦闷的，因为在企业的决策系统里，自由的多寡和有无，必定是根据等级来决定的，通常只有企业总部办公室的少数人拥有绝对的自由；那些渴望自由的多数个体之所以安于管教，是因为它们在另一个领域——"消费"那里，找到了一种更好的自由。"消费市场之所以成为一种被控制着心甘情愿和满腔热情地接受的控制形式，并不仅仅是因为它对顺从者提供了琳琅满目的奖赏。主要魅力也许在于它提供给公众诱人的自由，而这些公众在其他生活领域中发现的仅仅是常令人感到压抑的束缚。"③ 在生产和权力领域，资源是有限的，但在消费的世界里，象征符号的资源却是无限的。全球化消费时代的到来，使人们传统的观念发生了根本性的变化，曾经被压抑和限制的商业精神在消费社会中迅速爆发出来，并形成了当代全球主流的文化精神。文化产业不在于严肃的意识形态语言，也不在于高雅的文化内涵，而在于符合市民的口味。市民的趣味虽

---

① ［德］齐美尔：《大都市与精神生活》，载薛毅主编《西方都市文化研究读本》（第 2 卷），广西师范大学出版社 2008 年版，第 91 页。

② ［美］丹尼尔·贝尔：《资本主义文化矛盾》，赵一凡等译，生活·读书·新知三联书店 1989 年版，第 59 页。

③ ［英］齐格蒙特·鲍曼：《自由》，杨光、蒋焕新译，吉林人民出版社 2005 年版，第 81 页。

然斑驳多元，但主要的特征就是通俗性。农业经济是一种自然的经济，生产者与消费者统一，崇尚经验；工业经济是一种异化的经济，生产者与消费者对立，崇尚理性；体验经济是复归经济，生产者与消费者统一，崇尚自由。① 尽管这种自由非常有限，但无疑是一剂解药。

4. 创造一种新型的都市工作方式

城市的产业转型和技术革新意味着一批新的工作机会被大量创造出来，制造业外迁或者升级对劳动力的依赖大大减少，即便是服务行业，对体力劳动的需求也有所下降。于是，大量年轻人涌向其他行业寻找工作。人是经济活动中最为核心、最具能动性的要素，无论是物质资料、科学技术、价值观念、管理调控等都需要由人来实现。无疑，人力素质是影响总体经济的重要因素。文化产业的产品恰恰能够作用于人的智力、观念、思想、能力，并可能从整体、根本上引导、培育人的素质，通过提高全体劳动者的文化素质，为生产力和总体经济的发展，源源不断地提供高质量的劳动力和各类人才。也就是说，文化不仅创造通常意义上的 GDP，还能创造另一种 GDP，即优雅（Grace）、多样化（Diversity）和积极向上的人格（Personality），并通过后种 GDP 作用于总体经济。佛罗里达把这一新兴职业人群的出现描述为"创意阶层的崛起"。他指出，创意阶层的核心成员包括科技、建筑、设计、教育、艺术、音乐以及娱乐等领域的工作者，他们的经济职能是创造新理念、新技术和新的创意内容。② 与"劳工阶层"和"服务阶层"相比，创意阶层拥有更大的自主性和灵活性。对于创意阶层而言，工作和生活可以合二为一，在工作中寻求和体验生活的乐趣，从辛勤工作到快乐工作是创意一族的价值取向，工作娱乐化，同时在娱乐中享受工作已经成为一种

---

① 姜奇平：《体验经济》，社会科学文献出版社 2002 年版，第 352—353 页。
② ［美］理查德·佛罗里达：《创意阶层的崛起》，司徒爱勤译，中信出版社 2010 年版，第 9 页。

新型生活方式。有学者指出，文化及相关产业的劳动条件具有高度的偶然性、风险性和不确定性，文化工作通常无规律、不确定和收入不平等。①但是，为什么越来越多人尤其是年轻人更愿意从事创意工作呢？一个可以解释的原因是他们在传播与娱乐观众中获得了满足，艺术家或符号创作者有强烈的"召唤感"和潜在的满足感，正因为如此，他们做好了接受挑战失败的准备，抑或他们不太会去考虑可能会失败。

此外，文化工作者能带来非金钱的、心理上的回报，这很具有吸引力。某些工作者所获得的高度的个人自主权在这里尤其重要。当然也存在其他原因，如社会感和社区感、自我实现的可能性、较高的知名度，也许还包括声誉等。②马克思曾指出，在机器时代，机械劳动极度地损害了神经系统，同时压抑肌肉的多方面运动，侵吞身体和精神上的一切自由活动，机器不是使工人的摆脱劳动，而是使工人的劳动毫无内容。"劳动生产了美，但是使工人变成畸形。……劳动生产了智慧，但是给工人生产了愚钝和痴呆。"③随着技术的进步，职业会高度专业分工化，变成"人人能胜任"的一按电钮就行的简单操作，人的职业自主性会进一步丧失。然而，在一个崇尚创意的时代，劳动者可能再次找回充分"职业自主权"，这使得人的创造性不被诸如人工智能技术的大潮所湮没。因为创意需要自由，越是将创意视为核心资本的企业，就越是给创意工作者更自由的工作环境。而都市带来的陌生世界给创意工作带来了新的催化剂，局外人正是创意和创新最有力的催化剂之一，因为差异和流动

---

① 大卫·赫斯蒙德夫归纳了文化产业工作者的特征：他们倾向于从事多份工作；自雇者或自由职业者占主导；工作无规律，合同期短，几乎没有工作保障；职业前景不确定；收入分配高度倾斜（即不平等）；文化产业中的工作者一般比其他产业中的更年轻；工作者数量呈现增长态势。参见［英］大卫·赫斯蒙德夫《文化产业》，张菲娜译，中国人民大学出版社2016年版，第195页。

② ［英］大卫·赫斯蒙德夫：《文化产业》，张菲娜译，中国人民大学出版社2016年版，第195页。

③ 《马克思恩格斯选集》（第1卷），人民出版社2012年版，第53页。

可以让创意蓬勃发展。这样来看，文化产业或许在提供性情相契合的工作上具有很大优势，可以让都市人从工作和与他人的相处中找到乐趣。事实证明，对于一些从事创意工作的人来说，娱乐和工作没有区别。

第三节　都市发展与文化产业的互动关系

我们已经集中讨论了都市人群的文化困境和文化产业的解困功能，这是从都市人群的文化需要视角解释了都市文化产业发生的一个重要原因，即它有被强烈需要的属性。接下来，我们将进一步探讨都市的可持续发展与文化产业的关系，旨在说明文化产业作为一种文化解困手段，不仅作用于都市人群，也作用于都市本身。现代化光怪陆离的大都市是工业文明进步的结果，它创造了丰裕的物质社会和精神欲望，也使都市不堪重负。所有光鲜的、阴暗的、繁荣的、衰败的都在这个空间中轮番上演，带来的是人们面对都市的质疑、无奈以及一次次失落后又无比期盼的眼神。现代大都市是一个充满矛盾的混杂体，人们一直都在寻找着与它和谐相处的最佳方案。

第二次世界大战以来，随着人类社会由"工业化社会"转向"后工业化社会"，都市的经济结构逐渐从生产中心向服务和创新中心转型，在职业和产业上表现为白领阶层超过蓝领工人成为社会劳动主体，工厂关闭，制造业衰退，第三产业崛起等，城市也由"工业城市"转向"后工业城市"。例如20世纪50年代的美国、60年代的西欧、70年代的日本等都不同程度地显现出"后工业社会"的典型特征。[①] 作为第三产业重要的组成之一，文化产业正是在这一转型时期大规模登上历史舞台，继而发展成为21世纪最被看好的朝阳

---

① 孙群郎、郑殿娟：《西方发达国家后工业城市的主要特征》，《社会科学战线》2007年第5期。

产业之一。可以说，文化产业正是适应了这种城市转型的需要，而城市作为产业要素的集聚地，不仅为文化产业的发展壮大提供了适宜的土壤，也为文化产业的发展壮大提供了良好的环境条件。由于自身的优点，如拉动经济增长、改善城市产业结构的同时，有助于城市更新、城市品牌塑造、城市空间优化、城市竞争力提升等，文化产业越来越受到城市政策制定者的青睐。

一 "后工业化时代"都市转型之困

城市是有生命的，不仅在于它是人类为自己创造的栖居之所，更在于它如有机体一样往往会适应环境而改变，经历形成、发展、成熟和衰退的过程，并且日复一日、年复一年地重复着这个周期。我们所熟知的甚至未知的许多辉煌古代城市已经成为人类灿烂文明的注脚，而新的城市文明仍然在世界各地不断地形成。诚如英国著名的城市规划大师彼得·霍尔（Peter Hall）在《文明中的城市》一书中所指出的，"城市的黄金时代是珍贵而特别的光明之窗，只能惊鸿一瞥，一些典型的例子——如公元前5世纪的雅典，14世纪的佛罗伦萨，16世纪的伦敦，18、19世纪的维也纳，还有19世纪末的巴黎——无不说明了这个道理。就算盛极一时的伟大城市只有过相对短暂的创造性艺术的辉煌时期，大多数还是没能拥有另一个黄金时代"[①]。这启示我们，无论是历史悠久的大城市，复兴中的老城市，还是正在崛起的新兴城市，它们自始至终都将面临一个共同的主题，那就是城市为了生存、竞争和兴盛而努力构建城市文化的过程中，应该如何完成自我更新，以及如何避免日渐丧失可识别性，甚至消亡的危险。

作为极力主张科技社会与个人发展、地区文化的企盼协调一致的代表人物之一，美国著名城市研究专家刘易斯·芒福德认为我们

---

① ［英］彼得·霍尔：《文明中的城市》，王志章译，商务印书馆2017年版，第4页。

的城市已经发展到了一个分岔路口。他在《城市发展史》中开篇便自问:"城市会消失么?……驱使人们居住到城市里来的那些生活需求、愿望,如今能否在更高的水平上重新实现耶路撒冷、雅典、佛罗伦萨等城市似曾兆示过的一切?除了'死亡之城'和'乌托邦'以外,还有没有一种切实可行的选择:建设一种没有内部矛盾、能不断丰富、促进人类发展的新型城市,是否可能?"[1] 这是芒福德人文主义技术哲学落在城市这一空间上的思考。因为人类文明和城市发展在历史上屡陷危机,似乎成为无法绕开的客观规律。而到了近代,尤其是第二次世界大战以后更是险象环生,许多城市面临着更为严峻的困境。在过去200多年中,工业化的进程推动人类城市文明进入了历史发展的一个新阶段,西方发达国家首先诞生了一批典型的"工业城市",如曼彻斯特、格拉斯哥、柏林、底特律、旧金山、东京等,它们创造了人类有史以来物质最富饶的"黄金时代"。在这些城市当中,工业经济取代农业经济,其典型特征包括高度的社会分工,有组织的大规模生产和机械动力取代自然动力等。

然而,工业化并不是一个可持续的模式,资源和环境的局限使人类在这一模式下面临着许多不可调和的矛盾。人类的产业经过了古代农业为主,近代工业为主,发展到现代多元立体结构网络。产业、社会生产的组织结构体系经历了一个从无到有、从小到大、从简单到复杂、从低级到高级的发展变化过程。古代社会是产业的初步形成时期,近代则展开了一场以机器工业生产为主要特征的革命运动,这场划时代的产业革命还没有全部完成,一场以新技术革命带动新产业革命为突出表现的产业革命浪潮,正在世界范围内席卷而来。按照丹尼尔·贝尔的解释,我们已经步入了"后工业社会",具有如下几个特征:第一,从产品生产经济转变为服务型经济;第二,专业与技术人员阶级处于主导地位;第三,理论知识处于中心

---

[1] [美]刘易斯·芒福德:《城市发展史——起源、演变和前景》,宋俊岭、倪文彦译,中国建筑工业出版社2005年版,第1页。

地位，它是社会革新与制定政策的源泉；第四，控制技术发展，对技术进行鉴定；第五，创造新的"智能技术"。以服务经济为例，贝尔认为，"后工业社会第一个、最简单的特点，是大多数劳动力不再从事农业和制造业，而是从事服务业，如贸易、金融、运输、保健、娱乐、研究、教育和管理"①。总之，人类社会从崇尚体力，逐渐向崇尚智力、创造力转变。如果说"工业化"时期城市景象多与物质生产相联系，如工厂、烟囱、煤炭、钢铁、机器等，"后工业化"时期则远离了大机器生产的时代和劳动密集型产业，取而代之的是高科技产业、娱乐业和服务业的兴起。进入"后工业化时代"的大都市，意味着要在经济和社会转型方面承受着更大的压力，而在这一过程中，通常都要面临着以下几个主要困境：

一是传统制造工业的衰退问题。在现代历史上，城市的兴衰同其经济发展休戚相关，这种关系根源于城市产业结构周期性的更迭。第二次世界大战以后，尤其是从 20 世纪 70 年代开始，许多发达国家如美国、德国、日本的产业结构普遍发生重大变化，传统工业发展迟缓，制造业集中的城市普遍出现衰退的现象，表现为工厂大量倒闭、失业人口剧增，由于就业机会减少，大量人口外迁，地区市场进一步萎缩，产业结构发生退化。以美国为例，第二次世界大战后西部和南部的新兴地区崛起，形成所谓"阳光带"（Sunbelt），而制造业相对集中的东北部和中西部经济增长乏力，一度被称为"冰雪带"（Snowbel）和"霜冻带"（Frostbelt）。② 其他地区如法国的里尔（Lille）和里昂（Lyon），德国的梅泽堡（Merseburg）和鲁尔区（Ruhr），英格兰中部以伯明翰为中心的工业地区（Black Country of England），阿勒格尼—大湖地区（Allengheny-Great Lakes region）和美国东部沿海平原，都不同程度地进入了衰退期。这些城市必须应

---

① ［美］丹尼尔·贝尔：《后工业社会的来临》，高铦等译，商务印书馆 1984 年版，第 20 页。
② 王旭：《工业城市发展的周期及其阶段性特征——美国中西部与中国东北部比较》，《历史研究》1997 年第 6 期。

对不断恶化的工业城市景观机器带来的负面影响。中国的工业化进程虽然起步较晚，但在社会经济快速迭代的当下，也不得不面临产业转型的问题。20世纪80年代以后，中国的老工业基地，如沈阳、长春、哈尔滨、西安、重庆、武汉等城市出现了明显的衰退迹象，表现为经济增长乏力，技术进步相对缓慢，设备老化严重，工业优势地位逐渐丧失。

二是城市高速发展带来的"城市病"。城市是经济繁荣之地、文化交汇之地，也通常是矛盾冲突之地。从社会层面来看，工业时代高速发展带来的"城市病"并不会因为城市进入"后工业时代"而消失，城市光鲜亮丽、充满活力的一面并不能遮盖其阴暗地带和城市问题。工业化使城市经济急剧增长，但是矛盾也越来越突出，如贫富差距、阶级对立、社会不公、经济危机、社会动乱、交通拥堵、资源短缺、环境污染等。从18世纪开始，城市扩张的进程日益加快，城市土地扩张的速度甚至高于城市人口增长速度。一般来说，当城市化进入中期阶段即城市化水平达到30%后，城市化进入快速发展阶段，这一态势将会持续发展到城市人口比例达到70%。也就是说，无论是发达国家还是发展中国家，几乎每一个国家和地区都会经历一个快速城市化的阶段。尤其对于工业化较晚的国家，其城市化进程将更快。而这一时期，往往是滋生各种"城市病"的阶段。可以说，无论是发达国家还是发展中国家，每一个城市或多或少都有着"焦炭城"的烙印。"工业主义"作为19世纪的主要创造力，产生过极端恶化的城市环境。随着城市活动量的增加和速度加快，城市发展在许多方面距离合乎人性原则的理想目标越来越远了。

三是城市发展中的人文精神丧失。丹尼尔·贝尔指出，人的品格和人的社会关系模式在很大程度上是由他们所做的工作塑造成形的。前工业社会、工业社会和后工业社会的工作是迥然不同的。[1] 在

---

[1] [美]丹尼尔·贝尔：《资本主义文化矛盾》，生活·读书·新知三联书店1989年版，第197—199页。

他看来，前工业社会的生活主要内容是对付自然（game against nature），在诸如农业、采矿、捕鱼、林产等榨取自然资源的行业中，劳动力起决定作用。人们靠本身的体力工作，用的是代代相传的方法。而人们对世界的看法受到自然力量的制约，生活的节奏是由偶然事件造成的。时间感就是一种期限感，工作的进度因季节和天气而变化。工业社会由于生产商品，它的主要任务是对付制作的世界（game against fabricated nature）。这个世界变得技术化、理性化了。机器主宰着一切，生活的节奏由机器调节。时间是有年月顺序、机械式的，由钟表的刻度均匀地隔开。能源利用取代了人的体力，大大提高了生产率。以此为基础的标准产品大批量生产便成为工业社会的标记。工业化的世界是一个调度和编排程序的世界、协作的世界和组织的世界。后工业化社会的中心是服务——人的服务、职业和技术的服务，因而它的首要目标是处理人际关系（game between persons）。它的模式是科学知识、高等教育和团体组织合成的世界，其中的原则不再是协调和等级，而是合作和互惠。因此，后工业社会也是一个群体社会，其中的社会单位是团体组织，而不是个人。

二 都市复兴中的文化力量凸显

都市发展的每一个阶段都将面临不同的问题，因此都市发展的节奏通常是一边发展一边修复，这是亘古不变的规律。而都市一旦无法修复，就会走向崩溃的边缘。美国密歇根州最大的城市底特律曾是美国制造业的象征和骄傲，被誉为"汽车之城"，但由于人口的急剧下降和汽车工业的衰退，昔日辉煌的"汽车之城"终于不得不在2013年选择破产。而就在半个世纪以前，底特律还是美国产业工人向往的城市，如今却沦为"鬼城"。古代辉煌城市的兴衰演变离我们已经相当遥远，但是底特律从盛极一时到衰败，却近在咫尺，这不得不引起我们的警觉。如今，几乎摆在世界所有都市发展面前的一个主题是：随着人类社会由"工业社会"向"后工业社会"转型，城市如何更好地实现可持续发展，开辟下一个"黄金时代"？历史经验和理论研究表明，新的产业革命和新兴技术兴起时，往往是新兴城市赶超老牌城市的绝好时机，它给城市的发展提供了一个重新"洗牌"的机会。这对于处在转型期的都市而言，既是考验也是机遇。

诚如前文所提到的，进入"后工业社会"的许多都市普遍要面临的问题就是日益衰退的制造业和工业经济，为此采取了不同的做法来化解这种矛盾。从 20 世纪 80 年代起，世界上凡是遭遇衰退的都市都先后提出了都市复兴计划，其中最突出的内容就是产业结构调整，尤其是很多发达城市的经济都向经济价值链的上游转型。但是由于经验不足，许多都市一开始普遍采用"推倒式重建"的粗暴方法对旧城进行改造，企图通过拆迁和重建来达到城市更新的目的。然而，这种激进的、短期的、局部的做法虽然在一定程度上改善了城市环境，促进了经济和社会的发展，但是没有从根本上消除潜在的社会矛盾。到了 20 世纪末，为了顺应城市的经济结构，世界主要发达国家纷纷作出相应调整，提出新的城市发展战略。城市复兴的手段从急剧的外科手术式推倒重建，转向小规模、分阶段和适时地谨慎渐进式改善，强调城市更新是一个连续过程。尤其是在新信息科技、以互联网为基础的所谓"新经济"下，城市经济的重心由体力劳动转化为脑力劳动，创新、发明与版权日益变得重要。除了扮演"政治中心"与"经济中心"的角色，城市的文化空间与精神功能从边缘走向中心，城市的文化力量成为不可忽视的软实力。

1. 文化对恢复经济的贡献

古典经济学派对待文化的立场是文化与经济无任何关系，他们认为土地和矿产为代表的物质要素才是经济的动力。长期以来，国际国内社会一直将发展主要看作经济的发展、GDP 的发展、物质力量的发展。中国改革开放初期提出的"发展才是硬道理"也是对于"以经济建设为中心"而言的。可见，文化则被视作可有可无的附属物，是经济活动的派生物。文化政策也多强调美学价值、教育价值和社会价值，表现出对市场机能的不信任。传统观点认为，国家支付经费保护美术馆或公共艺术，是为了公共的利益，因为市场机制无法确保它们的存在；因此必须以国家力量介入市场，以确保所有人都享有文化权。[1] 但 20 世纪 80 年代特别是 90 年代以来，新经济中文化、发展与城市的关系日益引起世界各国的普遍关注，他们重新思考文化、经济与城市之间的关系，认识到文化作为高端形态和先进生产力的发展趋势。随着文化产业逐渐成为全球经济增长和投资的重要动力来源，它被认为可以为都市经济复兴提供基础，或作为都市和地区衰退的补救措施，不仅可以填补业已消失的工厂和库房遗留下来的沟壑，而且创造出一幅城市新图景来吸引更多可变资本和自由流动的专业人员。

文化在都市复兴中的经济作用主要表现在两个地方：一是能够为城市提供广阔的就业。文化产业不但对环境无损，还能为高技能和高薪资的创意型劳动力持续增加就业机会。例如，莎伦·佐金（Sharon Zukin）在对美国三大城市纽约、洛杉矶、芝加哥的研究中揭示出，1980 年至 1990 年创意艺术家的就业曾出现过 34% 的增长，从 1980 年的 20.2 万人增至 1990 年的 27 万人，这种现象一直持续到 90 年代中期和末期。在此期间，更大范围的创意类职业的变化包括演员、导演、摄影师、作家、设计师和建筑师。莎伦·佐金估计仅在这三个美国主要城市区域内就增加了 68000 个岗位，就核心文化产业就业而言，这一估算可转化为 10 年增加 13.6 万个岗位。与硅谷高技术复合体在 1970 年到 1985 年间每年 11000 个岗位的增加量相比，每年增长超过 13000 个的就业情况更胜一筹。[2]

二是为城市发展带来巨大的经济利润。在新一轮科技革命推动下，消耗物质资源、粗放式的城市经济增长模式逐渐退出舞台。面对工业经济的衰退，很多发达城市的经济开始向价值链的上游转型，

---

[1] 王俐容：《文化政策中的经济论述：从菁英文化到文化经济？》，《文化研究》2005 年第 1 期。

[2] 转引自［英］加里·布里奇、索菲·沃森编《城市概论》，陈剑峰、袁胜育等译，漓江出版社 2015 年版，第 253 页。参见 Sharon Zukin, *The Cultures of Cities*, Oxford: Blackwell, 1995。

将发展第三产业作为城市复兴计划的重中之重来对待。这导致城市更新的动力与方式也发生了很大的变化，关注点从早期单纯的物质形式更新转向了城市经济、社会、文化形态的整体性更新，其中引人注目的当属文化、创意和旅游产业的崛起。根据联合国教科文组织（UNESCO）、国际作者作曲者协会联合会（CISAC）和安永会计师事务所（EY）2015年12月共同发布的《文化时代：第一张文化与创意产业全球地图》显示，文化创意产业已经成为世界经济的主要贡献者和数字经济的主要驱动力，其创造的产值在2013年达到了2.25万亿美元（占全球GDP的3%），雇佣2950万名员工（占全世界工作人口的1%），尤其是视觉艺术和电视行业的贡献超过三分之一。[1] 为了证明文化产业在经济方面的重要性，只有让人们认识到，艺术是一个比啤酒产业和制鞋业更大的产业，除此之外，没有什么更好的办法。无论是以德国北威州为代表的"欧洲工业中心"实现城市集体转型，还是英国的格拉斯哥变身时尚之都，抑或是美国"钢铁之都"匹斯堡实现华丽转身，它们都纷纷将文化和旅游作为城市产业转型升级的主要抓手。

2. 文化对工业遗产的改造

城市工业经济的衰退通常有两条解决路径：一种是企业寻求新变，通过技术升级或业务拓展渡过难关；一种是旧工业遭淘汰或已完成使命，工厂被迫关闭或迁移。后者形成了一种独特的城市空间——工业遗产，即"具有历史、技术、社会、建筑或科学价值的工业文化遗迹，包括建筑和机械，厂房，生产作坊和工厂矿场以及加工提炼遗址，仓库货栈，生产、转换和使用的场所，交通运输及其基础设施以及用于住所、宗教崇拜或教育等和工业相关的社会活动场所"[2]。工业

---

[1] CISAC, EY, *Cultural Times-The First Global Map of Cultural and Creative Industries*, 2015.

[2] 国际工业遗产保护委员会（The International Committee for the Conservation of the Industrial Heritage, TICCIH）在《下塔吉尔宪章》（*Nizhny Tagil Charter*）中对工业遗产所下的定义。参见 TICCIH, *The Nizhny Tagil Charter for the Industrial Heritage*, 2003。

革命和工业大发展时期给人类社会带来巨大的物质财富的同时，也在岁月当中留下了属于工业时代的遗产，而这些遗产对于当下的人们来说，是弥足珍贵的，具有重要的纪念、教育、文化和象征意义。在张猛导演的电影《钢的琴》中有这样一幕经典镜头：一群老钢铁厂员工站在远处的山坡上等待两根烟囱的爆破，随着一声巨响，仿佛那个时代的符号和集体回忆也烟消云散了。这些工业遗产与现代富有商业气息的景观形成了鲜明的对比，对于识别、记录和研究一个地区的工业遗存和历史信息提供了丰富的参照物。于是，许多工业城市在城市更新的过程中将烟囱、厂房、码头等保留了下来，通过创意改造，保留了城市独特的记忆。20世纪60年代以来，以英国、德国、法国等为代表的老牌工业国家提出要对工业遗迹和遗物加以记录和保存，随后得到国际组织的呼应，全球更是展开了意义深远的工业遗产保护行动。在世界范围内，如拉莫斯贝格矿山、索尔泰尔工业区、加拿大里多运河、旁特斯沃泰水道桥与运河、波托西城等都是极具代表性的工业遗产景观。甚至对于像中国这样工业化建设非常晚的国家而言，这样的保护行动也十分应景。政府出台了各种政策，以加快推进老工业城市工业遗产保护利用，促进城市更新改造，探索老工业城市转型发展新路径。

　　工业遗产本是与文化价值无关甚至相背离的冷冰冰的时代产物，却在城市更新中转化为城市文化的一部分，被赋予了深刻的文化意义，实现了空间的再生产。而在这一保护和开发相结合的模式当中，基于工业遗产的文旅融合做法最为主流，也是最能体现工业遗产价值的开发手段。因为单从经济层面来讲，这些工业遗产已经无法创造出经济价值，但是通常占据着非常好的城市资源，如处在城市核心地段，拥有大面积的建设用地，周边交通发达，聚集着密集人群等。国际上许多城市和地区都通过文化产业的发展"擦去了脸上的灰尘"，散发出独特的城市魅力。我们也看到了大量工业遗产变成了创意空间、主题博物馆、艺术区、创意产业园、休闲和时尚娱乐中心，让原本突兀的、计划拆除的工业遗产融入城市经济文化生活当中，体现了文化和创意对工业遗产的改造力量。德国鲁尔区就是鲜明的一例，作为德国重要的工业区，该区以生产煤和钢铁闻名，几乎支撑了德国长达150年的发展。但是在遭遇了"煤炭危机"和"钢铁危机"之后，废弃的厂房最终并没有成为城市铁锈斑斑的伤痕，而是通过埃舍姆（Emscher）IBA公园项目，实现了产业结构的调整和转型，成功获得2010年"欧洲文化之都"的提名，为世界资源型工业城市的改造提供了一个经典案例。例如，位于埃森市北部的德国最大的煤矿区矿业同盟（Zeche Zollverin）被重建为文化活动和产业中心，2001年成功获得"世界最美煤矿"称号，入选联合国教科文组织遗址；波鸿市的钢铁厂被重建为音乐会和戏剧表演活动中心；杜伊斯堡内港被重建为集办公、文化娱乐和居住为一体的多功能中心，闲置的钢架被改造成一个供公众休闲娱乐的公园等等。工业城市的衰老留下了一批"工业遗产"，它们是城市记忆的一部分，一些地标标示了城市过去的辉煌和工业的进步，虽然已经失去原本的功能，但是工业废弃的可替换的美学遗迹在商业占据主导地位的现代社会中有着不可替换的作用。

　　许多政府和学者认为，对于工业遗产的再利用不仅可以建设新型城市文化空间，还有利于提升城市文化品质，推动城市风貌提升和产业升级，增强城市活力和竞争力。例如伦敦东区，在20世纪末英国提出"创意产业"概念后重新焕发生机，从一个"最危险的地区"成为最受欢迎的时尚聚集地的代名词。"创意产业"是英国在工业结构调整、工业文明转型过程中提出来的，具有拯救工业城市文明的意义，避免了在城市更新过程中对城市文明——旧仓库、旧厂房、旧码头、旧街区的摧毁，从而赋予了城市更新以新的内涵和价值。这种模式很快在全球得到推广。此外，创意产业在工业遗产中的集聚，还开创了一种另类的创新集群，被誉为"城市再生"的有效途径之一。文化产业和文化活动在城市中变得重要起来，在于它们不仅仅是纯粹的审美体验，而且对城市再生产和远景规划具有重要贡献。如纽约的百老汇戏剧演出一条街、林肯艺术中心、大都会歌剧院等，是世界各地演艺人才和各种表演团体向往的艺术圣地。这一模式也在文化产业与工业遗产的结合当中得到推广。在中国，北京798艺术区、上海8号桥、武汉"汉阳造"艺术区、中山岐江公园、青岛啤酒博物馆、景德镇陶溪川、深圳蛇口价值工厂等成功的城市更新项目，体现了文化和旅游对工业遗产的改造力量，走出了一条以工业遗产为载体的体验式旅游、研学旅行、休闲旅游精品线路，形成生产、旅游、教育、休闲一体化的工业文化旅游新模式。

工业遗产是工业文明的见证，是工业文化的载体，是人类文化遗产的重要组成部分。它既有历史符号的意义，又有承载文化的建筑空间。文化创意园区与城市旧工业区的有机结合，使得工业遗产成为凸显城市身份的重要符号，既延续了城市文化脉络，又赋予了这些空间以新的内涵。这些工业遗产与现代富有商业气息的景观形成了鲜明的对比，为识别、记录和研究一个地区工业遗存和历史信息提供了丰富的参照物，宝贵的精神文化财富得到保护传承。例如，作为见证上海百年工业的杨浦滨江，有着中国当时最早、最大的发电厂、水厂、煤气厂、棉纺厂、造纸厂等，担当着引领新中国工业化建设的重要角色，承载着几代人的故事和记忆，被称为"中国近代工业文明长廊"。如今，上海在城市经济转型过程当中，对杨浦滨江按照"以工业传承为核心，打造历史感、生态型、生活化、智慧型的杨浦滨江公共空间滨水岸线"的思路进行城市更新，把船坞、装卸码头、吊机、轨道等重工业元素嵌入滨江公共空间，解决了"临江不见江"的空间难题，实现了从昔日的"工业锈带"到"生活秀带"，从封闭生产岸线到开放生活岸线的转变，将两岸公共空间营造成上海的"城市会客厅"，成为新的城市文化标志。由此可见，文化、旅游与工业遗产的有机结合，可以有效避免城市工业文脉的中断，不仅保留了具有历史文化价值的工业建筑，而且通过传统与现代、东方与西洋、经典与流行的融汇，为城市增添了历史与未来交融的文化景观，为塑造城市文明新形象发挥了重要作用。于是，许多城市在产业结构调整和城市建设改造中逐渐树立起这样的观念：

适当保留一批代表早期工业文明的历史建筑，为文化产业发展留下一片空间。

3. 文化对城市身份的构建

从全球城市发展趋势来看，当今城市竞争的总体趋势，已经从资源竞争、资本竞争、技术竞争上升到城市文化竞争，表现为从过去的"拼经济""拼管理"到现在的"拼文化"转变，城市文化已经凸显为影响城市化发展的核心因素。文化资源和文化符号是形塑城市身份，凸显区域文化形态及其特征、具有高度影响力的象征形式。作为意象与记忆的来源，它象征着"谁属于"特定的区域。无论是传统的文化还是新兴的文化，都能创造"意义"，它与城市的身份认同和价值有关。一座城市身份的构建，正是基于这种"意义"的创意策划、产品开发和市场推广。这一点，在全球化时代很多地方看起来趋同的世界中显得尤其重要。而一座城市的文化传统无论对于城市居民还是外来游客来说，显得尤其珍贵。过去我们急于发展经济，过于贪大求多，而造成了对文化的忽视。其结果是现在人类要对付的威胁远比古代人所受到的威胁巨大而可怕。因此，如今强调这一点倒有些"寻根"的味道。在这个由形象主宰的世界里，文化行业不可避免地与一个地方的形象和地方的文化资源、文化符号联系在一起，它们为城市创造积极的形象。因此，全世界的城市营销策略正越来越多地将重点放在城市的文化上，即艺术机构、艺术家、创意人才和文化产业。为了积极倡导全球化下维护文化多样性的目标，联合国教科文组织于2004年开始推出全球创意城市网络（Creative Cities Network）项目，被列入全球创意城市网络，意味着对该城市在国际化中保持和发扬自身特色的工作予以承认。截至2019年，全球创意城市网络发展了"文学""电影""音乐""民间手工艺""设计""媒体艺术"和"美食"七大主题，共有246座城市加入。文化与创意凭借独特的竞争优势，已越来越多地成为城市的商机。

文化产业通常由一大群小生产者构成，辅之以少数的大型企业。

其中大型企业通常是众多小公司集成大型生产网络的中心枢纽。与许多行业一样，文化产业也有大量的兼职、临时工和自由职业者，这种工作岗位的不稳定性驱使创意工作者密集开展社交活动。当文化产业的生产者集群相聚于同一区位时，文化产业通常总能最有效地运行。文化生产企业总是倾向于这样或那样的群居方式，在地理空间上抱团聚拢在一起。① 一方面，当它们接近时相互作用，可以显著地提高经济效益；另一方面，信息、见解、创意和感知在集聚中更容易传播，从而激发和释放出学习效应和创新能量。这样一来，含有丰富信息、符号价值和社会意义的文化产品与地理环境产生关联，可以赋予集聚区特殊的竞争优势。反过来，成熟的文化产业集群所散发出来的魅力，对那些有专业追求的天才艺术家来说有着难以抗拒的吸引力，这使得文化产业集聚区的人才源源不断地得到补充。例如，纽约、洛杉矶、巴黎、伦敦、东京等这样的世界级大都市中都有类似的典型街区，地方环境、文化设施和文化产业有机结合，构成一个难以分割的整体。当某种本地文化符号凝结到产品中并向全球流通，就会形成一种特殊的城市特质。

发展城市与发展文化是一脉相承的。如今，文化力量在城市中的力量凸显使得文化产业已经不再局限于产业层面，而是与城市发展形成了良好的互动关系。发展城市再也不是一味地在经济层面追求速度，而是将文化与经济结合起来考虑。城市政策制定者普遍认为，城市是文化的容器，文化更是城市发展的永动机。在世界上最繁华的大都市中，文化毫无例外都是其最显著的标志。

三　文化产业与都市可持续发展

无论是丹尼尔·贝尔所谓"后工业社会"理论，还是彼得·德鲁克（Drucker）所谓"知识经济"理论，抑或是"消费社会""传

---

① ［美］多米尼克·鲍尔、艾伦·J. 斯科特主编：《文化产业与文化生产》，夏申、赵咏译，上海财经大学出版社2016年版，第7页。

媒社会""信息社会""创意社会""休闲时代"等提法,它们共同描绘了未来都市发展将步入一个新的时代。那就是在世界占有主导地位的城市不光要有经济硬指标,更要有文化软实力,在物质增长方式趋同的现代都市,后者通常表现出更加持久和可持续的力量。由此可以看出,城市与文化的联姻是历史进步的必然,城市发展的走向必将是从以物为中心走向以人为中心,从"功能城市"走向"文化城市"①。实际上,早在19世纪末20世纪初,英国著名城市学家埃比尼泽·霍华德(Ebenezer Howard)就提出了"田园城市"(Garden Cities)理论,表达出把城市生活的优点与乡村的美好环境和谐地结合起来的理想愿望,即是对工业化给城市带来无序后果的一种积极尝试。到了20世纪,许多城市规划学者如刘易斯·芒福德看到了现代城市的种种弊病,他认为:"在我们的时代,城市如要进一步发展,必须恢复古代城市(特别是希腊城市)所具有的那些必不可少的活动和价值观念。我们的精巧机器所播映的仪式场面,不能代替人类的对话、戏剧,不能代替活的伙伴和同事,不能代替友谊社团——而恰恰是这些因素却养育维持了人类文化的生长和繁衍,没有它们,整个精心制造的机器变得毫无意义。"在他看来,城市的目的在于"统一人的内部的和外界的生活,逐渐促进人类自身的大同团结。将来城市的任务是充分发展各个地区,各种文化,各个人的多样性和他们各自的特性。要不然势必像现在这样机械地把大地的风光和人的个性都折磨掉"②。1933年,国际现代建筑协会在雅典召开以城市规划为主题的会议,制定了一个"城市规划大纲",即著名的《雅典宪章》。《雅典宪章》提出了城市功能分区和以人为本的思想,明确居住、工作、游憩与交通是城市的四项基本功能。1977年,《马丘比丘宪章》对《雅典宪章》进行了批判、继承和发展,

---

① 单霁翔:《从"功能城市"走向"文化城市"发展路径辨析》,《文艺研究》2007年第3期。
② [美]刘易斯·芒福德:《城市发展史——起源、演变和前景》,宋俊岭、倪文彦译,中国建筑工业出版社2005年版,第585—586页。

不再执着于城市功能的实现,而是将城市看作整体发展,强调差异,突出不同城市文化的特点。为了使我们居住的城市更加美好,许多城市规划大师和理论家提出了各种各样的构想,除了英国埃比尼泽·霍华德(Ebenezer Howard)提出的"田园城市"理论,还有法国勒·柯布西耶(Le Corbusier)提出的"城市集中主义",美国埃列尔·萨里宁(Eliel Saarinen)提出的"有机疏散理论",英国经济学家 E. F. 舒马赫(E. F. Schumacher)主张"以人为度的生活方式",等等,都不同程度地强调了城市更新中人的重要性,认为城市应当关怀人和陶冶人,是一个爱的器官。由此可见,对于工业革命以来才形成的城市景观,人们一直都在致力于寻求更加"宜居"的城市规划方案,他们宣扬"城市让生活更美好",甚至不乏许多"乌托邦"的幻想。

一般而言,城市的可持续发展有赖于三个系统。政治系统提供一个城市的基本脉络结构和制度框架,以及相应的规则、秩序,以保证社会的稳定与正常有效的运行;经济系统提供市民赖以生存、发展的物质文明与物质成果;文化系统则提供维系社会共同的价值观、道德风尚、法律法规以及艺术景观。[①] 在"前工业时代",城市的繁荣往往取决于权力是否集中,政治因素占据主导地位;到了"工业时代",城市的繁荣则基于工厂是否集中,经济因素占据主导地位;而在"后工业时代",城市发展的关键因素变成了信息和知识,文化因素占据主导地位,城市的生产力重点不再是制造和传递更多能够触摸的产品,如石油、钢铁、汽车不再是生产的主要目的,而更多的是对关系、图像和感知的生产。如日本学者堺屋太一指出,我们正在经历一场"知识价值革命","由于技术、资源环境及人口的变化,将创造出'知识的价值'成为经济增长和资本积累主要源泉的知识价值社会,并因此而产生使

[①] 单霁翔:《关于"城市"、"文化"与"城市文化"的思考》,《文艺研究》2007 年第 5 期。

人们的伦理观念和审美观发生急剧变化的社会大变革"。① 在传统的城市空间中，人们的生活方式和生产关系往往保持稳定结构，这使得城市空间大多处于"不变"状态：人们有基本的生活保障，并且注重产品的功能性，这使得城市空间区域划分明显，诸如商业区、工业区、居住区等。然而，进入"后工业时代"，这种"不变"逐渐被打破。在当代都市空间中，政治、经济与文化三要素的结构关系已经发生了重要的变化。借助于文化产业与文化商品所创造或内含的巨大经济利润，当代都市文化的生产与再生产具有越来越强的"自律性"与更加广阔的自由发展空间。原本与经济活动关系疏散、甚至相敌对的精神文化生产与文化消费，在当下已经成为经济社会发展中一支有着远大前景的生力军。戴维·思罗斯比认为，文化对于城市生活至少存在四种互不排斥的作用：第一，特殊的文化设施本身就包含影响城市经济的重要文化象征或文化魅力：比萨斜塔或者格拉纳达的阿罕布拉宫就是这方面的例子。第二，像匹兹堡或者都柏林已经发生的那样，"文化区"往往会成为一个区域的发展模式。第三，文化产业，特别是表演艺术产业，可能构成城市经济的重要组成部分，不仅仅伦敦或纽约这样的主要中心城市是这样，即使在范围很小的乡镇和小城市也是如此。第四，文化可能利用城市及其居民所特有的文化特征和文化习俗，通过培养社会认同、创造力、凝聚力和活力对城市发展产生更加广泛的影响。② 由此可以看出，城市的可持续发展越来越取决于其文化的含量，城市文化逐渐成为城市发展的驱动力，城市文化的繁荣才是一个城市繁荣的真正标志。

21世纪是城市的世纪，未来世界上将有超过一半的人口生活在城市中。那么，如何使城市成为令人向往的居住与造访地？未来城

---

① [日] 堺屋太一：《知识价值革命》，黄晓勇、韩铁英、刘大洪译，生活·读书·新知三联书店1987年版，第4页。
② [澳] 戴维·思罗斯比：《经济学与文化》，王志标、张峥嵘译，中国人民大学出版社2011年版，第135页。

市又该呈现出什么样的图景？英国城市规划大师查尔斯·兰德利认为，这一部分要靠城市重新创造大家所认为的身在村庄的价值，也就是归属、延续、安全和可预测感；一部分则要培养城市独特的潜在价值，如热闹、互动、贸易、意外的乐趣等。[①] 基于此，兰德利提出"创意城市"的概念，他归纳了创意城市的三个核心特质：第一，以开放的思维解决问题的能力；第二，勇于承担知识风险、勇于尝试新方法和勇于实践的精神；第三，具有反思与不断学习的能力。类似地，美国的创意管理大师理查德·佛罗里达则提出了创意型城市必须具备"3T"要素，即技术（Technology）、人才（Talent）和包容（Tolerance），它们相互补充，是创意城市形成的充分必要条件。为此，他们都十分倡导城市发展文化产业和创意产业，这自然与文化产业本身的产业属性有关，即无烟产业或者说朝阳产业，可以摆脱对自然资源的依赖。更重要的是，文化产业并不对文化资源有过多的依赖性。一个城市的文化遗产固然是其发展文化产业的文化资本，却不是绝对的。譬如，谈起新兴城市，不少人对其文化不屑一顾，但是这些城市却有可能因为文化产业繁荣而受到全球瞩目。这也无怪乎在新兴城市或新区建设过程中，文化产业会得到城市政策制定者的青睐。从这一点来看，发展文化产业正是找寻城市对话功能和被遗忘的人文关怀，试图在经济与文化之间寻求到一个平衡点，使之成为城市未来可持续发展不可或缺的重要组成部分。

---

① ［英］查尔斯·兰德利：《创意城市——如何打造都市创意生活圈》，杨幼兰译，清华大学出版社2009年版，第38页。

第 五 章

媒介融合：文化产业发生的技术体系

> 当我看到现代自然科学的辉煌进步和前景时，我感到自己就像一个在黎明时分迎着东方前进的旅行者。这个旅行者不但兴高采烈而且迫不及待地注视着正越来越亮的光辉，他还热切地期盼那最耀眼的光芒朝他射过来。可是，当太阳果真升起时，他却因实在受不住他原来引颈企盼的那万丈的光芒，而不得不转过眼去。
>
> ——[德]歌德《歌德的格言和感想录》

当人类的生活逐渐远离自然走向城市，并被各种各样的"人造物"包围时，"技术"一词及其各种现代用法便获得了更为广泛的关注。技术对于人类究竟意味着什么？这是自工业革命以来被反复讨论的话题之一，引起了整整几代人的兴趣。众多学者从哲学、历史学、社会学、经济学、媒介研究等多个理论角度思考技术在现代社会中扮演的角色，技术及其物化的产物通常也被作为辨识社会进步和文明进步的主要参照被拿来讨论。技术决定论[①]的信奉者通常会

[①] 技术决定论有多种表现形式，如"技术自主论""媒介决定论""技术统治论"等，参见黄锫坚《技术决定论的多种面貌与技术概念的多重含义》，《自然辩证法研究》2000年第6期。

把技术视为最关键的因素,他们相信技术具有内在的连续性、继承性和自主性,它的发展不依赖于外部因素,并作为一种推动社会变革的力量,决定着人的思维和社会状况,他们假设科学发现和技术发明在界定社会文化变革上的重要意义超过了经济和政治的作用。例如美国学者威廉·麦克高希(William McGaughey)就认为,世界历史发展的"基本论题是每一种文明都由一种占据定义地位的文化技术"来决定,这些技术可以分为表意文字(ideograms)、音标字母(phonetic alphabets)、印刷技术(printing)、电子影像(electronic images)、计算机或数字技术(computersor digital technology)。[①]他从文明的起源与消亡的高度创造性地提出了"文化技术"(cultural technologies)和"世界五大文明"(Five Epochs of Civilization)的概念,实际上就是以技术的视角来探索"传媒技术"对于世界文化变革的作用。在这一逻辑框架下,技术不仅被看作其他文化系统的决定力量,而且被当作人类文明的动力。

文化与技术的关系异常复杂,这源于人们对文化与技术的不同理解,更在于交织其中的复杂关系。文化与技术是相互对立还是相互作用?文化是一种技术,还是说技术是一种文化?这需要我们辩证地看待。尤其是我们在考察技术进步对于文化生产所发挥的作用时,不能一概而论。一般而言,文化成为产业是技术发展的结果之一,文化生产的每一次跨越都是建立在科技创新的基础之上,是科技的文化表现形态。尤其是现代技术的发展日趋成熟,技术对文化的创作、展示以及传播都起着主导性作用。但是,我们也必须注意这样一些现象,那就是技术作为文化产业发生因素之一,是充分不必要的。我们可以列举许多技术不直接影响文化经济活动的案例来佐证这一点,例如在漫长的农耕社会里,主要依附身体和语言表达的歌舞表演艺术如诗歌、戏曲、话剧、歌剧或其他文化娱乐形式无

---

① [美]威廉·麦克高希:《世界文明史:观察世界的新视角》,董建中、王大庆译,新华出版社2013年版,第347页。

须掺杂太多技术的成分。它们当中的一部分甚至可以不依赖技术"存活于世",延续成百上千年之久。即便到了今天,除了灯光、舞台和音响设备让它们的展示更为精致和华丽,或者大型剧场可以容纳更多的观众,对于现场表演艺术本身而言,也是无须太多技术参与其中的。

尽管如此,技术作为考察文化产业发生的主要因素,仍然需要以重中之重的姿态来加以对待。文化产业是现代性的产物,而现代性的主要特征和标志就是现代技术。文化与技术的联姻在人类历史长河中并非不寻常的事,但是革新正在于技术深度参与了文化的大规模生产和大规模消费。不可忽视的事实是,技术的革命,尤其是从电子媒介登上历史舞台以来,技术在文化生产样式上发挥的作用是史无前例的。"电气化"革命为收音机、电视、留声机和磁带录音机等大众媒介进入每个家庭提供了可能,数字技术、信息技术和互联网技术的应用,更是给人类的文化生活带来了焕然一新的面貌。因此,讨论文化产业的发生问题,无论如何都无法绕开技术这一关键因素。

第一节 文化生产与技术进步的三种辩证关系

文化生产,从最直白的字面意思来说,是指关于"文化"的生产,这取决于我们对"文化"一词的理解。如果按照广义的文化来理解,人类社会所有的生产活动都可以归结为"文化生产",但是狭义上的文化生产通常是指意义与符号的生产,是文化的狭义阐释,主要表现为非物质形态的思想、观念、意识形态、文字、艺术等等。尽管它们有时也需要取得物质的形式,但本质上被看作一种精神生产。这是随着精神生产与物质生产取得各自独立的运行系统后,文化才逐渐显露出来的现代意义。技术进步则是指人类社会劳动手段与方法向更有效方向上改进与发展的过程和结果。其中，以生产工具、工艺、作业程序、设计和操作方法的革新、推广和普及为最基本的内容。[①] 文化生产与技术进步是人类历史中互为交织、具有辩证统一关系的一对范畴。从历史的发展脉络来看，文化生产在不同的历史时期或者在同一时期的不同侧面表现出不同的生产形态，从手工的到机械的、从少量的到批量的、从原创的到复制的、从公共的到商业的、从传统的到现代的，这些都是周期性技术创新引起的变化。技术进步带来的是整个人类生产方式、社会结构以及相应的消费方式的转变，文化的生产、传播和消费作为其中的一部分也深受影响。

在漫长的人类历史中，文化生产与技术进步之间的关系并不是一成不变的，它们遵循着一定的演进逻辑，在不同时代和历史语境中呈现出不同的关系。在本节中，我们将重点探讨三种关系：一是文化与技术一体的同一性关系；二是文化起支配作用的弱依赖关系；三是技术起支配作用的强依赖关系。以此来揭示文化产业发生的现代技术背景。

一　同一性关系：文化与技术一体

人类在地球生存中积累的各类经验和思想观念都是从劳动行为中获取的，它们最初通常表现为物质的和精神的、体力的和脑力的、功利的和审美的双重倾向。就文化生产而言，其自产生之日也具备这两种特性，它是物质生产的直接产物，二者往往"浑然不分"，是同一个生产过程的结果。例如，以爱德华·泰勒和格罗塞（Ernst Grosse）等为代表的人类学家和一些艺术史学家如贡布里希相信，原始艺术是一体化的：诗歌、音乐、舞蹈一体，劳动、巫师、娱乐一体，感觉、知觉、幻觉一体。在他们看来，"没有精神内容的'物质形式'是自然存在物，没有物质形式的'精神内容'是滞留在人脑

[①] 宋毅、张红：《产业发生学引论》，中国社会科学出版社1993年版，第156页。

中的抽象意识"①。在脑力劳动与体力劳动没有完全分工的原始社会，人的精神活动，包括艺术活动与劳动是一体的。从"文化"和"艺术"的词源来看，它们与"技术""技艺"也具有同根同源的性质。

马克思认为："思想、观念、意识的生产最初是直接与人们的物质活动，与人们的物质交往，与现实生活的语言交织在一起的。人们的想象、思维、精神交往在这里还是人们物质行动的直接产物。表现在某一民族的政治、法律、道德、宗教、形而上学等的语言中的精神生产也是这样的。"② 例如在原始社会，原始民族具有原始的生产方式，其中渔猎和采集植物等是他们日常生活的重要组成部分。随着人类能够从事更多的非生存性活动，思想或情感的积累为人类的精神活动创造了前提，逐渐出现了原始绘画、原始装饰、原始舞蹈、原始诗歌、原始音乐等多种艺术形式，并通过原始劳动技术的方式呈现出来。格罗塞认为，原始艺术的产生与当时人类的物质生产方式尤其是狩猎生活存在内在联系。比如，对于西班牙阿尔泰米拉山洞的岩画，最近情理的解释仍然是，"那些原始狩猎者认为，只要他们画个猎物图，大概再用他们的长矛或石斧痛打一番，真正的野兽就俯首就擒了"③。用鲁迅的话解释，画这只牛"为的是关于野牛，或者是猎取野牛，禁咒野牛的事"④，而非"为艺术而艺术"的行为。与此同时，人们开始在简单劳动实践的基础上，根据经验的积累和总结，逐步形成了最原始的技术。这种基于工具的有意识的"再创造"，如新石器时代学会磨制石斧、石镰、石犁、石铲等工具以及烧制陶器等，为人类向国家文明时代迈进奠定了物质基础。但是，由于原始狩猎者过着一种漂流无定的生活，他们的生产技术也

---

① 李向民：《精神经济学》，新华出版社1999年版，第361页。
② 《马克思恩格斯选集》（第1卷），人民出版社2012年版，第151—152页。
③ ［英］贡布里希：《艺术发展史》，范景中译，天津人民美术出版社2006年版，第18页。
④ 鲁迅：《鲁迅全集》（第六卷），人民文学出版社1973年版，第91页。

只是无足轻重的片面发展。因此,原始蒙昧时期的劳动产品既是一定程度的实用品,又是美学家或人类学家眼里的艺术品;原始艺术活动既带有强烈的功利倾向,也通常是心理学家和社会学家眼中无目的的精神宣泄。

也就是说,一方面,作为"实物"形态的原始艺术品是以物质生产行为为前提的:造物的形式感如对称、抛光、颜色是在工具的加工中慢慢获得的;原始装饰材料如动物的牙齿、骨骼、石头也通常是物质生产中剩下或偶然拾得的。装饰不过是"将人的观念和幻想外化和凝冻在这些所谓'装饰品'的物质对象上",变成一种"观念意识物态化活动的符号和标记"[①]。简而言之,精神产品通常要借助物质的外壳。另一方面,作为"非实物"形态的原始艺术如歌舞、绘画、装饰、音乐、诗歌也与劳动生产有关。例如图腾表达了提高物质生产能力的愿望,文身、黥面、涂彩等是为了刺激异性或者吓唬敌人,舞蹈则是为了祭祀或娱乐鬼神。它们当中大部分仍然包含着技术的成分,画家或雕刻家不过就是一些高明的狩猎者或手艺人;而且就算是一些基于宗教式的盲目崇拜和感性理解,有时仍然需要在具体的劳动中表现出来。如《周官·司巫》中记载"若国大旱,则帅巫而舞雩",《吕氏春秋·古乐篇》记载"昔葛天氏之乐,三人操牛尾,投足以歌八阕",等等,讲的就是原始歌舞与劳动生产之间密不可分的关系。

总之,原始文化与简单技术是完全糅合在未分化的渔猎生活和巫术礼仪的混沌统一体中,具体表现为"工具"这一实用载体的使用以及围绕"工具"的精神活动,既具有功用性,又凝结着原始民族的审美、情感、思想和信仰。由此看出,由于物质劳动和精神劳动没有完全分离开来,原始文化艺术生产与原始社会劳动是一体的,艺术品的材料是物质生产的剩余,艺术品的加工技术是物质生产技艺的延伸。这种"交融共生"的状态揭示了文化与技术的同一性关

[①] 李泽厚:《美的历程》,生活·读书·新知三联书店 2009 年版,第 2、11 页。

系。所谓"同一性",就是文化生产与技术进步在其主体、结构、起源、性质等方面是一体的,即所谓同源同体、同质同构,二者构成一个有机整体。

二 弱依赖关系：文化起支配作用

原始文化生产具有强烈的功利性,也就注定了文化生产与物质生产的分离。普列汉诺夫在论及原始民族的艺术时坚信,"人最初是从功利观点来观察事物和现象,只是后来才站到审美观点上来看待它的"①。其中的分水岭亦可看作文化与科技逐渐分离的坐标原点。从文化生产来看,文化开始脱离与劳动实践的直接联系,成为一种纯粹的精神活动。比如原始时期诗歌、音乐和舞蹈"三位一体"的艺术景观呈现逐渐裂变为单独艺术生命体的过程,即可看作精神文化独立发展的例证之一。古希腊时期的"七艺"与先秦的"六艺"划分,也恰当地说明了音乐、书法与骑射、礼节、天文、几何、数学的区别,尽管它们被视为同一个层次概念和知识范畴。换言之,"无功利"的情绪表达为原始思维的解放创造了前提,只有当精神脱离于生产活动,文化艺术才有可能逐渐形成众多艺术门类。从技术进步的角度来看,随着生产力水平的进一步提高,特别是青铜冶铸技术的进步,标志着人类学会对天然产物的进一步加工,出现了区别于原始社会的科学技术萌芽。尤其是原始部落在各大流域的聚集生活,使得原始技术不再仅用于渔猎,而是逐渐发展成以农业经济为主的农耕技艺。同时,手工技艺也开始脱离农业生产(第二次社会大分工),在漫长的历史中发展出制车、兵器、陶瓷、冶铸、建筑、造纸、印刷、纺织等多个技术门类,出现了专门从事手工业生产的"工匠"。并且,随着人们对社会和自然的认识加深,还出现了早期的天文历法、数学、物理、医药、地理等科学萌芽。

---

① [美]普列汉诺夫：《论艺术：没有地址的信》,曹葆华译,生活·读书·新知三联书店1973年版,第93页。

如果用"源"与"流"的关系作为比照，这一时期的文化与科技正是从同一"源泉"出发，走向了不同"川流"的过程。古代文化与科技的分离为彼此提供了新的发展空间。但与之相反，这一时期科技对文化的影响远不如原始时代。一方面，文化脱离了劳动实践之后，开始沿着自身的系统有序地发展。比如诗歌成为独立的文学形式之后，经历了诗经、楚辞、汉赋、唐诗、宋词、元曲、新诗等多种形式的演变，其与科技又有多少联系呢？另一方面，虽然青铜时代中后期就出现了简单的科学萌芽，但与现代科学与技术互为促进的状态相比，这一时期的科学与技术没有产生紧密的联系，几乎是分离式发展，技术的应用难以对文化内核产生影响。也就是说，古代时期的文化与科技没有发展到足够的高度以使双方紧密融合，而是沿着自身的系统和逻辑有序地发展，相互影响并不明显。相反，政治、宗教、社会环境和经济发展往往间接影响了文化与科技的融合。例如，在古希腊时期，经济的高度繁荣和宽松的社会环境促进了科学与人文的交融，而进入中世纪之后却"背道而驰"。而在中国古代盛世与乱世的更迭中，也不乏这种"南辕北辙"的现象。

如果说原始时期文化与科技的融合主要是以一种"工具"形态呈现，那么在漫长的古代文明当中，二者则多以"器物"[①]形态呈现。其区别于原始时期"工具"形态的最主要特征是其审美特质明显且象征意义丰富。尤其在中国古代，仪式中的"器物"从属于"文"，功能性处于次要位置。由于阶级属性明显，这些"器物"往往体现出"强烈的伦理意识和严格的等级观念"[②]，大多只为精英阶层服务，不像原始"工具"那样属于所有成员，不存在对哪些成员亲疏利害的区别。它们或是帝王祭祀时用的青铜礼器，或是诸侯、

---

① "器物"原指古代青铜"尊彝"，是古酒器名，也泛指祭祀的礼器，后为各种用具的统称。参见《周礼·秋官·大行人》："三岁壹见，其贡器物。"郑玄注："器物，尊彝之属。"

② 闫月珍：《器物之喻与中国文学批评——以〈文心雕龙〉为中心》，《中国社会科学》2013年第6期。

大夫家中的奇珍异宝，或是工匠手中的精美雕刻，抑或是艺术家笔下的教堂壁画。总之，文化与科技之间的融合往往局限于少数传统手工技艺领域，无法进入广泛的商品层面，也不可能有大规模的生产，更不可能形成文化与科技广泛融合的浪潮。

　　文化与技术的这种关系，我们可以进一步解释为文化对技术的支配作用。也就是说，传统技术的展现通常包含在总的文化当中，技术往往以社会文化系统的构成要素形态出现，技术要遵循文化的权威性，要在文化领域获得认可，并在文化所提供的价值体系内获得发展。换言之，技术依附和从属于众多社会文化形态，服从和服务于不同文化目的的实现，为社会文化体系的构建与运行发挥着基础支持作用。这一时期，独立的技术文化形态尚未成形，而只是以社会文化形态的构成要素、结构或流程形式广泛存在；技术既不自觉地符合了人体工程学原理，又与自然资源特点相契合，与文化生活和谐相融。这就是传统的技术的文化存在方式。[1] 雅克·埃吕尔（Jacques Ellul）认为，在传统的社会中，技术的应用范围十分狭窄，传播速度相当缓慢，技术基本上只是达到某种目的的工具，其地位并非至高无上的，它被束缚到文化之中。统治者为了巩固其统治，不仅垄断了精神文化领域，有时还利用政治外力强行扭曲科学技术的发展方向，如用阴阳之道发展中医技术、用神权意识解释天体运行、用道家思想来解读地理现象，等等。[2] 例如秦汉以后取得统治地位的地主官僚集团所奉行的重农抑商政策、官商官工制度和户口保甲制度不仅扼杀了中国走向资本主义市场经济的可能，而且窒息了科学技术的交流和分工协作的发展，直到今天，小生产的传统依然是科学技术发展的重大障碍。在中世纪，科学的发明和发现被当作"异端邪说"和对神的敌视与挑战，基督教排斥人类的肉体而重视灵

---

[1] 王伯鲁：《技术与文化互动问题剖析》，《西北师大学报》（社会科学版）2014年第5期。

[2] 黄韬宏：《文化与科技互动的历史形式和未来趋势》，《贵阳学院学报》（社会科学版）2013年第6期。

魂，将科学视为人类妄自尊大的表现之一。这些都导致了文化与科技之间呈现出强烈的对立状态。直到 16 世纪，西方基督教尤其是经过宗教改革后所产生的成为资本主义精神的新教思想，才为技术发展提供了价值基础和深层动力。中国古代社会强调抽象精神，蔑视物质和功利目的，尊崇"伦理至上"，认为文是"载道"之物，而技是"通道"之物，因此视"载道"为大任，而视"通道"为小技。[1] 中国的儒家和法家虽不否定社会需要工艺技巧，但鄙视的态度是显然的，道家索性把工艺技巧看成社会祸乱的隐患，"绝巧弃利，盗贼无有"，"民多利器，国家滋昏；人多技巧，奇物滋起"。即使是统治阶级也不能偏爱精巧的工艺制品，认为颇有玩物丧志的危险，"奇技淫巧"的说法本身就是充满贬义色彩的。[2] 这种"重义礼轻艺事"和"贵义贱利"的传统价值体系注定了科学技术在古代中国的低下地位，维护了小农经济结构的牢固，一旦形成便有着稳定性。与此同时，中国古代科技过于注重实用，且多为生产经验的积累，技术化倾向严重，科技发展往往与农业生产息息相关。如"天文"之于河水涨落、"数学"之于丈量土地、"水利"之于农业灌溉等，由于不能转化为普遍的社会生产力，其片面性和封闭性的特征导致科技与文化之间未能产生太多的交集。

三 强依赖关系：技术起支配作用

人类技术发展在漫长的古代社会进步较为缓慢，由于受到文化的支配，技术增长的周期较长，文化生产与技术进步表现为一种弱依赖的关系。换言之，文化生产对技术进步的依赖较弱，二者保持相对的独立性。直到进入近代，技术才获得了突破性的进展，其中传统技术向现代技术过渡为二者之间的融合提供了基础。现代技术与古代技术在环境、材料、能源、技巧、工具、程序及其发展的本

---

[1] 于平：《城镇化进程与文化科技融合创新》，《艺术百家》2014 年第 6 期。
[2] 叶晓青：《西学输入和中国传统文化》，《历史研究》1983 年第 1 期。

性等方面有着本质的区别,它一般是指工业革命以来与现代自然科学相伴而生的技术。在工业革命的推动下,技术开始从生产实践等文化生活中逐步分化出来,演变为一种独立、自觉的强势技术文化形态,在社会生活中发挥着愈来愈重要的文化功能。从 18 世纪开始,随着科学技术的日益发展而带来物质资料的空前繁荣,我们经历了人类历史上科学和技术发展最伟大的工业时代,技术革命浩浩荡荡延续至今,科学知识获得了极大的丰富。如果说 19 世纪初一个"大学者"对他所处时代的科学知识还能有一个接近全貌的认识,那么到了 20 世纪,就是最天才的学者对于不属于自己研究范围的学科,也只能自谦为"门外汉"。

今天,人们对待现实的典型方式就是现代技术,它与传统技术有着明显的区别。一般而言,传统技术与文化具有特殊性和民族性,现代技术与文化则是具有普遍性和世界性。在传统的自然经济体系中,在世界各民族还基本上处于相互隔绝的状态时,技术进步大多是依靠手工匠人的努力得以产生和实现。然而,现代技术标准是国际性的,它要求与之不相符的文化被迫修改自身的标准以适应技术的标准。当今世界,无论哪个地域、哪个民族,它们都倾向于应用同样的技术程序,使用同样的技术成果。差异仅仅体现在技术的外壳部分,内核则是不约而同地显示着一致性。此外,与传统技术相比,现代技术还具有两个鲜明的特征:第一是规模宏大、形成体系和建制,特别体现在工业制造业和商业运行方面;第二是现代科学高度的渗透,使得现代技术看起来像是现代科学的一个应用部门。[1]

原始技术同劳动者不可分离,不能超出人的双手和感官范围,因此也就无法以信息、知识的形式在空间上大规模传播。技术主要依赖于工匠经验和技艺的世代相传、逐渐积累的状况都没有得到根本改变。近代以来,技术的发展开始从经验式向科学研究式转变,表现为科学的技术化、技术的科学化和科学技术一体化,这大大推

---

[1] 吴国盛:《技术与人文》,《北京社会科学》2001 年第 2 期。

动了技术的发展。从历史发展的线索来看，虽然早在 18 世纪产业革命初期，许多科学思想便与生产技术的发展结下了不解之缘，但直到蒸汽机被改进到可实用的程度时，科学大多还只是作为一个旁观者的身份关心和促进着这种改进的活动。那时，不但许多曾对蒸汽机做过关键性改进的人没有受过系统的科学教育和训练，甚至有的人还是目不识丁的文盲。19 世纪，情况则有了许多根本性变化。这时，科学不但逐步与社会生产和社会经济的发展发生了紧密的联系，而且在有的方面已经走到了传统经验式技术革新的前面。其中，以电器电力工业的产生和发展、钢铁工业的新生和现代有机合成化学工业的崛起等，最具有划时代的意义。它们已经完全是在科学理论指导下产生和发展的新兴生产领域。可以说，19 世纪是科学大步跨进生产技术发展过程的世纪，是技术进步方式发生根本变革、科学化技术体系不断形成并开创出新的物质生产领域的世纪。到了 20 世纪，科学文化在全球范围内得到普及，科学创造力得到充分的发扬。一个最典型的变化是，科学技术研究有主要的经费，获得国家的资助和支持。纵观一个多世纪以来技术科学化、生产科学化的历史进程可以发现，以科学研究方式推动生产技术的进步、科学化技术成果的物化与推广，已经演变成为科学、技术、生产和社会经济协同发展中的主线。尤其是第二次世界大战以来，世界上多数国家都已将发展科学技术事业作为政府工作的一个重要内容，战争中成长起来的高科技和人力资源迅速转移到各个生产部门，极大地激活了社会生产力。推动技术进步主力军队伍的素质和构成已经发生了根本性的变化，受过系统科学教育的科研人员和工程技术人员已经成为推动技术进步的主要力量。如今，R&D（research and development）作为增加人类知识总量并运用这些知识去创造新的应用进行的系统的创造性活动，已经成为衡量一个国家科技实力和企业核心竞争力的重要指标。当财富的高下之分不完全取决于世袭的财产和阶级的特权，而取决于人的智力的时候，知识的功用将极其明显地呈现在人们眼前，而凡是可以激励、扩大和发挥智力的东西，都将立即身价倍增。人们越来越重视知识的成果，并为取得这种成果付诸努力，这大大促进了现代技术的进步。

现代社会是一个由技术支配文化的时代，这种颠倒的支配关系经历了18、19世纪的"技术统治文化阶段"，在20世纪全面过渡到"技术垄断文化阶段"，或者如刘易斯·芒福德所说的"新生代技术时期"①。这一时期的技术不仅表现为庞大的"机器体系"，而且具有一种自主性，将文化变成技术的一部分。这样一来，现代文化也就变成了"技术文化"，文化呈现出技术的对象化、物质化、功能化和齐一化的本质特征，文化依据技术的本质建构、展现自身。② 在现代技术对文化领域支配的多种形式中，最典型的莫过于文化产业。它是一种被技术武装到牙齿的文化，也是一种因技术而生的文化。

因此，有学者指出，文化产业发展的周期波动受经济长波的影响，本质上是由科技革命带来的一系列技术发明、创新推动形成的。③ 而且，从总体趋势来看，文化产业演化周期随科技创新周期的缩短而缩短。不仅如此，技术进步的支配还表现在，技术创新不仅是现代文化产业增长的重要动力，而且在推进文化产业发展演化的过程中可能产生一种"反向力"，导致其对传统文化产业和文化内容的侵蚀。④ 尤其是高一级技术产品对低一级技术产品的审美消费具有

---

① 刘易斯·芒福德将人类11世纪以来的技术体系分成三个时期：始生代技术时期（约1000年到1750年）、古生代技术时期（约1750年到1900年）和新生代技术时期（1900年以后），从原材料和能源的使用上分别对应为"水能—木材"体系、"煤炭—钢铁"体系和"电力—合金"体系。参见［美］刘易斯·芒福德《技术与文明》，陈允明等译，中国建筑工业出版社2009年版。

② 梅其君、王立平：《技术与文化颠倒的历程与根源》，《江西社会科学》2016年第6期。

③ 尤芬、胡惠林：《论技术长波理论与文化产业成长周期》，《上海交通大学学报》（哲学社会科学版）2007年第4期。

④ 解学芳：《论科技创新主导的文化产业演化规律》，《上海交通大学学报》（哲学社会科学版）2007年第4期。

替代效应，如小说相对于说书人、电影相对于戏剧、电视相对于电影、数字音乐相对于模拟音乐、电子书相对于纸质书、网络音视频相对于传统音视频、移动终端相对于 PC 互联网终端等，"高技术产品对于低一层级产品具有天然的效率优势，因而也具有明显的市场优势"①。于是，技术进步对文化产业造成的一个结果是，依赖最新技术应用的新兴文化业态快速增长，而一些传统文化业态则面临衰退，甚至消失或被取代。再以音乐产业为例，过去音乐出版是企业组织化的产业，从选曲到录音，再到把音乐家的作品发行上市，皆由企业包办，音乐家自己的营收则来自卖出每一张音乐唱片背后的版权回馈。接着数字化的录音技术产生了，音乐产品的创造过程中，音乐家根本不需要借助唱片公司，即可以自行与消费者接触。这个新的创造与分销模式，无形之中转变了音乐如何制造、贩卖、传播与最后利润归属于谁。音乐产业的例子让我们清楚地看到科技的进展、产业运营和消费模式的转化，及其如何动摇并瓦解我们所知音乐产业组织的常态。

　　技术进步与文化生产的这种强依赖关系还表现在技术的文化自觉性，即技术进步直接深入社会生活的一切领域，对文化具有越来越大的影响。例如激光技术不仅应用于印刷业，还扩展到了唱片业和电影业；卫星技术不仅应用于广播，还扩展到了电视业；数字技术更不必说，从计算机、通信设备到各类电子产品，基本无所不及地应用于生活、工作、学习的方方面面。而且，科技创新在文化领域的应用速度也明显加快。过去一项新的技术发明以后，通常需要一段时间才渗透到文化领域。而如今，技术甚至还未成熟，人们就已经考虑到了它在文化产业中的应用。例如虚拟现实（VR）技术用于电影、舞台剧、演唱会等行业，人工智能、大数据技术则致力于推动新闻、广告设计、互联网行业的变革。技术创造者们的文化意

---

① 傅才武：《数字信息技术构建大文化传媒行业体制的合法性》，《江汉论坛》2014 年第 1 期。

识是超前的，原因就在于电影技术、互联网技术在文化应用上的经验让他们有信心从中盈利。在科学和技术高度发达的社会，技术创新的加速度发展增强了对文化领域的黏性，文化与技术融合逐渐成为独立的社会生产部门，文化生产因技术发达和实现商品化而变成大规模的文化产业。

综合上文的分析，我们很容易对文化生产与科技进步的关系作出一个简短的结论。文化生产既有"物质"的形态，也有"非物质"的形态；既有"在场"的表现形式，也有"复制"的表现形式。不同形态和表现形式的文化生产对科技的依赖程度是有差别的。一般而言，以"物质"形态和"复制"表现方式为主的文化生产与科技进步的关系更为紧密，相反，"非物质"形态和"在场"表现方式的文化生产与科技进步的关系较弱。此外，技术进步与文化生产的强弱关系取决于文化生产以何种媒介传播。以"自然工具"为媒介的文化生产通常与技术具有同一性，以"身体"为媒介的文化生产通常与技术的关系表现为弱依赖，以"工业制品"为媒介的文化生产则与技术进步保持强依赖的关系。在下一节中，笔者将分析那些在文化产业发生中起作用的主导技术。

第二节　现代媒介：文化生产变革的主导技术

我们已经知道，文化与技术作为衡量人类文明进步的两个坐标，文化生产与技术进步通常以某种关系呈现在人类历史当中。当文化生产与技术进步呈现出"强依赖"关系的时候，也正是文化产业开始登上历史舞台的时候，这意味着技术支配文化生产的时代全面开启，方兴未艾。从19世纪中后期尤其是20世纪开始，人类历史上发生了一系列引人注目的事件，其中之一就是文化创作和技术革新在一个相对较短的时间内大量融合在一起，技术介入文化领域是这一时期最突出的文化景观，而这些变化无一例外地都来自基础性的革新：19世纪中叶高速运转的印刷机和摄影术、19世纪末的录音技术、20世纪20年代的广播技术、30年代的有声电影、40年代的密纹唱片、50年代的电视和调频晶体管收音机，以及对后来文化传播影响极大的卫星技术、数字技术和互联网技术等。从技术进步的角度来看，现代文化产业是现代科技发展的必然成就之一。那么，又有哪些主导技术促进了文化产业的发生呢？

然而，要回答好这个问题并不容易。首先，技术进步对于文化产业的发生作用需要从两个维度来看：一种是间接的，另一种是直接的。例如以蒸汽为动力的印刷机的出现大大促进了早期印刷业和新闻业的产生，但是公路、海空交通等看似与文化产业无关的重大发展无疑加快了新闻的搜集，又使印刷品的分送更为广泛更为迅速。而到了电子时代，最强大的广播公司都需要依赖于电力、通信和制造工业。信息时代对技术的依赖更为严重，任何一家接入互联网的公司都需要电缆、卫星和计算机。从现代技术进步的特征来看，每次技术革命都不仅仅是单项的技术革命，而是表现为复数的"技术革命群"，技术的每次进步都会引起许多方面的相应变化。也就是说，不对文化产生影响的技术几乎是不存在的，因为一项技术通常由其他若干技术构成，断定一个技术比另一技术更具有影响力亦缺乏充足的理由。其次，由于技术的发展往往以周期性重叠向前推进，技术对于文化生产的作用被划分成了"延续"和"革新"两个部分：第一个部分从文明存在之初就一直发挥着作用。例如表意文字和音标字母的发明和使用一直延续至今，造纸术、印刷术以及许多传统的手工艺在今天仍然发挥着作用，它们塑造了我们今天所说的"传统文化产业"部分，如图书、音乐和戏剧。第二个部分则带有一种颠覆的性质，主要是新的现代媒介的产生，包括19世纪末20世纪初的电影、广播、电视以及20世纪末兴起的互联网和数字技术，它们塑造了我们今天的"新型文化业态"。但是，历史不会划分为两个毫不相干的部分，新的技术与旧的技术仍然交织在一起。尤其在一个快速发展的社会中，农业社会、工业社会和后工业社会（或信息社会）所对应的文化技术几乎是同时存在的。最后，也更为重要的是，文化产业作为一个"类概念"包罗万象，不同类型的文化行业在技术选择上具有很大的差异性。例如包括电影、电子游戏在内的许多产业本身就是一种技术突破的产物，而传统舞台表演行业对技术的依赖则没有那么强，但是它们都是文化产业门类中的重要部分。因此，除非我们一一列举，否则挂一漏万是在所难免的。

基于这三点原因，我们不得不转换策略，或者说也是一种妥协。因此，在论及技术与文化产业的关系时，我们不妨把问题还原到文化产业本身。那即是说，哪些技术上的变革导致了文化生产从历史状态中分离出来，变成了支配现代文化产业最典型的形式？这些技术的介入导致文化在生产、传播和接受上发生了怎样的变化？我们知道，传统文化生产技术下的戏剧、雕塑、书画、手工艺品几千年也未曾面临某种变革，但是仅仅一个世纪，文化在现代技术、商业主义和消费社会的浸润下，发生了巨大的转型，文化观念面临新的挑战，部分文化行业或遭重新洗牌。其中，现代媒介的崛起是文化产业发生的一个必要条件。在文化产业萌芽期，主导技术是印刷术。继报纸、期刊、乐谱和图书之后，新的媒介技术出现了，它们起源于欧洲和北美，继而扩散到世界其他角落：19世纪90年代电影诞生，20世纪前10年留声机和唱片诞生，20年代无线电收音机诞生，50年代电视机诞生。所有这些技术有一个共同的特征，那就是数量相对较少的生产者和数以百万计的观众，因此影响甚大。一个典型的例子是，人们对全球化的文化体验并不是乘坐越洋飞机到异国他乡进行直接体验，而大多数时间是坐在家里感受到的，正是由于传媒和通信技术改变了我们的世界。人类对新技术的欢迎从未停止，70年代个人电脑的发明和90年代万维网的应用，使得技术倡导者以更加积极、民主的方式迎接文化生产和消费的新方式，生产和消费之间的壁垒正在消融。这种变迁取代了模拟时代"少对多"的准介质（Quasi-mediated）互动，扁平化、一对一和多对多的沟通形式正在萌芽。① 诚然，本书无意于梳理文化技术发展的全部历史，只是希望从这些"变化"当中，来窥探文化生产变革的主导技术，以方便读者更加清晰地认识文化产业中的技术面目及其重要作用和意义。

一 "批量化"的文化生产

文化产业最典型的特征之一是批量化生产，这得益于现代复制技术的广泛应用。可以说，没有复制，文化生产就不可能规模化和产业化，文化产业也就无从说起。然而，复制是一个具有历史范畴的概念，原则上说，人类所制作的东西总是可以模仿的，每个时代都有它所对应的复制技术，代表了那个时代的技术能力。复制技术起初主要作用在物质生产领域，如古代制造器物（陶器、青铜器、钱币、砖石、瓦当、泥塑等）时用的"模"和"范"就是一种早期复制技术。通过铸造和制模，诸如硬币和陶器等实现了大量生产。这里探讨的复制技术则主要是应用于文化艺术领域，即最能反映文化变迁的文字、声音和影像的现代机械复制技术。直到20世纪，人类在这上面都不曾发生什么大的变化，但是在这之后就截然不同了。复制技术将文化生产从传统的、精英的、小规模的作坊式生产中解放出来，变成了现代的、大众的、批量化的机械生产。如果说，有什么典型特质可以将它与传统社会的文化生产相区别的话，无疑是文化艺术的可复制性。

1. 文字的复制

复制技术在文化领域最早产生广泛的影响是基于其在文字复制中发挥的作用。受到早期印章和石刻的启发，中国唐朝时期已经有了雕版印刷技术，后来宋仁宗时期毕昇发明了活字印刷术，大大提高了印刷效率。15世纪中叶，德国人古登堡在活字印刷术的基础上，对活字材料、油墨制造和印刷操作进行改良，使印刷术向前跃

---

① ［英］大卫·赫斯蒙德夫：《文化产业》，张菲娜译，中国人民大学出版社2016年版，第66页。

进了一大步。金属活字印刷术的大规模使用促进了图书出版业的形成,后来又催生了报业和新闻业的萌芽。18 世纪以前,有钱人能够买到日报、小说或诗集,还能买到根据著名油画制作的版画挂在墙上,这说明所有这些印刷品在当时就已经能够被复制和大量生产以供大众购买。到了 18 世纪,越来越廉价的纸张和不断改善的生产方式与传播销售方式,使得杂志、通俗小说、报纸更为廉价,也更容易获得。但总的来说,这一时期印刷工业的规模不大,传播领域有限,印刷厂也多为手工业性质。因此,在现代意义上的"大众化"的受众出现以前,我们可以称为文字的"手工复制时代"。

麦克卢汉曾具洞见地指出,活字印刷技术的发展,造成国族主义、工业主义、大众市场、普及教育。他认为活字印刷牵涉了大量生产的同质化扩展原理,是了解西方力量的要诀,印刷书籍容许教育过程无止境地扩张,精确复制的意象足以释放巨大的社会能量,是个体脱离传统群体的樊篱,提供个体之间相互结合的新形式。印刷术的发明和推广实现了社会文化总量的积累和文化结构的优化升级,打破了文化的集中和垄断,促进了文化的普及与共享,为早期图书出版业奠定了基础。伊曼纽尔·沃勒斯坦(Immanuel Wallerstein)的《现代世界体系》是一项偏重物质经济的研究,却没有忽略 17 世纪荷兰在欧洲不仅享有先进技术与商业优势,更享有支配性的文化影响力。当时英格兰与苏格兰青年留学荷兰受大学教育,笛卡尔(René Descartes)、斯宾诺莎(Baruch de Spinoza)、洛克(John Locke)及许多欧洲知识分子所乐居的"哲学家天堂",也就是当时印刷出版业最为蓬勃繁荣的阿姆斯特丹、安特卫普与鹿特丹。这是一个地道的早期资本主义文化工业,却对社会结构造成深远的冲击。

到了 19 世纪,印刷业迎来了一次重要的技术革新,即进入本雅明所谓"机械复制时代"。印刷效率得到进一步提升,印刷工业进入机械化阶段。例如,1845 年,美国纽约的理查德·霍(Richard March Hoe)取得了自己设计的报纸轮转印刷机的专利,这种机器经过改进,在 1881 年已能在 1 小时内印出 2.5 万份 8 页的报纸,使报纸真正开始成为大宗工业产品。从早期现代欧洲的文化史研究中，我们注意到自 16 世纪资本主义萌芽期，印刷出版业就已经是个结合技术、商业与文化影响力的关键产业。可以说，在很长一段时间内，以复制文字为基础的书籍（包括日历、年鉴、语法书等）、报纸和杂志是人类仅有的大众媒介，也是最有影响力的媒介。

2. 声音的复制

中国古人曾描述过声音虽然结束，但令人回味无穷的意境。所谓"余音绕梁，三日不绝""余音袅袅，不绝如缕"，这透露出古人欲将美好或有意义的声音储存下来的愿望。人类发明乐谱之后，声音可以通过符号进行创作和记录，并通过视觉的形式保存下来，这使得音乐可以通过销售印刷的乐谱出版物来盈利。但是，这种运用视觉符号来记录声音的尝试始终无法让声音原态再现，符号的抽象性对声音信息的记录也是非全息性质，通过乐谱难以还原声音的原初风格。19 世纪，西方发明了八音盒，随后又发明了铁唱片、打孔纸带，用来自动演奏音乐，但在有限的空间内，仍然很难存下长时长的音乐，且音色粗糙。

1877 年，作为电报研究的一个分支，美国发明家托马斯·爱迪生制造了第一台蜡纸筒留声机，"能说话的机器"的诞生意味着人们可以以听觉的方式获取、储存并复现声音信息，从根本上改变了口传、乐谱和机械的音乐作品的存储方式与"一次性呈现"的宿命。声音传播得以第一次离开现场，开辟了一个全新的时代。最初，留声机录制当时美国和欧洲娱乐界明星的录音，后来内容包含歌舞杂耍表演中歌手们的演唱、器乐演奏者们的演奏和喜剧演员们的表演录音，由此开始进入市场销售。从不断改良的"圆筒留声机"到"点唱机"，再到"蝶形唱片留声机"，经过几次迭代，声音复制技术使得录音变得更加方便快捷，音质和音量得到改善提高。如蝶形留声机的优势在于可以以低成本快速而大量地复制一个音乐录音的母版，而且售价更低、更耐用，这正是文化产业的首要技术和成本控制条件。与许多工业产品一样，声音可存储和复制，意味着它也可以被销售。随着留声机的商用价值逐渐被开发出来，留声机的市场得到大规模扩张，带动了作为"声音存储介质"的唱片业的发展。尤其是电气录音技术的发展和唱片工艺的完善，唱片的内容开始从短小的声乐作品到完整的歌剧录音，时长和容量取得了质的飞跃。在音乐产业对留声机的巨大需求推动之下，20世纪初的留声机与唱片成为新兴音乐产业最重要的技术基础，并形成了早期"音乐明星＋唱片企业＋推介媒体"的互利共生关系，唱片产业成为造星和掘金机器。20世纪40年代末50年代初，新的磁性录音技术和盒式磁带录音机开始应用和普及。"立体声录音"技术则开创了新双声道的听觉体验，随后，激光唱片播放器和数字音（视）频播放器相继登场，"唱片"的物质形态变得十分多样。如今，当代唱片产业已经成为一个规模和产值庞大、高度垄断化的跨国经营性产业。

声音信息转瞬即逝无法停留，意味着传统音乐表演者和欣赏者必须处于同一时空，演出具有强烈的仪式感和不可重复性，时间、经济和传播成本更高。这种特殊的演出形式使欣赏音乐成为上流社会的生活方式，而普罗大众则被拒于音乐会和歌剧院门外。但是，随着留声机的产生，声音传播从声波转变为机械振动波，又变为彼此转换的电流与磁场，最后变成今天数码化的电子流。[①] 音乐从传统"仪式化"的各种"禁忌"中掉落为一种日常生活方式，大大消解了音乐的仪式感，改变了音乐原有的文化功能。这也因此招致了早期传统精英知识分子的批评，例如阿多诺认为听爵士乐是"精神涣散"。要而言之，存储和复制技术根本上改变了声音的记录、储存、传播和欣赏方式，并因此改变了音乐的传统生态环境和生存状态，同时也为20世纪音乐产业的出现，以及电影、广播、电视、计算机互联网络等新媒体的音频技术系统，奠定了

---

① 何晓兵：《论留声机与唱片媒体的发展及其对音乐生态的影响——近现代媒体环境中的音乐生态研究（之二·下）》，《中国音乐》2011年第3期。

最初的技术基础。① 尤其是录音技术与电影技术结合产生的唱片伴音系统，开创了"说话的图像"时代。从1927年诞生的第一部有声长片《爵士歌手》开始，几乎所有较大的电影制片厂都开始生产有声电影。20世纪30年代开始，一种更为成熟的胶片录音技术取代了唱片伴音系统，使得图像和声音的运动同步进行，其制作过程更为复杂，成本更高，巩固了大公司在电影产业中的地位，成就了好莱坞的"黄金时代"。

3. 影像的复制

早在文字可以通过印刷复制之前，木刻就已经实现了对版画艺术的复制，可以被看作人类对影像复制的最早例子。后来材料扩展到石头，随着石印术的发展，版画艺术开始和印刷术并驾齐驱。但是好景不长，现代照相摄影术的诞生很快代替了石印术，成为传达非语言文字的一系列文化技术的关键项，推动了麦克卢汉所谓"印刷人"（Typographic Man）向"图像人"（Graphic Man）迈进。光学成像的记录在中国最迟可见于沈括的《梦溪笔谈》中，15、16世纪的欧洲也出现了以透镜代替针孔的暗室。但是公认为商用的照相摄影技术发明始于1839年法国发明家达盖尔，这使得原来在形象复制中最关键的手首次减轻了所担当的最重要的艺术职能，这些职能随着摄影术的发明便归眼睛所有，并催生了照相馆和摄影业。到了20世纪30—40年代，报纸和杂志越来越多地使用照相来说明它们的故事，摄影的现实主义很快占领了新闻业，报纸和杂志的发行量大增，推动了新闻业和出版业的发展。

影像的复制经历了静态、无声动态、有声动态、彩色动态、连续动态、拼接动态等多个阶段的演进，由此也衍生出不同的业态。作为照相术的延伸，电影技术将一系列静止的照片快速更迭从而创造出运动起来的幻觉。经过广泛的实验，他们用电子控制的快门拍

---

① 何晓兵：《论留声机与唱片媒体的发展及其对音乐生态的影响——近现代媒体环境中的音乐生态研究（之二）》，《中国音乐》2011年第2期。

摄的照片记录了赛马的动作。当这些照片安装在一个旋转的圆盘上，马似乎动了起来。基于这一原理的装置——活动画片玩具，很多年来都是一种很受欢迎的玩具。1891年，爱迪生发明了"活动电影放映机"，由一个内部带有一个屏幕的大盒子组成。1893年，他又发明了一种新型的使用电影胶片的机器。1895年，卢米埃尔兄弟使用改进的放映机在巴黎放映了他们的第一部电影，随后"镍币影院"在渥太华、纽约和其他一些城市纷纷建立起来，最后发展成为当代最主要的娱乐活动之一。

从以上的分析可知，复制技术对于文化产业的发生具有直接的作用。18世纪亚当·斯密在《国富论》中论及非生产劳动时说："……像演员的道白、演说家的滔滔雄辩或音乐家的歌唱等，所有他们的工作全部在生产之后立即消逝。"[①] 但是新的复制技术使声音和影像得以保存。文字的复制推动了图书出版、报刊、新闻业的发生；声音复制推动了早期唱片业的发生；影像的复制推动了摄影业和电影业的发生。而这些都曾是文化产业中最核心的产业类型。复制技术导致几个非常明显的后果：一是促进了文化消费的"民主化"。传统文化生产之所以不具备"产业"的特征，主要就在于它受限于技术的发展而长期以"雅文化"为主体，而享受者也皆为凡勃伦所谓的"有闲阶级"。自古以来，文化艺术的生产都是少而精的，是特权阶层所享受的。但是，电子技术使复制变得容易，成本极低。文化艺术以低成本分销给异地成千上万的人，从而几乎无限扩大了人类体验的潜力。正是因为这一点，复制技术在没有法律保护之下，可以盗版横行。从这个意义上讲，盗版在促进文化消费民主化上发挥了不可忽视的推动作用。虽然盗版给部分销售商带来了冲击，但是后来随着法律的完善和版权意识的教育，盗版现象得到大大改善，使得文化产品的复制在可控的合理范围之内。二是文化艺术失去了

[①] [英]亚当·斯密：《国民财富的性质和原因的研究》（上卷），郭大力、王亚南译，商务印书馆2017年版，第317页。

"唯一性"。复制技术克服了传统文化艺术的独一无二性，导致本雅明所谓"光韵"的消失，文化艺术从单一的膜拜价值向展示价值和体验价值转换，并在产业语境下显现三大价值共生的复合形态。文化艺术也变得标准化、通俗化，不假思索，接受门槛低，可以迅速普及。坐落在深圳大芬村的油画生产便是一例，一些画商为了保证出货，采用了严格的工厂流水线模式，一件作品被拆分为若干部分，每个画工都有明确的分工。而与之相隔不远的另一家深圳数字印刷公司雅昌的复制技术更为高明，通过对原作的高精度扫描，其复制品有时可以达到"以假乱真"的效果。与少数天才艺术家的创作相比，文化生产的组织化、产业化能够满足越来越多的文化需求。这使得文化产品在数量上远超过去，这种程度的普及也决定了它不可能像传统文化产品那样具有高度的创造性、艺术性、想象性和审美性，而只能是通俗的、浅显的、普通的，甚至是平庸的。

二 "跨时空"的文化呈现

文化产业区别于传统文化生产的第二个显著特征是具有"跨时空"的传播和展示能力，这与现代大众传播技术特别是电子媒介、网络媒介的出现密切相关。如果说复制技术使文化内容只能在物质层面上进行扩散，那么传播技术的意义就在于它使文化内容完全摆脱时空的限制。人类自诞生以来，在技术上致力于克服时间和空间的限制是不遗余力的。例如，冷藏技术是为了保持新鲜，以便产品能够销售到更远的地方；在食品中添加防腐剂是为了克服产地与消费者之间的距离；集装箱的发明则加快了全球化分工，让"世界工厂"成为可能。为了让信息能够传达得更远，人们也一直在寻求一种传播范围更广、传播速度更快的媒介，以便看得更清、听得更远。或许正是与异地友人间即时交谈的古老梦想促使人们发明了电报和电话，对足不出户收看电影的愿望促使人们发明了电视。媒介作为信息传递、交流的工具和手段，在人类传播中起着极为重要的作用。在很大程度上，人类文明的进步常常表现为传播方式进步，从语言到文字，从印刷到电子再到当今的互联网传播。文化史的每一个阶段，都受到特定媒介的支配，而新的传播方式和技术的兴起都毫无例外地引起文化变革。

文化史家一般把文化传播的漫长历史分为口传文化阶段、印刷文化阶段和电子文化阶段。在口传文化阶段，文化传播的主要媒介是空气和身体，传播具有即时性，但是受到距离的限制，口头传播只能在很近的距离内传递和交流，受到人的记忆力限制，信息无法得到保存。印刷文化推动人类文化传播向前迈进了一大步，人类文化第一次可以以文字的形态流传下来，促进了人类知识的积累。在摩尔根看来，人类的"文明社会"，始于拼音文字的发明及其应用于文献记录。然而，前两个阶段中文化生产都没有达到成熟的"产业"状态。直到20世纪电子媒介的降临，人类文化传播历史上才经历了一次空前的革命。雷蒙·威廉斯指出，"媒介"（Media）一词被广泛地使用，开始于广播与新闻报纸在传播通信上日渐重要。[1] 而"文化工业"概念出现的时刻，正是报纸、广播与电影兴盛而成为支配文化形式的时刻，也是电视被初步引介的时刻。霍克海默与阿多诺早在20世纪40年代就预见了电视将综合广播与电影，在商业化之下成为文化工业最具势力的一环。"媒介"之所以重要，在于它代表了那个时代的变革，以至于一些学者将"大众文化"称为"媒介文化"。20世纪以来，人们对大众文化的定义众多，但是论及技术部分，都无一例外指向了传播媒介的革命。媒介绝不仅仅是一种工具，一个承载文化内容的形式或载体，它本身也具有信息。

文化生产不仅意味着"创作力"，也包括"传播力"。我们之所以不把过去的文化生产称为"产业"，很大程度上是因为它们传播得不够远，到达的人群数量不够多，影响程度不够广泛。尽管复制技术相比以前已经大大提升了人们对信息的获取度，但这一切在电子

---

[1] ［英］雷蒙·威廉斯：《关键词：文化与社会的词汇》，刘建基译，生活·读书·新知三联书店2016年版，第345页。

媒介和网络媒介面前都显得微不足道。

1. 距离的消失

人类最初依靠交通缩短距离，特别是工业革命以后，对矿物原材料的需求大增，使得运输成为需要解决的重要技术难题。随着蒸汽机在交通运输工具上的应用，能源动力驱动的火车、汽船、汽车、飞机相继被发明出来，带动了文化贸易的发展。例如，在复制技术的作用下，图书、报纸虽然被大量生产出来，但是信息的流通仍然需借助于交通工具，这些运输方式都未脱离最原始的手段，更受到天气的影响，距离仍然是实际存在的。直到今天为止，人类依旧保持着追求速度的激情。

真正的变革发生在文字和声音的传输上。这首先要归功于电力的发明及其在通信领域的应用。物理学家发现，电流可以用来传输信息，这将人类带到具有跨时代意义的"电子媒介"时代。先是1837年有线电报机被发明出来，实现了文字的远距离传输与信息交换，随后海底电缆的架设实现了大陆之间的通信。1867年，贝尔（Alexander Graham Bell）发明的第一台电话机问世，意味着声波可以通过电来传输，这是比电报更方便、更直接的信息传递技术。1895年，无线电的发明实现了信息通过电磁波来发送和接收，为后来对人们文化生活带来重大影响的无线电广播的出现奠定了技术基础。起初，无线电广播由国家垄断，直到美国将其私有化，这一技术才真正发展成为一项新闻娱乐产业，影响迅速扩大。1920年，世界上第一座领有执照的美国匹兹堡KDKA电台开播，被视为世界广播事业的诞生。随后，苏联、德国、意大利、日本也相继建立了电台，广播业迅速传遍世界，成为20世纪初引领全球风潮的又一大众娱乐方式，广播广告成为当时利润丰厚的媒介产业。中国的广播业与世界几乎是同步发展起来的。1922年，美国人奥斯邦（E. G. Osborn）在上海创立了中国境内最早的广播电台，主要用来报道美国、欧洲等国际新闻。几年后，中国第一座官办广播电台——哈尔滨官办无线电台（1926年由奉系军阀支持创办）和私营商业广播电台——上海新新公司广播电台（1927年创办）先后创办。到了30年代，上海就有数十家民营电台相互竞争，内容都是聚焦新闻和娱乐，商业气息十分浓厚。

与声音和文字的传输相比，影像的即时传输带来了更大的影响。20世纪20年代，虽然电影已经成为全球流行的大众文化，但是电影的复制拷贝仍然需要借助交通运输。"电影放映队"是那个时代的标志，甚至在当今许多贫困偏远地区，送电影下乡仍然是一种重要的传输手段。因此，如何像文字和声音一样实现影像的远距离传输成为电气工程师努力的方向。1925年，苏格兰电气工程师贝尔德（J. L. Baird）发明了简陋的但可以映射图像的电视装置。1927年，他用导线在伦敦与格拉斯哥之间进行了图像传输试验，一年后又通过大西洋海底电缆将图片发往纽约。1939年，美国诞生了第一台黑白电视机。就在这一年纽约举办的第20届世界博览会上，电视成为最受欢迎的主角。电视技术的高度发展使它迅速将各种技术、艺术、传媒的功用集于一身，成为高度综合、能量巨大的新型传媒。在多种技术支持下，电视传播所实现的在时间上或空间上的开放性都达到了前所未有的程度。随着20世纪末电子计算机技术的发展，一种可以将图、文、声、像等以"0"和"1"的二进制进行数字化处理，并运算、加工、存储、传送、传播、还原的技术使得传播更为便捷，互联网横空出世，将距离进一步缩小。这导致许多新兴文化业态的产生。

2. 时间的延伸

自古以来，人类一直致力于缩短空间的距离，往往对时间无能为力。日出而作、日落而息是远古人类亘古不变的生活信念。直到开始学会取火，人类的文明朝前迈出了重要一步。火的发现和运用可以烹煮食物，可以取暖，可以防止野兽攻击，同时也照亮了夜空，使人类有了最初的"夜生活"，改变了"日落而息"的生活节奏，第一次获得了人在活动上的时间延伸。古代的夜生活是相当丰富的，夜晚听歌、看舞是古代文人雅士的家常便饭。白居易流传千古的

《琵琶行》，就是晚上乘船，路遇琵琶女，听小曲听出知音之感写下的。杜牧在扬州一梦十年，晚上二十四桥赏月，听小姑娘吹箫，于是便写下名句"二十四桥明月夜，玉人何处教吹箫"。由此可见，人类活动在时间上的延伸为开发更多娱乐形式提供了可能。

人类使用火的历史长达几十万年，人类围绕火的想象与实践也伴随着整个人类生产活动，但是火的一项重要功能——照亮夜晚，却因为电力革命而终结。人类很早就认识了"静电"和"闪电"现象，但是对电力的应用直到19世纪才开始。1831年，英国科学家法拉第发现了电磁感应现象，随后德国科学家西门子（Siemens）制成了发电机，比利时—法国发明家格拉姆（Gramme）发明了电动机。随着电力输送技术的改进，电力得以进入千家万户，成为一种新能源，与电力相关的一系列发明如雨后春笋般涌现。19世纪下半叶，被誉为"光明之父"的爱迪生发明了电灯，经过多次改进得以广泛使用，使人类有史以来第一次真正照亮夜空。到了20世纪，世界上每一座城市几乎都建立在庞大的供电系统之上，"亮灯率"成为描述城市繁荣的重要修辞之一。电力革命重塑了城市的时空，夜间活动更加频繁和丰富，将人类历史推向一个新的高度。麦克卢汉形象地把这样的世界比作"地球村"："就我们这颗星球而言，时间差异和空间差异已不复存在……经过三千年专业分工的爆炸性增长以后，经历了由于肢体的技术性延伸而日益加剧的专业化和异化以后，我们这个世界由于戏剧性的逆向变化而收缩变小了。由于电力使地球缩小，我们这个地球只不过是一个小小的村落。"[①] 电力作为一种技术媒介，大大丰富了我们对时间的感知。现代社会所谓的"休闲"，正是在这个意义上提出来的。因为白天通常为工作时间，晚上是休闲娱乐的黄金时段，为文化生产提供了时间上的延伸，并由此滋生了许多现代娱乐形式。如今，无论哪个大城市，夜间经济都在GDP

[①] ［美］马歇尔·麦克卢汉：《理解媒介——论人的延伸》，何道宽译，商务印书馆2000年版，第22页。

中占据庞大的份额，对于夜晚的商业利用是文化产业的重要手段之一。

如果说，电力的发明和使用延长了文化生产的时间，那么时钟的使用及其对时间的反复切割则意味着不同时间段可以用不同的文化产品来填补。时钟最初只有一个时针，后来分针被添加了进来，随后又增加了肉眼可见的秒针，秒针又以跑分表的形式分得更细。刘易斯·芒福德在《技术与文明》一书中探讨的第一个机器就是时钟，他认为现代工业时代的关键机器（key-machine）不是蒸汽机，而是时钟。机械时间的使用，使"人们不再将时间看作是一系列的经历，而是看成多少小时、分钟、秒，这样就开始有了增加时间和节约时间的习惯。时间有了封闭的空间的特点：它可以分割，可以充满；通过省力的器具，时间还可以扩大"[1]。麦克卢汉也指出，正如工作的概念肇始于劳动的分工一样，期间（duration）的感觉发端于时间的切分，尤其是发端于分秒的划分——机械钟表借分秒的划分，把统一的时间接续性（succession）强加在我们的时间感觉上。一旦时间呈现出封闭空间或图画型的空间特性，在机械或视觉形态上成为封闭的、分割和充塞的概念之后，就可以日益有效地使用时间了。[2]

如果说前工业社会的时间感是一种期待感，那么在工业社会，时间是有年月顺序、机械式的，由钟表的刻度均匀地隔开。这为文化产品的开发提供了重要的启示。例如，"黄金档"（电视黄金时段，一般为晚上8点到10点）、"贺岁档"（"五一"档、暑期档、国庆档）等常常出现在电视和电影等产业的营销口号中，院线的排片直接决定了一部电影的上映时长以及回收成本的速度。"五一"或"十一"等稍长一些的假期被称为"黄金周"。"不夜

---

[1] [美]刘易斯·芒福德：《技术与文明》，陈允明等译，中国建筑工业出版社2009年版，第15—17页。

[2] [美]马歇尔·麦克卢汉：《理解媒介——论人的延伸》，何道宽译，商务印书馆2000年版，第187—197页。

城"用来描述夜晚具有丰富娱乐活动的都市。时间取代流量成为占据中心的资源，甚至排队、坐车、走路的时间也被商家开发出来。在一些非娱乐场所如餐厅门口或者街头某个角落，小型的KTV屋和电玩游戏机被摆放出来供人们消除等待进场时的无聊，上下班通勤和碎片化的时间还可以用手机上的新闻、短视频、游戏、小说、音频节目来填补。

三 "智能化"的文化装置

文化产业区别于传统文化生产的第三个显著特征是拥有"智能化"的装置，这肇始于现代工业制造和信息技术向文化生产领域的延伸。文化生产的结果是向受众提供文化消费资料，如书籍、戏剧、音乐、绘画、雕塑、电影、电视，但是如果没有物质的外壳，文化生产只不过处在意念或创意阶段，其形态是以非实物形态存在的精神劳动成果，是文字、音符、线条、想象等观念形态的东西。也就是说，文化生产从来都是物质载体与精神想象的统一体，文化产品兼有文化内容和物质外壳两种属性。

在原始时代，人体文化几乎是原始人类的全部文化，特别是语言和文字还没有成熟的时候。从发生学的角度来看，手语以及身体语言可能是最原始的语言，而最原始的技术都是身体方面的技术。如《毛诗序》所言，"情动于中而形于言，言之不足，故嗟叹之，嗟叹之不足，故咏歌之，咏歌之不足，不知手之舞之足之蹈之也"。这里的"言""嗟叹""咏歌"都需要借助口来发声，手和足则是"舞"和"蹈"的载体。可见，用身体表达感情是舞蹈的胚芽。类似地，显示技巧的动作则是杂技的胚芽，而以自卫和进攻为目的的动作就是武术的始源，许多已经发展成为体育赛事。可以说，人的身体是文化生产最原始的"装置"。人类学会使用工具后，对自然物的有效利用实现了身体的延伸，语言、文字和图像的传播媒介开始依赖天然的物质载体——岩石、沙土、骨头、竹子、树木、羊皮等。如石头既可以磨制成石斧用于劳动，也可以打制成敲击伴奏的石鼓用于巫术；而整块的岩壁既可以用来遮风挡雨，也可以作为原始绘画的天然画布。龟壳作为文字的最早载体，记录了远古人类的巫术行为。随着新材料的发现和新的制造工艺的出现，我们又有了青铜器、铁器、木器、漆器、布帛、纸张等成为承载思想观念的材料和器物，并发展了与之相匹配的工艺美术技术，如金银错、鎏金、失蜡法、錾刻、累丝、镂雕等。但是这些传统技术下的文化载体都有一个共同的特征，即它们是静止的、手工的、简单的和非智能化的。直到今天，一些原始的物质载体仍然发挥重要的作用。我们依然会去欣赏美妙的人声和舞蹈，纸张依然发挥着文字的重要承载功能，这些都是人类文化生产中传承下来的不变部分，具有一定的稳定性。它们不足以使文化生产发生质的改变，因此许多手工艺一代代传承，得以绵延数千年之久。而一旦传承无法维系，则很快化作历史的尘埃。

真正意义上的变革在于，在现代制造技术的推动下，文化传播和展现的载体进一步进化，我们可以称为"文化装置"。它们不再是静止的、简单的，而是快速迭代、日趋复杂。现代文化生产的典型特征是，内容和载体同时进化，二者相辅相成。在一般的文化产业分类当中，文化设备通常被划到"外围层"或"相关层"，它们的确不是对文化内容质量起主要作用的方面——例如摄影设备的升级可以使图片影像更加清晰，而内容则取决于人的思想和创意。但是，若要从技术上来探讨文化产业的发生问题，这恰恰是不能忽略的重要内容。

1. 机器的革命

关于制造技术对文化生产的影响，还应当从机器的使用开始谈起。从广义上说，机器的使用虽然贯穿人类始终，但是近代真正意义上的机器则是在西方工业革命以后被逐步发明出来的。对于什么是机器，德国机械工程专家弗朗兹·勒洛（Franz Reuleaux）在《理论运动学》（1875）中曾下过一个经典的定义："机器是由一系列在力的作用下才运动的物体组成，人们可利用自然界的力量通过这些物体做功，完成特定的运动。"顾名思义，机器就是消耗能源可以运转、做工的机械装置，其最大的作用就在于把人力驱动的工具排除在外，实现效率的提升。机器的初步使用是以人体的一部分作为工具，最后才达到完全自动化的程度。机器和工具最大的区别就在于其对使用者技能和驱动力的依赖程度，例如人在使用工具时，人的手、眼睛、躯体要做复杂的动作，其在功能上无异于一台复杂的机器，人对工具使用正确与否及熟练程度直接决定了工具所发挥的作用。手工技术表现了技术对人体的依赖，其本质上是人的体能的延伸，离开了人，技术就是缺失的。但是在使用机器时，熟练的工具使用者也会变得机械化，自觉的活动变成了反射动作，不是机器去适应人，而是人去适应机器。

机器对于文化生产变革而言，首先在于将人力与动力区别开来。因此我们很容易将文化生产也划分为人力驱动（传统的）和动力驱动（现代的）两种类型。例如我们听一场美妙的现场音乐会，就需要演奏者拥有高超的演奏技巧，并且各个乐手之间的配合要天衣无缝。但是如果我们听一段录制的音乐，则只要有电力驱动的音响设备即可。如果我们要得到一幅精美的肖像，过去只能依靠艺术家的天才禀赋和绘画训练，但是交给照相机只需要一个按钮即可完成。这使得文化的现代化生产方式从根本上与传统区别开来，发展成为一个独立的系统。其次，基于这种人力与动力的差别，由动力驱使的装置可以不分昼夜地做功运转，且效率更高，使得文化产品的复制和批量生产成为可能。如前文所述，复制并不是现代社会才有的，差别就在于复制的方式。在传统的手工生产阶段，复制是有限的，但是在现代机器生产阶段，复制是无限的。如此一来，机器的广泛使用为文化向产品转化提供了技术支撑。由于可以满足大量的需求，生产效率和成本控制可以把价格压得更低，因此更接近市场原则。机器体系的作用就是使稀罕的物品不再高高在上。机器所生产的不是独一无二的非凡物品，而是成百上千个和最初设计的样品一样好的商品。

2. 装置的消费

现代技术以大量非凡的装置而区别于古代技术，因此，装备、设备、器具是现代技术的应有之义，这是古汉语中"技""术"和西方语言中"技术"等词本身一开始所不具有的内容。① "装置"（device）是美国哲学家伯格曼（Albert Borgmann）技术哲学中最重要的概念之一，他在其成名作《技术与当代生活的特征》（Technology and the Character of Contemporary Life）中指出，技术的进步带来各种各样的装置，诸如取暖器、冰箱、电视机、汽车、手机等等。我们的生活也越来越依赖于技术催生的各种装置，而"装置范式"（device paradigm）是当代社会的突出特征，也是现代技术的本质。技术进步不断导致新装置的发明，一方面，新技术装置重构了与之相适应的人类主体性及其行为；另一方面，新的主体性又反过来引导并要求新技术及其装置。②

新的技术装置的出现，消解了物品之间的固有关联性和人的参与性，而装置本身却隐含在背景中使人无从察觉。例如音乐是一个典型的代表。前工业时代人们的音乐行为与特定的情景是无法分离的，需要亲身参与体会和直接接触。但是工业时代，人们欣赏音乐大多都与装置有关——音乐的体验好坏来自音响设备，而便携式设备可以将音乐随身携带。这样一来，不是人参与音乐的生产，而是音乐参与人的生活。伯格曼认为，"装置范式"和"非装置范式"的区别就好比是，前者把一套音响器材送给小孩子，后者把一个小

---

① 古汉语的"技术"一词可以包含三种意思：一是与个人涉身经验相关的能力和本领，如手艺、技艺、技巧、诀窍、技能；二是一般意义上的知识、方法、途径和策略，如艺术、方术、权术、方法、手段、策略、计谋；三是作为职业分工的工匠之代称。需要注意的是，"技"和"术"的本来含义中并不包括外在工具和设备之类，表达这层意思的词是"器"，所谓"工欲善其事，必先利其器"。参见吴国盛《技术释义》，《哲学动态》2010年第4期。

② 周宪：《从"沉浸式"到"浏览式"阅读的转向》，《中国社会科学》2016年第11期。

提琴和学习课程送给他。两套礼物都可以"制造"音乐，但从人的角度来看，后者所"制造"出来的音乐会更珍贵。可是事实上，人们却宁愿选择前者。这表明，在很大程度上人的实际情况和他真正的需要都不再被重视了。这主要源于我们把焦点集中在"装置范式"方面带来的副产品，对人类的切身问题不再关怀、不再思量。美国学者凯瑟琳·海尔斯（N. Katherin Haylse）认为，各种各样的装置取代了传统的印刷物，造就了人们全新的认知方式——"超级注意力"（hyper-attention）。其特征是迅速变化焦点，热衷于多样化的、刺激性的信息。① 他认为，高度碎片化的信息导致总体性和复杂性理解结构的消解，使信息方式日趋碎片化和平面化。现代社会快节奏的生活、人与人关系转向平面结构导致"超级注意力"模式的形成，它的特征是缺乏耐心和长时关注，寻求多样性和刺激性信息，这种认知模式构成了"媒体一代"与前代人"深度注意力"（deep-attention）之间的巨大的认知代沟。例如，典籍的阅读已经成为一种奢侈，视觉画面的欣赏则备受青睐，这导致诸如时尚杂志、MTV 等流行样式的兴起，彻底摧毁了原有的营销模式。

在这里，我们暂且不去评价"装置范式"对于人们生活带来的变化。但是有一点可以肯定的是，越来越多的人开始使用作为商品的装置。装置的商品化使得技术和资本对装置的研发表现出浓厚的兴趣，正因为这一点，现代装置表现出了产品一样的性质，即需要不断推陈出新，以满足人们日益增长的需要。例如 20 世纪 80 年代兴起的电子游戏产业就是一个严格依赖游戏主机技术的产业形态，不同年代的游戏装置不仅决定了游戏的特征，游戏装置的硬件进化也不断带动游戏理念、游戏软件、游戏形态的更新，从早期掌上游戏机到街机再到 PSP、电脑、虚拟眼镜，等等。装置的进化决定了我们获取文化产品的方式，具有不可替代的作用。装置得以大量消

---

① ［美］海尔斯：《过度注意力与深度注意力：认知模式的代沟》，载周宪等主编《文化研究》（第 19 辑），社会科学文献出版社 2014 年版，第 4—20 页。

费的前提是现代技术赋予新的技术装置新的特征,其一是"手段的可变性与目的的恒定性",其二是"手段的隐蔽性和目的的显著性",即是说,人们为了达到一种目的,会不断地更新装置,而这种装置在给人带来便捷性时,其使用目的总是显而易见的,而装置本身则退居在背景中隐而不见了。尤其是随着装置设计的人性化与便携化,人们面对装置秉持的都是"拿来主义"的态度,傻瓜式的操作使人们只关注内容,至于装置本身的功能原理则是漠不关心的。

装置在文化产业中所发挥的力量来自装置本身的消费。产业形成的基础是大众消费的出现,这一方面得益于技术革命为新的设备制造提供了基础,另一方面得益于那些伟大的设备生产商和企业使得大规模使用家用电器和个人设备成为可能,如索尼、摩托罗拉、福特、微软、苹果等。他们投入大量科研经费用于研发新产品,为了赢得竞争而精简管理,降低成本,赋予装置精密化、便携化,将家用电器和个人设备源源不断地生产出来。从一定程度上说,正是智能化的文化装置被广泛普及和应用,文化产业才得以发展成为现象级的产业形态。每一件文化装置的普及都会带来新的文化内容、形式和消费潮流。若没有无线电产品的同步生产,广播电台根本无法发展成为一项产业;电视机如果不能走向千家万户,电视节目的生产必定受到局限;若没有计算机的普及,网络文化娱乐形态就不会形成。而离我们最近的智能手机的广泛使用,使得数字文化产业成为文化产业领域当中最强劲的业态类型。现代制造业对于文化产业发生的作用还在于,它不仅提供文化内容展现的丰富形式和手段,而且创造了巨大的文化设备产业。这让许多国家意识到,智能时代让制造业特别是高精尖的文化装备制造回归变得非常有必要。

3. 功能的整合

人类发明和使用机器的过程,也是赋予装置更多功能的过程。机器生产在其一开始就表现出了工具的组合属性。例如在手工时代,一个人往往只能使用一个工具,如果使用了锤子,就很难同时使用铁锹,只有技艺十分熟练的人才能够手脚并用。传统杂技能够反映出一些人在使用工具上有着过人之处，不仅能手脚并用，而且眼睛、鼻子、嘴巴都能充分调动起来。但是，杂技本身的表演性质恰恰说明了工具的功能往往是单一的，即使有个别人造物功能能够集于一身（如瑞士军刀），人们在使用上也是各自独立的——我们不可能用羊角锤钉钉子的同时拔钉子。但是机器则不同，它可以实现不同工具同时做功。马克思曾描述道："一台纺纱机同时带动几百个纱锭；一台粗梳机——几百个梳子；一台织袜机——一千多只针；一台锯木机——很多锯条；一台切碎机——几百把刀子等。同样，一台机械织机同时带动许多梭子。这是机器上工具组合的第一种形式。"[1] 由此可见，机器的发明使用一开始就是为了超出人的能力范围，从而达到更大效率和更多功能的实现。

随着现代技术由工业化向数字化、信息化和网络化发展，文化装置也变得更加智能化，其最典型的特征是功能的整合，从而可以更加聪明地工作。这种文化装置可以把一切关于文字、影像和声音的功能集中在一个终端，通过统一的二进制编码进行传输。功能整合带来了文化载体的迷你化、便携化，使得文化消费可以随时随地进行，于是人们的碎片化时间能被轻易地利用起来，比如轻巧的蓝牙耳机解放了双手，兼具接听电话和听音乐的功能。随着技术的不断发展，文化内容产业与最新的数字和信息技术相结合，以文化内容为核心，以技术创新为实现手段，将文化内容融入数字和电子的终端产品，使得智能手机、平板电脑等便携式通信设备与文化产业的内容创造完美结合，技术创新拓展了文化制造业，新的设备终端不断出现，进一步扩大了文化服务业的载体。从1983年由摩托罗拉公司推出第一台民用移动电话，到索尼、诺基亚等相继推出自己的移动电话产品，从最初只能语音通话，到发送短信、蓝牙，再到图片、音频、视频。而现在的智能手机更是集合了报纸、期刊、收音

---

[1] ［德］马克思：《机器。自然力和科学的应用》，中国科学院自然科学史研究所译，人民出版社1978年版，第90页。

机、电视、电脑、手表、座机、照相机、录像机、游戏机等多种娱乐通信功能，甚至也代替了手电筒、镜子、台历、钱包和银行卡。总之，在现代硬件技术和软件技术的作用下，文化装置越来越多地取得了智能化的特征，是推动文化内容的生产、存储、传播和消费的强大载体，是文化产业发生发展过程中不可或缺的一部分。

第三节　从技术的人文本质看文化产业的发生

我们已经充分探讨了导致传统文化生产发生变革的主导技术，虽然无法面面俱到，但是基本上勾勒了现代媒介技术对于核心文化产业发生所起到的关键作用，以及它们是如何改变文化生产、传播和接受模式的。接下来，我们将聚焦技术的本质，并衡量技术对文化的积极方面和消极缺陷，旨在说明文化产业不仅发生在技术对文化起支配作用的时代，也发生在人们对技术进行自我反思的时代。众所周知，自工业革命以来，科学技术对于推动社会生产和文化变革起到了重要作用，但也带来了相当大的挑战。与起初对于技术抱有幻想的观点不同，从19世纪开始，人们对于技术文明的反思一刻都没有停止。尤其是资本主义进入垄断阶段，技术发展一度失去控制，给自然、社会和人的心灵带来了严重的创伤。第二次世界大战以后，随着新一轮科技革命的发展，人们开始意识到技术与人文结合的必要性，认为人不能为技术所困，要求技术注入更多的人文因素。文化与技术从最初的同根同源、同质同构到相对独立发展，再到近代的冲突和当代的深度融合，其背后昭示的正是技术人文本质的回归之路。

一　观念的互动：技术的人文本质

从词源学的意义上来看，技术一词在西方世界的多种表述如

Technology（英文）、Technique（法文）、Techologie（法文）、Technik（德文）等都源自希腊语 techne，原意表示所有与自然相区别的人类活动，主要指"制作的智慧"，也指艺术创作。此外，技术还与两个词有关：一个是表示科学和知识的 episteme；另一个是表示创造、写诗及艺术技能的 poiesis。例如柏拉图最先区分了以行动为标志的技艺（如绘画、雕塑等）和以词或符号为标志的技艺（如算术、天文学等）。在希腊人看来，人们不能在科学、技术和艺术三者之间作出明确的区分。在古汉语中，"技"与"术"是分开使用的，其中，"技"与"艺"联系比较紧密，我们常用"技艺"来指富于技巧、难以掌握的武艺、工艺、手艺等；"术"则包含方法、策略和知识等意思，因此"技"和"艺"都需要"术"的支撑。可见，"技术"一词在汉语中也蕴藏着十分丰富的人文内涵。与技术类似，"文化"一词也印证了技艺与人文的同一性。英文的文化（culture）一词来自拉丁文耕作（colore），是原始的农业技术；而在汉语中，"文"来自"纹"，是"装饰"，"文"又通"艺"，艺则本来指农事稼穑之技。可见，技术在原始意义上是与文化、艺术同一的，文化又蕴含着技术的层面。它们都起"揭示"作用，一方面把世界带出来，另一方面把人带出来。技术正是一个"人文化成"的过程。[1]

　　技术与人文的原始意义勾连，首先源自技术是人的生存方式。因为人不是那种靠先天禀赋的"本质"性能而能够稳定生存下去的生物。例如，生活在极寒环境的动物往往具有厚的皮毛和脂肪层，以追捕为手段的动物都有健壮而灵活的四肢，鸟类能飞是因为有翅膀，鱼类能在水下呼吸是因为腮可以把氧气从水中分离出来，这些都是动物的先天的本质规定，这种本质使得物种与物种之间区别开来。但是人却是一种缺乏先天"本质"的动物，人既不能在极度恶劣的环境下生存，也没有上天入地的本领，更不能与猎物赤身肉搏，那么为了突破身体的有限性，人就需要不断地去弥补这些缺失的部

---

[1] 吴国盛：《技术与人文》，《北京社会科学》2001 年第 2 期。

分，而这种缺失正是人类技术起源的动力。这也是为什么人们会把技术称为"人体器官的延伸"或"客观化的人类器官"。这说明，人的存在是由人自己造就的，而技术就扮演了"构建自我本质"的重要工具，是人的"第二天性"①。

德国技术哲学家恩斯特·卡普（Ernst Kapp）在《技术哲学纲要》（1877）中曾提出过著名的"器官投影"（Organ Projection）的概念，他认为，人体的外形和功能总是作为人类最理想的客观存在，当成创造技术的外形和功能的尺度，投影到外部环境；所有工具的源泉和技术的本源，都是建立在人体器官的基础之上的。"大量的精神创造物突然从手、臂和牙齿中涌现出来。弯曲的手指则变成了一只钩子，手的凹陷成为一只碗；人们从刀、矛、浆、铲、耙、犁和锹中看到了臂、手和手指的各种各样的姿势，很显然，它们适合于打猎、捕鱼，从事园艺以及耕作。"② 美国人类学家爱德华·霍尔（Edward T. Hall）也认为，"一切人造物都可以当作是过去用身体或身体的一部分所行使的功能的延伸"③。这种延伸要么是对人体器官的补偿，如衣服用于御寒；要么是为了加强已有的器官，如锤子代替拳头；要么是为了完全替代器官，如汽车代替双腿。由于人能够利用技术制作工具实现人体器官的延伸，因此人也被称为"使用工具的动物"。到了今天，随着电子媒介和互联网的发展，我们的中枢神经系统又得到了延伸，以至于能拥抱全球。总之，所谓技术，就是实现人的目的的一种手段，它最开始的目标是帮助人类在生存斗争中摆脱自然的束缚，从而为实现人的全面解放创造条件。

此外，技术本身具有精神层面的内涵。长期以来，人们习惯把

---

① ［法］R. 舍普等：《技术帝国》，刘莉译，生活·读书·新知三联书店1999年版，第195页。
② ［美］卡尔·米切姆：《技术哲学概论》，殷登祥等译，天津科学技术出版社1999年版，第5—7页。
③ ［美］爱德华·霍尔：《无声的语言》，转引自［加］埃里克·麦克卢汉、弗兰克·秦格龙编《麦克卢汉精粹》，何道宽译，南京大学出版社2000年版，第153页。

技术作为器物层面与精神层面的文化隔绝开来，这是由于近代哲学将心和物分开了，把心灵和身体分开了。但实际上，技术作为文化产生、形成和发展的物质基础、手段、动力和源泉，它不仅仅指类似机器那样的器物，而且，它还指技术制度、体制和技术意识形态，不仅具有技能和实体形态，还具有知识和文化形态，因为它提供认识和改造世界的态度和方法，具有强大的精神力量。换言之，技术也具有文化的器物层、制度层和观念层三个结构。在技术中，由工具、机器、手段组成的"物化技术"属于器物层；以"技能、技艺、方法、知识、概念、原理、设计、规则"为内容，体现出一个民族的知识水准、风俗习惯、行为模式、价值观念、道德伦理特征的"经验技术""智力技术""人魂技术""人情技术"和"感情技术"，则属于制度层和观念层。即是说，技术不仅表现出有形的物质性特征，还体现出无形的文化特征。[1] 由此可见，技术与文化是不可分割的，二者彼此渗透、相互影响，只有当科学精神和人文精神高度契合，才能推动社会向前进步。

二 异化的力量：技术理性的膨胀

在人类社会的早期阶段，人类探索世界奥秘的科学技术活动与其他的活动（诸如艺术、宗教、巫术等）朴素自然地融合在一起。大多时候，技术都在文化的框架下有序地发展，有时还被打压。例如，欧洲中世纪科学受制于宗教思想的禁锢，几近停滞。中国古代社会"器"受制于"道"，虽然有大量手工业生产技术、工艺美术资料的记载如《考工记》《天工开物》《梦溪笔谈》《营造法式》等，但大多是作为各工种规范的制造工艺的文献记载，对技术并没有什么正面的评价。19世纪中后期，随着科学技术的应用带来物质资料的空前繁荣，现代技术逐渐获得支配地位，科学与人文之间的分裂对峙愈演愈烈，

---

[1] 张明国：《"技术—文化"论：一种对技术与文化关系的新阐释》，《自然辩证法研究》1999年第6期。

形成了一道几乎难以跨越的"鸿沟",科技文化取得了至高无上的地位。它带来了三个方面的问题:一是技术以人工的形式对自然界带来巨大冲击,带来人与自然的对立;二是技术理性的泛滥带来科技文化与人文文化的失衡;三是技术以物的形式冲击着人们的感官,人与技术的关系是人与物的具体化。其结果是人文文化进一步处于劣势地位。科学主义思潮兴起后把科学视为唯一的客观知识,科学方法无所不能,一切人生问题和伦理问题都可以用科学解决。尼尔·波斯曼(Neil Postman)按照技术与文化的关系划分了三个文化阶段,即工具使用文化阶段、技术统治文化阶段和技术垄断文化阶段。在工具使用文化阶段,工具是被整合在文化之中,因此能够服务和从属于社会和文化,人与技术和谐共处。但是到了技术统治文化阶段,工具的思想开始扮演着核心角色。工具没有被整合到文化之中,而是向文化发起攻击,试图取而代之。于是,传统、社会礼俗、神话、政治、仪式和宗教就不得不为生存而斗争。这一阶段的特点是文化与技术的分裂。在最终的技术垄断阶段,波斯曼提醒说,技术垄断将使传统世界观消失,技术垄断就是极权主义的技术统治。[①] 在技术垄断文化中,技术已然冲破了文化的樊篱,变得难以驾驭,甚至颠覆文化的权威性,企图构建一种新的秩序。

从技术与人文的关系来看,技术异化的典型特征之一,就是它以其单一化、片面化和系统化特征,成为人文的一种巨大的异化力量。人性的核心是自由,技术从根本上是成就和实现自由,使自由成为一种现实的力量。但是现代技术片面地放大了"成就"的方面,而掩盖了对自由的"威胁"这一方面。[②] 在现代资本主义发达工业社会中,由于工具理性、技术控制占绝对主导地位,整个社会无一例外地只存在单一的价值取向、单一的判断标准。由

[①] [美]尼尔·波斯曼:《技术垄断:文化向技术投降》,何道宽译,北京大学出版社 2007 年版,第 29—32 页。

[②] 吴国盛:《技术与人文》,《北京社会科学》2001 年第 2 期。

于技术的渗透，文化也变得商业化、世俗化、物质化、标准化、大众化，成了现存社会秩序和社会观念的复制品。马克思对资本主义条件下科学技术导致的精神异化现象做了很好的描述："技术的胜利，似乎是以道德的败坏为代价换来的。随着人类……愈益成为别人的奴隶或自身的卑劣行为的奴隶。甚至科学的纯洁光辉仿佛也只能在愚昧无知的黑暗背景上闪耀。我们的一切发明和进步，似乎结果是使物质力量成为有智慧的生命，而人的生命则化为愚钝的物质力量。"[1] 由于技术的工具理性、实用性与应用性被强调到极端，"科技万能论"与"技术崇拜"盛行，特别是科学研究的经验原则、数量原则、机械性原则在广泛的社会领域有了行之有效的表现，人文精神则被虚置，使主流文化的发展处于极度被动的地位。而过度追求技术和物质导致的生态危机、经济危机、信仰危机等，反过来造成了广义文化价值观的整体危机。如此一来，文化与科技之间出现了不可调和的矛盾和断裂。[2]

那么，现代技术为什么会一步步走向"异化"呢？有学者指出，技术是自然属性与社会属性的统一，自然属性决定了技术异化的不可避免，人类不能发明违背自然定律的技术，因此在技术上并不存在绝对的自由。任何技术都有非自然的人为参与，就会对自然产生破坏，带来不可避免的副作用。技术不是中性的，是一种辩护。技术都是有缺陷的，它是我们的杰作，但其正负作用都将作用于人类。这与谁来使用，如何使用无关。而从社会属性来看，由于人类对技术的认识不可能达到完美的水平，因此又会进一步加剧技术的异化。人类从"自然生存"向"技术生存"过渡的过程，就意味着技术必然走向异化。

技术的异化还在于技术本身蕴含着一种理性的力量，导致人文

---

[1] 《马克思恩格斯选集》（第1卷），人民出版社2012年版，第776页。
[2] 李凤亮、宗祖盼：《文化与科技融合创新：演进机理与历史语境》，《中国人民大学学报》2016年第4期。

精神缺失。埃吕尔认为，技术理性在科学技术发展中的基础作用为世人宣传它提供了有力的依据，以致在理性主义、科学主义盛行的时代对其顶礼膜拜。技术理性由此也就日益确立其霸主地位，然而就在它确立其至高地位的同时，也就疏远了其与人文的关系，从而背离了技术启蒙及其为人类谋福利的初衷。实际上，技术的异化与劳动异化、消费异化、需要异化甚至社会的异化和人的异化息息相关，其关键词就是"过度"。在资本主义制度下，资本表现为对利润最大化的追求，技术变成了一种服务经济和资本的技术。不惜代价和后果研发新技术并将之扩大到生产当中，便会导致技术的过度使用。在马克思看来，导致科学与人文对立的社会历史根源是科学和技术的资本主义应用。当科学和技术成为生产财富和致富的手段，就会演变为资本剥削工人劳动，追求剩余价值的帮凶。

三 救赎的尝试：文化与技术融合

既然人的存在是由人通过技术造就的，技术是人之本质构成的基本要素，那么，技术之于人的意义就不是表面上的工具和手段关系，而是表现出更深层次的内在关系。因此，尽管现代技术表现出一定的异化力量，甚至某些方面与人文背道而驰，但主张简单的"反技术主义"和"悲观主义"也绝对行不通。技术一方面把人的自由潜能带向现实，为人展开了更多的可能性空间；另一方面，技术所展开的每一种可能性空间，又都必然会遮蔽和遗忘了更多的可能性，使丰富的可能性扁平化、单一化。[①] 而后者正是工具理性盛行的现代社会时刻需要警惕的。因此，无论是重视或强调一端还是忽视或抑制另一端，都只是人类历史发展中某个阶段所面临的问题。自人类诞生以来，技术与文化相互交融的动态过程，经历了从觅食、采集、渔猎到农业、工业、信息等多个文明的更替。尽管二者失衡

---

① 吴国盛：《技术与人文》，《北京社会科学》2001年第2期。

的状态时常发生，但是总体的趋势却是融合发展的。恰如成中英指出的，"基于人性需求的多元性与有机性，人文价值与科学价值必须在文化生活中平衡发展并相互支持，方能达到持续增长与发展并促进文明更新、文化创新的活力的目标"①。技术与人文之间就是不断在平衡与失衡的运动中，推动着社会向前演进。

现代技术对文化取得支配地位后，造成了工具理性的泛滥。但是，人文式微并不意味着被取代和完全消失。相反，从技术至上走向人文关怀是贯穿20世纪尤其是20世纪后半叶的重要议题。无论是以工人运动为代表的方式直接破坏机器，还是浪漫主义的兴起，对工具理性的极力批判，对技术的反思一直都是现代文化的冲动之一。从波德莱尔的诗歌到法兰克福学派对资本主义"文化工业"欺骗本质的揭示，从海德格尔对技术物质化、齐一化、功能化的批判到哈贝马斯、马尔库塞、弗洛姆对技术的思考，都无不表达了相当程度的批判和反省。而这一时期自然学科与人文学科之间的对立也从侧面反映了这种裂痕。英国学者C.P.斯诺（C.P. Snow）将其归纳为"两种文化"（人文文化和科学文化）的对立和"两个极端的智力集团"（文学知识分子和科学家）的互不理解、歪曲甚至憎恨和厌恶。②

不仅仅是在思想层面，面对技术与人文的分裂，人们在实践层面也一直在寻求技术时代人的自我拯救尝试。其目的就在于如何在技术异化的时代处理好人与技术的关系问题，把人、技术与文化更紧密地结合起来。技术异化的救赎反映在文化领域，就是寻求文化与技术的融合，即试图让技术承载更多的文化内涵，让冷冰冰的理性的技术具有人文的温度。文化与技术融合作为技术理性膨胀的救赎尝试，最典型地体现在文化产业上。19世纪末20世纪初，现代媒

---

① 成中英：《人文与科学的分解与结合——兼论人类社会的理想境界》，载温奉桥主编《中国当代学术演讲录》，齐鲁书社2011年版，第287页。

② [英]C.P.斯诺：《两种文化》，纪树立译，生活·读书·新知三联书店1995年版，第3页。

介技术的变革，使人类的文化从印刷时代进入电子媒介时代，技术上的应用很快渗透到文化领域，文字、声音、图片、影像的复制与传播，成为技术时代的精神食粮。也正是这些精神食粮，让资本主义工业秩序得以维持。可以毫不夸张地说，如果没有与机器工业相匹配的文化工业，资本主义工业秩序就会崩溃。

然而，文化产业作为对技术异化的"补偿"，本身也深受资本主义秩序的影响。由于需要补偿的人群以指数级增长，而且短时间内会聚到都市之中，因此文化的生产也不得不采取工业化的手段，这样才可能满足最广大的受众。其结果是，文化产业自身也变成了另外一种异化形式。人们为了逃避机器体系的控制，却又陷入了机器提供的文化狂欢。机器时代的公众需要在文化生活中反抗、逃避并缓解"机器体系"所带来的压迫感，这类反抗、逃避本身也只能通过机器来实现。文化产业根本上是"机器体系"的一个后果：机器体系压迫人类，人类必须寻找可以逃避机器的文化生活；这种逃避的需要是如此广泛，以至于只有借助机器而且大规模生产的文化才能满足公众的需要；当机器成为大规模文化生产的必要工具时，机器又成为公众反机器的手段。所以，文化生活中各种非机器的经验和体验，并没有真正摆脱"机器体系"的控制，而是从反面复制了"机器体系"。现代文化弘扬的是人性解放和自由，文化产业之所以形成，很大程度上与技术时代的公众渴望在文化活动中释放机械化生活的压力、单调和无聊有关。但是当人们把文化生活当作"机器体系"的反模仿时，这类"小型减震器"只是把人的生活更密切、更具体地与机器联系起来。[①] 这就是说，一方面，文化产业本身是对"机器体系"的反抗和代偿，如周末驾车出游可以找回失去的自然，体育运动可以找回自然的身体，游戏可以找回童心，等等；另一方面，在人们使用技术来摆脱技术世界时，"机器体系"也参与了当代

---

① 单世联：《技术与文化产业的兴起》，载《中国文化产业评论》（第15卷），上海人民出版社2012年版，第18页。

文化的生产。人们试图从文化产品中寻求精神慰藉和精神自由，但是由于这种方式本身也被纳入"机器体系"之中，因此，人们反而是被文化产业所"控制"，无法从中获得真正的自由。关于这一点，法兰克福学派可谓着墨颇多。马尔库塞甚至将这种技术控制的社会称为"技术极权主义社会"。

文化产业本身这种"异化"过程可以形象地描述为从"雪中送炭"到"锦上添花"的角色转变，前者是一种积极的肯定，后者则是一种对未来的期许。纵观世界，文化产业在发展初期表现出对于唤起人文的积极探索，一种是对机器体系的补偿，有利于克服工业文明、机器体系的若干弊端；另一种则是打破体制禁锢，对于冲击和消解一元的意识形态与一元的文化专制主义，慰藉人们的心灵具有积极正面的疗效。它们一开始都还秉持着对抗技术异化的精神武器，文化产品的生产赋予了艺术准则，更在文化艺术的民主化上有过积极的探索，它消除了精英与大众之间的界限，普遍性与特殊性已经统一起来，"大传统"与"小传统"①的界限模糊了。这一点本雅明早在20世纪初就有较为明确的表述，他虽然批判复制技术导致"光韵"的消失，但是对于艺术的民主化保持了积极的态度。由此可见，在发达的工业社会，不仅人的生活方式同化起来，而且高层文化与现实的"间距"已被克服，他们共同分享制度的好处。当"文化产品一经以信息、通信方式、品牌产品、金融服务、媒体产品、交通、休闲服务等形式遍布各处，文化产品不再是稀有物，而是横行天下"②。这充分表明，区别于古代社会等级森严的阶级划分，文

---

① 美国芝加哥大学人类学家罗伯特·芮德菲尔德（Robert Redfield）提出了"大传统"与"小传统"的区分。"大传统"是指一个社会里上层的士绅、知识分子所代表的文化，这多半是由思想家、宗教家反省深思（reflective）所产生的精英文化（refined culture）。"小传统"则是指一般社会大众，特别是农民（peasant）或俗民（folk）所代表的生活文化。参见［美］罗伯特·芮德菲尔德《农民社会与文化：人类学对文明的一种诠释》，王莹译，中国社会科学出版社2013年版。

② ［英］斯科特·拉什、西莉亚·卢瑞：《全球文化工业——物的媒介化》，要新乐译，社会科学文献出版社2010年版。

化与科技融合从少数精英的"器物"层面转向了多数大众的"产品"层面。总之,对于文化产业的初期表现,虽然在一些精英知识分子面前遭到批判,但是不能一概而论,文化产业对于唤起人性的作用是不可忽视的。

然而,随着人们的物质世界越来越丰富,精神世界的满足却呈现出异化的特征,表现为为了消费而消费。而文化生产商也正是意识到了这一点,尽可能多地提供文化产品,创造着文化消费的神话。资本、技术与商业结合,对人们的文化生活发起进攻,共同成就了文化产业的发生、发展和壮大。我们处在一个希望文化产业为我们的生活"锦上添花"的时代,不仅因为文化产品并不稀缺,而更在于它们不够精致,所以文化产业已经远离它发展初期所表现出的"雪中送炭"般的慰藉。我们渴望从一大堆文化产品中找到引起共鸣的精神产品,所以只能慢慢筛选。而人们就在这一遍遍的寻求过程中浪费了大量的精力与时间,而一旦找到喜欢的,又沉迷其中,其结果是,人们在海量的文化产品和文化信息中迷失了。

所以,文化产业作为一种救赎手段,还远没有达到它应有的终极目的。但是,我们又回不到过去。因为技术发展已经实现了从人的躯体的延伸到思维的延伸,深刻影响着人们的思想、想象和思维。技术不再是一种物质性的设置,同时也是一种思维、情感和行为方式的设置。这就意味着我们不是离技术越来越远了,而是越来越近了。更重要的是,技术、资本和商业的结合在文化领域已经驾轻就熟,而且懂得如何去了解消费者,为消费者提供他们需要的文化产品。如今,我们的生活已经离不开社交网络、小说、电影、音乐、游戏,它们已经变成了我们生活的一部分。所以,如果救赎的尝试还需要继续,那就需要在未来作出努力。不是改变现有的体系,而是让文化产业在现有的体系中起到真正应对技术体系的作用。一些学者仍然抱以"技术悲观主义"态度,认为技术虽然为文化生活提供了一种非技术化的世界,但这种非技术化只是技术化世界的"代偿",实际上不能摆脱机器体系的桎梏,而仅仅是对机器体系的逃避。但是我们相信，科学与人文对立的局面是继发性的，是后天形成的，因此也是可以改变的，而其中的关键，就是使科学精神与人文精神具有同一性。即人文精神具有科学精神的向度，而科学精神具有人文精神的向度。

有技术的生存和没技术的生存存在一定差异，有文化的生存可能是有技术的生存，而有技术的生存不一定是有文化的生存。人们需要的是有技术的文化生存和有文化的技术生存相契合的生存方式。① 现代技术导致的种种问题不能够单纯从技术的角度来处理，而是要回归人性的正确规定，回归生活世界和生活技术。我们必须意识到，人类的心灵、意识是要优先于工具、机器的。在这种背景下，文化产业的重要使命在于以合乎人性的文化产品来对抗强大的技术力量，使技术成为文化的一个内在组成部分而不是外在的控制性力量。例如，在技术层面，我们主张要回归匠心，以器载道，倡导"人技合一"，目的就是要在技术带来的"成就"和"自由"之间形成一种张力。都市人喜欢手工、乡村旅游恰恰说明人们对这方面是十分渴望的。如今，物质需求与精神需求的平衡已成为人类社会生存和发展的必要条件。一个高技术的社会必然也是一个高文化的社会，以此来保持整体的平衡。因此，如何克服波斯曼所谓"技术垄断"带来的一系列恶果？在人类无法逃离技术世界的情况下，刘易斯·芒福德提出的"机器的审美化""技术与文化融合"的构想，斯诺有关科学文化与人文文化结合产生的"第三种文化"的论述，伯格曼所谓"保护聚焦物和聚焦实践"，海尔斯所谓"深度注意力与超级注意力的结合"，等等，或许都是合理的选择和未来的期许。

---

① 杨竞业：《文化现代化：从"自由的文化"到"文化的自由"》，武汉大学出版社 2012 年版，第 203—204 页。

第 六 章

资本扩张：文化产业发生的商业逻辑

　　获利的欲望，对营利、金钱（并且是最大可能数额的金钱）的追求，这本身与资本主义并不相干。这样的欲望存在于并且一直存在于所有人的身上，侍者、车夫、艺术家、妓女、贪官、士兵、贵族、十字军战士、赌徒、乞丐均不例外。可以说，尘世中的一切国家、一切时代的所有人，不管其实现这种欲望的客观可能性如何，全都具有这种欲望。

　　　　　　——［德］马克斯·韦伯《新教伦理与资本主义精神》

　　毫无疑问的是，今天我们所看到如此丰富的文化商品和产业形态大多是现代技术应用于文化领域的结果。技术不仅创造了新的文化消费，而且改变了许多传统文化行业的规则。可以大胆地预言，我们永远只会看到一个"相对意义"上的新兴文化业态：旧的阵营被新的阵营替代，新的阵营又归为旧的阵营，周而复始，循环往复。如今，数字技术和互联网已经催生了大量的新业态、新产品、新模式，然而很快又有人开始拥抱"大数据""区块链""虚拟现实"和"人工智能"。下一个颠覆性技术会是什么？我们不得而知。但有一点可以肯定的是，技术试图影响文化生产的意图比过去任何一个时期都来得强烈，文化产业也将按照技术的演进周期不断向前发展。

但是，我们也必须认清这样一个事实：从商业的角度来看，现代技术虽然塑造了许多新的文化样式，但是真正推动成熟文化产业发生的决定性因素，在于它"有利可图"，即它的交换价值和利润动机，也就是遵循了资本的普遍规律。历史性地看，人类的文化生产活动从一开始就多多少少沾染了商业的气息，无论是从人类学、社会学还是经济学的角度来审视，带有"交换"和"贸易"性质的文化经济形态在人类漫长的历史中是有迹可循的，文化与经济之间的一体化运动同人类社会一样悠久。只是这种以金钱为主要驱动因素的文化交换形式直到进入工业社会以后才大规模地开展。阿多诺很早就意识到，"利益群体总喜欢从技术的角度来解释文化工业……然而，却没有人提出，技术用来获得支配社会的权利的基础，正是那些支配社会的最强大的经济权利……文化工业的技术，通过去除掉社会劳动和社会系统这两种逻辑之间的区别，实现了标准化和大众生产。这一切并不是技术运动规律所产生的结果，而是由今天经济所行使的功能造成的"[①]。他揭露了文化工业技术背后真正的支配力量是资本，从中处处可以感受到资本这只无形之手在背后的操纵。换句话说，工业化是起点，市场化是过程。如果一项技术能够帮助人们达到某种目的，例如发明某种可以存储、传播声音和影像的介质，那么人们肯定会去做。而如果那样做能够赚钱的话，人们就会想方设法做得更精致。电影产业就是一个典型的例子，从默片到有声，从黑白到彩色，从胶卷到数字，从二维到立体，电影生产商竭尽所能地取悦观众，为的就是不断唤起消费者的新奇体验，以免被市场淘汰。文化产业的发生，既是现代技术助推下的文化现实，也是资本向文化领域大举扩张的结果，这一点是文化产业的基本要义，也是认识文化产业的一个侧面。正是在资本的驱使之下，文化生产

[①] ［德］马克斯·霍克海默、西奥多·阿多诺:《启蒙辩证法：哲学断片》，渠敬东、曹卫东译，上海人民出版社2003年版，第135页。

才发展成为一种市场化、商品化和技术化的文化产业，变成了受到普遍商品规律支配的生产。因此，"文化"虽然起到了将文化产业与其他产业区分开的作用，但究其本质而言，"产业"或许才是文化产业这个词语的主要部分，它的第一层含义是技术性的，第二层含义是商业性的。本章将从商业逻辑的层面来继续探讨文化产业发生过程中不可忽视的经济因素和商业逻辑。

第一节　文化经济的起源与历史变迁

文化产业作为一种经济形态，已成为时下广泛讨论和颇具争议的话题之一，但我们是否真正了解其漫长的演进过程呢？众所周知，我们所熟知的现代经济学是17—18世纪前后伴随着自然经济的瓦解才迅速发展起来的一门新学科，即当经济学以资本主义市场经济作为对象之后，才成为一门具有体系性的学问。一般认为，亚当·斯密是将经济学作为一门独立学科研究的开创者，其代表作《国民财富的性质和原因的研究》（又译为《国富论》）是近代经济学的奠基之作，被视为经济学的起点。但是，如果我们将取得和消费生活物资的人类活动，创造价值满足人的需要的功利活动，或在这种活动中建立的人际关系，称为"经济活动"或"经济关系"，那么可以说"经济"在人类诞生后的任何时期、任何社会都是存在的，尽管它可能采取各种不同的形态。[①] 不少学者认为，早在比古代更为久远的未开化的原始时期，在人们从自然获取生活资料的活动中，已经有极少一部分采取了交换和商业的形态，并随着时代变迁和社会分工的进一步扩大，其范围也在共同体内外逐渐扩大。不仅物质生产如此，文化生产亦如此。

---

① ［日］山口重克：《市场经济：历史·思想·现在》，张季风等译，社会科学文献出版社2007年版，第1页。

因此，文化产业虽然是伴随着工业革命和资本主义机器大生产发展起来的现代文化经济形态，且直到20世纪才逐渐发展成为一种全球化的景观，但也如马克斯·韦伯所说，谋利的欲望和赚钱的冲动与资本主义毫无关系，它对于一切时代，地球上一切国家的一切人都普遍存在。[1] 所谓"富者，人之情性，所不学而俱欲者也"（《史记·货殖列传》），无论士农工商，抑或三教九流，都曾是为了追求财利而竭尽所能、不遗余力的。在文化领域，孔子讲学、荷马吟唱都不只是纯粹的奉献；在古罗马帝国，想知道新闻的人要付给职业讲述者一分钱；《史记》中早有对中山国女子学艺卖艺的记载；中国明代已有人靠组织编撰小说和绘画卖钱……随意举出的几个例子足以说明，文化行为及其作品自古即可能获得经济性的回报，艺术的商业化也不是什么新东西。所谓"我以这才换那财，两厢情愿无不该"（中国清代文人李渔语），现代人的文化经济行为尽管在形式和规模上不同往昔，但一定是从历史中变迁演化而来。也就是说，大概从人类能够生产文化物品并进行交换的远古时代，文化经济和文化市场就已经出现了，只不过它们以潜在的、不发达的、朴素的形态存在着的。[2] 甚至一些社会内部物品和服务的文化生产、文化交换及分配曾经存在着绝不逊色于当今文化市场经济的精细复杂的系统。因此，要理解人类的文化经济活动如何达到今天的产业程度，还必须将其置于历史中去考察。

一 社会分工与文化私有财产的交换

文化与经济起初是共生的，你中有我、我中有你。从文化人类学的意义上说，人类的一切经济活动也是文化活动，都具有文化的意义，同时也就使得文化本身从它一开始就内蕴着经济的因子，而

---

[1] [德]马克斯·韦伯：《新教伦理与资本主义精神》，彭强、黄晓京译，陕西师范大学出版社2002年版，第15页。

[2] 谢名家：《"文化经济"：历史嬗变与民族复兴的契机》，《思想战线》2006年第1期。

经济也内蕴着文化的因子。在人类文明发展的一个相当长的时期内，文化与经济的关系就表现为以共同体或一体化为特征的互动关系。离开了这样一种关系性存在，文化和经济作为属人的存在形态也就失去了全部价值和依据。真正自觉的、合目的的、现代意义上的以精神产品的生产、消费和流通为主体特征的狭义上的文化经济活动，则是在人类文明社会发展到一定阶段后才出现的，即在人类自觉地发现文化作为相对独立于经济之外的一种财富之源，以及成为对现代经济发展的推动力量后才出现的。[1] 由此，一种以文化经济价值为主要追求目标的产业——文化产业应运而生。

作为物质形态的原始艺术凝结了远古人类的审美观念和情感意识，是在漫长的物质生产劳动和征服自然的活动实践中逐渐萌发的，我们可以把它看作人类最原始最低级的文化生产活动。但是，原始社会生产力水平极其低下，以血缘关系为基础形成的原始氏族公社制度曾在人类历史上存在过很长时期。因此，氏族部落内部普遍实行集体劳动和财产公有，当时既不存在相对独立的产品交换体系，更不可能形成专事文化产品交易的市场。只有随身佩戴的作为装饰用的兽齿、鱼骨、贝壳、羽毛等原始造型艺术，表现出了最初的私有性质。在早期母系氏族社会结构里，装饰艺术品通常都属于女子，这些装饰艺术品或工艺品由男子在捕猎后生产创作并赠送给女伴，并借此向女伴和别人炫耀自己的技能。马克思曾分别摘录过俄国历史学家马·科瓦列夫斯基和美国原始社会史学家摩尔根的两段话：

> 要判定在蒙昧人中什么东西是个人财产，必须考察哪几种财物在埋葬死者时必须毁掉；在某些蒙昧人中，只毁掉武器和衣服；在另一些蒙昧人中，还加上死者的男女奴隶，死者的诸

---

[1] 胡惠林、李康化：《文化经济学》，书海出版社2006年版，第4—5页。

妻或一妻；还有些蒙昧人则要毁掉死者栽培的果树和喂养的家畜。①

占有欲依靠纯粹归个人使用的物品而哺育着它那初生的力量，这类物品是随着发明的缓慢发展而增多的。占有者生前认为最贵重的物品，都被关进死者的坟墓，供他在冥中继续使用。②

可见，对原始人随葬品的研究，可以为我们揭开关于私有财产的最初面纱。法国学者保尔·拉法格（Paul Lafargue）的研究也证实了这一点："个人的财产采取物质的形式出现只限于野蛮人的贴身之物，或者说得确切些就是那些与他结合在一起的东西，例如穿在鼻子上、耳朵上、嘴唇上的装饰品……这些个人使用之物就在死后也离不开它，与死者尸体一起烧毁或者一起埋葬。"③ 从考古资料可知，在4.5万年至1万年前，旧石器时代晚期生活在北京周口店山顶洞的北京猿人已有了带装饰品性质的具有钻孔、染色的小砾石、兽牙、兽骨等艺术品的出现，这可以认为是中国古人类最早生产的文化艺术品，亦可视为文化产品的最早形式。④ 也就是说，随身佩戴的装饰品无疑是人类最早的私有财产之一。然而，随葬物品虽然表现出了一定的私有性质，但是私有制还远未形成。例如从仰韶文化各遗址的氏族墓地中可以看出，各墓葬随葬品的数量和质量都差不多，通常是三四件用于炊煮、储盛、汲水和饮食的一类陶器，以及骨簪、骨珠之类的装饰品，反映出人们生前平等分配生活资料的生活。⑤

---

① 《马克思恩格斯全集》（第45卷），人民出版社1985年版，第210页。
② 《马克思恩格斯全集》（第45卷），人民出版社1985年版，第380页。
③ ［法］拉法格：《财产及其起源》，王子野译，生活·读书·新知三联书店1962年版，第44—45页。
④ 范建华：《中国文化产业发展史》，云南人民出版社2016年版，第2页。
⑤ 陈绍闻、叶世昌：《中国经济思想简史》，上海人民出版社1978年版，第1—2页。

具有私有性质的物品孕育着私有财产交换的开始。随着生产力的发展，产品的剩余使聚集财产成为可能，进而导致氏族成员之间出现贫富分化和财产不均的现象。于是，在不同部落、不同产品所有者之间出现了交换活动。诚如马克思所说："商品交换是在共同体的尽头，在它们与别的共同体或其成员接触的地方开始的。"① 虽然商品交换最初阶段的状况已无从查考，但我们可以推断，跨地区的交换最早出现在偶遇的猎人队伍之间，或者伴随着武装冲突而出现，或者发生在部落边境附近。而随着贸易聚落成为古代城市生活出现后最为普遍的机构形式，相互联系的商业团体形成了贸易网络，或成为贸易离散社群——一个社会上相互依赖，但在空间上离散的社群所构成的民族。早在先秦时期，人们就把商品交易地称作"市"，如《易·系辞》中曾记载："日中为市，致天下之民，聚天下之货，交易而退，各得其所。"随着早期商品贸易的发展，作为精神生产的装饰艺术品也不可避免地进入"交换"的行列。据考证，在新石器时代晚期仰韶文化散布于甘肃等地，现在发掘的遗址中出土有磨制的鱼片、玉瑗和海贝。这些物品并非出产于当地，由此推测是通过物物交换途径由新疆和沿海地区流入本地的。② 尽管早期的实用工艺品或装饰艺术品还不能冠以"商品交换"的名目，但是从不同地区墓葬中发掘的非本地的随葬装饰品如陶器、贝壳、玉石玛瑙制品、象牙雕刻品等无不证实了当时艺术商品交换的繁荣。③ 而一些地区考古出土的数量和种类之多，足以证明当时已经存在生产这些器具的作坊。陈绍闻和叶世昌在《中国经济思想简史》中也指出了这一点："江苏境内不产玉，可是，在南京北阴阳营和吴县草鞋山等遗址，都

---

① 《马克思恩格斯选集》（第2卷），人民出版社2012年版，第131页。
② 赵玉忠：《文化市场概论》，中国时代经济出版社2004年版，第45页。
③ 例如，考古发现，在远离海滨的青海西宁、乐都等地有大量随葬的贝壳；大汶口文化遗址中出土了非本地出产的玉石和象牙制品；并不出产玉石的南京和吴县出土了大量玉饰；河南龙山文化遗址出土了具有大汶口文化特征的陶器。参见李向民《中国文化产业史》，湖南文艺出版社2006年版，第10页。

出土了许多琢磨和雕刻很精致的玉饰。可见当时已有交换为目的的制玉业，它们是墓主人通过交换获得的。商品交换和商品生产增加了人们集聚财富的手段，私有制得到进一步发展。"[1]

随着产品出现剩余，生产资料公有制逐步解体，私有性质的交换行为更加频繁，贫富和阶级进一步分化，加速了社会分工的发展。亚当·斯密认为，社会分工是从人类的本性中具有的交换性情产生的："给人们带来这么多利益的分工，不是由人们对其能引发普遍富裕的预见和意图的睿知中产生的。这种广泛的效果，完全是不被人们介意的人性中的一定性情，即把某种东西与别的东西相替代相交易、相交换的性情，缓慢地渐进地发展的必然的结果。"[2] 一般来说，社会分工起因于交换，但分工的程度往往又受交换能力大小的限制。而专业作坊的出现意味着当时社会分工已经达到了较为成熟的程度。因为只有分工出现，各司其职的社会成员才需从其他同伴那里换取自己所不能生产的劳动成果。而就在这一过程中，文化生产就逐渐从社会生产中分离出来。马克思和恩格斯曾高度评价文化生产与物质生产分离的重要意义，他们在《德意志意识形态》中指出，"分工只是从物质劳动和精神劳动分离的时候起才真正成为分工……从这时候起，意识才能摆脱世界而去构造'纯粹的'理论、神学、哲学、道德等等"[3]。社会分工一方面使科学、技术、知识、理论、哲学、神学、文学、艺术等文化的独立成为现实；另一方面也产生了专门从事这些文化生产的人。[4] 这也表明，由社会分工引发的交换行为不仅体现在物与物之间，也体现在精神与物质方面。一旦精神生产成为一种供给，形成文化经济的条件就具备了。

---

[1] 陈绍闻、叶世昌：《中国经济思想简史》，上海人民出版社1978年版，第3页。
[2] 转引自［日］山本二三丸《人本经济学：经济学应有的科学状态》，王处辉译，东方出版社1995年版，第68页。
[3] 《马克思恩格斯选集》（第1卷），人民出版社2012年版，第162页。
[4] 司汤云杰：《文化社会学》，山东人民出版社1990年版，第308页。

二 供养与恩主制主导下的文化生产

在未开化文化的较高阶段，劳工阶级和有闲阶级有明确区分。随着劳务朝多样化和专业化演进，工作的区分就将生产性劳动从非生产性劳动中分离出来。进入奴隶和封建社会，社会分工进一步细化。尤其是在早期城市当中，除了发展农业和工商业之外，还出现了越来越多不事农商而从事新职业的人。例如春秋战国时期，买卖珠玉无论是在王公贵族还是平民百姓中都非常平常，经营艺术品尤其是珠宝是一个颇为有利可图的行业。《史记·货殖列传》中曾记载："中山地薄人众，犹有沙丘。纣淫地余民，民俗急，仰机利而食。丈夫相聚游戏，悲歌慷慨，起则相随椎剽，休则掘冢作巧奸冶，多美物，为倡优女子，则鼓鸣瑟、跕屣，游媚贵富，入后宫，遍诸侯。"可见，古代以出卖才艺为生的现象也非常普遍。古代社会手工艺门类更是繁多且分工精细，有"百工"之说。不仅如此，工艺品精致美观，为人所喜爱，同时伴有加工难的特征，属于稀有物品，久而久之就发展成为最早的价值符号，成为一般等价物。可见，装饰艺术品具有非常高的经济价值。例如春秋战国时期，人们多用"金""镒"来描述艺术品就表明了艺术价值的经济标度。如"千金之剑""千镒之裘""璞玉万镒"等。

但是，由于自给自足的自然经济和农业文化占据社会统治地位，文化商品的种类和文化服务的项目极其有限，文化市场基本处于被抑制的状态，相对于常规行业而言，新职业通常被看作"邪业"，是"玩乔末事"，是以追逐"奇羡"为目的的人，是"机利"者。一方面，文化与经济出现分离后，文化成了特权阶层的特权享受，文化消费也成为一种高级消费，而大多数人则没有机会或没有财力、闲暇从事文化生产、进行文化消费。经济上的贫乏和文化上的垄断构成这一时期的特点。[1] 例如秦始皇陵墓出土

---

[1] 谢名家：《"文化经济"：历史嬗变与民族复兴的契机》，《思想战线》2006年第1期。

的兵马俑、汉中山靖王刘胜和妻子窦绾墓中出土的"金缕玉衣"都是一种典型的文化生产活动，但是具有明显的阶级性和政治性。另一方面，即使有从事文化生产的人，这种生产也带有明显的人身依附关系。实际上，早在原始时期，图腾仪式就孕育着巫师阶层的出现，而专职巫师意味着艺术劳动作为一种精神劳动从物质劳动中分离出来。极富创造力、感染力的通灵歌舞使他们可以完全脱离物质劳动的生产活动，依靠其他社会成员的劳动所得生活。类似的还有专业的文身师，他们凭借高超的技艺或经验，以收费或收礼为生，甚至报酬数额和支付形式因部落、性别、婚姻状况等有所差别。再如，文字体系形成之初，掌握书写能力的人是一群拥有巫、尹、史等官职称谓的人，他们与原始社会的巫师一样，是专为统治者服务的。以当时社会必需的精神引导作为交换物，换取其他成员的劳动成果，就是一种"潜在"的交易关系。而在特权社会，歌舞、戏曲、杂技等职业表演更多地作为宫廷供养并且专为特权阶级服务。如秦汉两代设立的"少府"，就是专职资助宫廷文化艺术活动、供养宫廷艺人。创作者依附于封建领主和公侯权贵，特权阶级几乎垄断了文化艺术，宫廷贵族、宗教团体等封建社会的统治阶级是文化艺术的买家以及艺术家的供养人。从汉代乐府的乐师，到唐代的梨园弟子，再到宋代翰林国画院的书画家，可以说，主流文化艺术的生产者们无一不依附于宫廷，无法摆脱官权的控制。[1] 以戏剧为例，朝廷和王公贵胄的供给是戏剧表演得以运营的方式之一。戏曲是这个时期艺术领域的绝对主角，得到皇族及朝臣的全力支持。例如，徐慕云在《中国戏剧史》中写道："自道光末年迄今，中历咸丰、同治、光绪、宣统以及民国念余年来，差约百载，其间名伶辈出，皮黄益盛。……而西太后（慈禧）尤为古今第一大戏迷（后有时亦著戏衣，偕李莲英联袂歌

---

[1] 徐望：《文化赞助制度的前工业源泉——从前工业社会艺术供养模式看文化赞助制度与文化生产变迁》，《文化艺术研究》2017年第1期。

舞），供奉名伶，提倡戏剧，实较明皇、乾隆犹过之。一时王公大臣、贝子、贝勒之精于音律，长于戏剧者，不胜枚举。"[1] 晚清以前，戏剧、曲艺等大众娱乐形式在农村多为酬神许愿的庙台戏和草台戏，是一种间断性的节庆演出。在城市则多为在王府、官邸、豪门望族的私室中或会馆中演出的堂会戏，更多的是一种身份、地位的标志，大众化和商业色彩较弱，算不上是大众商业化的娱乐产品。[2] 由此可见，无论是作为物质性的文化生产还是非物质性的文化服务，都具有一种潜在的文化经济关系，只不过这种关系不是自由的。

这种"供养"形式发展到另一个阶段的典型特征是文化艺术活动作为意识形态的重要组成部分，主要被统治者及其利益集团垄断，文化艺术活动在很大程度上被赋予了政治和宗教的意味。如拿朝廷俸禄或被雇佣的画工，宫廷专职的书工、手工艺人（雕塑艺人）等，他们一般有较为稳定的经济来源，表现的是王宫贵族的审美。以绘画为例，在中国早期，宫廷无疑在赞助上发挥着重要作用。为宫廷服务的画家奉旨绘制列祖先皇及历代贤士名人的画像，用来装饰宫廷、寝宫和陵墓的墙画。其他受欢迎的创造主题还包括描绘宫廷贵妇的日常生活，皇帝或皇子的爱马、珍禽异兽，以及外国使臣进贡的奇珍异宝。除了宫廷，寺观和文庙是提供赞助的另一来源。这些地方不仅需要画家装饰墙面，而且委托他们绘制各种宗教题材的画卷，为画家提供工作场所和一切便利条件。[3] 再以清代都城北京为例，"20世纪初，城内有常住人口70.5万人，其中专享俸禄的八旗子弟和官员、差役、兵勇等非生产人口达28万人，占到全部人口的40%。正是这样庞大的消费群体和较高的消费水平，大大刺激了北

---

[1] 徐慕云：《中国戏剧史》，上海古籍出版社2001年版，第74页。
[2] 傅才武：《中国近现代文化娱乐业的发展与公共领域的生成——以汉口为中心的研究》，《文艺研究》2007年第6期。
[3] ［美］李铸晋编：《中国画家与赞助人：中国绘画中的社会及经济因素》，石莉译，人民美术出版社2013年版，第2页。

京的经济贸易的发展，推动了与娱乐消遣相关的手工艺、戏曲、书画等文化娱乐业的发展"[1]。在西方的"恩主制"中，贵族与教会对艺术家和艺术生产进行扶持保护。我们所熟知的著名艺术家大多寄食于教堂或栖身于宫廷之中，按照教会和宫廷的需要进行艺术生产，服从"恩主"的意志。文艺复兴时期，意大利进入一个艺术繁荣的时代，与美第奇家族为代表的私人赞助有很大的关系。许多画家、雕塑家和建筑师多靠富有和掌权的贵族作为庇护的恩主，创作也多以古希腊罗马的神话和基督教为题材，把人的意识深深融入作品，创造了比文学更生动直观的形象。

由于这种"供养"关系，精英的文化生产被上层阶级垄断，进而发展成为美国人类学家罗伯特·芮德菲尔德（Robert Redfield）所说的"大传统"，长期处于统治地位，进而发展成为主流文化和精英文化。同时，民间的"小传统"也异常活跃。他们当中没有严格人身依附关系，呈现为一种早期的自由市场。例如中国封建社会发展到晚明，商品经济活跃，出现了资本主义的萌芽，商业生产和交易得到了空前的发展，形成了中国最早的市民阶层，掀起了对于奢华生活方式的追求，产生了现代消费意识，而文化领域也自然受到这种社会性质的影响。例如，古代歌舞表演既有官府的专职机构、乐舞奴隶，也有民间歌舞艺人。宋元时代，随着市民阶层的兴起和文化娱乐需求的日益增长，城市中的文艺演出市场应运而生，出现了大量的民间职业艺人，形成了众多营业性的游乐场所——勾栏瓦舍。瓦舍，又称瓦子、瓦肆，是常年集中各种卖艺活动的经营场所。勾栏，又叫勾兰、构栏，就是在瓦舍中用栏杆搭起来的演出场所，内部分设戏房、戏台和看棚。南宋著名诗人陆游在《老学庵笔记》中提到"书籍行"，说明书籍的出版发行业已成为一个行当。坊肆刻书卖书是宋代社会经济生活的重要组成部分。坊肆也称书林、书堂、书棚、经籍铺等，是以营利为目的，把书籍作为商品制作和销售的

---

[1] 陶思炎等：《中国都市民俗学》，东南大学出版社2004年版，第121页。

地方，一般都拥有自己的写工、刻工和印工，可以说是专门从事文化生产的地方。① 此外，民间画家、雕塑家伸手要钱获取报酬的例子比比皆是。如明代"吴门四家"之一唐寅就有"闲来写就青山卖，不使人间造孽钱"之语。明末清初的李渔曾靠创作戏曲、小说过着"卖赋以糊其口"的生活。他在《闲情偶寄》中甚至高唱："觅应得之利，谋有道之生，即是人间大隐。若是则高人韵士，皆乐得与之游矣。"因此，笔润、笔耕之类的言谈就堂而皇之地进入了文人们的文化生产活动。民国时期齐白石的润格则更为直白："常用名印，每字三金，石广以汉尺为度，石大照加。石小二分，字若黍粒，每字十金。"他直接告白："卖画不论交情，君子有耻，请照润格出钱。"丰子恺也曾在《太白》半月刊（1935年3月20日）上登出《子恺漫画润例》："人间多可惊可喜可哂可悲之相。见而有感，辄写留印象。但记感兴，固不拘笔洁之中西，设色之繁简，题材之雅俗也。嗜痂者频来索画，或装裱而悬之室中，或缩印而载之卷头。受属既多，知闻渐广，时接来函，惠询润例……"由此可见，完全不食人间烟火的艺术家是不存在的。

但总的来说，自由的文化经济是不入主流的甚至是为人所不齿的。尽管一些作家、艺术家在创作的时候含有十分明确的经济动机，但是在传统精英和美学话语中，一直都存在拒绝把文化艺术商业化的观念和态度。在古代中国，艺术与商品亦水火不容，艺术商业化被看作艺术感觉退化的穷途末路之举，商业化的艺术家被视为不入流的庸俗之徒。例如《管子》要求"使刻镂文采毋敢造于乡"。西汉贾谊则认为，"雕文刻镂"等奢侈品生产费工而不经用，"天下之所以困贫而不足"。北宋李觏甚至提出要将这些手工艺人驱归田亩。中国古代的思想家把手工业生产分为两类，一类是生产必需品的，另一类是生产奢侈品的。他们普遍要求用政权的力量禁止或限制奢

---

① 马晓乐：《技术进步与文化再生产的互系与互惠——基于印刷术和自媒体的分析》，《文史哲》2015年第6期。

侈品的生产。而在西方，由于恩主制的传统和基督教思想的影响，把艺术当作商品在市场上进行买卖，一开始并不为大多数人所接受。即使有些为金钱而写作的作家也看不起金钱，一方面，那些不顾市场行情、坚持独辟蹊径的艺术家往往被人视为"疯子"；另一方面，为金钱而粗制滥造的艺术家又为世人所不齿。①

三 现代文化市场与文化产业的萌芽

与供养制和赞助制在人类历史上存在的时间相比，现代文化市场的出现是非常晚近的事情，前后不足 200 年的历史。在西方社会，文化市场出现的一个重要的时代背景就是人类社会开始由"前工业时代"步入"工业时代"，导致文化生产的生产力和生产关系发生了革命性变化。从生产力来看，与"前工业时代"相比，"工业时代"的典型特征是机器生产取代手工劳动，极大地推动了经济的发展和技术的进步。财富的大量积累使人们逐渐脱离物质匮乏的处境，催生了更多文化上的需求；生产效率的提高促使越来越多的人可以从事文化生产活动。随着增长的市场对熟练手艺人的需求增加，手艺人也从行会和教堂那里获得了更多的自主性，从而求得更多报酬。他们可以建立起自己的工作室和车间，对工序进行分工和分级。在特定行业中——特别是在那些后来成为"高雅艺术"的行业里，包括绘画、雕塑、诗歌和建筑，这种创作的独立自主性和等级性也将手艺人变成了艺术家。② 从生产关系来看，资产阶级取代贵族阶级和教会在文化生产中占据了支配地位，恩主制渐渐走向衰落，文化生产从政府控制走向了市场控制。在西方社会表现为年金开始失去魅力，宫廷文人谋求独立，院士称号发生质变，恩主赞助遭到拒绝，

---

① 张来民：《市场经济与文艺观念等变革》，《中国社会科学院研究生院学报》1994 年第 5 期。

② [英] 贾斯汀·奥康诺：《艺术与创意产业》，王斌、张良丛译，中央编译出版社 2003 年版，第 12—13 页。

艺术活动中心从宫廷贵族客厅转向咖啡馆或艺术家俱乐部。[①] 代之而起的，则是出版商、印刷商和书商的日益壮大，他们控制了主要的舆论渠道，强化了对内容创作者的控制，使文化艺术成了可供买卖的商品。同一种劳动生产可以是生产劳动，也可以是非生产劳动，由此劳动者也可以在生产劳动者和非生产劳动者之间转变，这一原理同样适用于文化生产。例如，在资本主义制度下，作家可以成为文化生产者，这并不是因为他们生产了某种观念，而是因为他们的作品使出版商、印刷商和书商发财，其身份已经从一个自由创作者变成了某一资本家的雇佣劳动力。而且，当印刷业者对新作品的需求远超过作家的创作愿望时，这种供需之间的矛盾让许多作家发现自己处于强势的谈判地位。他们还会游说政府阻止印刷商和出版商在未经作者同意的情况下，擅自印刷、重印和再版书籍，以保障他们的版权。

资本主义的兴起使艺术家们逐渐摆脱了对贵族庇护人的依赖，他们热衷于个性解放和自我表现，并希望从创作中获利以使这种独立性得到物质上的保障。随着资本主义进入垄断阶段，新的大众媒介出现，催生了许多新兴的文化样式。文化生产在资本主义商品经济下逐渐显现出产业化的趋势，这时虽然一部分传统的文化生产活动如赞助和文化手工业得到延续，但一些新的文化生产方式兴起，突破了传统手工制作、个体创造以及精神产品不能脱离生产者自身行为而作为独立性的商品自由流通的限制，使文化生产具有了市场化的时空条件。

对于人类的经济活动变迁，学界有一个大致的看法，那就是随着经济的不断发展，产业中心将逐渐地由有形财富的生产转向无形服务的生产。对于文化生产的这种变化，英国学者大卫·赫斯蒙德

---

① 张来民：《国外艺术恩主制的衰落与艺术的商品化》，《国外社会科学》1994年第10期。

夫在雷蒙德·威廉斯①的基础上有过精彩的总结。他把欧洲的文化生产划分成"三个时期"：

> （1）资助和手工艺（Patronage and artisanal）时期。他指出，自中世纪至19世纪早期，诗人、画家、雕塑家、音乐家等符号创作者主要依靠教会、贵族的赞助、保护和支持而生存，这种体制直到19世纪早期仍占据统治地位，在今天也还有留存。而有技术的工人或者工匠则很大程度上按照自己的意志工作，他们采用向购买者直接售卖的传统形式。
>
> （2）专业市场（Market professional）时期。自19世纪初至20世纪初，符号作品逐渐开始自由销售给公众，符号创作行为逐渐被市场组织起来，在此过程中出现了一个将创作者与公众联系起来的职业群体——中介，如书商（销售中介）、出版商（生产中介）等，而且随着资本主义的发展，中介也出现了资本化的趋势；而成功的符号创作者获得了"独立的职业地位"，获得的缴税收入也在不断增加。
>
> （3）专业公司（Corporate professional）时期。从20世纪初开始，到50年代以后"急剧扩充"，这一时期文化生产变得更加专业化、更具组织性。通过获得酬金和签订合约，越来越多的人成为文化公司的直接雇员。除了书籍写作、音乐演出和戏剧表演等传统形式之外，新的媒介技术如广播、电视和电影的出现，改变了文化生产的传统形式，而借助这些新的媒介，广告业逐渐发展成一种重要的文化形态。②

不过，大卫·赫斯蒙德夫提出用"复合型专业化"（Complex

---

① Williams Raymond, *Culture*, London：Fontana, 1981.
② ［英］大卫·赫斯蒙德夫：《文化产业》，张菲娜译，中国人民大学出版社2016年版，第51页。

professional）来代替"专业公司"（Corporate professional）的表述，认为这一时期最重要的特征之一就是围绕文本生产出现的越来越复杂的劳动分工。

　　文化生产进入"专业市场"阶段尤其是进入"专业公司"阶段之后，表明劳资关系、商品关系已经在文化领域生根发芽，文化被打上了"商品"的烙印，文化产业呈现出典型化的特征。可以说，现代文化产业出现的基本标志主要有两个：一是工业化技术在文化生产或消费领域的广泛应用；二是基于市场的资源配置机制在文化场域中成为基础规则。① 约翰·霍金斯认为，市场经济非常擅长满足人们的各种需求，尤其是需求非常强烈但短暂的娱乐领域。② 也正是在这一时期，法兰克福学派提出了"文化工业"的概念，从理论上回应了文化生产在资本扩张下的遭遇。自此以后，文化产业作为一个专有名词开始真正浮出水面，进入公众视野。与传统的文化生产相比，文化产业表现出一副完全不同的模样。文本（节目、影片、唱片、书籍、卡通、影像、杂志、报纸等）经历了根本转型，它们以盈利为直接目标被生产出来，生产过程更加偏组织化、产业化，围绕着资本投资、机器化生产和劳动分工进行，由此涌现出一大批大型出版、唱片、影视、游戏、广告、娱乐公司。一些文化产业公司已经成为全球商业巨头，并跻身全球最赚钱的公司之列，例如迪士尼、索尼、时代华纳等。而后来入局的 IT 公司如苹果、谷歌、亚马逊、腾讯等也不断加入文化发行控制权的竞争行列。总之，市场化以后，文化生产力得到了巨大的释放，大众传媒越来越成为文化生产的重要机构，文化生产逐步从神坛、讲台走向市场，越来越有了工业化生产的规模与格局，发展出了"文化产业"这个新业态。③

---

　　① 魏鹏举：《中国文化产业高质量发展的战略使命与产业内涵》，《深圳大学学报》（人文社会科学版）2020 年第 5 期。
　　② ［英］约翰·霍金斯：《新创意经济》，王瑞军、王立群译，北京理工大学出版社 2018 年版，第 16 页。
　　③ 王乃考：《发生学视野下文化生产的历史与规律》，《现代传播》2017 年第 11 期。

伴随着新的媒介形式层出不穷，文化生产工具迅速革新，文化生产资料配置方式从权力分配为主逐渐转移到市场配置为主，资本成为文化生产的后盾，不断刺激着生产和消费，文化与经济日益融合为一个整体，成为当下文化生产最主要的形态。

与文化产业相匹配的，是出现了一大批新型"文化人"，既包括已经进入文化产业的传统意义上的知识分子，如艺术家、作家、专家、技术人员，也包括新产生的各类符号生产专家和符号商品传播者，如新媒体人、直播网红、电竞选手。与之相对应，受众成为他们新的"衣食父母"，宣传和拓展受众则成为一项有利可图的企业运作。在现代市场机制之下，艺术家也会像其他人一样，对货币这种外在的刺激作出反应，他们对待金钱的态度也发生了转变，进而影响了作品的创作内容和风格。在文艺复兴时期，很多艺术家首先是一个生意人，巴赫（Bach）、莫扎特（Mozart）、海顿（Haydn）与贝多芬（Beethoven）都着迷于通过艺术来赚钱。例如萨尔多瓦·达利（Salvador Dalí）就曾说过"只对金钱感兴趣"；安迪·沃霍尔则说"商业是最美的艺术"；其他一些艺术家也说过类似的话。马克斯·韦伯认为，西方新教伦理改变了传统的认识，使追求财富的商人事业获得了正面的价值："只有当财富诱使人游手好闲、贪图享受时，它才是不良之物；只有当取得财富的目的是为了以后生活惬意、无忧无虑时，它才是一件坏事。但是，就其作为履行职业义务的意义而言，获得财富不仅在道德上是允许的，而且在实际上是必行的。"[①] 毫无疑问，市场经济在一定程度上促进了艺术家的独立，尤其是能帮助艺术家获得物质上的独立，而不是主要依靠赞助，如教会、国王、贵族和市民团体等，因为接受资助意味着接受了标准和情趣，而随着文化内容的创作者不再依附于他人，从事创作构思的项目团队被赋予高度的自主权。

---

① ［德］马克斯·韦伯：《新教伦理与资本主义精神》，彭强、黄晓京译，陕西师范大学出版社 2002 年版，第 154 页。

更为明显的一点是，一项产业的形成和确立，是以该项产业的经济形态与经济规模是否成为社会财富的主要来源之一和是否成为一个社会经济增长的主要成分来界定的。在过去很长一段时间内，文化还属于"上层建筑"的范畴，文化产业的贡献常常被认为次要的、间接的，而不受重视。从世界范围来看，将文化产业纳入国民生产总值也不过几十年时间。其中最为典型的是联合国教科文组织在1986年制定的文化统计框架，2009年又对其进行了修订，涵盖了"文化领域"的文化和自然遗产、表演和庆祝活动、视觉艺术和手工艺、书籍和报刊、音像和交互媒体、设计和创意服务，以及"相关领域"的旅游业、体育和娱乐业，这一统计框架给许多国家和地区在制定文化产业统计分类上提供了参照范本。1985年中国国务院同意并转发国家统计局《关于建立第三产业统计的报告》之后，文化艺术才作为第三产业的一个组成部分列入国民生产统计的项目中，其产业属性得到承认。2004年，国家统计局印发了《文化及相关产业分类》，标志着中国文化产业的统计标准得以建立，奠定了文化产业作为财富来源的制度基础。这种变化表明文化发生了从"上层建筑"到"经济基础"的位移，它从上层建筑中渗透出来，又渗入并掌控了经济基础。因此，文化产业既属于上层建筑，又属于经济基础，变成了一种综合生产力。

第二节　资本介入文化生产的耦合关系

文化生产相伴人类走过了漫长的历程，起初与物质生产相互缠绕，随后在物质实践基础上逐渐分离出来，成为一个相对独立的生产活动。文化生产的方式随着时代的发展而变迁，新的方式不断否定旧的方式，并为自己的来临创造条件。马克思曾指出："要研究精神生产与物质生产之间的联系，首先必须把这种物质生产本身不是当作一般范畴来考察，而是从一定的历史的形式来考察。例如，与资本主义生产方式相适应的精神生产,就和与中世纪生产方式相适应的精神生产不同。如果物质生产本身不从它的特殊的历史的形式来看,那就不可能理解与它相适应的精神生产的特征以及这两种生产的相互作用。"[1] 随着资本主义生产方式代替传统社会的商品生产,剩余价值被源源不断地创造出来,并推动了商品经济向市场经济发展,传统文化生产的逻辑被打破了,不得不告别过去以"交换"为主要目的的商品经济形式,进入以市场为基础调配资源的市场经济之中。每一种文化、每一个历史时期以及它们相适应的那个社会,都是一个结构严密的整体。其中每一种文化又分别依赖不同的社会关系和生产力。文化产业正是资本主义生产方式作用在文化领域的一种结果。

文化产业不同于历史上任何文化形式,它与市场、商品和交换密切相关,是市场导向的文化生产,本质上已和一般的物质生产特别是商品生产没什么区别。在阿多诺看来,文化工业"是投资资本取得的成就,资本已经变成了绝对的主人,被深深地印在了在生产线上劳作的被剥夺者的心灵之中"[2]。当文化生产还处在个人原创阶段,逐利性质的资本在文化领域几乎无利可图,但这一切在工业革命和复制技术的作用下发生了改变。如果说,在工业化初期文化生产与资本的逻辑耦合还只是初露端倪,那么,在文化工业化、市场化已成大势,精神文化生产与物质经济水乳交融的时代,文化生产与资本的逻辑耦合则已成为常态。资本与文化生产的这次相遇,意味着文化生产必将经历一次重大的历史变革。资本主义在文化领域中确定了商品生产的制度压倒私人赞助庇护的制度,其根本不同在于,资本向文化领域渗透之后,国家政策制定者、城市管理者及私营企业家备受鼓舞,在激烈竞争条件下,积极寻求在文化方面进行

---

[1] 《马克思恩格斯全集》(第26卷第1分册),人民出版社1972年版,第296页。
[2] [德] 马克斯·霍克海默、西奥多·阿多诺:《启蒙辩证法:哲学断片》,渠敬东、曹卫东译,上海人民出版社2003年版,第138—139页。

投资。

一 资本寻求新增殖空间的本质

亚当·斯密把"资本"定义为"一定量的积蓄的和存储的劳动"。马克思进一步指出:"资本是对劳动及其产品的支配权力。资本家拥有这种权力并不是由于他的个人的特性或人的特性,而只是由于他是资本的所有者。他的权力就是他的资本的那种不可抗拒的购买的权力。"① 这种对他人劳动产品的私有权,就是一种"占有"或"支配权"。资本与资金不同,资金是土地产品和工业劳动产品的任何积累,只有当它给自己的所有者带来收入或利润的时候,才叫资本。马克思强调"资金"和"资本"的区别:只有当资金在一定条件下,如资本主义制度下的生产流程、产品交换等过程中带来了新的收入或利润时才是"资本"。也就是资金通过一定条件如"流通"等可以带来新的资金、货币的时候才叫资本,这就是资本的本质特征。

马克思在《资本论》中指出,商品流通是资本的起点,其直接形式是 W(商品)—G(货币)—W(商品),即商品转化为货币,货币再转化为商品,为买而卖。但除这一形式外,我们还看到具有不同特点的另一种形式 G—W—G,即货币转化为商品,商品再转化为货币,为卖而买。在运动中通过后一种流通的货币转化为资本,而且按它的使命来说,已经是资本。马克思进一步指出,由于资本是不断增大的价值,商品流通会变成 G—W—G′(G′等于原预付的货币额加上一个增加额),即不仅仅是为卖而买,而是为了贵卖而买。因此,G—W—G′事实上是直接在流通领域内表现出来的资本的总公式。② 也就是说,资本必须不断增殖,不能增殖的资本就不是资本。诚如马克斯·韦伯所说:"资本主义和追求利润是同一的,而且

---

① [德]马克思:《1844 年经济学哲学手稿》,人民出版社 2018 年版,第 19 页。
② 《马克思恩格斯选集》(第 2 卷),人民出版社 2012 年版,第 157 页。

永远要以连续的、合理的资本主义企业经营为手段获得新的利润，因为它必须如此；在一个完全资本主义的社会秩序中，不能利用机会营利的资本主义企业注定要消亡。"①

追逐私人利润是资本所有者决定把资本投入某一个产业和某一部门的唯一动机，其他概不考虑。对资本家来说，资本最有利的使用，就是在同等风险的条件下给他带来最大利润的使用。资本主义生产的目的就是通过不断获取更多的剩余价值来维护资产阶级的最高利益，实现财富的不断增大，而且多多益善。它会"摧毁一切阻碍发展生产力、扩大需要、使生产多样化、利用和交换自然力量和精神力量的限制"②，扩大到任何能实现价值增殖的领域。雷蒙·威廉斯在解释"Industry"一词时曾说："现在我们普遍可以听到 holiday industry（度假经营产业）、leisure industry（休闲产业）、entertainment industry（娱乐工业）以及 agricultural industry（农业产业，过去 agriculture 与 industry 是有差异的）。于是我们看到了过去被认为属于非工业（non-industrial）种类的服务与工作，现在经由资本化、组织化与机械化的过程，持续不断地发展。"③ 资本主义是这样一个社会经济系统：它同建立在成本核算基础上的商品生产挂钩，依靠资本的持续积累来扩大投资。然而，这种独特的新式运转模式牵涉着一套独特文化和一种品格构造。④ 美国趋势学家杰勒米·里夫金（Jeremy Rifkin）发现，随着"文化资本主义"的出现，文化生产开始使商品和贸易世界的物质生产相形见绌。工业时代具有悠久历史的大型公司正在让位给文化资本主义的新的大型公司。这些跨

---

① ［德］马克斯·韦伯：《新教伦理与资本主义精神》，彭强、黄晓京译，陕西师范大学出版社 2002 年版，第 15 页。
② 《马克思恩格斯选集》（第 2 卷），人民出版社 2012 年版，第 716 页。
③ ［英］雷蒙·威廉斯：《关键词：文化与社会的词汇》，刘建基译，生活·读书·新知三联书店 2016 年版，第 168 页。
④ ［美］丹尼尔·贝尔：《资本主义文化矛盾》，赵一凡等译，生活·读书·新知三联书店 1989 年版，第 25 页。

国传媒公司正在利用新通信数字革命来连接世界，在这个过程中无情地把文化领域拉入商业领域，使其以定制的文化体验、大众商品展示和个人娱乐形式加以商品化。①

在当今的资本主义社会秩序里，符号和象征具有重大的经济意义，文化商品和文化服务的生产和流通成了当今资本主义的核心，文化已经融入资本主义，文化公用领地已经被资本圈占了。因此，在完成了对物质产品的控制后，资本也会向文化心理领域延伸，把文化相当大的部分纳入商品范畴，使其成为资本增殖的工具和途径。② 由于追求利润是资本家的唯一目的和动机，是他处理一切问题的轴心，因此，当资本介入文化领域，依托现代技术并以资本主义机器大生产的形式进行生产时，文化生产的过程也不断地分化重组，进而形成分工明细、具有完整产业链的文化行业，如影视业、出版业、音乐业、广告业、游戏业等。

杰姆逊在分析后现代文化现象时也曾指出，"在后现代中，由于广告，由于形象文化，无意识以及美学领域完全渗透了资本和资本的逻辑。商品化的形式在文化、艺术、无意识等领域是无处不在的，正是在这一意义上我们处于一个新的历史阶段，而且文化也就有了不同的含义"；他进一步指出，"当代资本的一大特点在于其势力已扩张到此前未曾受到商品化影响的精神领域、文化领域"③。资本向文化领域的扩张是随着资本主义的发展而发展起来的。杰姆逊从文化逻辑角度出发，对资本主义进行了三个分期的划分：

（1）市场资本主义时期，其基础是对"直接"自然的占有，而与之相应的意识形态较为简单，甚至具有积极向上的精

---

① ［美］杰勒米·里夫金：《使用权时代：整个人生皆为付费体验的超级资本主义新文化》，苏京京译，河南人民出版社2018年版，第7页。
② 单世联、南帆：《关于工业的对话》，《光明日报》2001年5月10日第C01版。
③ ［美］詹明信：《晚期资本主义的文化逻辑》，陈清侨等译，生活·读书·新知三联书店1997年版，第484页。

神气质。

（2）资本主义的完成期、垄断资本主义时期，或"现代主义时期"，政治上表现为帝国主义，意识形态上也完成了西方/非西方的划分，在这种划分之下，意识形态诸形式明显地包含了民族主义、国家主义及其在社会主义国家意识形态中的变体。

（3）晚近资本主义时期，或"后现代主义时期"。在后现代主义时期的晚近资本主义当中，自然开发、人力开发的饱和度使"娱乐开发""文化开发"和"符号商品化"必然地成为最重要的产业，经济开发的主导产业中增加了非创造性的大众文化，或毋宁说是"大量文化"。一切文化因素，无论其高雅与否，在全球化的语境中，在新的生产媒介中，都表现出同样的"后现代特质"——一切都成了"深度丢失"的"大众文化"。[①]

资本增殖的逻辑张力还与人类生活需求在特定范围的边际效益递减律有关，而导致资本向文化领域的介入，是通过投资效益递减的作用力驱动实现的。社会经济运行中，资本投入和产出效益并不总是保持同比例、正增长的。在特定物质技术、资源条件和市场规模的制约下，任何一个生产领域，当投入扩大到某一临界点再增加时，效益将停止增长直至衰减。这是资本增殖逻辑的一个重要法则。这一法则不断以实践的投入产出方程式提示生产者，要注意更新人们的需求结构，创造新的需求市场，以新的物质技术方式改进生产，突破资源和传统生活方式的局限，拓展资本增殖空间。[②] 于是，就有了经济增长、市场拓展、需求更新向文化领域的推进。与物质领域不同，有价值的文化资源和创意思想一旦被开发应用，便可一次投入，多种产品使用，一人创造，多人同时拥有。对于这种现象，著名的创意经济学家约翰·霍金斯将其称为"创意思想的非竞争性"。

[①] 转引自汪民安《文化研究关键词》，江苏人民出版社2007年版，第339页。
[②] 胡潇：《资本介入文化生产的耦合效应》，《中国社会科学》2015年第6期。

可以说，文化创意产品改变了传统产品竞争的基础和方式，这与传统的以成本决定效益的产品完全不同。当文化产业的生产技术、经营水平和盈利能力不断提升，文化业态不断涌现，资本逻辑对文化产业和市场的规制力也将得到强化。因此，资本主义生产渗透到文化领域，这是资本发展逻辑的历史必然。

不仅如此，文化产业所创造的诱人利润也进一步刺激着资本向文化领域扩张。随着专业市场和专业公司出现，文化产业所创造的利润以几何指数递增。一个典型的现象是，当文字、声音、影像复制和转播技术一经被商业开发，便很快在全球扩散开来，报刊、书籍、唱片、电影、电视、广播等无不如此。以电影产业为例，早在1905年，美国首家"镍币影院"在宾夕法尼亚州匹兹堡开张，以其低廉的票价吸引了众多观众。从最初只有10家影院，到了1910年就增加到将近1万家，每周票房收入高达9100万美元。对此，法国电影史家乔治·萨杜尔（George Sadoul）曾有一段生动的描述："匹兹堡的小影院对电影事业来说，是和1847年约翰·塞特在旧金山附近发现金砂具有同样重要的意义。它所掀起的虽不是开采金矿的浪潮，却是一个争夺镍币的浪潮。"[1] 电影的技术源自欧洲，但是美国企业家发现了如何开发利用它们以开拓更大的市场。与欧洲一开始把电影视作一门艺术，注重其审美特点不同，美国把电影当作娱乐性行业，强调其是一种"可买卖的艺术"。正如美国小说家法雷尔（James T. Farrell）后来所评价的，"事实上，电影业对这些美国人口袋里的钱的需要，超过美国人对这种娱乐的需要。于是我们就得以不断听到好莱坞的大量宣传。它的广告几乎使国人的智能处于麻木状态。好莱坞必须这样做，才能使公众真正需要好莱坞要求公众需要的东西。"[2] 由于资本对利润的追逐是无国界的，为了开拓世界市

---

[1] ［法］乔治·萨杜尔：《电影艺术史》，徐昭、陈笃忱译，中国电影出版社1957年版，第54页。

[2] ［美］J. T. 法雷尔：《商业文化中的好莱坞语言》，沈益洪译，《世界电影》1986年第6期。

场，资本势必像洪水一样向其他国家和地区漫溢，将一切民族甚至最野蛮的民族都卷入其中。电影在发明后不久的1886年就传入了上海，其无疑也是指向丰厚利润的。根据1897年7月27日《申报》的一则广告显示："头等座位五角，二等座位四角，三等座位两角，四等座位一角。"中国民众对电影的热衷和消费，贡献了巨大的商业利润。如今，许多新的文化业态和新的商业模式被开发出来，成为拉动经济增长的不可或缺的力量，其中蕴含的资本逻辑不言自明。美国之所以在第二次世界大战后成为文化产业的龙头，其中重要原因就是具有压倒性的资本优势。第二次世界大战期间，美国的经济非但没有遭到破坏，反而一扫大萧条时期的颓势，出现了高速发展的局面。无可匹敌的雄厚资本，为文化产业的发展提供了有力的资金保障。

二　资本向文化领域渗透的原因

资本向文化领域的规模化扩张主要从19世纪末开始，经历了20世纪的辉煌后继续迈向21世纪。全球化导致文化市场无限扩张，把一切可能带来利润的领域都卷了进去，甚至神圣的文化也被资本吞噬了。如今，文化与资本的结合已经变得司空见惯，文化产业失去资本的支持几乎寸步难行。我们已经论证，资本之所以向文化领域渗透，主要归咎于资本的增殖本质。但是，所谓"苍蝇不叮无缝的鸡蛋"，任何的"事出有因"都应该从两个方面来看。从文化生产的角度来看，或许我们可以找到其中的一些原因。

其一，与物质生产一样，文化生产也是一种"生产性劳动"。在英国古典政治经济学中，精神生产通常被看作"非生产性劳动"，财富的标准通常被限定在物质领域。马歇尔认为："经济学是一门研究人类一般生活事务的学问，它研究个人和社会活动中与获取和使用物质福利必需品密切相关的那一部分。"① 亚当·斯密认为："有一种劳动，加在物上，能增加物的价值；另一种劳动，却不能够。前

---

① ［英］马歇尔：《经济学原理》，宁琦译，湖南文艺出版社2012年版，第38页。

者因可生产价值,可称为生产性劳动,后者可称为非生产性劳动……这一类中,当然包含着各种职业,有些是很尊贵很重要的,有些却可说是最不重要的。前者如牧师、律师、医师、文人;后者如演员、歌手、舞蹈家。"① 在配第看来,文化生产虽然有利于资金流通,具有一定的教育意义,但是文化生产属于非生产性劳动,不利于国家财富的增加和积累。他认为农民、海员、士兵、工匠和商人是国家真正的支柱,在封建时代文化的重要传播者神职人员则是非生产性劳动。如果生产性劳动者的财产"由于课税而减少,同时这些税收被转移给那些除了吃喝、歌唱、游玩、跳舞以外无所事事的人,抑或这些税收被转移给那些沉湎于空谈理论或其他无所谓的空论的人,或者被转移给那些委身于不生产任何一种物质财物或对国家社会具有实际效用和价值的物品的那种生活的人,如果这样的话,我敢说,社会的财富将要减少"②。许多经济学家虽然看到了精神生产部门是劳动生产力发展的结果,也认识到精神产品的重要性,但是他们将劳动分为生产性劳动和非生产性劳动,而非生产性劳动的结果或非生产性劳动的服务通常一经提供随即消失,很少留下某种痕迹或某种以后能够用来取得同量服务的价值,它们既不固定或实现在耐久物品或可出卖的商品上,亦不能保藏起来供日后雇用等量劳动之用。因此,只有生产性劳动才能创造国民财富,是价值创造的源泉。

但是,这些观点受到法国庸俗经济学家萨伊(Jean-Baptiste Say)、俄国经济学家施托尔希(Heinrich Storch)和德国经济学家李斯特(Friedrich List)等人的批评和反驳。萨伊认为,斯密的错误在于,"他把财富解释为具有可以保存的价值的东西,而不把这名称推及一切具有交换价值的东西"③。进而,他提出凡能给行为人带来

---

① [英]亚当·斯密:《国民财富的性质和原因的研究》(上卷),郭大力、王亚南译,商务印书馆2017年版,第316—317页。
② [英]威廉·配第:《政治算术》,陈冬野译,商务印书馆1978年版,第37页。
③ [法]萨伊:《政治经济学概论》,陈福生、陈振骅译,商务印书馆2017年版,第136页。

"效用"的东西,都是价值的源泉,因为精神生产的效用也是通过某一种服务满足了人某一方面的需要。然而,尽管萨伊肯定了精神生产是生产性劳动,但是他把赌博、跳舞和赛跑活动,甚至仆婢、妓女的劳动看作"最低级的劳动工作",把精神生产庸俗化了。施托尔希也反驳了斯密对生产劳动和非生产劳动所作的区分,他把精神生产看作"内在财富即文明要素"的生产,"内在财富也像一般财富一样,可以积累起来,能够形成资本,而这种资本可以用来进行再生产"①。而在李斯特看来,把单纯的体力劳动看作唯一的生产力是错误的,相反,脑力劳动不仅是生产力,而且效率比体力劳动不知要增加多少倍。"精神生产者的任务在于促进道德、宗教、文化和知识,在于扩大自由权,提高政治制度的完善程度,在于对内巩固人身和财产安全,对外巩固国家的独立主权;他们在这方面的成就愈大,则物质财富的产量愈大。反过来也是一样,物质生产者生产的物资愈多,精神生产就愈加能够获得推进。"② 马克思则进一步明确了文化生产的生产性质,他举例说,"弥尔顿创作《失乐园》得到5镑,他是非生产劳动者。相反,为书商提供工厂式劳动的作家,则是生产劳动者……因为他的产品从一开始就从属于资本,只是为了使资本增殖价值才进行的。一个自行卖唱的歌女是非生产劳动者。但是,同一个歌女,被剧院老板雇用,老板为了赚钱而让她去唱歌,她就是生产劳动者,因为她生产资本"③。也就是说,只要是与资本相交换、能够带来剩余价值的文化生产就是生产性劳动。作家所以是生产劳动者,并不是因为他生产出观念,而是因为他能使出版他的著作的书商发财。因此,文化生产作为一种"生产性劳动",意味着文化服务或文化产品具有使用价值和价值。文化产业把文化推向市场,从生产到交换到消费都是把文化当作商品,必须核算投入与

---

① 《马克思恩格斯全集》(第26卷第1分册),人民出版社1972年版,第297页。
② [德]弗里德里希·李斯特:《政治经济学的国民体系》,陈万煦译,商务印书馆1961年版,第140页。
③ 《马克思恩格斯选集》(第2卷),人民出版社2012年版,第862页。

产出、成本与效益，必须盈利，必须通过资本的增殖来扩大再生产；否则就要被市场经济淘汰出局，就无法生存。这契合了资本寻求利润的逻辑。

其二，作为文化生产的结果，文化服务或文化产品具有一般商品的价值属性。尽管马克思在揭示资本主义运动的生产关系和基本规律时，是"撇开真正的艺术品不说的"，但是并没有否定文化作为商品的存在。只是，由于文化商品还未展开完全的生命形态的丰富性，马克思只能从社会存在和社会发展的基础——物质资料的生产和再生产入手，这的确与当时的社会经济背景相契合。但是，马克思并非放弃对"非物质经济"形式的追问，他认为，使用价值就其形态而言，可以分为"实物形式"和"运动形式"两大类：实物形式的使用价值是物化、固定在某个物中的使用价值；运动形式的使用价值是不采取实物的形式、不作为物而离开服务者独立存在的、随着劳动能力本身活动的停止而消失的使用价值。马克思指出，任何时候，在消费品中除了以商品形式存在的消费品外，还包括一定量的以服务形式存在的消费品。非实物产品的消费可以满足个人某种想象的或实际的需要，可以当作随便挑选的消费品来购买，这同购买其他任何商品是没有什么不同的。他还指出，服务只是在它们被购买的时候才被创造出来，只能以活动本身的形式出卖；在它进行生产的时候就要被消费掉；一旦对服务支付了报酬，它就完全像容易消失的消费品一样消失了。举例来说，制作钢琴的工匠是生产者，他生产的钢琴有使用价值，但是我们不能否定演奏钢琴的钢琴家也是生产者，他有偿提供的演奏服务也具有使用价值。可见，马克思是承认文化服务或文化产品具有一般商品的经济属性的。

文化商品的价值也是人们的物化劳动和活劳动的凝结，并以价格的形式表现出来。文化商品同样具有使用价值和交换价值。使用价值是指商品对消费者来说所具有的效用或实用性，这取决于商品满足人们某些需要的能力。马克思对使用价值的界定并不只限于物质需要，他提出需要"可以来自胃，也可以来自想象"。因此，从这一意义上说，文化商品的价格同其他商品的价格并没有本质上的不同。但是，由于文化商品价值的形成和价值量确定具有特殊性，制定文化商品价格的依据也必须考虑多重因素的影响。有时候，文化商品的价格难以确切地反映价值。经济学家在判断人们的经济行为和社会的经济变动时之所以常常不准确，主要原因就在于单纯着眼于经济变量的分析，而忽略了社会心理方面的各个有关因素。与使用价值相比，文化商品具有一种更加清晰可变的交换价值。毕竟文化商品的使用价值更加难以预测或明确，例如一件艺术品虽然能够带来美感，满足人们的审美需要，但是这种需要与一件武器或一罐可乐是截然不同的。然而，文化商品的交换价值则是非常明确的，它决定了文化生产的结果是一件可以流通的商品，而非公共事务和文化福利。

其三，文化自身也是一种资本，文化资源可以通过文化资本向经济资本转化。文化资源是文化产业最重要的驱动要素之一。文化产业的发展过程，就是文化资源在市场经济的商品法则的指导下，通过文化资本转化为经济资本，进而发展成产业效益、形成文化品牌的过程。现代社会与后现代社会的区别在于工业主义向文化主义的转向，在于生产目标从无节制地开掘自然资源转向有创意地开发文化资源。[1] "文化资本"是法国文化社会学家皮埃尔·布尔迪厄在20世纪70年代提出来的学术概念，他将经济学的资本概念挪用于社会学领域，用来表达人类社会中文化生产的历史演进和过程积累的资本特性。他认为资本可以表现为经济资本、文化资本和社会资本三种基本类型，在某种条件下，文化资本和社会资本可以转换成经济资本，成为推动经济增长的力量。经济资本能创造剩余价值，是劳动、土地、原材料等要素的生产组合的结果。土地、原材料等生产要素的增殖性通过劳动才能体现出来，只有劳动才能创造剩余价

---

[1] 向勇：《文化产业导论》，北京大学出版社2015年版，第109页。

值。随着社会发展、技术进步，文化要素在劳动过程中占据了越来越重要的位置，技术知识和价值信仰等资本化的文化资源对社会经济的发展起到了积极的作用。文化生产力，简言之，就是运用文化资源创造财富的能力。在过去，文化资源只有历史和考古价值，如今却可以开发成产业。文化产业可以直接通过贩卖文化获得利润，文化符号的贩卖更能获得高额的利润。这就是说，资本是人类一般劳动的凝结，物质劳动凝结为经济资本，精神劳动凝结为文化资本，社会活动凝结为社会资本。这些资本从人类一般劳动的价值立场来看，在商品经济和市场经济的交换规则下，可以进行价值交换，从而实现资本形式的转换。①

其四，文化生产蕴含着一般商品生产的增殖逻辑，更有着自己的特殊增殖逻辑。而正是这种特殊性，使得资本与文化的结合愈演愈烈。物质生产与精神生产彼此涵摄，决定了主要见之于物质财富生产的资本和主要见之于精神财富创造的文化生产必然形成逻辑耦合。② 从本质上看，精神生产或物质生产都凝结了人类的脑力和体力耗费，它们是完全一致的，只是在社会分工所决定的具体劳动上有所差异而已。文化生产"受生产普遍规律支配"，意味着它是按照物质生产的方式来进行的，本身包括生产、分配、交换、消费各个环节，构成了一个相对独立的生产部门。正是这样，文化生产才能与物质生产进行部类之间的交换，实现其价值，文化产品也才能由此进入社会生活领域。这样，文化生产者如作家、音乐家就像物质产品的生产劳动者一样，成为艺术商品的生产劳动者。在马克思看来，宗教、家庭、国家、法律、道德、科学、艺术等，都不过是生产的一些特殊的方式，并且受生产的普遍规律支配。以表现自我为目的，或以满足个人谋生需要而进行的艺术创作，不能构成资本的来源，因而是非生产劳动。只有当艺术家成为真正意义上的"生产劳动者"

---

① 向勇：《文化产业导论》，北京大学出版社 2015 年版，第 167 页。
② 胡潇：《资本介入文化生产的耦合效应》，《中国社会科学》2015 年第 6 期。

之后，他的生产劳动才会是直接同资本交换的劳动，他所进行的艺术生产才会转化为真正意义上的艺术生产。这便是艺术家在艺术生产中从个体创作转化为创造价值的生产劳动者的基本逻辑。

虽然商品世界的运行方式和规律不仅统治着物质领域，而且已经成为文化领域、日常生活领域、休闲世界的运作方式和规律，但是作为非物质经济的组成部分，文化生产又不能按照一般意义的经济活动来理解，它有着自己的增殖逻辑，并且正是因为这一特殊性，才对资本有着强烈的吸引力。

第一，文化生产的高风险性和高回报性。例如，电影是典型的资本驱动型产业，成本投入极高，这决定了电影必须是集体享有的东西。"从任何一个理性的商业角度来看，拍摄电影都是完全没有意义的。制作成本实在太高，管理之难超乎想象，努力和结果之间没有联系，由一群被称为导演的习惯性癫狂的人所控制，拒绝遵照一种模式进行拍摄，具有创造力的参与者经常自得于其对商业成功的无动于衷，营销成本高得令人望而却步，观众还善变。"① 但是，一旦一部电影获得成功，就会创造可观的利润。"没有任何一位手工艺者可以单凭一件作品维持生存，但电影制作人却有可能仅靠一部电影就活得很好。"② 近年来，中国电影票房节节攀升，单部影片票房纪录已经突破 50 亿元，而在全球市场，投资 5 亿美元但收获 27 亿美元的《阿凡达》令其他影片望其项背。实际上，尽管创意资源的供给已经大大超越实际需求，大量的创意资源唾手可得，但是这些资源并没有获得对等的价值，市场中最好和最大部分的利润通常都是少数作品所占有，这刺激了资本寻找"少数"的动力。资本具有"赌博"的野心，而文化产业的"高风险性"正是契合了资本的这

---

① 安东尼·明格拉（Anthony Minghella）在 1998 年 4 月 19 日的《观察家报》（伦敦）评论版中的评论。转引自［英］彼得·霍尔《文明中的城市》，王志章译，商务印书馆 2017 年版，第 860 页。

② ［英］约翰·霍金斯：《新创意经济》，王瑞军、王立群译，北京理工大学出版社 2018 年版，第 173—174 页。

一特性。

第二，文化产品的可复制性和非排他性。物质产品一旦为私人所有就具有了排他性，产品的拥有者拥有维护自己对产品的占有、使用、处置和收益等权利，维护产品产权的成本较低，基本为零。但是对于文化产品而言，其核心并不是文化载体本身，而是文化内容，因此不具有使用上的排他性，产权模糊，维护成本较高，这意味着一件文化产品可以被不同时代、不同地区的人反复使用而不会对其有所损耗，反而是历久弥新，可以衍生出更高的价值。它趋向于经济学家所称的"公共物品"，或者也可以称为"准公共物品"——一个人对此物品的消费行为不会减少其他人对它消费的可能性。[1] 如《蒙娜丽莎》在一天中被一百个人观赏并不比被一个人观赏损耗得更快，同样，一首歌曲只有被反复下载、传唱才可能流传下来。文化创意正如信息一样并不因为被多次应用、多人拥有而降低自己的价值，相反该项创意被应用的产品越多，它的价值增长越快。因此，版权越来越成为文化产品的核心，文化产品的交易也通常是通过版权交易实现的，它可以防止文本的自由复制，拥有较高的价值和稀缺性。而一旦 IP（知识产权，Intellectual Property）获得巨大成功，就可以"一鱼多吃"，有取之不尽的资源。这有效地缓解了资本投资在物质生产领域所面临的"临界点"的问题。

第三，从消费的角度来看，物质产品的边际效用递减规律也并不完全适用于文化消费。从生理的角度来看，吃面包能刺激处于饥饿状态的胃，使人的神经产生兴奋感。但是同样的刺激反复进行，兴奋程度就会大大下降。相反，一个人享用的精神文化产品越丰富，对其继续享用其他精神文化产品的效用就越大。一支好听的音乐作品可以单曲循环无数次，并激发音乐爱好者寻找同一类型音乐的欲

---

[1] ［英］大卫·赫斯蒙德夫：《文化产业》，张菲娜译，中国人民大学出版社 2016 年版，第 23 页。

望。一部引人入胜的电视剧，总能吸引观众一集一集地往下看。而长时间带来的轻微生理痛苦如眼耳不适，往往是可以忽略的。也就是说，文化商品的生命力周期是与它的价值含量成正比的。约翰·霍金斯曾提出一个关于"创意经济"的公式：创意经济（CE）等于创意产品的价值（CP）与交易次数（T）的乘积，即 CE = CP × T。[①]文化价值含量越高，越能随时间的推移和交易的次数而增值，其魅力辐射时间越长。因此，精神文化产品才会在资本的介入下被源源不断地生产出来。

三　资本与文化生产的耦合机制

文化生产按照市场经济的规律运行，在早期知识精英那里引起了极端的价值判断，他们普遍对文化特别是艺术与资本市场"合谋"后沦为商品形式表示遗憾。最具代表的学者当属法兰克福学派的核心人物阿多诺，他曾直言不讳："文化工业的典型产物不再'也是'商品，它们已然是彻头彻尾、不折不扣的商品……到最后，文化工业甚至不再需要处处直接追求它所起源的利润动机。这些利润动机已经内化在它的意识形态当中，甚至使自己脱离了文化商品强制性的出售本能，因为不管人们是否愿意，这些文化商品反正会被塞进他们的喉咙里。"[②] 在资本主义商品制度之下，传统的文化生产纳入了以市场交换为目的的商品运行轨道，资本支配者既生产出规格化的文化商品，同时也生产出对这些商品的需要，这在固守传统的知识精英看来无疑是场"灾难"。可以说，这种批判在整个西方马克思主义学者当中相当有分量。在他们看来，当一些文化形式作为交换物在市场上成为其生产者的经营手段，它们或多或少地具有商品的性质。但起初生产者对利润的追逐是间接的，他们仍然没有丧失自

[①] ［英］约翰·霍金斯：《创意经济：如何点石成金》，洪庆福等译，生活·读书·新知三联书店2006年版，第90页。

[②] ［德］西奥多·阿多诺：《文化工业述要》，赵勇译，《贵州社会科学》2011年第6期。

身对艺术追求的独立自主性。而现在的"文化工业"直截了当地把经济利益放到了首位,甚至在它们被生产出来以前,其最终的目的就已经指向利润。

文化产品一旦被纳入市场化的运作逻辑和生产方式当中,便难以避免地会像一般商品一样成为资本追逐利润的工具和手段,文化生产就会急功近利,以短期获利行为取代文化创作的卓越性,导致文化产品平庸和粗制滥造,缺乏思想性、审美性、创造性和批判性。由于"文化生产是以求真、向善、审美、崇圣为主旨,注重精神价值和社会效益;而资本逻辑则是以增殖、经济效益最大化为圭臬"①,二者的价值取向存在抵牾,因此人们习惯将二者分开对待。然而,我们也需要认识到,精神价值、社会价值与经济价值具有内在的逻辑统一性,它们之间相互依存、相互渗透并可能相互转化。换言之,文化生产与文化资本的价值图式并非截然对立,两者在特定历史时期结伴而行,有一种共通的进路。

第一,文化的工业化、市场化和资本化运作是文化生产繁荣发展的客观要求。资本虽然给文化生产带来了许多负面效应,但也带来了大量不可忽视的正面效应。李向民在《精神经济学》中指出:"精神产品如果不能按照价值规律参与社会的商品流通,那么,精神产品就不可能摆脱物质基础的纠缠而受制于物质资料,在社会关系上,就表现为精神生产者对物质资料占有者的依附。欧洲17、18世纪盛行的艺术赞助,实际上只不过是赞助人炫耀自己的一种方式,艺术家完全成为他们的附庸;我国清代扬州盐商也大量延至名士,为己所用。如果精神生产者不建立自己的经济基础,就难以从根本上促进精神生产的发展。"② 可以说,这种人身依附关系严重地阻碍了文化艺术的发展和人们对文化艺术的需求。相反,这种关系的解除对于文化经济的发展至关重要,它使

---

① 胡潇:《资本介入文化生产的耦合效应》,《中国社会科学》2015年第6期。
② 李向民:《精神经济学》,新华出版社1999年版,第367页。

得文化生产者具有更加独立的自主性，消费者则可以根据自己的喜好选择文化产品，因此会更加贴近社会大众，更具有现实性意义。美国经济学家泰勒·考恩在《商业文化礼赞》中对市场经济和供求关系在文化创造中的作用持肯定态度，他认为："资本主义的市场经济是一种充满活力但却没有得到足够重视的制度构架；它支持多种艺术观念的同时并存，使新的、令人满意的作品源源不断地涌现出来，帮助消费者和艺术家提升艺术品位，通过捕捉、复制和传播的方式，向辉煌不再的过去表示敬意。"[1]

此外，商品化的意义不仅在于保证精神生产活动的存在，更重要的还在于给精神产品的扩大再生产提供强大的经济后续力。在传统的文化体制下，文化生产部门经济上或者完全依附于上级主管部门，或者是勉强以收抵支，根本无法进行必要的扩大再生产。有些文化单位虽然通过一些市场行为，获得一些固定收入，但并不足以支撑自身的发展，而是需要通过大量的物质经济对其进行补偿。从这个意义上来说，引入资本和市场机制，并非如批判者所说的那样吞没和消解文化生产，虽然一些传统的文化生产空间被挤压，但是资本很快又会创造出新的文化市场，尽管市场会带来文化生产的扁平化、快餐化、娱乐化等不良的审美问题，但是经过市场洗礼生存下来的文化产品也具有极高的审美价值。从长远的观点来看，成功的作品通常源于繁荣的流行文化，后者对前者有支撑作用。帕瓦罗蒂（Pavarotti）的音乐、巴尔扎克（Balzac）的剧作、大仲马（Dumas）的小说，这些优秀的文艺家及其作品，无一例外都与市场有着千丝万缕的联系。因此，整体来看，市场总是或多或少存在一些缺陷，但对于促进文艺的繁荣也发挥着积极的作用。

第二，文化生产也可以赋予资本更多的精神内涵。如果说文化因为资本沾染了几分铜臭，但反过来资本也因为文化而多了几分书

---

[1] ［美］泰勒·考恩：《商业文化礼赞》，严忠志译，商务印书馆 2005 年版，第 4 页。

香和人文气息。文化生产是社会价值与经济价值的统一。文化产品是"内在财富"和"外在财富"的统一体：既有经济价值的物质承载，又内含文化的精神价值。文化产品的上述社会功能与价值，超越了单纯经济层面的意义。[1] 因此，文化生产可在一定程度上消释资本自发作用对经济效益单面性、短期化索取的压力，为资本的运用提供了理想指引和价值预判。文化生产对真、善、美的价值崇奉有助于克服资本逻辑"见物见钱但不见人"的盲目性和资本强权的"任性"与偏颇，防止经济物化带来的拜物教危害，从而激活、维系经济活动的人文理性。

第三，资本和文化生产的耦合反映了科学技术作为首要生产力的趋势，形成了经济知识化和知识经济化的双向互动。文化生产内含的精神价值对物质经济产品的注入，有助于提升其社会价值与交换价值，反过来壮大资本增殖的逻辑力量。其结果之一是，文化生产为经济发展、资本增殖、价值扩充开辟了新的领域。配第虽然在观念上重视物质生产，轻视文化生产，但并不表示文化生产一文不值。他认为："当计算好需要多少人从事生产劳动之后，剩下来的人就可以安全地、对社会无害地被用来从事娱乐和装饰方面的技艺和工作，而其中最重大的，就是增进自然知识。"[2] "这些活动有助于精神的修养和恢复，同时这些如果进行得适当，则又会赋予人们必要的知识，他们从事更有意义的工作，如果这样的话，那又是另一回事。"[3] 他还强调了文化生产和消费对于资金周转和流通的意义，以及可以成为国家筹集经费的有效方式。他认为货币被用于支付从事"宴乐、排场、粉刷凯旋门"等工作，可以让货币立即到最有用的人们手中。而国家设立并维持剧场和公共娱乐场所，对演员发付酬金，并占有这些场所所得到的利润的大部分。可见文化行业是利

---

[1] 胡潇：《资本介入文化生产的耦合效应》，《中国社会科学》2015年第6期。
[2] [英] 威廉·配第：《政治算术》，陈冬野译，商务印书馆1978年版，第199页。
[3] [英] 威廉·配第：《赋税论献给英明人士货币略论》，陈冬野等译，商务印书馆1978年版，第70页。

润率非常高的行业。

第四，文化产业是经济系统的一个环节，具有强大的产业关联效益。文化产业引起的产业结构调整，为文化产业的经济腾飞提供了新的理论基础。在过去几十年里，听音乐、看报纸、看电影几乎都是独立的活动，一个产业的利润来源也总是"关起门的买卖"。但"文化产业"一词在当代的用法含有文化生产的经济潜力的意味，文化产业可以创造产出、就业、收入和满足消费者的需求。戴维·思罗斯比认为，消费模式的改变和真实收入的增加都引起了对文化商品和文化服务需求的长期增长，在新兴的信息技术和通信技术的发展中，文化产业是重要的内容提供者。它孕育了创意思想和创意表现，对于创新过程、技术变迁过程和就业水平具有重要影响，有助于吸纳经济中衰退部门所释放的劳动力。[1] 例如，根据韩国的统计，在该国文化产业当中，每多100美元的输出就会有412美元的产业拉动。"韩流"在世界尤其是亚洲范围内的流行带动了汽车和电子行业，影视剧没赚到的钱，恰恰通过这些领域赚到了。正是基于这种相互耦合的机制，资本快速进入新兴文化领域，推动了文化产业的勃兴。

第三节 文化产业中的"物质幽灵"

一种普遍的观点认为，由于文化产业贩卖的是精神需要，因此与其他物质经济形态是非常不同的。但这并不完全正确，或者至少说，它是有先决条件的：我们不能完全脱离物质经济来谈文化产业。因此，绕开物质经济来解释文化产业的发生问题是不完整的。

对于人类经济活动的变迁轨迹，学界有一个大致的看法，那就

---

[1] [澳] 戴维·思罗斯比：《经济学与文化》，王志标、张峥嵘译，中国人民大学出版社2011年版，第145页。

是随着经济的不断发展,产业中心将逐渐地由有形财富(粮食、汽车、钢铁、楼房)的生产转向无形服务(知识、信息、娱乐、软件)的生产。因此,在部分学者看来,文化产业被纳入了"非物质经济"领域。但是,所谓"非物质经济"和"物质经济"之间,绝不是非此即彼的关系,而是说,越是接近"非物质经济"形态,对物质的需要和依赖就越低。长期以来,人们为了强调文化产品的精神性而将之与物质消费区分开来。然而实际上却是,尽管文化生产具有自己的特殊性和价值规律,但是从商业的逻辑来看,文化产业与其他产业密不可分却是无可争议的事实。这不仅仅是因为文化生产遵循着物质生产的基本价值公式和市场逻辑,而就算有特殊性的一面,物质的"幽灵"在文化的生产与消费中也无处不在。"幽灵"在这里是一个比喻,旨在表明物质对文化产业的影响是无处不在又常常被忽略而不见的。

我们将要揭示的是,物质生产在文化产业的发生发展过程中是如何发挥作用的。不仅仅因为人类的精神财富是在物质文明的创造中逐渐形成的,文化的生产和消费通常要建立在物质丰裕的基础之上,更为重要的是,生产者在生产文化需求的同时,实际上也在生产物质需求;消费者在消费文化内容的同时,实际上也是在消费物质商品。文化生产与物质生产是不可分割的,把文化生产仅仅视为精神性、审美性的与物质生产无关甚至对立更是一种误导,因为"不管文化实践的目的如何,文化生产手段无可争辩地具有物质性的因素"[1]。

一 文化产业的"物质性"

文化产业存在"物质"和"非物质"两种形态:所谓物质形态,是体现在物质载体上的文化经济形态,也是文化经济的初始形态。所谓非物质形态,是由分工导致的一种文化劳务形态或文化服

---

[1] Raymond Williams, *The Sociology of Culture*, New York: Schocken Books, 1982, p. 87.

务形态，它可以脱离物质载体而存在。文化经济的物质形态和非物质形态并非两个相互衔接发展的阶段，它们往往齐头并进，至今仍然是共存的。只不过，随着人类非物质劳动越来越丰富，分工越来越精细，文化与经济一体化的形态更多地向文化与经济二分的形态发展。因此，文化产业的发生呈现出人类经济发展从物质经济向非物质经济转变的趋势。

尽管我们以这样或那样的条件对文化经济进行区分，并强调文化经济的非物质属性越来越重。但是完全脱离物质的文化经济是不存在的，我们很难将专门生产纯粹的文化产品与生产纯粹的实用产品的产业划分开来。相反，各行各业的产品或多或少都带有文化性和实用性。"以动作片或录制音乐为一端，以水泥或石油产品为另一端，两端之间存在一系列行业，其产品都是文化性和实用性的不同组合。如鞋、眼镜或汽车。"[1] 传统经济学家将文化产业视为服务业，一个不依附于"实体经济"的产业。但这种观点遭到了质疑，因为，被物质裹挟的文化经济是普遍存在的。并且，文化产业实际上非常依赖物流、零售和互联网电商等其他行业。这里，我们可以试图归纳出文化产业包含的几种"物质态"类型。

1. 媒介物质态

我们需要承认文化产业的核心是内容，但精神文化内容通常需要物质媒介，这是不难理解的。在这种形态里，动作、造型、声音、线条、色彩是附着在具体的物质形态上得以呈现的。例如，作为非语言表达的舞蹈高度依赖天然的人体，文字无法借助空气传播，存储音乐的黑胶唱片需要用到乙烯基材料。虽然数字化进程使得上述内容都以虚拟的形态呈现，但是仍然需要借助数字设备来实现。在整个文化产业链条中，很多文化创意必须和制造业紧密结合才能到达消费者手中。例如，时装作为时尚产业中一个典型形态，创意和

---

[1] ［美］多米尼克·鲍尔、艾伦·J. 斯科特主编：《文化产业与文化生产》，夏申、赵咏译，上海财经大学出版社2016年版，第4页。

设计仅仅是起点,生产、物流和营销才是更重要的环节。在智能家居行业,很多文化内容也必须与智能终端捆绑销售。数字文化产业是极度依赖数字设备的一种新兴业态,设备的好坏(通常表现为内存、分辨率、音质、像素等)直接决定了数字内容呈现的好坏,而数字技术的进步又会倒逼数字设备进行升级。

2. 空间物质态

许多文化产业需要依托一定物理空间才能生产或呈现,表现为基于物理空间的非功能性开发。其中又包括两种:一种是基于文化遗产或自然遗产开拓的空间,这种形态的经济价值或产业价值在今天的古建筑和古遗址的开发中得到了充分的展现,如希腊的雅典卫城和中国的敦煌莫高窟,它们构成了当代文化旅游业最核心的部分。另一种是基于现代文化设施的演艺空间,例如戏剧需要舞台,电影需要放映厅,文物需要展示空间,观众能够拥有的是转瞬即逝的视听体验。尽管数字化技术大大稀释了这类物理空间的重要性,"云看展""云游览""云演播"悉数登场,但就实际体验而言,物理空间几乎是无法代替的。

3. 符号物质态

成功的企业往往擅长品牌营销,能将品牌打造形成标志性的符号,但是这些符号要产生新的利润,则需要借助物质实体。一种情况类似"迪士尼模式",即文化已经从表征层面(上层建筑)进入物质层面(经济基础),文化被"物化"(thingified)[1]。无论是玩具的开发、主题公园中的场景搭建,还是各类衍生品和文创周边,实际上已经变成了物质生产。另一种情况类似"耐克模式",即本身存在于物质层面,只是在经营的过程中符号化了,物被"媒介化"(mediation),具有非常强的象征意义。这类不算严格意义上的文化产品,但某些单品或品牌联名款显然已经具备了文化产品的特质。

---

[1] [英]斯科特·拉什、西莉亚·卢瑞:《全球文化工业——物的媒介化》,要新乐译,社会科学文献出版社2010年版,第7页。

需要注意的是，这种符号的附加值是建立在物质生产本身的。如果耐克不再生产鞋子或服饰，或者仅仅品质下滑，它所彰显的符号价值也就毫无意义。

4. 产品物质态

文化产业中有一些特殊的形态，它们往往投资巨大，却不靠门票或会员费获得主要收入，也不生产实体的文化商品，而是依赖物质经济进行补偿。诸如广播电视节目、短视频、资讯网站等。无论流量大小，成熟的商品品牌或急需被大众所认识的新商品品牌会根据自己的实力大小植入文化产品当中，成为这类文化产业无法摆脱的物质性。与符号物质态不同，符号和产品在某种程度上可以结合，从而赋予产品某种符号价值和展示价值，但在产品物质态中，文化产业看起来更像是一个广告，是为他人作嫁衣的角色。而广告作为一项产业的兴起，也是源自物质产品的日益丰富和企业间的竞争。不过，产品物质态和符号物质态之间可以相互转化，这在许多成功的电视节目中得到印证。

二 物质经济决定文化经济

无论我们如何给文化产业的内涵注入多少不同的解释，或者对文化产品抱以何种评价的态度，我们要消费它们，就必须付钱，这是文化产品区别于公益性公共文化服务的主要特征之一。[①] 购买文化产品或付钱购买休闲娱乐意味着支出会占用个人财富比例，因此对于并不富裕的人来说，文化需求和文化消费就表现出明显的"反稀缺性"。即无法保证基本生存的情况下，文化需求和文化消费就会趋近于零。因此，在消费社会层面，人类精神需求仍然是建立在物质需求得到满足的基础之上，这是不置可否的。在物质相对匮乏的经济时期，粮食是保持生命体征最重要的资源，因此粮食占有能够反

---

① 实际上，非营利机构并非完全排斥市场，它们获取资助或捐赠，或通过门票，以保证机构正常运转。

映出一个家庭的富裕程度。但是随着生产力水平的提升和社会分工的发展，社会经济结构引起了人们的消费结构发生转变，其中家庭总支出中用来购买食物的比例不断下降，反映出家庭经济状况不断趋好，这就是 19 世纪德国统计学家恩格尔（Ernst Engel）发现的一个重要规律。众所周知，食品是人类生存的第一需求，只有当这一生理需求得到充分满足后，家庭和个人的消费才会转向休闲、娱乐、教育等其他方面，才会表现出其他更高层次的追求。"恩格尔系数"（Engel's Coefficient）[1] 反映出来的规律与 20 世纪著名的美国心理学家马斯洛提出的"需求层次理论"不谋而合，它们共同揭示出物质基础是文化消费发生的前置条件之一。换言之，文化产业相对于其他产业而言，对物质生产力水平有更大的附属性和依赖性。

　　正如马克思所解释的那样，总体上，物质生活的生产方式制约着整个社会生活、政治生活和精神生活的过程。因为从历史到现实，经济与文化、物质文明与精神文明总的变迁趋势启示我们：在经济的进程中，内在地存有一种对文化的需求和发展文化的动因。经济进程本身必然是一种文化进程，新的物质生产运动改变旧的社会图景的过程，是最深刻也是最根本的文化革命和观念革命。一个不争的事实是，大多数发达国家在文化娱乐方面的开支已经超过了在食品和服装上的开支，仅次于在住房和能源消费上的开支。从 2000 年至 2010 年，发达国家创意经济的年增长率超过了本国其他经济部门的增长速度。[2] 人们更习惯将人均 GDP 与文化消费联系起来。我们所熟知的一种国际经验表述是："人均 GDP 达到 1000—3000 美元是文化消费活跃、消费结构逐渐提升的阶段，人均 GDP 达到 3000 美元以上是文化消费大幅跃升、而物质消费比重逐步减缓的阶段。"这一说法若非全部，也是符合绝大多数日常经验的。随着经济的发展和

---

　　[1]　根据联合国粮农组织提出的标准，恩格尔系数在 59% 以上为贫困，50%—59% 为温饱，40%—50% 为小康，30%—40% 为富裕，低于 30% 为最富裕。
　　[2]　[英] 约翰·霍金斯：《新创意经济》，王瑞军、王立群译，北京理工大学出版社 2018 年版，第 16 页。

公民收入水平的逐年提升，全球范围内产生了历史上最庞大的中产阶级，这意味着全球文化消费呈现出井喷状态。例如，"那些以个人经验、爱好和个性等特点为焦点的小说之所以能在 18 世纪出现，是与新兴中产阶级人数的不断增长有着密切的关系，特别是与新兴中产阶级的妻子们所组成的群体有着十分密切的关系"①。在晚清时期的上海，文化的产业化与开埠通商后崇尚奢侈消费之风不无关系。庞大的中产阶级以其不可抗拒的巨大消费容量，不仅残酷地湮没小众贵族社会时尚生活的封闭、自恋、矫情和惶惶不可终日的身份特权感，而且也在激荡中冲洗出消费社会的大众日常生活价值秩序以及这一秩序支撑起来的开放性时尚潮流。② 多种迹象表明，经济发展和家庭富裕程度与文化经济发展密切相关，这是物质经济与文化经济最基本的关联。

　　文化与经济的结合日益紧密，在当代已经以各种产业的形式发展成为可以与物质经济比肩的"新经济"。然而，由于文化经济脱胎于物质经济，因此其无法完全独立于物质经济而存在。例如，现代广告业是伴随着工业化和大众媒介而兴起的，工业化带来了物质产品的极大丰富，大众媒介则为这些产品寻找消费者提供了信息平台。进入消费社会，广告业发展成为一个独立的行业门类，正是得益于物质经济的繁荣。

　　文化具有天生赋予物质以象征意义的作用，在商品经济时代又表现为对物质的包装功能。文化产业对物质经济的重要意义在于创造品牌并延长商业链和创造更高的价值。文化产业在很多时候只是在物质生产上赋予象征的意义，例如迪斯士尼的公仔和别的普通公仔在材料和工艺上是一样的，但是却可以售出更高的价格。如今，文化的大部分已与物质消费、日常实践融为一体，诸如时装、广告、

---

　　① ［英］珍妮特·沃尔芙：《艺术的社会生产》，董学文等译，华夏出版社 1990 年版，第 46 页。
　　② 王列生：《时尚产业：符号生产与市场操控》，《艺术百家》2014 年第 1 期。

商场、室内装修以及各种休闲方式等都成为"文化",越来越多的产业更像文化产业。文化经济与物质经济看似两种经济,但二者通常并行不悖,有时候联合起来能迸发出不一样的联动效应。例如,影院经济从来不仅仅是以票房分成来赢利的。在全世界的影院中,贩卖爆米花和饮料通常能够获得更高的利润。广告也为影院带来不小的收益。类似地,KTV和歌舞厅从来不只是唱歌的场合,与之搭配销售的酒水和小吃构成了收入的重要部分。旅游业从来不仅仅是放松身心和观光旅游,它是与餐饮、住宿、交通、购物等物质经济紧密结合的产业类型。

三 "准免费"的商业逻辑

文化产品之所以能够发展成为市场上的"香饽饽",主要原因之一在于它们通常以低廉的价格甚至免费的形式提供给消费者。而由于受众从精英阶层开始向普罗大众扩张,大众和大众文化就在消费这些文化产品的过程中形成了。法兰克福学派曾经批判"文化工业"具有"齐一化"的特征确有其事,他们之所以强调工业化的文化产品与物质产品没有什么根本不同,是因为生产者在占有更多消费者从而获得更大的利润这一点上达成了共识,并且所运用的手段也是极为相似——明码标价、推广营销。于是我们看到,为了将文化产品提供给更多的消费者,生产者也会不断压低文化产品的价格,索性免费提供给消费者,为的就是获得更大的市场。从这个意义上说,售卖文化产品和服务倒有点传统销售中"薄利多销"的意味。

我们可以用"准免费"来描述文化产品的这种低价形式。所谓"准免费"就是接近免费或者完全免费,因为文化产品投入的时间、人力、物力、财力通常都十分巨大,从构思到成品需要经过一系列阶段,每一个阶段都要滞留一定的成本。投入与实际售价之间形成的反差足以让文化产品(除一些艺术品外)更接近一个免费提供的产品。例如电影就是一个典型的"准免费"产品,以一部电影投入计算,动辄几亿甚至十几亿元的资金,从开拍到后期制作再到上映需要长达几年时间，动用的人力物力无疑都是大手笔。但是一旦进入消费阶段，观众通常只需要花费几十元就可以看一部电影。在一些视频网站上，有些电影则是完全免费的，或者支付少量的会员费，就可以欣赏网站上所有的电影。一面是亿万级的投入，一面是几十元的消费，二者之间的差距令人咋舌。实际上，不光是电影，一本书、一首音乐、一张报纸、一个软件……其背后无不凝聚着大量精力的投入，对于大型杂志出版商、电子游戏制作人、电视网络运营商以及领先的时装公司而言，每一单位产出都需要更多的资本或劳动力的投入，并且生产数量非常少。但是站在消费者的角度，它们实在是一个"准免费"的产品。

那么，这种模式如何得以进行呢？这首先得益于文化产品的消费具有无损耗的特点。如果我们多生产一部手机或者电脑，那么就不得不计算多一部电脑所需要的成本，因此控制材料、工序是降低价格的关键。但是文化产品则可以一次性投入，无数次售卖而不需要担心过高成本。基于这样的特性，文化产品被赋予了一个重要使命，就是被创造出来给越多的人消费，其价值就越是凸显。而且，在全球化时代，消费群体也从一个地区向全球扩张，给文化产品寻找广阔的市场提供了条件。例如电影《泰坦尼克号》1997年在美国上映，随后不仅在全球各国相继上映，2012年又以3D版本重映，就很能说明这一点。但是，也正因为复制成本过于低廉，文化产品常常面临被盗版的风险。加上售价极低，竞争激烈，频繁的折扣，甚至免费提供给消费者，所以文化生产商面临的压力更大。一方面，需要大量的资金投入，由于观众的喜好是未知的，一旦没有获得市场认可，就是"稳赔不赚"的生意。另一方面，文化产品不再是一个奢侈品，人们在有更多选择的情况下，占领市场变得十分困难。更为重要的是，人们对文化产品的需要具有"反稀缺性"和"不确定性"，如果售价太高，人们可能就会大大降低购买的热情，而选择能够替代的产品。如此种种，导致了文化产业的经营必须形成自己独特的模式，否则就难以为继。毕竟依靠类似"票房"这种看得见摸得着的传统方式来赢利在文化产业市场上是十分有限和困难的。而且，互联网的兴起和数字化技术的普及，使盗版变得更加容易。人们习惯在网络寻求免费的文化资源，即使有消费者愿意支付费用，比例都相当低，尽管"知识付费"的新兴形式也在兴起，但都不是主流模式。

那么，如果不能从文化产品本身直接赢利，有什么办法呢？尽管我们一再强调文化产品的"准免费"特征，但实际上许多文化生产公司往往能够赚得盆满钵满。他们直接赚的是观众的钱吗？显然不是，尽管观众也会通过购票或打赏的方式对生产投入进行有限的补偿，但是免费或者"准免费"总是占据主流。尤其是我们处在这样一个任何文化内容都可以转化为数字进行传输的时代。美国《连线》杂志主编克里斯·安德森（Chris Andersen）认为，数字化时代的经济学是建立在电脑字节而非物理原子基础之上的。如果某样东西变成了软件，那么它的成本和价格也会不可避免地趋零化。[①] 这正是文化生产商面临的最大的问题：如果不能通过定价回收成本，索性完全免费提供给消费者，这样还有可能占领更多的市场。而一旦拥有市场，商家就可以寻找其他模式来赢利，因为此时观众作为文化产品的"副产品"也变成了一种资源。而利用这种资源最好的方式，就是将它与能够变现的物质经济挂钩。例如，电视节目的生产是一个典型的例子。美国学者约翰·费斯克曾区别了"财经经济"和"文化经济"两种形式，虽然其主要目的在于批驳法兰克福学派关于"大众是单质的群体"这一观点，但是对于我们理解其中的商品逻辑很有帮助。他举例说，首先节目生产者将其卖给销售者，节目是一种直接的物质商品。然后，作为商品的节目变换角色，成为生产者。它所生产的新商品是观众，反过来这种观众又被出售给广告商或主办人。[②] 也就是说，电视节目得以流通的关键不在于观众，

[①] ［英］克里斯·安德森：《免费：商业的未来》，蒋旭峰等译，中信出版社2009年版，第6页。

[②] ［美］约翰·费斯克：《大众经济》，陈永国译，载罗钢、刘象愚主编《文化研究读本》，中国社会科学出版社2000年版，第230页。

不在于电视节目制作商，而恰恰在广告提供商，并且大多广告都人们衣食住行的物质商品有关。电视台如果找不到广告赞助商，意味着无力购买电视节目。而广告则追逐收视率，使电视的生产成为一种典型的商业行为，甚至会影响到电视节目的品质趣味。时至今日，虽然许多人已经很少打开电视，但是在互联网时代，包括手机、平板电脑在内的任何设备中供用户免费使用的视频资源、文化软件、社交工具等，都以同样的模式存在着。一个经典的说法是："如果你没有花钱买产品，那你就是被卖的产品。"

由此我们可以发现，文化产品"准免费"所蕴含的商业逻辑，即为作为"副产品"的观众寻找新的买主——赞助商、广告商或冠名商，我们可以称为"金主经济"。"金主"并不是现代社会的产物，但是现代意义上的"金主经济"的不同在于，金主本身也是市场经济的产物，它们有时也需要通过竞争才能获得资格。以一档综艺节目的生产为例，制作商在生产之前一般要先找好金主，或者如果有节目已经获得很好的口碑，就可以有足够的信心在负债的压力下生产完产品再来招商。而二者达成的协议就是，金主和节目名称必须同时出现，以及出其不意的插播广告和主持人口播广告，滚动条和随处可见的招牌与节目形成一个整体，这是所有影像节目都能达成的高度默契。由此我们发现，"当今所有文化产业的产品，不是越来越像商品，而是越来越像广告。就像广告公司一样，文化产业不是销售自己，而是销售其他东西"[①]。不仅仅是节目的生产，新闻、报纸、图书、广播、音乐、视频网站、自媒体等，无不如此。广告无处不在意味着"物质幽灵"四处游荡，因为大多数广告商和冠名商都是日常生活产品的提供商。这样一来，文化产品成为一般商品的招牌，它们可以将观众转换为实实在在的物质产品消费者，即通过形象来转移价值。

---

① ［英］斯科特·拉什、约翰·厄里：《符号经济与空间经济》，王之光、尚正译，商务印书馆2006年版，第187页。

与非营利性文化机构提供的"免费"产品和公共文化服务不同，营利性企业能够"免费"或"准免费"提供是基于双边市场的成熟，新兴媒介则起到了推波助澜的作用。在双边市场中，中介或平台将服务提供给双边（或者多边）顾客，有时向一端收费（如电视节目卖给多个广告商，但免费传输给观众），有时向两端收费（如杂志与报纸既卖广告，也面向读者收费）。还有一种"免费模式"则倾向于"交叉补贴"，如"游戏免费、道具收费""儿童免费入场主题公园""电影院的爆米花"等都是这种典型的模式。总之，必须将"受众"进行二次或多次消费，才能维持文化的再生产，而由于文化需要并不是刚性需要，因此要由刚性需要来弥补其中的需要缺位。例如现在大多数娱乐消费空间都与日常商品空间相互"侵占"，免费游乐场旁边可能是餐饮店和超市。可以说，文化产品的再生产归根结底也是物质产品的再生产；文化经济的繁荣也是物质经济繁荣的产物，文化产业中的"物质幽灵"及其作用是无处不在的。

第 七 章

权力对抗：文化产业发生的政治意图

在他住所里面，有个圆润的嗓子在念一系列与生铁产量有关的数字。声音来自一块像毛玻璃一样的椭圆形金属板，这构成右边墙壁的一部分墙面。温斯顿按了一个开关，声音就轻了一些，不过说的话仍听得清楚。这个装置（叫作"电幕"）可以放低声音，可是没有办法完全关上。

——［英］乔治·奥威尔《一九八四》

在 21 世纪的世界经济版图中，几乎没有人不谈论文化产业的经济影响力及其创造的巨大利润。世界发达国家和许多发展中国家以实际行动将文化产业纳入"支柱性产业"的目标规划，对文化的经济强调有过之而无不及。这从联合国教科文组织和各个国家的统计局精心编制的文化统计框架，以及历年的经济数据盘点和各种产业发展指数报告中便知一二。其背后的原理已经在上几个章节有较为详细的解释。然而，虽然大部分文化资本与经济资本之间可以实现相互转化，但文化产业的意识形态属性决定了它无法成为一个纯粹的经济系统，创造经济价值也并非其存在的唯一目标。显而易见的是，文化产品和服务不一定都追求利润的最大化，其中既包括那些打着"独立"旗号的"情怀之作",也包括文化事业单位、非营利性机构、公益组织等慷慨解囊提供的"文化福利",更有许多"赔钱赚吆喝"的买卖。也就是说,文化创作或精神生产并不一定全部被文化产业所接受、所负载,甚至必然会有一些极其重要的部分处于市场的边缘内外。文化也有其非市场化发展的各种方式,人们的精神享受、抒情表达也有大量非商业化的方式。[①] 这种非营利或公益性的文化供给或文化资助背后固然也蕴含着某种程度上的"交易"——人们以纳税人的身份提前支付了那些"免费"[②] 提供的文化服务,但至少盈利不是其存在的第一要义。倘若文化生产不以追求经济利润为主要目的,或者说不仅仅是追求经济利润,那它还追求一种什么结果呢?

在本章中,我们将继续探讨文化产业发生发展过程中不可忽略的政治因素。必须把文化与政治的关系重视起来有以下几个重要的原因:第一,政治在文化产业发生发展过程中扮演着极其重要的角色,包括对其合法性的承认、政府资源的倾斜和政策法规的制定等。不同文化体制下的文化产业发展往往会呈现出截然不同的境况,尤其是政策变迁会影响整个文化产业的发展进程,是牵引或抑制文化产业发展的重要因素。第二,文化产业在当今世界政治较量中的作用越来越凸显,政治成为文化产业发挥经济作用之外最重要的功能。尽管许多西方国家崇尚文化贸易自由,但是利用文化产业来巩固国家内部或外部权力是政府非常看重的一项职能。有学者认为,中国把"文化产业"和"文化事业"刻意分开,表面上"产业"和"事业"均代表了国家对不同行业的基本观念和改革决心,然而,实际上其"产业"和"事业"的定义反映了国家视"产业"和"事业"单位为推动某种经济或政治目的的机器。前者没有太多的政治包袱,

---

① 章建刚:《文化产业发展的几个基本逻辑》,《南方论丛》2003 年第 2 期。

② 尽管这些产品或服务是免费的,但并不意味着这些产品是经济学意义上的免费产品(该产品所消耗的资源可以用于生产其他产品)。参见 [英] 露丝·陶斯《文化经济学》,周正兵译,东北财经大学出版社 2016 年版,第 8 页。

因此可以以经济利益为前提发挥创意；后者则因为政府始终没有放开对其产业的控制权，而具有强烈的意识形态属性。① 第三，更为重要的是，文化的市场化虽然对内容监管带来了许多挑战，但是意识形态工作并不会因为市场化而放松。如何在经济与政治中寻求一种平衡，始终是政府部门制定文化政策的主要依据。"所谓文化产业的市场准入、所谓的文化产业政策、所谓的文化审查制度等，也就成为对文化产品生产、进而文化产业的控制形态。这是一种力量对另一种力量的控制。一切关于文化产业的制度安排，都是对现存文化制度和文化力量的改变或维护。"② 文化市场中的"下架"风波、点名批评、停播整改、删帖、封号、抵制等频频轮番上演，让我们不得不关注文化产业背后的权力博弈。

第一节　国家权力、意识形态与文化产业

一个不言自明的事实是，尽管文化产业的观念最早产生于知识界的批判理论，但是这一观念真正深入人心却离不开政府层面对它的正名以及"自上而下"不遗余力的政策推动，这种推动一开始发生在20世纪90年代以来的欧洲、北美和澳大利亚，以及越来越多地出现在拉丁美洲、南亚和东亚国家。由此，文化产业才逐渐显露出比以往任何时期都要强劲的发展态势，这本身就表明文化产业与政治的密切关系。例如，中国20世纪八九十年代的文化转型是从文艺与政治一体化状况的结束开始的，中国当代文化产业重新焕发生机得益于一种"政治正确"的表达和"自上而下"的政策推动，它的发展高度依赖它所处的政策制度环境。可见政治与文化之间总是

---

① 冯应谦：《全球文化工业：比较角度探讨》，《中国文化产业评论》（第8卷），上海人民出版社2008年版，第266页。
② 胡惠林：《再论文化产业正义：文化产业权力与权利》，《东岳论丛》2010年第10期。

相互制约而无法分开。

政府在文化产业发生过程中究竟扮演什么角色？其在扮演不同角色的过程中的意图又是什么？这是本书要回答的一个重要问题。表面上来看，政府极力宣扬文化产业的经济和社会效益，但是如果抛开现象探究事物本身，我们就会发现事情远比想象的要复杂。以下将探讨的三个关键词——"国家权力""意识形态"与"文化产业"，及其相互之间的内在逻辑，对我们理解这一问题的本质至关重要。

一　国家权力与意识形态的关系

我们在讨论文化产业时会不自主地将不同国家进行比较，比较的对象包括文化政策、发展模式以及文化产品所传达的价值观念的影响程度等，这在农业、工业或其他服务业当中是较为少见的。西方发达资本主义国家并不会因为被中国制造的物质商品包围而感到过分紧张，但是对于充满社会主义意识形态的文化艺术商品却是十分警惕的，反之亦然。这里我们不妨作一个假设：撇开政治因素不谈，如果完全遵循经济、市场和技术的发展规律，那么毫无疑问，文化产业会在物质丰裕的现代消费社会得到更加充分的释放。在没有意识形态的束缚下，文化产业会出现三种结果：一是文化内容的题材丰富度会无限膨胀，且发展具有不可逆性。二是在全球化经济背景下，各国文化产业会越来越趋同于一种模式，"文化例外"政策就会成为另一种"例外"。三是文化产业将毫无疑问地变成思想斗争的场所，而显得混乱不堪。但是在实际发展过程中，文化内容的生产却是极其敏感和受到限制的，不同制度、不同政策、不同法律下的文化产业也会呈现出截然不同的色彩。不同国家奉行的文化政策差异极大，对于文化产业的态度也不尽相同。为什么会这样呢？其中就涉及文化的政治传统问题。

政治关系是人类文明最基本的关系之一，只要有人群聚合，就会有政治行为。亚里士多德将"人是天生的政治动物"作为人类区别于动物的标志，至今仍被广泛接受。英国当代政治学家安德鲁·甘布尔（Andrew Gamble）在《政治与命运》（*Politics and Fate*, 2000）一书中分析了政治的三层含义：首先是权力（Power），其次是身份（Identity），最后是秩序（Order）。他指出，在残酷的自然环境下，人类只有在群体合作中才能生存，于是便有了公共空间，有了氏族，也就有了政治最重要的含义——权力；人类社会的"我们"和"他们"之分使不同氏族发展成为部落及部落联盟，最后形成国家，政治就具有了确定和建构身份的作用；而在国家内部，为了使不同出身、血缘、地域、职业和地位的人群在公共资源争夺中处于某种秩序状态，政治就有了第三种含义——秩序的政治。① 换言之，政治的本质就是国家运用权力进行秩序的统治。美国政治学家罗伯特·达尔（Robert Alan Dahl）认为，政治体系可以定义为："任何重大程度上涉及控制、影响力、权力或权威的人类关系的持续模式。"②

国家和权力是政治关系当中一对基本的范畴。所谓国家，就是一种强制性的机器（repressive apparatus）。这在《共产党宣言》和《路易·波拿巴的雾月十八日》以及所有马克思、恩格斯、列宁后期的经典文章中，特别是马克思有关巴黎公社的著作和列宁的《国家与革命》中被反复提及。例如，恩格斯在《家庭、私有制和国家的起源》中对"国家"所下的定义是："国家是社会在一定发展阶段上的产物；国家是承认：这个社会陷入了不可解决的自我矛盾，分裂为不可调和的对立面而又无力摆脱这些对立面。而为了使这些对立面，这些经济利益互相冲突的阶级，不致在无谓的斗争中把自己和社会消灭，就需要有一种表面上凌驾于社会之上的力量，这种力量应当缓和冲突，把冲突保持在'秩序'的范围以内；这种从社会

---

① Andrew Gamble, *Politics and Fate*, Cambridge: Polity Press, 2000.
② ［美］罗伯特·达尔：《现代政治分析》，王沪宁等译，上海译文出版社1987年版，第17—18页。

中产生但又自居于社会之上并且日益同社会相异化的力量，就是国家。"[1] 在这个定义当中，国家是阶级的产物，是经济上占统治地位的阶级压迫被统治阶级的工具，它随阶级的产生而产生，随阶级的消亡而消亡。所谓权力，用马克斯·韦伯的话解释，是指"在交往中一个行为者即使在遇到抵抗的情况下，也能实现其意志的可能性，而不管这种可能性以什么为基础"[2]。也就是说，国家是权力的结果，权力是国家得以维持的内核，国家与权力一起形成的力量使社会处于一种"秩序"状态。国家权力就是指统治阶级运用国家机器来实现其意志和巩固其统治的支配力量，对内具有强制性，对外具有主权性。

国家的力量来自政治赋予其至高无上的权力，并通过"强制性国家机器"如军队、警察、法庭、监狱或"意识形态国家机器"如家庭、教育制度、宗教、通信、文化机器等付诸实施，以实现社会秩序的正常运转。可见，国家机器是由许多权力环节联结在一起的成套体系。[3] 美国社会学家迈克尔·曼（Michael Mann）在《社会权力的来源》（*The Sources of Social Power*）中指出，各个社会及其发展都是社会权力四种来源的产物，这四种来源包括意识形态、经济、军事和政治方面的权力。[4] 它们各自占有决定性的因素，又同时享有某种程度的自主性。尤其是意识形态与政治关系尤为密切，意识形态需要政治作为其实施模式，而政治政策又往往同思想原则联系在一起，意识形态通常指导政治行为并为之辩护。阿尔都塞（Louis Althusser）则认为，强制性的国家机器大规模、普遍地通过强制（包括物质上的强制）起作用，而间接地通过意识形态起作用。对于

---

[1] 《马克思恩格斯选集》（第4卷），人民出版社2012年版，第186—187页。
[2] Max Weber, *The Theory of Social and Economic Organization*, London: Free Press, 1947, p. 152.
[3] 刘泽华：《中国的王权主义》，上海人民出版社2000年版，第2页。
[4] ［美］迈克尔·曼：《社会权力的来源》（第1卷），刘北成、李少军译，上海人民出版社2002年版，第30—38页。

意识形态国家机器来说，它们大规模、普遍地通过意识形态起作用，但也间接通过强制起作用。① 可见，意识形态是国家权力的重要组成部分，是国家权力的辩护工具。

意识形态是某个阶级所特有的信仰体系或价值观体系，它起源于人类社会发展对于公共行为规范与约束的需求。在私有制出现以前，一个集体组织内部遵循着一致的观念系统。而随着社会分工出现，人类社会不断分化为不同的社会阶层，而为了使多样观念得到统一，就需要构建一套价值观和价值观系统。当这种价值观或信仰体系以某种制度形态加以规范的时候，就集中表现为政治意识形态。由于意识形态为统治集团提供执政的"合法性"，还具有思想教育、价值引导和整合不同社会利益集团的功能，因此对意识形态的统治则是更持久的手段。任何一个政党在取得执政地位后，必然会将自身的意识形态与国家权力相结合，将自己的价值观上升为全社会的价值观，将自身的意识形态上升为占统治地位的国家意识形态；同时又通过国家宣传机器进行意识形态宣传、灌输，尽可能使社会公众形成与之相适应的思想、信仰、信念、价值观念、道德准则、法律意识和社会心理等，以维护自己所代表的那个阶级和集团的根本利益。相反，当这种意识形态受到挑战时，与之相对抗的一方都会毫无例外地受到管制、打击直至镇压。历史上许多伟人均视精神力量强于物质力量，承认思想统治着世界。例如孔子编订《诗三百》、秦始皇"焚书坑儒"和董仲舒"罢黜百家，独尊儒术"，在意识形态价值取向上并没有本质区别，都是为了要建立某种标准，并且用这种标准来达到统一人们的价值取向和行为取向的目的。② 因此，精神文化产品中就必然蕴含着一定阶级的价值观念和道德准则，从而自觉或不自觉地担负了宣传教育、审美娱乐和协调精神一致的功能。

---

① ［法］路易·阿尔都塞：《意识形态与意识形态国家机器（一项研究的笔记）》，载［斯洛文尼亚］斯拉沃热·齐泽克等《图绘意识形态》，方杰译，南京大学出版社2002年版，第147页。

② 胡惠林：《文化产业学》，清华大学出版社2015年版，第130—131页。

从马克思主义的观点看，意识形态是国家权力的组成要素，即"思想的上层建筑"，其功能是夺取政权和巩固政权。就是说，任何一个政权的建立，总要先造舆论，取得道义上的广泛认同；而一个政权的巩固，则总要把统治阶级的意志上升为统治思想，成为社会的普遍共识。在这个基础上，意识形态就是具体社会集团或阶级的特殊观念系统和帮助政治统治权力实现合法化的观念。任何一个阶级都有它自己的意识形态，它不仅随着阶级与国家的产生而产生、消亡而消亡，而且遵循阶级斗争发展的历史规律，随着国家形态的变化而转型。马克思和恩格斯在《德意志意识形态》中指出，对于统治阶级来说，既然他们作为一个阶级进行统治，并且决定着某一历史时代的整个面貌，那么，不言而喻，他们在这个历史时代的一切领域中也会这样做，也就是说，他们还作为思维着的人，作为思想的生产者进行统治，他们调节着自己时代的思想的生产和分配；而这就意味着他们的思想是一个时代的占统治地位的思想。在这个阶级内部，一部分人是作为该阶级的思想家出现的，他们是这一阶级的积极的、有概括能力的意识形态家，他们把编造这一阶级关于自身的幻想当做主要的谋生之道。而另一些人对于这些思想和幻想则采取比较消极的态度，并准备接受这些思想和幻想，因为在实际中他们是这个阶级的积极成员，并且很少有时间来编造关于自身的幻想和思想。[①]

作为上层建筑的反映，意识形态通常是社会经济基础的权力关系的表现。马克思在《哲学经济学批判》序言中有一个著名的总结："人们在自己生活的社会生产中发生一定的、必然的、不以他们的意志为转移的关系，即同他们的物质生产力的一定发展阶段相适合的生产关系。这些生产关系的总和构成社会的经济结构，即有法律的和政治的上层建筑竖立其上并有一定的社会意识形式与之相适应的现实基础。物质生活的生产方式制约着整个社会生活、政治生活和

[①] 《马克思恩格斯选集》（第1卷），人民出版社2012年版，第179页。

精神生活的过程。不是人们的意识决定人们的存在，相反，是人们的社会存在决定人们的意识。"① 这意味着，一个阶级是社会上占统治地位的物质力量，同时也是社会上占统治地位的精神力量。支配着物质生产资料的阶级，同时也支配着精神生产资料。因此，那些没有精神生产资料的人的思想，一般的是隶属于这个阶级的。占统治地位的思想不过是占统治地位的物质关系在观念上的表现，不过是以思想的形式表现出来的占统治地位的物质关系。因而，这就是那些使某一个阶级成为统治阶级的关系在观念上的表现，因而这也就是这个阶级的统治的思想。② 总之，在一个国家中，在经济结构中处于领导地位的阶级对于意识形态也起着领导作用，统治阶级的意识形态就是社会的主流意识形态。

二 文化产业的意识形态属性

"意识形态"一词最早由法国哲学家、政治家特拉西（Destutt de Traey）创造，指一门新兴的学科——"观念科学"（science of ideas）。特拉西非常乐观地认为，作为"观念科学"的"意识形态"，其研究对象囊括了所有的观念联合物（the combination of ideas），在学科谱系中应该占据"第一科学"（first science）的位置。但是，在拿破仑的强权下，作为一门科学的"意识形态"还没来得及真正建立就夭折了，并被抹上了一层浓厚的否定色彩。拿破仑认为"意识形态"是脱离了政治权力现实的一种抽象的、不确定的教条。随后，这一概念经黑格尔、费尔巴哈、马克思、恩格斯、列宁、曼海姆、阿尔都塞、葛兰西等继承和发展，形成了丰富的意识形态理论。作为当代西方社会科学最重要的关键词之一，意识形态在西方马克思主义的思想历程中不仅占有突出的位置，而且贯穿西方马克思主义各流派的始终。他们在使用"意识形态"时所持有的态度

---

① 《马克思恩格斯选集》（第 2 卷），人民出版社 2012 年版，第 2 页。
② 《马克思恩格斯选集》（第 1 卷），人民出版社 2012 年版，第 178 页。

和取向各有差别，显示了"意识形态"本身所特有的复杂性。特里·伊格尔顿（Terry Eagleton）在他的《意识形态导论》（*Ideology: An Introduction*, 1991）一书中从众多定义描述中筛选出16条比较重要的意识形态定义，但是得出的结论也不过是"没有一种意识形态概念获得该领域理论家们的普遍认同……可以毫不夸张地说，有多少意识形态理论家就有多少意识形态理论"[①]。

为了更好地说明文化产业的意识形态属性，我们不妨选取约翰·斯道雷挑选的5种与大众文化研究有关的含义进行描述，以期对意识形态有更加直观的理解。

（1）意识形态指与某一特定的群体相结合的思想体系。例如我们可以用"专业意识形态"来指渗透于某一特定专业群体实践的思想；我们也可以用"工党的意识形态"来指渗透于工党抱负与实践之中的政治、经济和社会思想的综合体。

（2）意识形态暗示某种掩盖、歪曲、隐瞒。在这层含义中，意识形态用来揭示现存的某些文化作品与实践是如何歪曲现实的。它们制造所谓的"错误意识"。这样的歪曲是为掌权者的利益服务的，而不是为无权者的。例如称"资本主义意识形态"就是这个定义上的意识形态。这种普遍意义上的意识形态概念还用来指阶级关系以外的权力关系，如女权主义者论及父权意识形态。

（3）意识形态指"意识形态模式"。其目的是引起人们注意各个作品（电影、流行歌曲、小说、故事片等）表现世界特定表象的方式。此定义的基础是这样一个观念，即社会充满了冲突，而不是一片和谐。在这种冲突中，作品会有意地或无意地倾向于某一方。此类观点的另一个说法可以简单地概括为：

---

① ［英］特里·伊格尔顿：《历史中的政治、哲学、爱欲》，马海良译，中国社会科学出版社1999年版，第94页。

所有的作品最终都是与政治有关的。它们给世界存在的方式赋予了不同的意识形态意义。

（4）意识形态不只是一系列思想，也是一种物质实践。按照这种定义，我们可以将海边度假或庆祝圣诞描述为意识形态的实践活动。这说明它们以某种方式给了我们乐趣，并使我们从社会秩序的清规戒律中获得短暂的解脱，但是它们最终又让我们回到我们在社会秩序中所处的位置上来，精神振作地准备忍受我们的剥削和压迫，直到下一个法定休息时间的到来。从这个意义上说，意识形态是再造资本主义经济环境和经济关系继续存在所必需的社会环境和社会关系。

（5）意识形态是一个层面，在这个层面上进行着一场旨在限制内涵、确定特定的内涵和创造新的内涵等方面确立权威的斗争。意识形态试图使实际上是片面的和个别的意思成为放之四海皆准的、合法的真理，试图将本是文化的东西假冒成自然的东西。[1]

从约翰·斯道雷给出的定义中我们可以看到，意识形态作为一种关于思想、观念、认知和态度的结构系统，一个决定行为和行为方式的精神系统，具有丰富的内涵。但在这里，为了一种论述的方便和内涵侧重，我们倾向于选择上述第三种定义来说明文化产业与意识形态的关系。

进入文明社会以来，人类的文化生产就无法完全摆脱政治而独自存在。在现代化和大众化的过程中，文化产业在相对宽松的社会环境中得以蔓延，它虽然表现出较少的政治干预和思想禁锢，逐渐卸下了政治灌输、说教及伦理教育功能包袱，但是文化与政治却不曾从根本上分离开来。毛泽东曾鲜明地指出："你是资产阶级文艺

---

[1] ［英］约翰·斯道雷：《文化理论与通俗文化导论》，杨竹山等译，南京大学出版社2001年版，第3—7页。

家，你就不歌颂无产阶级而歌颂资产阶级；你是无产阶级文艺家，你就不歌颂资产阶级而歌颂无产阶级和劳动人民：二者必居其一。"①"一切文化或文学艺术都是属于一定的阶级，属于一定的政治路线的。为艺术的艺术，超阶级的艺术，和政治并行或互相独立的艺术，实际上是不存在的。"② 这对于文化产业同样是适用的。一方面，不存在不反映意识形态的纯文化产业，价值立场和政治观念往往会塑造不同的消费倾向并影响市场；另一方面，意识形态也无法凭空灌输，需要文化产业这一具体的传播和表达方式来承载，二者互为表里，无法割裂。

　　文化产业的意识形态属性源于其文化性与政治性。首先，文化产业作为一种现代性文化生产方式，其本质上是观念的生产，是抽象的意识形态最重要的实践形态之一，虽然它常常以经济的活动方式表现出来。文化产业的投入和产出以及市场的发育状况都会受到诸多因素的影响，其中受意识形态影响尤其大。意识形态存在于文化产品之中，当这些产品供人们娱乐和消费时，就再现了这些产品反映的社会现实，具有更为普遍和更为模糊的意识形态作用。换言之，一切文化产品都必然通过它的思想内容、科技含量、审美情趣、风格式样等负载一定的价值取向，传输一定的价值观念。③ 由于这种引导和判断在本质上关系到对一个国家、民族和社会制度的认同与执政的合法性和合理性肯定，因此，坚持以一定的意识形态在国家文化生活和文化产业中的指导地位，也就自然地成为一个国家执政主体必然的选择。这就是意识形态作为价值观系统对于文化产业运作的价值导向制约性。④ 例如，美国处于殖民地时期，政治控制报纸的问题就已经存在。殖民地报纸一般由英国政府补贴，出版人一般

---

　　① 《毛泽东选集》（第3卷），人民出版社1991年版，第873页。
　　② 《毛泽东选集》（第3卷），人民出版社1991年版，第865页。
　　③ 王卓英、罗萍：《文化产业意识形态属性对文化市场体系建设的影响》，《当代传播》2016年第4期。
　　④ 胡惠林：《文化产业学》，清华大学出版社2015年版，第131页。

要在第一页印上"官方出版"的字样,以证明政府的支持。但随着殖民地开创了独立的出版传统,报纸很快成为殖民地对抗英国统治的重要工具。可以说,文化艺术不仅包含一系列特殊的意识形态话语,也是一种社会阶级之间进行战略思想对抗的活动。文化产业作为一种现代意识形态的工具和载体,包含一种政治无意识的结构和机制。

其次,文化产业提供的文化产品具有如此的广泛性,它在影响大众观念、审美趣味,颠覆和解构权威上比其他文化形式更具有优势,也比传统的文化生产显露出更明显的意识形态性,有时产生的力量是未知的。例如,1840年至1842年的鸦片战争,战败、签订南京条约、割地、赔款,却没有媒介足以对人民造成任何震动。然而到了19世纪90年代,当上海、广州、天津等通商城市出现十几份中文报纸,包括每日销售万份以上的《沪报》与《申报》,并且由战地特派员每日拍发电报报道与外国等战事,国族的想象才随着共同的阅读经验而出现。尽管这些报纸是地道的商业经营,其技术引进与新闻报道皆出于销售考量,其政治与社会冲击却极为深远。[①] 进入数字化时代,可以轻易复制的文化产品如电视节目、电影、新闻资讯等都深谙大众心理,其产生的威力有时不亚于炮弹。随着强大的大众传播体系的建立和接受信息的文化装置的普及,文化产业影响一个国家内部包括其他国家大部分民众的机会正在不断增加,甚至可以动员他们采取特定的行动。这样一来,文化产业发展成为一种外交政策的手段。

最后,文化产业的意识形态属性还与它是一种符号的生产有关。文化是随着人们有意识地生产符号而出现的,且不管这一符号是刻画符号、文字符号还是人的肢体符号(音乐和舞蹈)。符号性文化产品形态的出现标志着人类社会开始进入"文化认同时期"。这种认同

[①] 朱鸿元:《文化工业:因繁荣而即将作废的类概念》,载张苙云主编《文化产业:文化生产的结构分析》,远流出版社2000年版,第19页。

是以共同的文化符号系统的出现为标志的，也就是说，是以掌握世界的共同认知为标志的。因此，文化的诞生一开始就具有规制的意义，那就是对人的精神和物质行为系统的约束。① 布尔迪厄将"符号"视为一种权力的实践。他指出："符号权力是构建现实的权力，是朝向构建认知秩序的权力"，"符号和符号体系作为知识与沟通的工具，它的结构是被塑造的，也有塑造结构的权力"。② 政治权力和符号权力从来都不是相互区隔的两个独立领域，二者可以相互置换。一方面，符号权力可以置换政治权力，使政治统治以一种更加隐蔽的形式来实现；另一方面，符号权力也可以被还原为政治权力，符号和符号体系一旦成为全社会的共识，就可以成为表达政治权力最有力的工具。当符号的"所指"涉及政治生活的某个方面，或者携带某种政治信息时，就成为政治符号，符号权力也就以一种隐蔽的形式进入了政治场域。

需要说明的是，文化也并非天生就具有意识形态属性，精神内容也并非天生就体现阶级意识，因而文化产业也并非都明显地体现意识形态属性。一般来说，只有当统治阶级对作为文化符号的物质载体进行操纵（包括对文化符号的塑造、生产、分配、消费、再生产等）的时候，文化就具有了意识形态属性，这个过程就是文化的意识形态化。③ 对于消费者而言，我们可以假定，人们购买或享用文化产品和服务时并不一定都被置于某种意识形态之下，而是为了满足各种不同的需求。例如，当下传统物质消费活动越来越融入更多精神和创意因素，消费者注重的是个人修养或审美趣味，是无关意识形态的。因此，这些需求在缺少分析调查的情况下，受到意识形

---

① 胡惠林：《再论文化产业正义：文化产业权力与权利》，《东岳论丛》2010年第10期。

② ［法］皮埃尔·布尔迪厄：《论符号权力》，吴飞译，载贺照田主编《学术思想评论》（第5辑），辽宁大学出版社1999年版，第163—171页。

③ 元晋秋：《从文化到意识形态：文化的意识形态化》，《学术论坛》2012年第9期。

态影响的程度只能加以猜测。再如，电视节目对广告主来说，其作用就是通过节目，使得广告主能够接触观看节目的观众，从而扩大广告产品的销售，但就观众而言，他们可能只是为了消遣来看节目。而对于一些投资娱乐业的资本家而言，他们并不都是所谓统治阶级意识形态的代言人。对他们而言，意识形态并非考虑的首要因素，他们更关心如何最大可能地出售文化产品，从而获得最大的利润。哪怕这种文化产品具有质疑甚至颠覆主流意识形态的性质，也难以阻止资本家追逐剩余价值的脚步。但是在面对政治压制和文化审查时，为了使文化产品能够进入市场盈利，他们就不得不作出一定的妥协，只有在这个时候资本家和统治阶级的利益才是共同的。换言之，意识形态不只有政治价值取向这一个维度，文化产业也并非全部都需要坚持某种意识形态的主导性和指导性，因此意识形态只能包括但不能代替文化产业。

三 作为权力对抗的文化产业

有关文化的概念和定义极其繁多，经常使人一头雾水。不管历来的学者提出过多少种文化定义，有一种解释是把文化看成一种权力。由于文化本质上是"世界观"的问题，人们在接受文化提供的无法察觉的认同和满足时，也就接受了微妙的规约和塑造。约翰·斯道雷认为，"把文化看作表意系统，难以避免地会涉及对意义的争夺。因为相同的'文本'（任何可以表意的东西），可以被赋予不同的意义，而意义的生产则常常是潜在的斗争或谈判的场所"[①]。这意味着对"文本"赋予不同的意义不仅仅是给它不同的解释的问题，而是有关文化和权力的问题，是关乎谁能拥有权力和权威来定义社会现实的问题。因此那些希望掌控和规范他人行为和观念的人，总是要追求对意义的构建和塑造。文化是一个冲突力量的混合体，文

[①] ［英］约翰·斯道雷：《文化研究中的文化与权力》，周敏译，《学术月刊》2005 年第 9 期。

化构建的抽象空间实际就是交织着各种权力关系的空间。在这里，文化与政治、权力的关系自然紧密接驳在一起。

在上文中，我们已经分析了文化产业所具有的意识形态属性，而意识形态又构成了国家权力的重要组成部分，因此文化产业自诞生之日就被赋予了一种"政治工具"性质，变成一种至关重要的权力斗争场域，它既可以用来巩固对社会的控制，也可以使人们抵制与对抗这种控制。由于文化产品具有影响人、支配人和控制人的精神文化行为的能力，因此，掌握和控制文化产品生产能力就成为人类社会发展的最重要的社会权力形态之一，也是现代国家最重要的国家权力之一。① 文化产业作为文化产品的生产系统，同时也是国家和社会最重要的表达系统和传播系统。这个系统的权力构成状况以及构成这种权力结构的价值观构成状况，是直接地影响和决定了这个国家和社会的政治生态和政治文明程度的。② 在古代社会，由于"自上而下"的管道要远比"自下而上"的管道畅通，权力部门往往具有绝对的权威。加上统治阶级对思想文字的绝对垄断，普通民众几乎难有对抗的机会。偶尔通过"自下而上"进言的民众还要常常冒着"因言获刑"的风险。所谓"国人莫敢言，道路以目"，言论自由在极权主义下是被明令禁止的，历史上各种大大小小的"文字狱"足以说明这一点。然而进入现代民主社会，虽然不存在绝对抽象的表达自由和言论自由，但是相比等级森严的封建社会，普通民众拥有了更多的话语权。民众的权利意识、参与意识和反抗意识在思想启蒙下被极大唤醒，全球化浪潮冲击下的多元文化相互交织碰撞，显示出比以往更复杂的局面。而文化产业的发展，使得文化产品成为符号表达、意义表达的最广泛的载体。与传统意识形态国家机器主导下的文化供给不同，文化产业具有一种公共特性，即任

---

① 胡惠林：《再论文化产业正义：文化产业权力与权利》，《东岳论丛》2010年第10期。
② 胡惠林：《论文化产业的本质——重建文化产业的认知维度》，《山东大学学报》（哲学社会科学版）2017年第3期。

何一种社会力量都可以使用它为自己的意识形态服务。而意识形态则具有非兼容性和对抗性，不同的社会力量之间常常有不同的意识形态取向。因此，作为工具形态的公共性和作为使用主体意识形态的非公共性之间的矛盾，决定了同一种文化产业形态可以为任何内容的意识形态服务，从而构成了文化产业形态的意识形态冲突与公共性冲突。① 因此，从一定程度上说，文化产业的发生正迎合了当代文化政治关系的调整，在这个过程中，文化产业变成了权力斗争的缓冲带，是当代文化生产、价值传播的主导方式，而国家对文化权力的彰显也找到了合适的入口。

政治对经济的干涉，无论如何其目的都是国家富强，但是政治对文化的干涉则更多是为了巩固统治。文化需要自由，但政治限制自由。自从私有制及国家起源以来，在国家的政治架构中都设有专门掌管文化生产和文化审查的机构，并且对涉及国家文化安全的领域和部门实行严格的"国家专营"制度——集中体现国家意志和维护国家利益。因此，文化生产作为权力形态的载体和表现工具，也要被严格地限定在与之相适应的社会文化体制与制度之中。从这个意义上说，一切文化产业的产业形态和文化生产力形态也都是文化的社会体制形态。以手工业为主要生产方式的传统生产力形态和传统文化产品体系，就是它的文化社会体制和社会文化系统的一种非物质存在方式和依据；而以大规模机器复制为主要生产方式的现代文化生产力与现代文化产品体系，则是资本主义工业社会文化生产体制的表现，是资本主义社会文化系统的折射。② 但无论何种形式，国家层面对意识形态领域的控制都没有因为文化生产力的进步而放松。

当文化进入产业层面，与国民经济和社会发展的结合日益紧密，

---

① 胡惠林：《文化产业学》，清华大学出版社2015年版，第154页。
② 胡惠林：《论文化产业的本质——重建文化产业的认知维度》，《山东大学学报》（哲学社会科学版）2017年第3期。

市场规律在文化领域发挥着越来越重要的作用。在一些领域，国家宏观调控手段甚至不得不退居二线，让位于市场。这意味着文化产业有时会游离于主流意识形态之外甚至发生激烈的对抗，具有不可控性，也使得国家在文化产业领域更为警惕。在过去，许多意识形态产品出现在学校、家庭、教堂等，其作用的发挥和影响的产生都不依赖于商品消费。而如今，商品和意识形态结合日益紧密。因此，在现代文化生产中，一切符合价值规律却违背文化规律的文化生产或者可能引导不正当文化消费的生产，都将被社会过滤；而一切既遵循价值规律又符合文化规律或者有助于传播文明和引导健康文化消费的生产，都会被社会鼓励。最典型的方式就是监管或审查，即对文化产业的市场准入和文化产品的市场准入进行调控。现代社会公认为最好的"文化经济模式"不仅体现为文化与经济的高度耦合，而且通常表现出与政治的高度重叠。虽然文化与经济结合所创造的利润是有目共睹的，但是，倘若文化商品的生产从一开始就体现了占支配地位阶级的意识形态，那么这种文化生产就仿佛"如虎添翼"般得到那个阶级的支持以保证执行。相反，一旦它背离占支配地位阶级的利益，那么它也必定会遭到那个阶级的对抗而举步维艰，甚至时常冒着"胎死腹中"的巨大风险。从这一点来看，文化生产从来都不是孤立于政治而独立存在的，一定的文化不仅是经济的反映，还是政治的反映。它从一开始就与统治阶级的意识形态有着密切的联系，而随着国家形态的变化，文化生产也会随着统治阶级的利益而改变其形态。

与传统的意识形态建设手段和方法相比，当代大众传播手段的发展和更新，使得社会大众接受思想文化内容的渠道和方式更加自主，呈现出多样化与个性化。因此，对传播媒介的市场占有率直接关系到占主导地位的主流意识形态能否最大限度地传播到大众中去。掌握了文化产业发展的主动权，就掌握了关于主流意识形态建设的主导权。这就是为什么广播、电视、新闻和出版始终居于文化产业的核心层位置，许多国家政府都将它们列入文化管理的重点领域，目的就在于保证实现其意识形态建设引导的目标。例如，一直到 20 世纪 80 年代，世界上大部分广播机构都是由国家拥有并控制的，自由民主国家与独裁国家均如此。即便在美国，尽管从传统来看私有制比公有制更受欢迎，但电信和广播几十年来都是政府从严监管的对象。大卫·赫斯蒙德夫指出，电信和广播相比其他文化产业更多地实行公有制，并且受到严密的监管。通过考察不同的政治及文化环境，可以将原因归纳为以下三个方面：电信是公用事业；广播是有限的国家资源；广播力量大，因此需要控制。[①]

　　进入全球化时代，这种情况又变得复杂了许多。文化始终具有权力形态使其突破了民族、国家或政治共同体内部，在国际关系、国际政治中发挥作用。把文化作为国家软实力的重要组成部分正是在这个意义上提出的。在"地理大发现"以前，文化权力对抗主要发生在国家内部，如今随着"地球村"的出现，权力的对抗开始转向外部世界。文化娱乐如好莱坞电影、BBC 广播、韩剧、日本动漫等所带来的文化影响力如此奏效，以至于引起了各国政府的注意。例如，电影登陆美国早期，法国电影在美国占据着统治地位。但是，法国电影统治美国电影银幕并没有维持多久。美国电影霸主地位的确立始于第一次世界大战，因为那时欧洲的电影业完全停顿，美国电影制片商一直在不停地生产新影片，因而饱受战争创伤的欧洲很快成为一个被征服的美国电影出口市场。而就在这期间，美国电影业的第一批富翁迁移到加利福尼亚洛杉矶郊区的好莱坞电影制片厂，开始了在全球扩张的历程。美国电影协会（Motion Picture Association）是美国电影业在海外的代表。他们在全世界推销好莱坞电影的动机是经济考虑和文化外交，即推销美国式生活方式，而且历届美国政府鼓励好莱坞在美国的外交部政策中发挥作用，不遗余力地予以支撑，希望将美国的形象塑造为一个繁荣、和平的典范并推向全世界。

　　[①] ［英］大卫·赫斯蒙德夫：《文化产业》，张菲娜译，中国人民大学出版社 2016 年版，第 96 页。

事实上，第二次世界大战之后的几十年时间，虽然有不少国家脱离西方殖民统治，但是绝大多数在经济上和文化上严重依赖少数的资本主义国家，新兴国家的文化发展空间受到了严重的挤压甚至控制。例如非洲在英国殖民统治初期，BBC 广播节目还只是作为沟通英国探险家们和国家的桥梁，但很快就渗透到非洲本土人的需求，并将他们纳入目标群体，成为传播英国价值观念和意识形态的重要渠道，为此，BBC 还提供了当地语言的广播节目。如今，随着文化贸易纳入商品贸易的总体框架当中，不仅仅是电影和广播，所有文化内容都堂而皇之地披上了商品的外衣，成为政治外交的重要砝码。在马歇尔计划里，美国对战后西欧国家提供的援助中就包含具有远见的条款，规定了大量的美国影片可以合法进入欧洲市场，并有效地扼杀了他们各自的民族电影业。我们可以抵制物品的入侵，却很难抵制文化的入侵，不仅因为文化是无形的，更因为文化产品相比物质产品具有更强烈的意识形态属性。在这样的背景下，民族文化产业作为一种权力的对抗手段，还呈现出另外一种状态，那就是维护国家意识形态安全的重要手段。

第二节　内部对抗：文化政治的三种形式

文化与政治有着非常紧密的联系。在马克思主义哲学当中，它们都属于上层建筑范畴，是经济基础在思想和政治上的表现。一般而言，一定的社会思想是为一定的政治服务的，它为政治上层建筑提供思想理论依据；反过来，思想上层建筑又往往需要通过政治来保障传播和实施，借助权力和舆论来影响思想的走向。文化与政治之间相互缠绕、难解难分，尤其是当文化陷入一个统治和反抗的过程并成为政治斗争场所的时候，它们就会合二为一，变成一种"文化的政治"[①]。

[①] 单世联：《文化、政治与文化政治》，《天津社会科学》2006 年第 3 期。

文化与政治既相对独立，又相互依存，二者的关系并非一成不变。在人类文明的不同阶段，文化政治会随着社会发展进步呈现出不同的形态，反映了不同时代统治阶级利用文化维护社会秩序和实现公民文化需要的多样性，是一种无形的、持久的力量。在本节中，我们将重点论述文化政治的三种模式：一是以古代君主制为代表的一种集权主义文化统治，或曰"文化专制"；二是以近代民主制为代表的具有对抗性质的文化领导模式，或曰"文化领导"；三是现代社会普遍存在的多元主体参与共治的文化政策引导模式，或曰"文化治理"。从这个角度来看，文化产业获得合法性并登上历史舞台，正是契合了一种新的文化政治的结果，因为它在现代化文化治理中扮演着重要角色。

一 文化专制：一种集权主义文化统治

在任何一个历史阶段，哪怕是现代社会，我们都或多或少地面临着文化专制的问题，只有"程度"差异而无"有无"之分。一般来说，越是接近民主，捍卫人权，强调公民意识，崇尚思想解放和言论自由的社会，文化专制的手段就少一些；相反，越是接近君主专制、集权、暴政和独裁体制，强调臣民意识和崇圣观念的社会，文化专制的手段就会多一些。所谓专制，就是由君王或独享政权的集团、党派独掌国家政权的政体或统治方式，具有独享、独占、独断专行之意，其特点是最高统治者独揽国家大权，实行专断统治。这种方式反映到思想领域，就是一种文化专制。文化专制的高级形态是文化独裁，即文化完全由独裁者独自裁断，如国王、皇帝、总统，乃至地方割据、藩镇、军阀的首领，现代也扩展为一个执政党、军事或者宗教领袖等，通常是高度集权下的产物。它往往表现为独裁者喜好什么，社会就会歌颂或流行什么。正所谓"城中好高髻，四方高一尺"，传统社会的时尚之风有着鲜明的"上行下效"特质，起决定作用的是"神圣性""经典"和"传统"，与今日的各种"赶时髦"相差甚远。个人无法选择时尚之自由，也无法摆脱时尚之自由。

文化专制的力量通常来自占据重要地位的政治和军事权力，无论在东方还是西方都无处不在。一般认为，文化专制普遍存在于古代政治制度之中，因为古代政治集中表现为"君权至上"，政治权力对于文化的介入和对思想的占有是其重要表现之一。刘泽华在《中国的王权主义》一书中提出，中国传统社会的最大特点是"王权支配社会"①。这种王权以武力为基础获得，并且支配着社会经济和社会思想。作为权力系统中的观念部分，君主意味着在思想文化方面拥有统治权威和终极真理，其中不乏昏庸暴虐之徒。从秦始皇焚书坑儒、禁绝百家，到汉武帝罢黜百家、独崇儒术，再到各类"钦定"标准读本、抑制思想异端、大兴文字狱等，历朝历代可谓俯拾皆是。这些事例也充分表明，在思想文化领域出现了纷争之时，唯一能昭示真理的不是经验、逻辑或别的什么事物，而是君主所掌控着的最高政治权力。其功能不仅仅是通过强势"宣传"以弥补政治统治的不足，更重要的是强化了对于社会一般成员的精神和思想的掌控，通过无处不在的"教化"以达成理想的顺民社会。②

文化专制还表现在文化以服务宗教为目的的形式。尽管人类的文化活动多多少少会受到宗教的影响，但那还是一种朴素的文化形式。然而，当宗教越来越取得政治形式，宗教在精神方面的垄断性质就日益显露出来。例如，中世纪的欧洲主张君权神授，教皇是上帝的代表，君主服从教皇和教会。这样一来，教皇拥有至高无上的权力。这意味着，一切与宗教文化相悖的精神文化被禁止，教皇甚至使用迫害、摧残以至屠杀等手段，来遏制一切与教义不同的文化。中世纪天主教推行文化专制主义，对古典文化进行摧残，开列大批禁书目录；对教育实行垄断，使得广大人民群众长期处于愚昧之中；此外还对进步、坚持真理的学者"异端"进行迫害；等等。可以说，中世纪的一

---

① 刘泽华：《中国的王权主义》，上海人民出版社2000年版，第1页。
② 葛荃、鲁锦寰：《论王权主义是一种极权主义——对中国传统政治文化的一种解读》，《山东大学学报》（哲学社会科学版）2006年第4期。

切私人领域都具有政治性质，政治国家和市民社会是同一的。

　　文化专制在当代还有一个典型的例子，就是极权主义（totalitarianism），如纳粹时期的德国和斯大林时期的苏联。汉娜·阿伦特（Hannah Arendt）在《极权主义的起源》中指出："在极权主义国家里，宣传（propaganda）和恐怖相辅相成……凡在极权主义拥有绝对控制权的地方，它就用灌输（indoctrination）代替宣传，使用暴力与其说是恐吓民众（只有在初期阶段，当政治反对派仍然存在时，才这样做），不如说是为了经常实现其意识形态教条和谎言。"① 乔治·奥威尔在反乌托邦政治寓言小说《动物农场》中生动地描绘了极权主义统治的形成过程，而他的另一部反极权政治小说《一九八四》则描绘了恐怖的、令人感到窒息的极权主义统治。在极权主义政治下，文化的生产就具有明显地绝对反映统治阶级意志的特性。例如德国在宣传纳粹内外政策时设立了国民教育与宣传部，下设行政管理局、宣传局、广播局、新闻局、电影局负责管理各类文化活动，而且德国文化协会下辖的美术、音乐、戏剧、文学、新闻、广播和电影协会也由该部领导。② 也正是这种政治宣传让法兰克福学派对文化工业所发挥的"自上而下"的意识形态控制作用深信不疑。

　　由此可见，一定时期的文化观念总是服务于同一时期统治阶级的利益，并为阶级统治提供合法的意识形态支持。在"君主至上"的传统社会，强大的统治权力，给文化打下了深深的政治烙印，使其成为政治的附属物。因此，文化专制主义下的文化生产，以精英文化和高雅文化为主流，掌握着文化的绝对控制权，通俗文化和民间文化没有力量与之对抗，也不会对它们构成很大威胁，所以，在几千年的时间里，高雅文化和通俗文化的发展轨迹基本上是平行的。需要说明的是，文化专制主义和文化极权主义虽然是古代君主和王

---

　　① ［美］汉娜·阿伦特：《极权主义的起源》，林骧华译，生活·读书·新知三联书店2008年版，第440—441页。
　　② 刘干才、李奎：《纳粹疯狂刽子手》，团结出版社2015年版，第72页。

权社会惯用的手段，但是也正是这种极权主义文化统治能够产生的巨大作用，因此我们总是能够看到它死灰复燃的情形。它在特定历史条件下具有快速统一思想的功能，是独裁统治者最热衷的一种方式。哪怕进入 21 世纪，拥有独立主权的国家对文化实行严厉的文化专制也是不足为奇且客观存在的。

二 文化领导：从文化压迫到文化争夺

人类社会的进步意义在于，专制和独裁并不是永远都会奏效。对专制的揭露、民主意识的觉醒和思想的启蒙使统治者们很快意识到文化专制不是长久之计。17、18 世纪，随着资产阶级革命的开展，专制主义基础受到强烈冲击，资本主义制度纷纷确立，欧洲启蒙运动掀起了批判专制主义、宗教愚昧的浪潮，产生了深远的影响。而与专制制度严重衰败景象形成鲜明对照的是新兴进步力量的壮大，他们强烈要求冲破旧制度在政治、经济、思想方面的种种束缚。在这个过程中，市民社会的内涵发生了较大的转变，它逐渐从政治社会中分离出来，强调市民社会中具体的个人是权力主体和道德意识主体。换言之，政治社会代表的是公共利益，市民社会代表的是私人利益。在私人领域中，市民不允许统治者肆意妄为，他们从长期的麻木不仁和自我欺骗中觉醒过来，要求恢复自身不可剥夺的文化权利。在这样的背景下，政治与文化之间的关系发生了微妙的转变。

葛兰西的"文化领导权"[①]（cultural hegemony，也译为"文化霸权"）理论为我们认识这种新型的文化政治提供了新的思路。葛

---

① 葛兰西认为，统治阶级主要用两种方式进行统治，一是以实力直接仗势强制控制，即霸权统治的方式，依靠政治组织和军事机构等暴力性机构来维持；二是以领导权的方式，也就是通过社会主要团体积极同意而取得的道德和哲学的领导，依靠宗教团体、学派和传媒等其他组织建立起与其统治秩序相一致的社会秩序支配权或意识形态统治地位。在汉语中，"霸"字更倾向于暴力和强制性，为避免歧义，本书使用"文化领导权"这一较为中性的译法。

兰西认为，现代国家一般是由"政治社会"和"市民社会"构成的。前者包含一系列复杂的机构，如议会、法庭、警察和选举机构等，后者则是指民间社会组织的集合体，如政党、工会、教会、学校、新闻舆论机关、文化学术团体等。其中，市民社会是整个国家及政治社会的基础，受到政治社会的保护，同时也是实施领导权的领域。政治社会对市民社会的意识形态上的统治，是在市民社会同意的基础上，国家政权机关通过制定与传播统治阶级的意识形态，从而对市民社会进行"精神和道德的领导"，构筑起统治阶级对从属阶级的领导权。如果市民社会要传播一种反统治的思想，就必须揭露与突破传统阶级的思想框架。在实施文化领导权的过程中，"有机知识分子"（区别于"传统知识分子"）发挥着重要的"中介"作用，他们要贯彻领导意图对群众进行宣传教育，同时也要把群众的实践经验反映上来。因此，重视自己阶级内部培养新的完整的知识分子来行使文化领导权就显得尤为重要。葛兰西在总结意大利和其他西方发达资本主义国家工人运动失败的经验教训时得出，西方发达国家的"市民社会"是一个非常复杂的结构，可以抵挡直接的经济因素（危机、萧条等等）灾难性的"入侵"。因此，经济危机固然可以为工人革命提供有利时机，然而若没有工人阶级的自觉意识，没有知识分子在文化上产生强大的影响力、凝聚力，经济危机就不会自动推动社会变革。工人阶级要在西方资产阶级国家取得政治上的领导权，必须首先通过"阵地战"（区别于"运动战"）的策略获得文化、道德、意识形态上的领导权，即在夺取政权以前，在市民社会中发动一场"精神革命"，建立起无产阶级的阵地。

　　葛兰西的"文化领导权"理论虽然也存在着种种缺陷，且由于历史条件的限制没有得到实践检验，但是这一思想使人们意识到，发达资本主义国家不仅通过强制暴力工具，更重要的是通过意识形态领导权控制市民社会，使其心甘情愿地遵循由统治者钦定的道德观念、价值体系，认同统治者的审美趣味、行为规则和思维习惯。[1]文化领导权主要是通过使别的集团赞同、认可而不仅是用强制来获得，它不是一种绝对的支配与被支配、压迫与被压迫的关系，而应看到它是在文化这个意义斗争的场所中，各个利益集团由于差异和矛盾而形成的既有冲突又有平衡，既有反抗又有妥协的复杂关系。列宁有一个非常精辟和形象的阐述："所有一切压迫阶级，为了维持自己的统治，都需要两种社会职能：一种是刽子手的职能，另一种是牧师的职能。刽子手的任务是镇压被压迫者的反抗和暴乱。牧师的使命是安慰被压迫者，给他们描绘一幅在保存阶级统治的条件下减少苦难和牺牲的前景，从而使他们顺从这种统治，使他们放弃革命行动，打消他们的革命热情，破坏他们的革命决心。"[2] 也就是说，资产阶级文化和意识形态并不试图取代工人阶级的文化和意识形态来巩固自己的统治地位，而是使自己占据领导地位，并提供容纳对抗阶级文化和价值的空间。

事实证明，西方发达国家资本主义继续繁荣，正是由于资产阶级牢牢掌握着文化领导权。尽管大众作为一种新的力量在市民社会崛起，大众文化开始取代主流文化和精英文化在社会盛行。但是，资本主义意识形态通过大众文化商品同样实行了有效的文化统治，维护了资产阶级的利益。从表面上看，消费者在大众文化商品中有挑选的权利，但事实上处于极度被动的地位。尤其是大众传媒在政治上被广泛用作意识形态的宣传工具，让人们感叹深受资本主义意识形态的控制。法兰克福学派赫赫有名的"文化工业"理论正是在这个基础上提出来的。他们曾经目睹希特勒如何超绝地运用大众传播媒介创造法西斯景观；而流亡美国的时候，又目睹第二次世界大战期间，罗斯福如何精彩地运用大众媒介作为宣传工具。因此国家对于媒介的控制与政治运用，以及资本家对于娱乐事业的控制，就

---

[1] 张怡：《葛兰西的文化政治思想》，《外国文学》2000年第4期。
[2] 《列宁选集》（第2卷），人民出版社2012年版，第478页。

第七章　权力对抗：文化产业发生的政治意图　353

为批判理论解析"文化工业"作为社会控制工具的模式提供了历史的根源。① 他们认为，文化工业所产生的快感不过是一种包裹着意识形态的糖衣，当我们沉溺于通俗电影或摇滚音乐提供的感官快乐时，便不知不觉地屈从于意识形态的认知暴力。在法兰克福学派看来，文化工业是一种"意识形态机器"，专横地统治大众的思想，并且更隐蔽、更微妙，也更有效。文化工业中所包含的操纵，虽然主要目的是在于获利的可消费性而非意识形态的效果，在特殊情况下，却能够很容易地和预谋的政治操纵结合起来。这就是为什么霍克海默和阿多诺认为文化工业完美地适合于"法西斯主义"，并认为文化工业是维护资产阶级统治的"社会水泥"，是统治阶级权力意志的"传声筒"。他们认为报纸、广播成为领袖的普遍喉舌，电影、电视则追求伪现实主义，充满定型人物和固定模式，具有一种经久不变的意识形态意义的深层结构，把观众的视觉认同与观众内心的保护需求联系在一起。马尔库塞则将技术理性看作发达工业社会的意识形态，认为当代工业社会是一个新型的极权主义社会，其主要依靠的不是恐怖和暴力，而是技术的进步。"统治不仅通过技术而且作为技术来巩固和扩大自身；而后者为扩张政治权力提供了强大的合法性，这又同化了文化的各个方面。"② 技术进步使发达工业社会对人的控制可以通过电视、电台、电影等传播媒介而无孔不入地侵入人们的闲暇时间，从而占领人们的私人空间。也就是说，利用需求而不是反复灌输规范的方式进行统治，通过劝说和诱惑，由消费手段来创造身份认同的幻觉，可以消除既有的被支配阶级的集体性和团结性。

显然，法兰克福学派的一些论调虽然振聋发聩，但是也充满着悲观色彩。因为按照"文化领导权"的观点，文化及其蕴含的意识

---

①　朱鸿元：《文化工业：因繁荣而即将作废的类概念》，载张芝云主编《文化产业：文化生产的结构分析》，远流出版社2000年版，第13—14页。
②　[美] 赫伯特·马尔库塞：《单向度的人：发达工业社会意识形态研究》，刘继译，上海译文出版社2014年版，第134页。

形态是一种商谈而非强迫的结果。在一定的历史阶段，统治阶级不必使用强迫和暴力手段，而是采用一定的方法，诱使被统治阶级自觉接受它的政治、社会、道德和文化价值。文化领导权观念的关键不在于通过强制迫使大众违背和改变自己的信仰和意愿，服从统治阶级的文化压迫，而是让个人心甘情愿，积极参与，被同化到统治阶级的世界观上来。它在特定的历史横断面上能为谈判各方接受，是因为它吸收、兼容了其他次级的意识形态因素，所以才格外具有持久力。这样一来，大众文化被看作社会中从属群体的抵抗力量与统治群体的整合力量之间相互斗争和谈判的场所。例如，约翰·费斯克区别了"财经经济"和"文化经济"，认为"文化经济"是大众利用文化提供的资源在消费（逃避和对抗）过程中生产出意义和快感的过程。为了证明大众的多元和大众文化的复杂性，他还提出"生产性文本"的概念，这种文本为大众生产意义所用，尽管它并不情愿，但仍然让读者看到它预设意义的脆弱的局限，它包含着与设定声音不同的其他声音，尽管它同时又力图淹没那些声音。这意味着在文化领导权之下，文化政治由绝对的文化压迫转向文化争夺，文化变成了一个博弈场域。此外，哈贝马斯关于"公共领域"的阐述也解释了这一现象。在他看来，国家与市民社会中间存在着一个公共领域，人们可以在此自由议论、发表观点。而理想的公共领域应该是充满理性和批判的力量。在大众传媒时代，电视、报纸等取代了沙龙、咖啡馆，但是公共领域并没有消失，只是以新的形式存在着，并且更加具有开放性和对抗性。

三 文化治理：文化政治转型的新模式

文化政治发展到当代，俨然又呈现出另外一幅景观，那就是文化被纳入国家治理体系当中。其突出表现为国家以政策手段干预文化发展，以达到国家设定的文化发展的某种目标，我们可以称这种模式为"文化治理"。自古以来，文化就具有一种治理属性。所谓"古有结绳而治，后人易之以书契"，文化作为一种柔性力量和隐形因素对制度的运行和社会秩序的维持起着重要作用。只是在古代社会，文化在治理方面更多表现出统治和压迫形式，维护的是少数人的利益和社会统治的稳定性。因此，在中西方传统社会至现代社会中，文化一直发挥着重要的作用，但是从文化的角度来探索治理优化的运行逻辑是一个崭新的命题。[①]

"文化治理"作为一个现代学术概念提出来，是非常晚近的事情。其原型可以追溯到葛兰西的"文化领导权"理论、福柯的"治理性"概念、本尼特的"文化的治理性"思想等。[②] 它显示出文化作为一种政治力量登上历史舞台，也意味着国家治理在文化领域经历了统治型、管制型、管理型之后，迈入治理型。文化在国家治理中的地位和作用越来越凸显，它是继政治治理、经济治理长期占据主导之后的一种新的治理方式。

文化治理是顺应历史潮流的一种新型文化政治模式，它对应的是新的政治秩序、社会秩序和文化秩序的转型。首先，从政治秩序上来看，我们已经步入了一种"后现代政治"，其总的趋势是国家、阶级这些"巨型政治"日益淡出，"文化政治"逐步形成。即从国家、民族、经济的"宏观政治"转向当下的、地方化和日常生活的"微观政治"，从关心减少或是消灭剥削、不平等和压迫的"解放政治"转向关心自我实现的"生活政治"。[③] 总之，政治越来越多地取得了文化的形式。其次，从社会秩序来看，随着经济水平的提高，整个社会民主政治向前推进，个体意识得到发挥的空间，人们对主体利益的表达日趋多元，表达的载体向信息化和网络化发展，这意味着人们作为文化受众的情况发生了变化。每个有言论发表权利的

[①] 施雪华、禄琼：《当前中国文化治理的意义、进程与思路》，《学术界》2017年第1期。

[②] 王前：《理解"文化治理"：理论渊源与概念流变》，《云南行政学院学报》2015年第6期。

[③] 单世联、王诗晴：《文化与政治的古典传统与当代论述》，《中国文化产业评论》（第21卷），上海人民出版社2015年版，第19—21页。

人实际上都成为文化创造主体的一部分，文化利益需求得到最大程度的表达。最后，从文化秩序来看，文化生产活动从政府、民间层面全面走向企业层面。由于仅靠政府公共部门的文化供应难以满足不同群体和阶层日益增长的文化需要，在市场机制的渗透下，文化从精英走向大众。在这一背景下，传统文化统治模式的"合法性"受到质疑和严重的挑战。更重要的是，在技术的发展和全球化背景下，文化作为一种"软实力"在国际政治之间发挥着越来越重要的作用，政府不得不寻求一种更为合理的治理方法。总之，文化治理的必要性在于，一是文化生产主体和传播方式的多元化，需要文化治理主体和治理方式的多元化；二是文化的全球化与文化多样性的矛盾更为突出，既需要中观微观的文化管理战术，更需要宏观的文化治理战略；三是文化领导权的争夺与文化安全问题的凸显等具有国际性的文化问题，需要由社会共同参与的文化治理。①

哈贝马斯认为，市民社会要经历政治社会、经济社会和文化社会三个阶段。而文化社会要求一个国家在政治治理和经济治理的基础上，具备文化治理能力。文化治理不同于文化统治，"统治的指向是单向的，主要指向人民、公众或某个群体。而治理的对象是整个国家和社会，它的指向不是单向的，而是双向或多向的"，治理的目的"是要通过积极的参与、沟通、协调、激励、规范和约束，形成一种遵循正确的价值取向、朝向一定目标的良好的秩序和状态"②。文化治理是一种"软治理"，强调了文化在国家治理中的积极功能，是现代治理的一部分。因此，那些消极的文化控制，不仅不应该成为文化治理带来的结果，反而应该成为文化治理需要消除和克服的对象。文化治理也区别于文化领导权，文化领导权强调政府在文化艺术方面的领导，强调一种对抗，目的在于获得统治的稳定。文化

---

① 王蔚：《文化治理不是治理文化——与竹立家教授商榷》，《学术争鸣》2014年第8期。
② 李忠杰：《治理现代化科学内涵与标准设定》，《人民论坛》2014年第7期。

治理则强调要广泛吸收社会力量参与公共文化事务管理和文化的生产，缓解二元对立的文化政治结构。这使得文化治理在目的上应是有利于保护和促进文化思想性、原创性的发挥，其成果应该属于人民，发挥人民在文化治理中的主体地位。

文化治理的特征是通过主动寻求一种创造性文化增生的范式实现文化的包容性发展。文化治理表现为政治、社会和经济多种面孔，它们总是交融在一起，展现多样形态。尤其是当今文化治理日渐深入产业发展之中，常常以其经济面孔示人。其实质都是透过文化和以文化为场域达至治理的目的。① 从文化政治的角度来看，文化产业正是作为一种文化治理手段被政府层面所认识到，并把文化产业看成是国家文化治理在当代的工具显现。在国家文化治理的维度下，发展文化产业不仅仅是为了经济，而且是为了完善国家治理，是以经济的方式实现政治、经济、社会和文化的价值转换，进而改变和重塑国家治理模式。从这个意义上说，国家文化治理的提出使得文化产业发展在文化本位的层面上又回归了它的价值理性，即人—社会—国家的治理，从而实现了文化产业发展的工具理性和价值理性的有机统一，即文化工业批判—文化产业发展—文化产业发展与国家治理的融合。文化产业在社会发展的层面上和全球化治理的层面上便超越了法兰克福学派作为社会批判理论的"文化工业论"，转而成为用以克服和解决经济和社会发展问题的治理工具和治理手段。② 在这种背景下，经济论述俨然成为文化政策的重要部分，各国政府深信文化将带来丰厚的经济成果，相关的政策与产业评估不断出笼，用于衡量文化产业所带来的国民生产总值的贡献、就业机会的增加和市场的扩大率等。不仅如此，文化产业还可以促进社会包容度和文化多样性，加上全球经济和技术发展面临新的转型，文化越来越

---

① 吴理财：《文化治理的三张面孔》，《华中师范大学学报》（人文社会科学版）2014年第1期。
② 胡惠林：《国家文化治理：发展文化产业的新维度》，《学术月刊》2012年第5期。

多地获得了政策话语权,这是文化产业得以迅速扩张的政治前提。

第三节 外部对抗:全球化时代的文化战争

全球化(Globalization)是考察文化产业发生发展的一个重要维度,它加速了文化生产在世界的分工,开拓了世界市场,使不同文明之间的交融交锋更加频繁和深入。甚至可以说,文化产业能够成为一个奇观,正是建立在全球化的基础之上的。或者说,当全球化到来以后,文化贸易才在国家意识形态中变得重要。在人类漫长的历史中,不同阶级、集团之间的文化权力对抗通常只发生在一个国家或区域内部,但是这种地域性、小规模的对抗形式在全球化到来以后就大大拓展了。尤其随着"冷战"的结束,国际关系的基本要素发生了重大变化,其中之一就是文化地位上升。它带来的后果是,强权国家不像过去那样直接通过明显的、强制性的国家机器特别是军事力量来驾驭世界秩序,而是转向通过资本市场,利用经济和文化的力量来控制和驾驭世界秩序,而且此种策略显得更加快捷和有效。英国著名学者约翰·汤姆林森(John Tomlinson)在《全球化与文化》开篇便旗帜鲜明地说,"全球化处于现代文化的中心地位;文化实践处于全球化的中心地位"[①]。随着文化产业被纳入国际贸易框架,文化贸易成为国际贸易的重要环节,发达国家政府力图将自有市场政策推广到文化商品,其主要目标不仅在于经济,更在于文化和政治目的,从而达到一种"非领土扩张"的目的。因此,如果发展文化产业还有另外一种政治意图的话,那就是它在国际社会中发挥的"软实力"作用。在本节中,我们将探讨文化权力对抗在世界

---

① [英]约翰·汤姆林森:《全球化与文化》,郭英剑译,南京大学出版社2002年版,第1页。

范围的表现，以及文化产业如何在这种对抗中变得重要并发挥作用。

一　全球化时代与国际竞争的新局面

无论在什么时代，"任何一个人类群体都无法独立创造其文化和科技遗产"[①]。哪怕追溯到远古社会，原始部落之间也可能会有各种形式上的小规模往来，除了那些和平的交流、交换活动，也常常伴随摩擦与冲突。人类的文明发展一定程度上也可以看成是不同种族相互认识的过程，在这个过程中产生了战争、殖民、宗教、贸易等种种文明现象。一个民族或国家认识外面的世界越多，就越由闭塞走向开放，就越是接近现代文明和马克思所谓的"世界历史"——世界已经变成了"混乱"的一团，民族与国家不断重合，经济无国界，各国相互依赖。过去那些地方的和民族的自给自足和闭关自守状态，被各民族的各方面的互相往来和各方面的互相依赖所代替了，地方性的小市场联合成为一个世界市场，使一切国家的生产与消费都成为世界性的了。

"全球化"如今是人人挂在嘴边的词，它导致了诸多有利的或不利的后果，使得人们对它褒贬不一。全球化是好事还是坏事？对某些人而言，全球化是幸福的源泉，他们为全球化奔走疾呼；对另一些人来说，全球化是悲惨的祸根，他们高举"反全球化""逆全球化"的大旗。对某些人看上去是全球化的东西，对另一些人则意味着本土化。对某些人来说全球化标志着一种新的自由，而对许多其他人而言，它则是残酷的飞来横祸。[②] 然而，尽管双方都可以列举足够的证据来证明自己的观点，但是唯独都不可能逃脱全球化的命运。而在文化方面，关于全球化的论争则更为激烈，其焦点在于"文化全球化"（cultural globalization）是否发生。文化的全球化最终带来

[①] ［美］菲利普·D. 柯丁：《世界历史上的跨文化贸易》，鲍晨译，山东画报出版社2009年版，第1页。

[②] ［英］齐格蒙特·鲍曼：《全球化：人类的后果》，郭国良、徐建华译，商务印书馆2013年版，第1—2页。

的究竟是全球文化的一体化还是文化的多元化？是进步的还是有危害的？一种观点认为，第二次世界大战以后，新兴的民族国家尽管在政治上脱离了西方的殖民统治，但是在经济和文化方面依然严重依赖着少数发达的资本主义国家。这种文化上的无形的主宰、支配和统驭力量甚至比军事殖民主义和重商殖民主义更有效。他们以强大的经济、资本实力为后盾，通过占有和扩张市场，向全球销售和传播含有文化价值的产品尤其是信息产品（如新闻、广播、电影、电视节目、音乐产品等），从而实现全球化的文化支配。美国著名传播学家赫伯特·席勒（Herbert Schiller）把这种现象概括为"文化帝国主义"（cultural imperialism）[1]。与之相近的描述还包括托马斯·麦克菲尔（Thomas McPhail）的"电子殖民主义"（electronic colonialism）、赫姆林克（Hamelink）的"文化同步化"（cultural synchronization）等等。更有甚者将矛头直接对准美国，认为全球文化会变得"西方化""一体化"或"同质化"，更确切地说是"美国化"（Americanization），或者形象地称作"麦当劳化"（McDonaldization）和"可口可乐化"（Coca-colonization）。这种担心不无道理，因为越来越多的人阅读同一本书、听同一首音乐、看同一部电影，大众消费文化的品位就越可能趋近一致。这种一致性的需求反过来又作用于制造商，生产满足市场标准化的商品。作为西方反新自由主义、反全球化的重要学者之一，布尔迪厄坚称"文化处于危险之中"，他认为在"全球化"这个词下，强国将其经济文化模式推广于世界，并把这个经济文化模式奉为一种标准，一种理应如此，一种宿命，一种普遍的命运。[2] 综观全球各地充斥着美国制造商和服务提供商、美国的品牌和美国的电影、美国的歌星和演员、美国的服装设计师和快餐连锁店，全球化无不长着一张美国面孔，有着一副美国神情，

---

[1] [美]赫伯特·席勒：《大众传播与美利坚帝国》，刘晓红译，上海译文出版社2006年版，第12页。

[2] [法]皮埃尔·布尔迪厄：《文化处于危险中》（2000），《遏制野火》，河清译，广西师范大学出版社2007年版，第172—186页。

充满了美国味道，它们构成全球文化、全球权力与全球经济必不可少的一部分。可以说，凭借着在政治、经济、军事、技术等方面的优势，以美国为首的西方国家在全球化过程中能够在文化领域中占据强势话语权。

虽然没有"全球文化"（Globe Culture）或"普世价值"（Universal Value）这样一个抽象的东西，但至少文化产品和文化贸易的全球化却是不争的事实。后者意指了文化整合与文化瓦解的过程，它们不仅发生于一个国家间的层面上……而且超越了国家社会统一体，并因此能够被认为出现在一个跨国或跨社会的层面上。文化的全球化明显属于全球交流和全球市场的巨大扩张和延伸。[①] 由于资本主义国家在政治、经济上的强势，资本主义意识形态占据绝对优势，发达国家与非发达国家之间形成了一种前者对后者的文化殖民、文化侵略和文化领导，以至于让人产生一种资本主义"全面胜利"的错觉。丹尼尔·贝尔在《意识形态的终结》中直言："意识形态已经寿终正寝了。"为了宣扬资本主义意识形态的胜利，以日裔美国人福山（F. Fukujama）为代表，站在资本主义国家的立场，向社会主义意识形态进攻。他以东欧剧变和"冷战"结束为蓝本，设想了一幅自由主义在全球全面胜利的景象，认为苏联的解体是"资本主义的最后胜利"。这些都是典型"西方中心论"和赛义德所谓"东方主义"（Orientalism）的延续。

当然，所谓"意识形态终结"或"历史的终结"无疑是资本主义意识形态向社会主义意识形态进攻的理论武器，甚至"意识形态终结论"本身就是一种意识形态。然而，这种"终结"真的会因为单方面的退出而到来吗？其实不然，尽管"冷战"已经结束，但是意识形态的争论将由于新一轮的国际竞争呈现出新的局面。由于文化的多元性和民族文化的差异性，非西方国家并不表现得那么不堪

---

① ［美］阿尔君·阿帕杜莱主编：《全球化》，韩许高等译，江苏人民出版社2016年版，第267页。

一击。第三世界的崛起使"文化帝国主义"理论受到了巨大的挑战。全球化创造了一个新的文化"场域",即大众文化不是一个单向灌输的过程,而是一个谈判和斗争的领域;不仅是被统治和支配的,而且是相互斗争和对抗的;不仅包括获得霸权的途径,而且包括对各种霸权的抵抗。与此同时,越来越多的理论家认识到,文化支配与一般经济或政治支配并非完全等同,文化抵抗事实上是和文化领导权同步进行的。作为"文化帝国主义"的批判者,约翰·汤姆林森曾指出:"文化帝国主义汇集了一系列没有什么关联的主导话语:美国主导欧洲、在世界上'西方主导非西方'、核心主导边缘、现代世界主导迅速消失的传统世界、资本主义或多或少主导了其他的制度及所有的人。"[①] 然而,实际情况可能并非如此。例如美国节目的高收视率并不意味着美国意识形态的胜利,批判者显然低估了观众的自我解读能力。塞缪尔·亨廷顿(Samuel P. Huntington)在《文化的冲突与世界秩序的重建》一书中坚信,由于现代化的激励,全球的政治正沿着文化的界限重构。文化相似的民族和国家走到一起,文化不同的民族和国家则分道扬镳。在他看来,"冷战"后世界主要由七个或八个文明构成,将不可避免地面临着与其他文明团体之间的"冲突"。塞缪尔·亨廷顿的"文明冲突论"实际上是对意识形态在数字化时代有可能升级的另一种表述。一些更为乐观的代表如托马斯·弗里德曼(Thomas L. Friedman)则认为世界的平坦化进程不会必然导致各种文化的同化。相反,因为人们具备"上传"能力,可以使本土文化成为全球化的成分之一。他在《世界是平的》一书中指出:"平坦世界的竞争平台为人们提供了把本土文化展现给世界的机会。"他进一步说:"现在世界各地的很多人都可以利用工具创造或上传自己独特的东西:本地的新闻报道、自己的观点、自己的音乐、自己的视频、自己的照片、自己的软件、自己的百科全书、

---

① [英]约翰·汤姆林森:《全球化与文化》,郭英剑译,南京大学出版社2002年版,第116—117页。

自己的字典。所有这些行为汇集成一种强大的力量，从而保护并加强了本土文化的独特风格。"① 正是在全球化时代，各个国家具备了一种"上传"能力，本土文化并不会被全球文化所吞并，反而全球化场域成为文化交流和贸易的空间，它进一步使文化制造商在这种场域中交换想法和发现更多的机会，文化混合物变成了创意生产过程中一个重要的创造力来源，从而激发出更好的文化多样性和多元性。美国经济学家泰勒·考恩在《创造性破坏：全球化与文化多样性》一书中也提到类似的观点。他认为，正如商品贸易通常能使国家在物质上更加富裕一样，文化贸易也使不同国家的文化生活更加丰富。不断扩大的市场交易规模支持而不是束缚了创造性成就的多样性。他区分了"社会内的多样性与社会间的多样性""时间的多样性与空间的多样性"和"有效的多样性与客观的多样性"，并认为，"社会间的多样性"只是"客观的多样性"，只有社会内的多样性中才存在"有效的多样性"。对于每个个体而言，社会内部的多样性要比社会间的多样性更重要。②

于是，我们看到的更多现象是，虽然大多数国家都深受欧美文化和生活方式的影响，但是作为被文化"入侵"的一方并没有坐以待毙地被他们同化。事实上，文化商品的制造以及消费过程仍有某种程度的自主性存在。每一次文化商品的创作和体验都与特定的文化情境有着密切的关联，这种文化情境是无法透过商业规模和科技手段来改变的。早在有文化产业之前，那些源生于各地、孕育各种文化风格的独特性就已存在，它们并不会这么不堪一击地被泯灭。相反，随着人类社会闯入了弗里德曼所言"全球化3.0版本"的时代，世界从小号进一步缩小到微型，并且将竞争场夷为平地。世界各国无不希望在世界平坦化的过程中占据着有利的位置，大肆推销

---

① [美]托马斯·弗里德曼：《世界是平的》，何帆等译，湖南科学技术出版社2013年版，第388页。
② [美]泰勒·考恩：《创造性破坏：全球化与文化多样性》，王志毅译，上海人民出版社2007年版，第142页。

各自的文化。① 尽管美国的跨国公司的确在全球销售文化产品更加盛气凌人、更加成功，但这也并不意味着美国对全球文化贸易的主导会在未来无止境地继续下去。非西方文明的力量正在上升，它们日益生长着自己的文化。如中国、印度的发展与崛起，也在逐渐改变着全球的文化格局。大量美国之外的西方国家也对美国文化产品提出有力挑战。例如英国的流行音乐、日本的动漫、韩国的影视、意大利的时装等等，它们的国际网络也正在不断地扩散。在这样的背景下，"文化成了一种舞台，上面有各种各样的政治和意识形态势力彼此交锋。文化决非什么心平气和、彬彬有礼、息事宁人的所在；毋宁把文化看作战场，里面有各种力量崭露头角，针锋相对"②。马尔科姆·沃特斯（Malcolm Waters）把文化全球化视为"新的世界混乱"，在这个混乱的世界中，全球文化是整合的且相互联系的，然而文化之间却"相对化"而不是"统一化"或者"集权化"。这种绝对的文化全球化包括一种更为普遍的却是不同的和异质的价值、品格和风格的创造，其中没有目的的约束以及自我表达或消费的限制，每个人都能获得。③ 面对西方的文化扩张战略挑战，越来越多的国家意识到文化安全的重要性，强调要独立地发展自己的文化，平衡和抵制西方文化霸权。在这个意义上，"文化全球化"非但不会发生，反而提供了一种新的机遇和挑战，对外宣扬本土文化，对内厉兵秣马。诚如法国社会学家弗雷德里克·马特尔所言："世界文化大战已经爆发。这是一场各个国家通过传媒进行的旨在谋取信息控制权的战争：在电视领域，为谋取音像、电视连续剧和脱口秀节目'形式'的支配地位而战；在文化领域，为占领电影、音乐和图书的新市场

---

① 李凤亮、宗祖盼：《中国文化产业发展：趋势与对策》，《同济大学学报》（社会科学版）2015年第1期。

② ［美］爱德华·赛义德：《文化与帝国主义》，谢少波编译，《马克思主义与现实》1999年第4期。

③ Malcolm Waters, *Globalization*, London & New York: Routledge, 2001, pp. 125 – 126.

而战；最终，这还是一场通过互联网而展开的全球内容贸易的战争。"①

二　文化软实力与国家意识形态安全

有文化扩张主义，就会有文化保护主义。② 政治学和国际关系理论中关于权力的讨论表明，仅仅根据物质力量来评估一国的权力是不全面的，而且也与国家的行为不相符合。在现实世界中，历史、宗教、意识形态和文化、宪政性质甚至领袖个性等均被当作评估国家权力时的考虑因素，甚至是关键性因素。美国政治学家汉斯·摩根索（Hans J. Morgenthau）在其著作《国家间政治：权力斗争与和平》中曾提出过国家权力的九个要素，除了地理条件、自然资源、工业能力、军事准备、人口等有形的要素，还包括民族性格、国民士气、外交质量以及政府质量，并认为这些构成了国家权力的无形要素。③ 可见，文化的优势、普适价值观、先进的制度和多样化的政策工具等这种无形资源之于权力发挥着不可替代的作用，且重要性在明显增强。约瑟夫·奈（Joseph Nye）视这种权力为"软权力"（soft power），即在国际事务中运用媚惑替代胁迫，利用有吸引力的文化、意识形态和制度来影响别人选择的能力。④ 因为相比拥有军事与物质力量的政府，"文化征服的枷锁更容易套上，也更难砸碎"⑤。相比"硬实力"，"软实力"本质上具有非垄断性和扩散性。文化和

---

① ［法］弗雷德里克·马特尔：《主流：谁将打赢全球文化战争》，刘成富等译，商务印书馆 2012 年版，第 366 页。
② 王沪宁：《文化扩张与文化主权：对主权观念的挑战》，《复旦学报》（社会科学版）1994 年第 3 期。
③ ［美］汉斯·摩根索：《国家间政治：权力斗争与和平》，徐昕等译，中国人民公安大学出版社 1990 年版，第 152—202 页。
④ Joseph S. Nye, *Soft Power, The Means to Success in World Politics*, New York: Public Affairs, 2004, p. 6.
⑤ ［英］约翰·斯道雷：《文化理论与通俗文化导论》，杨竹山等译，南京大学出版社 2001 年版，第 73 页。

知识越是传播,"软实力"越大;反之,越封闭或越垄断,力量越小。① 所谓"不战而屈人之兵",正是这个道理。

于是我们看到,无论是西方发达国家内部还是处于相对劣势的第三世界,文化"软实力"作为一种被普遍认可的力量越来越受到政府的重视,而这种重视的程度正是随着国际文化贸易的发展而不断加深的。文化因素在国际关系领域中主要有两个方面的动向,一是文化扩张主义,表现为文化霸权和横向文化扩张两个方面。一些国家制定了文化战略,用以确定有利于本国国家利益的国际关系结构;另一些国家在文化霸权的冲击下,积极地维护文化主权。文化扩张和文化主权构成了当今国际关系上主权斗争的一个新领域。② 例如,20 世纪 40—60 年代西欧的文化政策有一个明显的转向,就是逐渐由公民论述转化为国家论述。第二次世界大战以前,国家所拥有的文化与传播机构逐渐增加,如著名的英国广播公司 BBC,对于商业或是通俗文化的敌意更为清晰,特别是面对美式文化于 20 世纪 50 年代急剧席卷西欧的时刻:迪士尼卡通、好莱坞电影、《读者文摘》(*Reader's Digest*) 获得高度的阅读率、摇滚取代了爵士乐等等,使得文化政策这个语汇成为西欧以及高级文化对抗美式文化的代名词。20 世纪 70 年代,欧洲担心音像产业无法与美国进口产品竞争。当时美国电影与录音产品统治着电视与广播,而欧洲电影产业正在不断衰落。这些担心最终导致欧盟采取特别政策限制非欧盟产品的播放时间,同时为欧盟生产者提供资助或者其他刺激,使其制作更多的电影和电视节目来弥补差距。这从一定程度上促进了欧洲文化产业的发展。在"冷战"时期,西方常常把美国和苏联的差异界定为"自由"对"极权主义"的关系。许多文化人来到西方以后,他们可以自由表达。然而,西方的自由条件并不像表面上看起来那样简

---

① 王沪宁:《作为国家实力的文化:软实力》,《复旦学报》(社会科学版) 1993 年第 3 期。

② 王沪宁:《文化扩张与文化主权:对主权观念的挑战》,《复旦学报》(社会科学版) 1994 年第 3 期。

单。实际上，虽然国家对文化艺术的干预在美国最少，但资金充足的公共文化政策却躲在幕后。例如，早在 20 世纪四五十年代，美国国会就曾资助当代艺术和爵士乐举办国际展览和巡演，以彰显其个人主义、自由主义和多元主义的意识形态优越性。[①] 1965 年美国国家艺术基金会的成立，更是对于美国文化艺术的繁荣起到了非常重要的作用。

到了 20 世纪末 21 世纪初，世界主要发达国家和发展中国家的文化政策发生了一致的转向。"冷战"体系的瓦解，结束了国际社会中意识形态的强烈对抗和国际间大规模军事硬实力对抗。政府的关注焦点逐渐由政治、经济向文化领域转移。文化政策转向文化经济，却同时有着强烈的政治诉求，究其原因，无非两点：

其一，权力斗争焦点的转移。近百年来，世界霸权结构从军事到经济，再由经济向文化转移，经历了两次调整。正如美国未来学家阿尔文·托夫勒（Alvin Toffler）指出的，世界权力的重心经历了作为"暴力性权力"的军事向作为"金钱性权力"的资本转移后，正在向"知识"转移。[②] 人类走过了以大刀长矛争夺土地资源的农业社会，走过了利用坚船利炮掠夺矿产资源的工业社会，步入了以知识经济为基础的信息时代。有吸引力的文化、政治价值观和政治制度、被视为合法的或有道义威信的政策等等，这些软实力更能成为扩展国家利益的重要手段。[③] 随着"冷战"体系的瓦解，和平与发展成为世界主流，国际间爆发大规模战争的可能性大大降低，进而转向国家意识形态的对抗。如约瑟夫·奈所说，对于现代大国来说，单纯依靠传统的经济威胁、军事讹诈等强制手段，将付

[①] Jane De Hatt Mathews, "Art and Politics in Cold War America", *American Historical Review*, Vol. 81, No. 4, 1976, p. 81.

[②] ［美］阿尔文·托夫勒：《权力的转移》，刘红等译，中央党校出版社 1991 年版，第 25 页。

[③] ［美］约瑟夫·奈：《硬权力与软权力》，门洪华译，北京大学出版社 2005 年版，第 6 页。

出极为昂贵的代价，等于是用导弹攻击自己的投资。相比之下，依靠文化、意识形态、国际机构准则与社会制度等"软实力"，尤其是利用其中的文化传播这类的无形力量，利用大量制造的文化产品和现代传播工具，从观念上、感情上、心理上影响到别国人民，则是一种代价小却收获明显的替代性方式。这种无形的力量虽然不如导弹驱逐舰护卫下的货轮那样气势汹汹，却能够弥散于全球各个角落，影响千百万人的思想情感，从而最终改变导弹和货轮的归属。① 他特别指出，美国的全球影响力不能仅仅依靠经济实力、军事实力和威慑能力。硬实力作为一种含蓄的威胁是必需的，而且应该在必要的时候运用——就像在阿富汗和伊拉克所展示的那样。然而，美国在世界的领导地位必须依靠软实力来维护，也就是说，要靠美国的生活方式、文化、娱乐方式、规范和价值观对全球的吸引力来维护。20 世纪六七十年代，日本经济迅速崛起，快速迈向世界先进强国之列，但是这并没有让日本产生足够的文化自信，在很多人眼中，日本人被称为"经济动物"或"商业动物"，俨然一副"暴发户"形象。不过日本很快意识到了问题的"症结"，自实施"文化立国"政策以来，文化以及围绕文化展开的经济实践成为塑造日本全球竞争力的超级力量，把文化产业推向了更为重要的地位。

其二，跨国文化公司的发展。世界经济和社会总体发展趋势是经济力与文化力的统一。经济全球化带来了跨国公司的迅猛发展，其数量和规模在"冷战"后急剧扩张，尤其是以美国为首的资本主义发达国家拥有世界上最强大的跨国公司。它们在获取巨额经济利益的同时，往往也成为对外政策和文化扩张的工具。它们不仅输出资本，还输出思想意识、价值观念、文化和生活方式。联合国教科文组织发布的《世界文化报告（1998）》声称，"国家控制文化的权力正在被削弱，而分权于国际组织（企业）、国内组织（企业）和

---

① ［美］约瑟夫·奈：《美国定能领导世界吗》，何小东等译，军事译文出版社1992 年版，第 144—166 页。

国民个人之中"①。也就是说，企业在文化领域中扮演着越来越重要的作用，即国家媒介、文化权力大部分已隶属跨国公司的权限之下，文化市场份额越来越决定意识形态话语权的强弱。这些跨国文化集团涉及电影、电视制作、出版、音像、主题公园，提供的产品几乎相当于整个文化领域。不仅仅是美国，德国、日本、法国、巴西、英国以及其他国家对这类跨国公司的投资都在逐步增加。2013年11月26日，前美国总统奥巴马受邀造访梦工厂动画公司，他在演讲中提到，娱乐是美国强劲的经济引擎和最大的出口产品之一，它让许许多多没有到过美国的人认识到它们传递的价值以及富有宽容性、多样性、创造性和勇于克服困境的美国DNA。他直言不讳："不管你是否认可，娱乐是我们美国外交政策的一部分，而且正是这个部分让我们显得特别……让我们变得强大。"如今，全球五百强公司中，文化企业占据三成。全球化是一种社会实践过程和文化的扩张性运动，本身包含着经济与文化的双重权力意志，而文化与经济的合谋在推行文化价值观念方面通常能产生意想不到的效果。像好莱坞大片，一方面创造了票房的奇迹，另一方面向全球输出了一种价值和观念。21世纪的地缘政治领袖可能既不是国家元首，也不是将军，而是跨国公司的总裁和国际货币的经营者。德国《明镜》杂志记者马丁和舒曼也许有些夸张地说："斯大林希望获得压倒一切的绝对实力地位，而米老鼠却真正实现了这种绝对实力地位。"②

三 21世纪发展文化产业的政治意义

如果我们理解了20世纪全球文化政治格局，即政治和军事因素在国际关系中的作用相对下降，文化因素的地位上升，那么对于21世纪而言，发展文化产业具备的特殊意义不言自明。文化的生产与

---

① 联合国教科文组织：《世界文化报告（1998）》，北京大学出版社2000年版，第136页。

② ［德］汉斯－彼得·马丁、哈拉尔特·舒曼：《全球化陷阱：对民主和福利的进攻》，张世鹏、冯文光译，中央编译出版社1998年版，第19页。

经营表面上看似乎都是为了追求利润和资本，但是在资本和利润的背后，无不包含着巨大的文化追求和文化利益，并通过这种利益的追求来实现更大的政治和经济利益。因为文化生产和经营是最直接的价值观生产和价值观经营，通过价值观的生产、经营与传播来实现政治和经济的霸权与垄断，是文化资本的真正目的。[1] 在当代国际政治关系中，政治意图、文化软实力和文化产业发展的逻辑呈现为：国家政治意图在国际间的推行，往往借助文化软实力；而国家文化软实力在全球化背景下的推行，往往借助国家文化产业的发展。[2] 文化贸易不仅仅是文化商品和服务，更是一种理念的交流。理念可以深入军队所不能及的领域。借由文化贸易与理念交流，通常可以解除国家之间的障碍。文化产业的全球化不经意间推动了异质文化的融合，将原本因地理疆域及政治路线分隔的许多不同想法和题材集合在一起。过去100年来，文化产业一个重要的特征就是美国主导了国际文化贸易的大部分，其次是欧洲。这得益于美国拥有深厚的资本积累，以及对国内休闲和娱乐市场的早期开发，加上美国有更发达的制作体制和市场机制，比其他国家更加注重竞争，因此文化公司不得不迎合各种家庭和不同观众，建立了能够提供给全球市场的巨大资源库。经济全球化记录了资本主义中心从欧洲到美国，再到亚洲的转移过程，同时意味着欧美的霸权已经在经济领域里相对没落。但是，文化影响力尤其是美国大众文化的影响，还远远没有衰弱的迹象。不管经济如何非凡地增长，亚洲文化也还没有在全球层面实现相应的扩张，杰姆逊把这种不一致性描述为"经济的非凡"和"文化的统治"。他以日本与美国娱乐产业的合作为例，认为1989年索尼对哥伦比亚影业的收购和1990年松下对环球影业及其母公司美国音乐公司（MCA）的收购所遭遇的失败意味着，即便拥有

---

[1] 胡惠林：《论文化产业的属性与运动规律》，《上海交通大学学报》（哲学社会科学版）2007年第4期。
[2] 刘轶：《政治意图、文化软实力与文化产业》，《江淮论坛》2009年第5期。

巨大的财富、技术和工业产品，甚至拥有所有权和私有财产，日本人还是没能把握根本的文化生产力，这对于确保在全球化进程中应付一切对手是必不可少的。① 事实上，不光是日本，欧洲或社会主义国家都没有向美国化的全球统治发出挑战。

但是，这种主导地位并非一成不变。我们可以看到许多逆向流动和其他生产中心存在的案例。相对于"文化帝国主义"这种带有激进批判色彩的术语，一种崭新的"全球化"理论逐渐成为主流。这种理论指出，过去将全球文化体系描述为西方国家强加于非西方国家已经过时，全球文化异质化的进程也很强劲，现代国家文化流动带来的并不是全球同一性。例如，日本在亚洲区域表现出绝对的文化主导力量，无论是对韩国、中国台湾地区还是中国大陆；而"韩流"对中国的影响甚至也不亚于美国流行文化。这些无不表明，美国化在全球化时代无法成为文化权力的唯一化身或承载者。也就是说，当代世界的多中心分散格局已经形成，文化统治的表达具有地区或区域的特殊性。大卫·赫斯蒙德夫则倾向于以"文化国际化"这一术语来代替"文化全球化"，他认为文化国际化表现为三个主要方面：

> （1）文化企业的国际化：越来越多的文化产业公司不再限于在一个国家进行投资。这也许意味着文化产品得以在许多国家生产，然而它通常更意味着，在某一地方生产的文本将在其他许多地方发行。
>
> （2）文化文本的国际化：某一国家生产的文化文本日益被其他国家的人看到、听到或者感触到。由于文化流动的这种增长，各个地方的受众和符号创作者都能够引用来自其他地方的

---

① ［美］弗雷德里克·杰姆逊：《对作为哲学命题的全球化的思考》，载［美］弗雷德里克·杰姆逊、三好将夫编《全球化的文化》，马丁译，南京大学出版社2001年版，第69页。

文本。

（3）地方日益受到全球影响：由于文化文本的流动趋势，也由于一些广义因素，文化认同越来越复杂。也许将文化与某个简单的版图一对一挂钩永远不是一个明智选择，但是，某一特定地区文化却越来越多地涵括了来自许多其他地方的因素。现在许多文本不是以某些特定国家利益、关注和文化为基础，而是以不同国家或者是共享某种跨国文化的民众的利益、关注和文化为基础。①

鉴于世界正处于"文化夺权"的重新洗牌阶段，21世纪发展文化产业就具有了特殊的政治意味。新的全球文化经济不得不被视为一个复杂的、重叠的、分裂的秩序，这给所有国家文化产业的发展带来了挑战和机遇。如同战争年代抵御外来侵略必先壮大自身军事实力一样，和平年代抵御外来文化也必须保存自己的文化实力。对于一个国家相对稳定的消费市场而言，如果本土文化产品不能满足人们的文化需求，或者文化产品品质较低，就会形成对外来文化产品的依赖，这几乎是欠发达地区都必须经历的一个过程。正是因为各国政府普遍能够意识到这一点，他们必须作出决策，以尽快推动本土文化进入全球主流文化圈，而文化产业无疑提供了最佳的介质。全球化不仅帮助发达国家开拓海外市场，而且帮助它们将低端产业转移到欠发达国家或劳动力更廉价的区域，从而为它们在金融、信息、知识，包括文化产业领域在内的新经济争取更多的发展空间。从全球范围来看，一个基本的趋势是，经济越发达的国家，文化产业越繁荣；文化产业发展越成熟的国家，其文化"软实力"的扩张和渗透力也越强。美国的文化产业被公认为是世界的领头羊，这已是不争的事实。英国、法国、德国、意大利、日本、澳大利亚、加

---

① [英]大卫·赫斯蒙德夫：《文化产业》，张菲娜译，中国人民大学出版社2016年版，第213页。

拿大、印度、韩国等国家也都通过各种计划大力推动其文化产业的发展。而中国在推动文化产业发展上也是不遗余力的。文化产业在经济与政治之间形成了紧密的衔接，化身为全球化时代不折不扣的"通货"。

我们相信，文明多样性是人类文化存有的基本形态，所有文化都是杂交性的、混成的、内部千差万别的。对于中国而言，20世纪80年代以来文化的古今之争尚未结束，而中西文化之争又更大规模地展开了，当社会化、信息化和全球化推动文化生产、交换、分配和消费变成全球的经济行为，所有的文化产品都化作了披着隐形外衣的价值载体。于是，如何打赢21世纪的文化战争，建成社会主义文化强国，实现中华民族伟大复兴的中国梦，就变成了当下中国文化产业发展的核心命题与重大使命。

结　语

理解文化产业

> 坚持需要一个发生学的探讨，并不是意味着我们给予这个或那个被认为是绝对起点的阶段以一种特权地位；这倒不如说是注意到存在着一个未经清楚界定的建构，并强调我们要了解这建构的原因和机制就必须了解它的所有的或至少是尽可能多的阶段。
>
> ——［瑞士］让·皮亚杰《发生认识论原理》

如何解释研究对象，是科学研究中永恒的命题。本书写作的目的是对文化产业这一对象进行本质还原，构建一套发生学意义上的解释模型，其贯穿全文的核心问题是：文化产业究竟是如何发生的？

对于这一问题，本书分了两个步骤进行回答。鉴于文化产业研究还是一个新兴的学科分支，笔者觉得仍有必要对其思想源流和观念变迁作学术史上的梳理，以找到学理依据，即探讨文化产业观念的发生（参见第一章和第二章）。但是相较而言，本书把重心放在了文化产业这一事态本身的发生学思考上，即致力于解释文化产业发生的原因和结果，并作出因果说明（参见第三章至第七章）。

诚如一开始我们所强调的，尽管"文化产业"这一观念在中国的发生不过三四十年光景，由它引起的论争仍然是新兴研究领域中一朵"奇花异草"，但是面对当下文化产业发展的蓬勃态势以及由新技术引发的新一轮文化业态裂变，选择"解释文化产业"这一议题并不能算作一个"前沿研究",它既不是重大现实问题的观照,也无法服务工作大局,更不是这一研究领域的"主流"。歌德的悲剧《浮士德》中常常予以引用的名言一遍遍地警示着人们:"理论是灰色的,唯生命之树常青。"的确,文化产业这棵正在成长的"常青树"持续地被关注着,政府官员、高校学者、企业家和社会各界人士为此说了不少话。这些话大多是谈问题、讲对策、展未来的,为的是能够给它充足的养分,助它茁壮成长。这一点无可厚非,也是十分有必要的。相较而言,理论的言说显得要匮乏些,这种匮乏也许不会对文化产业发展造成什么肉眼可见的影响,但从人类知识建构的使命来看,这又是不可或缺的一部分。文化产业不是一个纯粹抽象的概念,而是一个可知可感的产业现象。由于它独特的属性,我们既不能"形而上"地抽丝剥茧,坐而论道,也不能"形而下"地只讲方法,大谈经商之道。至少在中国,对于文化产业研究如何开展仍然还存在着截然对立的两派:一方强调研究要有用,一切以解决实际问题为出发点,无须作过多评价。另一方则认为,作研究不应太过功利,要坚守文化立场和学术底线。当我们看到越来越多的知识分子开始成为文化产业的合作伙伴,文化产业成为蚕食知识分子价值立场的工具,这种担心是不无道理的。

显然,本书的主要目的不在于为刺激文化产业发展寻找妙药良方,事实上也没有指导、规范文化产业未来实践的企图,而是期望从科学的角度来帮助人们更好地理解文化产业的本质。毕竟,就算目前已鲜有观念上的争议,理解文化产业的困难并未因为它的发展而消失:"文化"一词的复杂性仍然是我们理解文化产业的第一道障碍,而"产业"上的特殊性和多变性亦值得我们花费许多时间和精力来研究。

必须予以重申的是,本书选择从发生学的视角切入文化产业研究,主要基于以下几个重要事实:

第一,文化产业没有一个绝对的开端和起点。皮亚杰在《发生认识论原理》中指出:"从研究起源引出来的重要教训是:从来就没有什么绝对的开端。"① 本书既不作起源学的探讨,也放弃历时性的历史研究,而是将发生问题还原到历史当中,放在一个动态过程中进行整体研究,以寻求其生成的内在机理。在我们看来,执着于起源的追问只会诱导我们无限地往回延伸,从而忽略了文化产业最本质的东西。更何况这种追问必定也是存在争议和难有定论的。探讨文化产业的发生,应尽可能地再现当时的历史背景、生产条件、社会状况,并尽力追寻这些活动主体可能存在的心理状态、思维特点以及观念意识,指出各种有关因素、条件及其相互之间作用的联系。至于其起源于何时何地,我想可以暂且搁置不议,或留待后来者细挖慢掘。

第二,文化产业在理论与实践层面兼具跨界性和融合性。显而易见的是,人文学科的发生学研究通常具有跨学科的性质,常常涉及哲学、心理学、社会学、经济学以及人类学等相关学科和领域。我们知道,文化产业理论范式来自不同学科的"滋养"。但是,即便像文化管理学、文化经济学和文化创意学等这样一些交叉学科,也很难容下完整意义上的"文化产业"。因此,运用发生学的思维研究文化产业的发生发展问题,就昭示着无法避免却又情理之中的跨学科方法,而文化产业的发生问题也只有倚赖不同学科才解释得清。通过各个学科领域之间相互交织、相互阐释,我们能够从多个角度审视文化产业的发生问题。

第三,文化产业是一个动态发展的过程。本书坚持认为,文化产业是人类文化生产和文化经济活动"进化"到一定阶段的产物,并且仍处于不断发展的过程当中。而研究文化产业的发生,旨在探究文化产业发生背后的运动规律,就是研究人类文化生产从历史的一个阶段不断过渡到另一个阶段的过程,将文化产业置于一个动态的历史进程中去对待。为了不纠结于一大堆细节或大量争执意见,

---

① [瑞士]让·皮亚杰:《发生认识论原理》,王宪钿等译,商务印书馆1981年版,第17页。

在社会科学问题上有一种最可靠的方法，就是不要忘记基本的历史联系，考察每个问题都要看某种事物在历史上怎样产生、在发展中经历了哪些主要阶段，并根据它这种发展去考察这一事物现在是怎样的。只有通过对文化产业发生发展的诸多形态和环境的考察，才能把握文化产业的本质。

第四，也是更为重要的，文化产业的发生问题在学界没有得到系统的回答。关于文化产业的发生并不完全是一个悬而未决的议题，人们时不时地注意到这个事实。因此，本书所作的尝试也并非建立一个对文化产业的全新认知，而很大程度上是因为我们不够重视它。当前，文化产业成倍增长的事实以及在各级政策上获得的前所未有的重视，使人们更加关心它的未来发展，而对过去历史、概念范畴失去了研究兴趣，如同人们心安理得地享用文化产品和服务，却很少寻根问底一样。正是在这个意义上，对文化产业进行发生学上的追问，对我们理解文化产业不无裨益。

然而，对待同一个问题，不同学者在不同层次、不同方面都涉及文化产业的发生规律，都有各自的道理。因此要提出一个十全十美、面面俱到、人人都能接受的文化产业发生理论体系，具有很大难度。本书将文化产业视作一个整体，所涉问题之宏大，所触学科之庞杂，导致我们不可能找到一个一劳永逸的模型用来解释所有问题，一些观点也不一定适用所有文化行业。如同季节那样，世界大多数地区都有春夏和秋冬的交替，但也不排除那些只有一种或两种季节的国度和无人区。而且，就算是四季分明的地区，也会因为地理位置和生态环境的不同，产生些微甚至较大的差别。因此，本书不期待所尝试构建的整体框架能够说服足够多的人，唯愿其中所论或有些许价值，能够真正地打开新的论域，激起一定的讨论，这大概就是最大的期待了。以下几个主要结论的罗列谈不上是对全书的总结，一些是观点的重申，一些是未解的困惑，希望提出来供学界同人一起思考。

一 理解文化产业的观念及其发生

人类每一次重要的观念更新都必然会伴有术语的革命，任何一个时代提出它的文化命题都不是空穴来风，"文化产业"便是其中之一。在本书的写作过程中，笔者常常困于一种处境，那就是我们应该建立一个什么样的"文化产业"观念？不同学者常常因为观念上的分歧而采取不同的研究策略，因此构成了不同的书写路径。可以说，文化产业发生一定程度上就是文化产业观念的投射。由于对文化产业观念的理解不同，对文化产业发生的理解亦不同。

作为"观念"的文化产业萌芽于 19 世纪西方精英知识分子对"机械文明"的控诉，发轫于 20 世纪法兰克福学派对文化工业的批判，成熟于 20 世纪末和 21 世纪初的文化经济实践，大致经历了从一个"哲学的批判概念"向"经济的实践概念"的过程，这已是学界的共识。我们可以进一步将对文化产业的认识归纳为三个主要的阶段：第一个阶段是绝对地拒绝，即拒绝文化艺术与产业所发生的任何关系，强调文化艺术的独立价值，这在工业革命开展较早的英国及生活其中的精英知识分子那里能够找到诸多说辞。他们受到传统观念的影响，认为文化艺术的创作是高尚的，是与金钱相冲突的。第二个阶段承认了文化产业存在的客观性，但是否定了其合理性或曰"合法性"，表现出对抗情绪，以批判的态度将它们与其他文化形式区别开来，延续了精英主义的立场。这一点法兰克福学派可谓着墨最多，他们呈现的大多是"漆黑一片"的悲观论调，更是一种"无望的救赎"。也正是这一时期，"文化产业"（最初以单数的"文化工业"表述）观念正式登上历史舞台。第三个阶段表现为对文化产业的接受，既有从政策层面对文化产业的肯定，也表现为知识界对文化产业的关注从哲学、价值层面转向经济层面。需要指出的是，文化产业观念的发生并不是一个孤立的现象，它与"文化""艺术"和"工业"等观念的变迁有着广泛的呼应和联系。它们共同记录了我们对社会、经济、政治生活领域发生变革所作出的一系列重要而持续的反应。限于篇幅和本土立场，本书仅仅考察了中国文化产业观念发生的特殊性问题。但明确这一点至关重要，它表明了我们对于文化产业观念存在特殊形态这一问题的基本态度。

文化产业观念的发生与变迁，从根本上讲，是文化产业事态本身繁荣发展的结果。它反映了人们不断适应文化产业新形态，赋予文化产业新内涵的过程。无论是"文化产业"还是"创意产业"的提出，都是欲将原本独立于经济部门之外的社会表意系统纳入资本生产体系，从而帮助国家积累财富。它真正进入大众视野，既有文化经济"自下而上"影响政府和学界的客观要求，也是政策层面"自上而下"推行的结果。在历史演进过程中，新的社会革新和技术变迁塑造了文化生产新的特征，正是这些特征让"文化产业"这个概念从众多的历史概念中剥离出来，变成了今天我们所熟悉的样子。它不完全是一个历史分期层面上的概念，更多地寓指文化生产产生的不同于传统的新的特质。其中技术和资本作为最重要的两个要素，对这一观念的推进起着最直接的作用。技术进步创造了新的文化生产样式，而资本发现其中有利可图，在这两股力量之下，"文化"被赋予了新的经济意义。与此同时，政策的转向使"文化产业"一词在深入人心上发挥了至关重要的作用，但也是当代文化政治转向和现实需要下的产物。这启示我们，作为客观存在的文化产业通常不以人的意志为转移，除非利用特殊的手段，或者回到古代社会或极权主义文化统治当中，否则无论我们如何否定和抵制都难以阻止它向前发展。尤其是科学技术已经成为人类共同的财富和追求，"技术生存"成为人类生存的现实，人类永远不会倒退到"前技术"的自然生存状态。如果今天有人站出来反对广播、电影、爵士乐、迷你裙、现代舞是令人感到滑稽的，但这种情况过去真真切切地存在过，它们是"文化工业"理论极力批判的对象，但如今却变成了文化产业发展的核心领域，甚至未来会因为技术的发展再次被淘汰至边缘地带。

然而，也正如我们现在看到的那样，时髦的词语来了又去，人们的观念总是处在不断的变动和更替之中，不同时期、不同阶层、不同文化必定赋予观念以不同的理解和意义。尤其对于正处于社会大变动时期的当今世界，这种变化尤其明显。如今文化产业与创意产业、内容产业、数字产业、娱乐产业、体验产业、休闲产业、版权产业、符号经济、情感经济、精神经济、注意力经济、创意经济、互娱经济等一系列概念复杂的交织关系，既折射出当下学者对文化产业观念的新发展，也反映了社会发展进程中新的认知关系的创造。他们所关注到的现象和所言对象大体一致，但都有自己的学科侧重和观点强调，也反映了知识的时代变迁。这也意味着，作为观念的文化产业很有可能被新的称谓所替代，因为文化产业作为一个相对"旧"的概念，可能很快不适用于未来产业发展的新趋势，对于许多产业跨界融合问题存在解释不足的困境。尤其是随着文化市场细分日益精细，越来越多的产业标榜自己是文化产业，而文化产业则越来越像其他产业。在文化产业发展的初级阶段，我们往往需要一个观念上的"文化产业"来统筹，这无论对于人们思想转变，还是作为一个政策性概念予以推动，无疑是很有必要的。然而，一旦文化产业发展得更加成熟，像空气和水一样存在我们周围，也许就是我们要开始放弃"文化产业"这一观念的时候，或者至少不值得像本书这样"长篇大论"。当每一个文化行业复杂到需要单独审视，宏观的研究也将逐渐退居幕后，更多新生的、细微的问题会自动浮出水面。这时，我们要改变的恰恰不是文化产业本身，而是要不断更新我们对文化产业的认知，以保持与时代同步。

二　理解文化产业发生的复杂因素

本书一再强调要避免对文化产业进行起源学和纯历史学的追问，而更愿意从发生学的角度来探究其背后的复杂因素，其中缘由已无须过多赘述。本书力避简单化的答案，也拒绝任何形式的"决定论"，亦不强调一种因素比另一种因素更为重要，因为在复杂的社会中，对社会进程的恰当解释不可能会是简单的，任何单一路径的研究都不可能穷尽事物的根源，任何单一的"决定论"都是危险且错误的。因此，避免将复杂万变的诱因简化为单一的驱动因素才是明智之举。然而，为了达成一致而直接的论述，人们在讨论文化产业时经常过于强调某个特定因素，如"技术决定论""经济决定论"或"文化决定论"等，而忽略了其他。实际情况则是，决定社会历史发展的力量是多元的，任何文化现象的产生也都有多种多样的原因，而不是由一个简单原因造成的。文化产业显然不是一个孤立的文化现象或产业实践，而是与现代社会性质紧密相连的，与社会发展、社会结构、社会生活、社会关系共生共存的事实，它体现了现代人生活方式的一个维度。因此，本书的研究对象是文化产业，研究内容是文化产业的发生规律，同时也研究文化产业与人、都市、技术、经济和政治的关系，帮助我们从微观和宏观的角度来认识文化产业。

本书试图构建出一种具有某种参照意义的文化产业发生理论模型，并将主要驱动因素分为了五个部分，即"人性基础—都市环境—技术体系—商业逻辑—政治意图"。这五个因素的作用可以分别总结如下：

（1）人类的审美性情、游戏冲动、符号占有和知识获取是文化产业发生的人性基础。文化生产决定文化需要的对象、方式和动力，文化需要的异化加剧了文化的产业化进程。把文化产业发生的根本因素还原为简单的人性探索可能有失偏颇，但基于文化产业具有"人"的属性，那么在人的基础上来理解文化产业是十分有必要的。人和动物都有一些共同的天性（自然的），但是人性（社会的）却是人类所独有的。生物的主体性决定了我们总是要生存和发展，为了满足生存需要，就要不断地向外索取；为了满足发展的需要，就要"更多"地向外索取，这是不证自明的公理。动物的需要往往止步于"生存"，而人类在这方面具有更强的能动性，指向"发展"。文化产业之所以能够发生，是因为与人类一以贯之的文化需求相匹配，这就是为什么我们可以看到当下人们的文化需要都能够在历史中有迹可循，它揭示了文化产业发生背后隐蔽的人性。做这样的思考，无非是想再一次说明文化产业的发生并非我们想象的那样深不可测。如果在消费文化商品之前思考一下动机，如获得审美体验，宣泄过剩精力，追求符号价值，提升知识修养……我们就会发现，人性当中本身隐藏的那些需求只不过借着文化商品的"外壳"集中爆发了一次而已。我们都可以穿越几千年的历史，沿着人类文明的足迹，去探寻那些亘古不变的人性需要。这是因为，人的需要本质上不存在"进化"的性质，进化的只是满足需要的生产手段。与古代人相比，现代人的文化需要尽管复杂丰富，却并不显得有多高明。而从满足需要的各种结果来看，现代人得到的快乐也未必比古人多。文化产业发生的人性基础是人类固有的需要本质，但文化需要井喷式激增则是由异化的消费所推动的。更具体地说，是由被异化的文化需要所构建起来的商品世界所赋予的。正是这种异化需要的满足，加剧了文化的产业化过程。

（2）都市导致了人口、财富和时间集聚，为文化产业的发生提供了土壤，而都市的可持续发展也需要文化产业参与其中，二者产生了积极的互动。城市是文化的容器，无论世界多么复杂多变，考察人类文明中产生的任何一个"闪光"或"灰暗"瞬间都要尝试从最繁华最典型的都市中寻找答案。文化产业也概莫能外，它的发展与都市呈现正相关性，因为只有都市才能集聚文化产业发生所需的所有能量。人口的集聚带来了更为精细的社会分工，为更多人从事文化产业方面的工作提供了机会，同时创造了文化消费赖以生存的群众基础。财富的集聚将城市变成一个丰裕的消费社会，使文化欲望得以蔓延开来。时间的集聚将劳动与闲暇人为地一分为二，创造了一种新的闲暇时间，抬高了休闲的意义，使得"休闲产业"进入人类生活。都市人是与乡村人截然不同的群体，他们具有流动、庞杂、冷漠、理性、忙碌等多重心理症候和人物特征，因而面临的文化困境更多，这使得他们比乡村人更需要通过文化消费的方式使自己感到充实，尽管这种零散的、片段式的解困方式只能让他们获得短暂的慰藉，或者只能作为一种工作"补偿"，但已经是当今都市文明中不可或缺的"药剂"。文化产业获得极大的关注并在全球范围内推广，还与它在"后工业化时代"所凸显出的文化力量和经济力量密切相关：一方面，文化产业需要都市土壤的滋养和都市人的热情追随；另一方面，都市的可持续发展也需要文化产业的强势介入，这是文化产业得以进入政策层面的有力保证。需要指出的是，如今我们已经进入信息时代，万物互联互通已经成为现实，都市的文化模式通过现代信息技术和传媒工具不断地影响到中小城市与偏远山村，提醒我们不能将视线仅仅局限在都市。如今，在许多小城镇，甚至乡村地区，文化消费已经不是一个可有可无的东西，其中的发生机制值得我们进一步探讨。而且，不同都市的文化产业发展也存在差异和特殊性，尤其是对于一些新兴城市而言，发展文化产业并非都建立在城市更新和产业结构调整的基础之上。

（3）文化产业发生在现代技术起支配作用的时代，也发生在人类对技术进行自我反思的时代，前者是一个客观事实，后者则是一种主观意志。尽管文化与技术的历史互动贯穿人类文明始终，但是它们的关系却并非一成不变。文化生产与技术进步既可以表现为一种交融共生的同一性关系，也会在不同历史时期表现为或强或弱的依赖关系。但可以肯定的是，只有当现代技术取得支配地位，文化产业才具备发生的历史条件。现代技术对文化产业的发生有的起直接作用，有的起间接作用。其中媒介技术可以看作导致文化生产发生变革的主导技术，这一点从20世纪蔚为壮观的媒介研究中便略知一二。概括来说，现代复制技术推动了文化产品的批量化生产，使得文化艺术从少数走向多数，从高雅走向通俗，从精英走向平民，这是文化产业最根本的特征；现代传播技术使得文化的传播突破了时间和空间的界限，实现了文化内容的全球共享；现代制造技术则为文化内容提供了更加智能化的装置，使得软件和硬件前所未有地整合起来。但是，当我们把技术视为一个因果因素的时候也要特别留心。因为技术本身便是经济、政治、文化领域中选择、决策、偶然事件与巧合的总和结果。理解这一点，有助于避免我们陷入机械的技术决定论。此外，文化产业作为技术异化和理性膨胀的一种救赎手段，反映出技术向人文靠拢的趋势，尽管文化产业也不同程度地陷入了机器和资本所控制的体系。从技术哲学的角度来看，文化产业的发生是人类面对工业技术体系的一种化解手段，未来仍将发挥积极的作用。

（4）资本向文化领域的渗透为现代文化市场的萌芽提供了经济条件，它一方面源于资本的增殖本性，另一方面源于文化生产的物质性联系。文化与经济的互动并不是现代社会才有的现象，而是贯穿于人类社会始终。文化生产者与文化消费者之间的关系会随着历史发展产生不同的联系。在古代社会，文化生产从人类生产活动中独立出来，意味着文化生产者能够从劳动中获得报酬，但是文化生产者通常要依附于权贵阶层而存在，表现出"供养"或"恩主"关系。随着社会的发展，赞助作为文化经济活动开展的一种主要形式，对历史阶段性的文化生产繁荣起到了重要作用。但总体而言，近代以前的文化经济活动不是主流，而且通常要受到政治或宗教的影响。直到资本主义的兴起，尤其是原始资本积累完成和工业革命的开展，资本开始向文化领域渗透。个中原因，既有资本天生追逐利润的属性，也有文化产业本身所呈现出的对资本的吸引特质。更重要的是，文化产业日益在经济社会中产生重要影响，文化与资本的结合愈来愈紧密。可以毫不保留地说，文化产业离开资本几乎难以存活，过去那些认为"文化"与"资本"格格不入的观点已经站不住脚。而随着文化生产日益成熟，文化与资本也能够进一步耦合，达到相互促进的关系。但是，这并不意味着我们对资本放下戒心、毫不警惕。

（5）文化产业适应了文化政治转型的需要，其意识形态属性决定了它作为政治权力对抗的一种工具发挥作用，对内维护统治阶级利益，对外保护国家文化安全。历史经验表明，文化是政治的题中之义，政治作为参与文化发展的重要手段，从来都不是可有可无的东西，它规定了不同体制之下文化"生产什么"与"为谁生产"的重要命题。如果我们假定政治的影响可以忽略不计,会得到一个什么结果呢?那便是文化市场会比我们想象的更繁荣,但是也很可能会陷入无法控制的混乱境地。这就是为什么本书一再强调政治在文化中所发挥的"调节器"的作用。文化产业作为一种市场化的文化生产模式,其发生发展也通常囿于政治框架之内。如果一个国家开始重视文化产业并以各种文化政策来引导文化发展,这意味着文化产业也一定程度上承担着一种"权力对抗"的工具作用。从内部来看,文化产业适应了当代文化政治和国家治理转型的发展需要,也是社会进步的一种体现。因此,现代社会公认为最好的"文化经济模式"不仅体现为文化与经济的高度耦合,而且通常表现出与政治意识形态的高度重叠,这正是文化治理相较于文化领导和文化专制的优点所在。随着世界进一步缩小为"地球村",发展文化产业还通常表现为这样一种政治意图,那就是在参与全球文化竞争当中,如何保持自身文化的纯粹性。文化产业不仅是国家文化治理的重要领域,也是参与世界文化治理、提升自身话语权的重要手段。

　　以上是我们得到的关于文化产业发生背后各个因素综合作用的简单结论,可以说,离开任何一方,文化产业都无法发展成为当今成熟的形态,人们对文化产业的认知也不会达到前所未有的一致性。但是,所谓的"综合"不是简单的相加或具有一种轻重缓急的顺序或作用,而是从一开始各个因素就贯穿和粘连在一起。例如,当我们探讨人性需要时,就必须同时考虑都市人群的诉求;当都市社会发生变迁时,技术的变革就蕴藏其中;资本主义文化生产和社会制度的确立,也常常是因为其中蕴藏的商业逻辑;有利可图和巨大的经济效益倒逼技术改革,进一步影响了文化消费的样式;文化贸易的全球化发展则是技术、资本与政治等多种力量综合作用的结果……总体来说,它们的关系可以简单地表述如下:文化需要是内核,都市环境是土壤,技术和资本是基本动力,政治则是调节工具。但是,我们也要注意到不同类型的文化行业之间的差异,也并不是所有的要素都必须同时发挥作用。对于以非理性审美体验为基础的文化产业而言，意识到其发生的偶然性和个别性因素至关重要。

三 理解文化产业的历史、现在与未来

文化产业的历史究竟应该从何处算起？这是一个言人人殊、悬而未决的问题。从时间上来看，现代意义上的"文化产业"观念大致可以看成是资本主义工业生产时代的产物，其中以广播节目、好莱坞电影、通俗小说、肥皂剧、爵士乐、商业广告的兴起最具标志性，它们为法兰克福学派"文化工业"理论的形成提供了最直接的技术条件和现实基础，自此以后，文化产业才逐渐进入人们的视野并在经济社会中扮演重要作用。实际上，学界对文化产业思潮的起源进行描述或对其词源学进行追问，大多也是将命题指涉限定在"自由资本主义"向"晚期资本主义"过渡的特定历史节点。这意味着文化产业通常被看作一定历史时期的"同步事态"。任何伟大的思想都有着时代的烙印，虽然文化产业并不要等"文化产业"的概念出现后才开始，但作为一种观念的发生，它也必然是一个时代的反映，因为事实和观念总是"前脚跟后脚"地呈现在历史当中。这么说来，文化产业的发生离我们其实并不遥远。

文化的各种不同阶段，可以认为是发展或进化的不同阶段，而其中的每一阶段都是前一阶段的产物，并对将来的历史进程起着相当大的作用。[①] 本书花了相当多的笔墨在"前文化产业"形态的论述上，是想说明文化产业并非"空穴来风"或一个突然兴起的新事物，它有历史继承的部分。或者说，我们能够在历史中找到它的"原型"或"影子"。在文化产业大规模开发以前，人类的文化生产活动背后不但有技术上长时间的内部发展迭代，如造纸术、印刷术和各种用于绘画、雕刻、音乐、服饰的手工技艺的完善，一些精细的分工协作或经济交换也已经在早期的文化生产活动中大显身手了。

---

① ［英］爱德华·泰勒：《原始文化》，连树声译，上海文艺出版社1992年版，第1页。

但是文化产业则开启了文化生成、传播和消费的新时代，从根本上导致精神生产和文化形态的革命性嬗变。在这一过程中，人们的观念也在不断变化，以适应新的生产秩序，于是出现对文化产业的价值判断会存在前后不一致的情况。换言之，只有在人们的愿望、习惯、思想准备好以后，也就是在文化产业获得普遍的认同之后，文化的产业化进程才迎来大规模推进的契机，而这与文化产业自身的繁荣是分不开的。这是我们需要树立的最基本的唯物史观。

尽管"文化"一词对于文化产业观念的发生在学理上具有更重要的意义，但是本书坚持认为，"工业"或"产业"而非"文化"作为理解文化产业发生的前置条件，决定了作为"事态"本身的文化产业至少是工业革命以来才出现的事实。文化的产业化意味着生产活动的形式至少发生了如下几个重要变化，以将自身与传统的文化生产区分开来：第一，文化生产活动分工更为细化，出现了许多过去不存在的文化服务形式，一些复杂的文化生产活动如电影的拍摄、电视节目的制作需要通过精细的组织分工来完成；第二，文化生产过程机械化并使用更高级的动力源，这一变化最初发生在文字的生产即印刷业，随之扩散到声音、图片、影像等其他领域的生产中；第三，文化市场范围扩大，表现为大众文化消费的社会化运动以及全球文化贸易开展，文化融合的趋势不断加强。这些变化都必须是在产业本身发展已经较为成熟，尤其是整体社会生产力提高到一定水平和产业结构面临新调整的新阶段产生的。这解释了为什么人类物质生产活动进入产业化的早期，大多数文化生产活动还是遵循着古代社会的传统。此外，由于工业革命在全球范围内展开的时间有先后，对于文化产业历史的理解亦不能以同一个模式大而化之。但是一个基本的判断是，资本主义从一开始就企图侵占文化，但真正大面积覆盖则是进入垄断资本主义时期。特别是第二次世界大战以后，文化产业才得以大规模地在全球范围内发展，而文化产业变成"全球文化产业"更是最近几十年的事。因此，我们设定的一个前提是：所谓"前文化产业"时期人类的文化生产或经营活动可以作为我们探寻文化产业发生的理论依据,但是就其本身而言必须排除在文化产业范畴的设定逻辑框架之外。否则,置身于"泛文化产业论"的言说语境中,"文化产业"一词的使用不仅太过随意,而且其"现代性"内涵也会被消解,也就无法真正揭示文化产业的本质。尽管如此,我们仍然要强调文化产业发生的区域性和民族性,因此与许多研究一样,文化产业的发生具有类似一般史和国别史的区分。前者在于揭示文化产业发生的一般规律,后者在于揭示文化产业发生的特殊规律,后者是对前者的回应和补充。因此,系统、全面和科学的文化产业发生学研究应该有自己的若干分支,但无论如何书写,难度都是极大的。希望有更多学者进入这个领域进行开拓。

任何时期的人类必须在倒退和前进之间,在退回到动物生存与达到人类生存之间作出选择,然而任何倒退的意图都会使人陷入痛苦,虽然前进有时也会带来未知和恐惧。但历史就是这样运动着,不断从"此岸"朝着人们所期望的"彼岸"前进。如今,文化已经发展成为全球文明的一个"新修辞",人们希望借助它描绘一个美好的社会前景。在告别了观念之争之后,文化产业的文化、经济、政治、社会价值被充分地认识和发掘,它从来没有像今天这样被赋予如此多的历史责任和社会关注。历史在不断朝前发展,文化产业将走向何方,我们不得而知。文化产业作为历史的产物,只是人类数千年文化长河当中的一个非常短暂的瞬间,且远未进化成完全形态。因此,未来文化产业无疑会朝着更复杂多元的方向演进、生长,这是无法改变的客观规律。我们更不用担心哪一天文化产业会突然消失,它一定会以更加生动耀眼的方式与形态延续着。除非我们倒行逆施,这无疑是缺乏远见的。所以,对于当代知识分子来说,更重要的是抱着一种客观和建设性的态度,去分辨和认识文化产业发生的必然性与合理性,不粉饰、不偏激、不逃避,绝不朝后退,一定要向前进。如果我们把文化产业看作一个未完成的形态,那么它的发生问题便可接着讲下去。因为有诸多现象表明,21世纪出现了许多实质性的飞跃，正在确定无疑地将我们的文化产业区分于 20 世纪。

　　最后，什么是文化产业？当我们再来回答这个问题的时候，或许可以不用再故作玄虚地罗列一堆概念，想着如何给它下一个精准的定义了。用一种标准来阐释文化产业的复杂性的任何企图都差强人意，任何批判的、赞扬的、否定的、肯定的论争在鲜活的实践面前都是徒劳的。在我们看来，所谓文化产业的本质，不过是人性中文化需要的现代性延伸，它包含一个时代有关都市、技术、资本和政治的一系列复杂跃迁。文化产业是适应时代变化的结果，但是它满足人性文化需要的典型内涵则是恒定的、历久弥坚的。正所谓"时势使然"，作为发生于特定历史条件下的文化产业，它又何尝不是一种"时势"下顺势而为的结果呢？

参考文献

一 中文著作

《邓小平文选》（第2卷），人民出版社1994年版。

《毛泽东选集》（第3卷），人民出版社1991年版。

包晓光、徐海龙：《中国当代文化产业导论》，北京大学出版社2010年版。

蔡尚伟：《文化产业精要读本》，江苏人民出版社2015年版。

陈刚：《大众文化与当代乌托邦》，作家出版社1996年版。

陈绍闻、叶世昌：《中国经济思想简史》，上海人民出版社1978年版。

程恩富：《文化经济学通论》，上海财经大学出版社1999年版。

戴锦华：《隐形书写：90年代中国文化研究》，江苏人民出版社1999年版。

戴锦华：《犹在镜中：戴锦华访谈录》，知识出版社1999年版。

单世联：《文化大转型：批判与解释——西方文化产业理论研究》，中国社会科学出版社2017年版。

单世联：《现代性与文化工业》，广东人民出版社2001年版。

范建华：《中国文化产业发展史》，云南人民出版社2016年版。

冯天瑜：《中国文化生成史》，武汉大学出版社2013年版。

傅才武：《近代化进程中的汉口文化娱乐业（1861—1949）——以汉口为主体的中国娱乐业近代化道路的历史考察》，湖北教育出版社2005年版。

高福进：《"洋娱乐"的流入——近代上海的文化娱乐业》，上海人民出版社 2003 年版。

高小康：《大众的梦——当代趣味与流行文化》，东方出版社 1993 年版。

胡惠林、单世联主编：《文化产业研究读本》，上海人民出版社 2011 年版。

胡惠林、李康化：《文化经济学》，书海出版社 2006 年版。

胡惠林：《文化产业概论》，云南大学出版社 2005 年版。

胡惠林：《文化产业学》，清华大学出版社 2015 年版。

贾明：《现代性语境中的大众文化》，上海人民出版社 2007 年版。

姜虹：《社会变迁与近代上海文化产业化发展（1840—1949）》，上海财经大学出版社 2018 年版。

姜奇平：《体验经济》，社会科学文献出版社 2002 年版。

蒋述卓：《宗教艺术论》，暨南大学出版社 1998 年版。

李陀：《雪崩何处》，中信出版社 2015 年版。

李翔还、邓克武编：《成中英文集》（第 1 卷），湖北人民出版社 2006 年版。

李向民：《精神经济学》，新华出版社 1999 年版。

李向民：《中国美术经济史》，人民出版社 2013 年版。

李向民：《中国文化产业史》，湖南文艺出版社 2006 年版。

李泽厚：《美的历程》，生活·读书·新知三联书店 2009 年版。

连玲玲：《打造消费天堂——百货公司与近代上海城市文化》，社会科学文献出版社 2018 年版。

梁漱溟：《东西文化及其哲学》，商务印书馆 1999 年版。

林语堂：《生活的艺术》，越裔译，湖南文艺出版社 2018 年版。

林语堂：《中国人》，易坤译，广西民族出版社 2011 年版。

刘干才、李奎：《纳粹疯狂刽子手》，团结出版社 2015 年版。

刘厚俊：《现代西方经济学原理》，南京大学出版社 1998 年版。

刘素华：《新文化生产方式与中国的现代化》，广西师范大学出版社

2005年版。

鲁迅：《鲁迅全集》（第六卷），人民文学出版社1973年版。

刘泽华：《中国的王权主义》，上海人民出版社2000年版。

陆扬、王毅：《文化研究导论》，复旦大学出版社2007年版。

陆扬、王毅选编：《大众文化研究》，生活·读书·新知三联书店2001年版。

罗干：《重大战略决策 加快发展第三产业》（上卷），中国政法大学出版社1992年版。

罗钢、王中忱：《消费文化读本》，社会科学文献出版社2003年版。

欧力同、张伟：《法兰克福学派研究》，重庆出版社1990年版。

欧阳友权：《文化产业概论》，湖南人民出版社2007年版。

潘知常、林玮：《大众传媒与大众文化》，上海人民出版社2002年版。

秦朔：《大脑风暴——文化工业探寻》，广州出版社1993年版。

司汤云杰：《文化社会学》，山东人民出版社1990年版。

宋毅、张红：《产业发生学引论》，中国社会科学出版社1993年版。

苏桂宁：《消费时代中国文艺的价值演变》，中国社会科学出版社2010年版。

苏明如：《解构文化产业：岛屿文化创意产业生态行旅研究》，春晖出版社2004年版。

陶东风：《文化研究：西方与中国》，北京师范大学出版社2002年版。

陶思炎等：《中国都市民俗学》，东南大学出版社2004年版。

汪民安：《感官技术》，北京大学出版社2011年版。

汪民安：《文化研究关键词》，江苏人民出版社2007年版。

汪民安：《现代性》，广西师范大学出版社2005年版。

王齐洲：《中国古代文学观念发生史》，人民文学出版社2013年版。

向勇：《文化产业导论》，北京大学出版社2015年版。

谢名家等：《文化产业的时代审视》，人民出版社2002年版。

徐慕云：《中国戏剧史》，上海古籍出版社 2001 年版。

杨东篱：《伯明翰学派的文化观念与通俗文化理论研究》，山东大学出版社 2011 年版。

杨竞业：《文化现代化：从"自由的文化"到"文化的自由"》，武汉大学出版社 2012 年版。

叶朗：《美学原理》，北京大学出版社 2009 年版。

叶取源、王永章、陈昕主编：《中国文化产业评论》（第 1 卷），上海人民出版社 2003 年版。

尤战生：《流行的代价——法兰克福学派大众文化批判理论研究》，山东大学出版社 2006 年版。

袁贵仁：《人的哲学》，工人出版社 1988 年版。

张苙云主编：《文化产业：文化生产的结构分析》，远流出版社 2000 年版。

赵琛：《中国广告史》，高等教育出版社 2005 年版。

赵勇：《法兰克福学派内外：知识分子与大众文化》，北京大学出版社 2016 年版。

赵勇：《透视大众文化》，中国书籍出版社 2013 年版。

赵勇：《整合与颠覆：大众文化的辩证法——法兰克福学派的大众文化理论》，北京大学出版社 2005 年版。

赵玉忠：《文化市场概论》，中国时代经济出版社 2004 年版。

郑涵、张莹主编《文化创意产业读本》，上海交通大学出版社 2013 年版。

郑也夫：《后物欲时代的来临》，上海人民出版社 2007 年版。

郑振铎：《中国俗文学史》，上海书店 1984 年版。

周正兵：《文化产业导论》，经济科学出版社 2014 年版。

朱光潜：《谈美》，生活・读书・新知三联书店 2014 年版。

朱国栋、王国章《上海商业史》，上海财经大学出版社 1999 年版。

朱立元：《美学》，高等教育出版社 2001 年版。

邹依仁：《旧上海人口变迁的研究》，上海人民出版社 1980 年版。

二　中译著作

《马克思恩格斯选集》（第1—4卷），人民出版社2012年版。

《列宁选集》（第2卷、第4卷），人民出版社1995年版。

［澳］戴维·思罗斯比：《经济学与文化》，王志标、张峥嵘译，中国人民大学出版社2011年版。

［澳］戴维·思罗斯比：《文化政策经济学》，易昕译，东北财经大学出版社2013年版。

［澳］约翰·哈特利主编：《创意产业读本》，曹书乐等译，清华大学出版社2007年版。

［比］维克托·金斯伯格、［澳］戴维·思罗斯比：《艺术文化经济学手册》，东北财经大学出版社2018年版。

［德］阿多诺：《美学理论》，王柯平译，四川人民出版社1998年版。

［德］阿梅龙、［德］狄安涅、刘森林主编：《法兰克福学派在中国》，社会科学文献出版社2011年版。

［德］恩斯特·卡西尔：《人论》，甘阳译，上海译文出版社1985年版。

［德］弗里德里希·李斯特：《政治经济学的国民体系》，陈万煦译，商务印书馆1961年版。

［德］G. 齐美尔：《桥与门——齐美尔随笔集》，涯鸿、宇声译，生活·读书·新知三联书店1991年版。

［德］齐奥尔格·西美尔：《时尚的哲学》，费勇、吴燕译，文化艺术出版社2001年版。

［德］汉斯-彼得·马丁、哈拉尔特·舒曼：《全球化陷阱：对民主和福利的进攻》，张世鹏、冯文光译，中央编译出版社1998年版。

［德］黑格尔：《历史哲学》，王造时译，上海书店2001年版。

［德］霍克海默：《批判理论》，李小兵等译，重庆出版社1989年版。

［德］马克思：《机器。自然力和科学的应用》，中国科学院自然科学史研究所译，人民出版社 1978 年版。

［德］马克斯·霍克海默、西奥多·阿多诺：《启蒙辩证法：哲学断片》，渠敬东、曹卫东译，上海人民出版社 2003 年版。

［德］马克斯·舍勒：《人在宇宙中的地位》，李伯杰译，贵州人民出版社 1989 年版。

［德］马克斯·韦伯：《社会科学方法论》，韩水法、莫茜译，商务印书馆 2017 年版。

［德］马克斯·韦伯：《新教伦理与资本主义精神》，彭强、黄晓京译，陕西师范大学出版社 2002 年版。

［德］孙志文：《现代人的焦虑和希望》，陈永禹译，生活·读书·新知三联书店 1994 年版。

［德］瓦尔特·本雅明：《机械复制时代的艺术作品》，王才勇译，浙江摄影出版社 1993 年版。

［德］瓦尔特·本雅明：《巴黎，19 世纪的首都》，刘北成译，商务印书馆 2012 年版。

［德］瓦尔特·本雅明：《发达资本主义时代的抒情诗人》，张旭东、魏文生译，生活·读书·新知三联书店 2012 年版。

［德］席勒：《美育书简》，徐恒醇译，中国文联出版公司 1984 年版。

［俄］普列汉诺夫：《没有地址的信：艺术与社会生活》，曹葆华译，人民文学出版社 1962 年版。

［法］R. 舍普等：《技术帝国》，刘莉译，生活·读书·新知三联书店 1999 年版。

［法］鲍德里亚：《消费社会》，刘成富等译，南京大学出版社 2014 年版。

［法］波德莱尔：《恶之花：巴黎的忧郁》，郭宏安译，上海人民出版社 2008 年版。

［法］费尔南·布罗代尔：《15 至 18 世纪的物质文明、经济和资本

主义》（第 1 卷），顾良、施康强译，生活·读书·新知三联书店1992 年版。

［法］弗雷德里克·马特尔：《主流：谁将打赢全球文化战争》，刘成富等译，商务印书馆 2012 年版。

［法］贾斯汀·奥康诺：《艺术、产业和现代化》，王斌等译，中央编译出版社 2014 年版。

［法］拉法格：《财产及其起源》，王子野译，生活·读书·新知三联书店 1962 年版。

［法］勒庞：《乌合之众——大众心理研究》，冯克利译，中央编译出版社 2004 年版。

［法］列维·布留尔：《原始思维》，丁由译，商务印书馆 1985 年版。

［法］罗兰·巴特：《流行体系》，敖军译，上海人民出版社 2016 年版。

［法］乔治·萨杜尔：《电影艺术史》，徐昭、陈笃忱译，中国电影出版社 1957 年版。

［法］萨伊：《政治经济学概论》，陈福生、陈振骅译，商务印书馆 2017 年版。

［法］伊夫·格拉夫梅耶尔：《城市社会学》，许伟民译，天津人民出版社 2005 年版。

［古希腊］亚里士多德：《范畴篇、解释篇》，方书春译，商务印书馆 1986 年版。

［古希腊］亚里士多德：《形而上学》，吴寿彭译，商务印书馆 1997 年版。

［古希腊］亚里士多德：《政治学》，袁岳编译，中国长安出版社 2010 年版。

［荷］约翰·赫伊津哈：《游戏的人：文化中游戏成分的研究》，何道宽译，花城出版社 2007 年版。

［加］埃里克·麦克卢汉、弗兰克·秦格龙编：《麦克卢汉精粹》，

何道宽译，南京大学出版社 2000 年版。

［加］马歇尔·麦克卢汉：《理解媒介——论人的延伸》，何道宽译，商务印书馆 2000 年版。

［美］阿尔君·阿帕杜莱主编：《全球化》，韩许高等译，江苏人民出版社 2016 年版。

［美］阿尔文·托夫勒：《权力的转移》，刘红等译，中央党校出版社 1991 年版。

［美］埃里希·弗洛姆：《健全的社会》，孙凯祥译，上海译文出版社 2011 年版。

［美］埃里希·弗罗姆：《逃避自由》，刘林海译，国际文化出版公司 2000 年版。

［美］爱德华·赛义德：《赛义德自选集》，谢少波、韩刚等译，中国社会科学出版社 1999 年版。

［美］大卫·里斯曼：《孤独的人群》，王崑、朱虹译，南京大学出版社 2002 年版。

［美］戴安娜·克兰：《文化生产：媒体与都市艺术》，赵国新译，译林出版社 2012 年版。

［美］丹尼尔·贝尔：《后工业社会的来临》，高铦等译，商务印书馆 1984 年版。

［美］丹尼尔·贝尔：《资本主义文化矛盾》，赵一凡等译，生活·读书·新知三联书店 1989 年版。

［美］多米尼克·鲍尔、艾伦·J. 斯科特主编：《文化产业与文化生产》，夏申、赵咏译，上海财经大学出版社 2016 年版。

［美］凡勃伦：《有闲阶级论》，蔡受百译，商务印书馆 2018 年版。

［美］菲利普·D. 柯丁：《世界历史上的跨文化贸易》，鲍晨译，山东画报出版社 2009 年版。

［美］弗雷德里克·杰姆逊：《后现代主义与文化理论——弗·杰姆逊教授讲演录》，唐小兵译，陕西师范大学出版社 1987 年版。

［美］汉娜·阿伦特：《极权主义的起源》，林骧华译，生活·读

书·新知三联书店 2008 年版。
［美］汉斯·摩根索：《国家间政治：权力斗争与和平》，徐昕等译，中国人民公安大学出版社 1990 年版。
［美］赫伯特·马尔库塞：《爱欲与文明》，黄勇、薛民译，上海译文出版社 1987 年版。
［美］赫伯特·马尔库塞：《单向度的人——发达工业社会意识形态研究》，刘继译，上海译文出版社 2014 年版。
［美］赫伯特·马尔库塞：《现代文明与人的困境——马尔库塞文集》，李小兵等译，生活·读书·新知三联书店 1989 年版。
［美］赫伯特·席勒：《大众传播与美利坚帝国》，刘晓红译，上海译文出版社 2006 年版。
［美］杰勒米·里夫金：《使用权时代：整个人生皆为付费体验的超级资本主义新文化》，苏京京译，河南人民出版社 2018 年版。
［美］卡尔·米切姆：《技术哲学概论》，殷登祥等译，天津科学技术出版社 1999 年版。
［美］凯文·马尔卡希：《公共文化、文化认同与文化政策》，何道宽译，商务印书馆 2017 年版。
［美］李铸晋编：《中国画家与赞助人：中国绘画中的社会及经济因素》，石莉译，人民美术出版社 2013 年版。
［美］理查德·凯夫斯：《创意产业经济学：艺术的商品性》，康蓉等译，商务印书馆 2017 年版。
［美］理查德·佛罗里达：《创意阶层的崛起》，司徒爱勤译，中信出版社 2010 年版。
［美］利奥·洛文塔尔：《文学、通俗文化和社会》，甘锋译，中国人民大学出版社 2012 年版。
［美］刘易斯·芒福德：《城市发展史——起源、演变和前景》，宋俊岭、倪文彦译，中国建筑工业出版社 2005 年版。
［美］刘易斯·芒福德：《技术与文明》，陈允明等译，中国建筑工业出版社 2009 年版。

［美］罗伯特·A. 达尔：《现代政治分析》，王沪宁等译，上海译文出版社1987年版。

［美］罗伯特·E. 帕克：《城市社会学》，宋俊岭等译，华夏出版社1987年版。

［美］罗伯特·芮德菲尔德：《农民社会与文化：人类学对文明的一种诠释》，王莹译，中国社会科学出版社2013年版。

［美］马丁·杰伊：《法兰克福学派史》，单世联译，广东人民出版社1996年版。

［美］马泰·卡林内斯库：《现代性的五副面孔》，顾爱彬、李瑞华译，商务印书馆2002年版。

［美］马歇尔·麦克卢汉：《理解媒介——论人的延伸》，何道宽译，商务印书馆2000年版。

［美］迈克尔·曼：《社会权力的来源》（第1卷），刘北成、李少军译，上海人民出版社2002年版。

［美］米哈里·切克森米哈赖：《心流：最佳体验心理学》，张定绮译，中信出版集团2017年版。

［美］摩尔根：《古代社会》，杨东莼等译，商务印书馆1981年版。

［美］尼尔·波斯曼：《技术垄断：文化向技术投降》，何道宽译，北京大学出版社2007年版。

［美］普列汉诺夫：《论艺术：没有地址的信》，曹葆华译，生活·读书·新知三联书店1973年版。

［美］泰勒·考恩：《创造性破坏：全球化与文化多样性》，王志毅译，上海人民出版社2007年版。

［美］泰勒·考恩：《商业文化礼赞》，严忠志译，商务印书馆2005年版。

［美］提勃尔·西托夫斯基：《无快乐的经济：人类获得满足的心理学》，高永平译，中国人民大学出版社2008年版。

［美］托马斯·弗里德曼：《世界是平的》，何帆等译，湖南科学技术出版社2013年版。

［美］威廉·麦克高希：《世界文明史：观察世界的新视角》，董建中、王大庆译，新华出版社2013年版。

［美］沃纳·赫希：《城市经济学》，刘世庆等译，中国社会科学出版社1990年版。

［美］亚伯拉罕·马斯洛：《动机与人格》，许金声等译，中国人民大学出版社2013年版。

［美］约翰·肯尼思·加尔布雷思：《富裕社会》，赵勇等译，江苏人民出版社2009年版。

［美］约瑟夫·奈：《美国定能领导世界吗》，何小东等译，军事译文出版社1992年版。

［美］约瑟夫·奈：《硬权力与软权力》，门洪华译，北京大学出版社2005年版。

［美］约瑟夫·派恩、詹姆斯·吉尔摩：《体验经济》，毕崇毅译，机械工业出版社2002年版。

［美］詹明信：《晚期资本主义的文化逻辑》，陈清侨等译，生活·读书·新知三联书店1997年版。

［日］堺屋太一：《知识价值革命》，黄晓勇、韩铁英、刘大洪译，生活·读书·新知三联书店1987年版。

［日］镜味治也：《文化关键词》，张泓明译，商务印书馆2015年版。

［日］菊池敏夫：《近代上海的百货公司与都市文化》，陈祖恩译，上海人民出版社2012年版。

［日］日下公人：《新文化产业论》，范作升译，东方出版社1989年版。

［日］山本二三丸：《人本经济学：经济学应有的科学状态》，王处辉译，东方出版社1995年版。

［日］山口重克：《市场经济：历史·思想·现在》，张季风等译，社会科学文献出版社2007年版。

［瑞士］让·皮亚杰：《发生认识论原理》，王宪钿等译，商务印书

馆 1981 年版。

［西班牙］奥尔特加·加塞特:《大众的反叛》,刘训东、佟德志译,吉林人民出版社 2004 年版。

［以］瓦尔·赫拉利:《未来简史》,林俊宏译,中信出版社 2017 年版。

［英］C. P. 斯诺:《两种文化》,纪树立译,生活·读书·新知三联书店 1995 年版。

［英］E. P. 汤普森:《英国工人阶级的形成》,钱乘旦等译,译林出版社 2001 年版。

［英］阿兰·斯威伍德:《大众文化的神话》,冯建三译,生活·读书·新知三联书店 2003 年版。

［英］爱德华·泰勒:《原始文化》,连树声译,上海文艺出版社 1992 年版。

［英］安吉拉·麦克罗比:《文化研究的用途》,李庆本译,北京大学出版社 2007 年版。

［英］彼得·霍尔:《文明中的城市》,王志章译,商务印书馆 2017 年版。

［英］查尔斯·兰德利:《创意城市——如何打造都市创意生活圈》,杨幼兰译,清华大学出版社 2009 年版。

［英］达尔文:《人类的由来》,潘光旦、胡寿文译,商务印书馆 1983 年版。

［英］大卫·赫斯蒙德夫:《文化产业》,张菲娜译,中国人民大学出版社 2007 年版。

［英］多米尼克·斯特里纳蒂:《通俗文化理论导论》,阎嘉译,商务印书馆 2001 年版。

［英］贡布里希:《艺术发展史》,范景中译,天津人民美术出版社 2006 年版。

［英］哈夫洛克·霭理士:《性心理学》,潘光旦译,商务印书馆 1997 年版。

［英］贾斯汀·奥康诺：《艺术与创意产业》，王斌、张良丛译，中央编译出版社2013年版。

［英］加里·布里奇、索菲·沃森编：《城市概论》，陈剑峰、袁胜育等译，漓江出版社2015年版。

［英］克里斯·安德森：《免费：商业的未来》，蒋旭峰等译，中信出版社2009年版。

［英］雷蒙·威廉斯：《关键词：文化与社会的词汇》，刘建基译，生活·读书·新知三联书店2016年版。

［英］雷蒙·威廉斯：《文化与社会》，吴松江、张文定译，北京大学出版社1991年版。

［英］路德维希·维特根斯坦：《哲学研究》，蔡远译，中国社会科学出版社2009年版。

［英］露丝·陶斯：《文化经济学》，周正兵译，东北财经大学出版社2016年版。

［英］马克·J. 史密斯：《文化：再造社会科学》，张美川译，吉林人民出版社2005年版。

［英］马歇尔：《经济学原理》，宁琦译，湖南文艺出版社2012年版。

［英］马修·阿诺德：《文化与无政府状态》，韩敏中译，生活·读书·新知三联书店2002年版。

［英］齐格蒙特·鲍曼：《全球化：人类的后果》，郭国良、徐建华译，商务印书馆2013年版。

［英］斯科特·拉什、西莉亚·卢瑞：《全球文化工业——物的媒介化》，要新乐译，社会科学文献出版社2010年版。

［英］斯科特·拉什、约翰·厄里：《符号经济与空间经济》，王之光、尚正译，商务印书馆2006年版。

［英］特里·伊格尔顿：《历史中的政治、哲学、爱欲》，马海良译，中国社会科学出版社1999年版。

［英］托马斯·卡莱尔：《拼凑的裁缝》，马秋武等译，广西师范大

学出版社 2004 年版。

［英］威廉·配第：《赋税论献给英明人士货币略论》，陈冬野等译，商务印书馆 1978 年版。

［英］威廉·配第：《政治算术》，陈冬野译，商务印书馆 1978 年版。

［英］休谟：《人性论》，关文云译，商务印书馆 2011 年版。

［英］亚当·斯密：《国民财富的性质和原因的研究》（上卷），郭大力、王亚南译，商务印书馆 2017 年版。

［英］约翰·霍金斯：《创意经济：如何点石成金》，洪庆福等译，生活·读书·新知三联书店 2006 年版。

［英］约翰·霍金斯：《新创意经济》，王瑞军、王立群译，北京理工大学出版社 2018 年版。

［英］约翰·斯道雷：《文化理论和通俗文化导论》，杨竹山等译，南京大学出版社 2001 年版。

［英］约翰·汤姆林森：《全球化与文化》，郭英剑译，南京大学出版社 2002 年版。

［英］泽格蒙特·鲍曼：《自由》，杨光、蒋焕新译，吉林人民出版社 2005 年版。

［英］珍妮特·沃尔芙：《艺术的社会生产》，董学文等译，华夏出版社 1990 年版。

三　中文论文

陈留根：《以发生学方法架构早期马克思主义中国化研究》，《社会科学论坛》2009 年第 2 期。

陈志尚、张维祥：《关于人的需要的几个问题》，《人文杂志》1998 年第 1 期。

成中英：《人文与科学的分解与结合——兼论人类社会的理想境界》，载温奉桥主编《中国当代学术演讲录》，齐鲁书社 2011 年版。

程恩富：《论创立"大文化"经济学》，《江西社会科学》1993 年第

12期。

单霁翔：《从"功能城市"走向"文化城市"发展路径辨析》，《文艺研究》2007年第3期。

单霁翔：《关于"城市"、"文化"与"城市文化"的思考》，《文艺研究》2007年第5期。

单世联、南帆：《关于工业的对话》，《光明日报》2001年5月10日第C01版。

单世联、王诗晴：《文化与政治的古典传统与当代论述》，载《中国文化产业评论》（第21卷），上海人民出版社2015年版。

单世联：《本自同根生，相煎何太急——关于"文化产业"与"创意产业"的一点思考》，《学术探索》2005年第5期。

单世联：《阐释文化产业：三种视角》，载《中国文化产业评论》（第4卷），上海文艺出版社2006年版。

单世联：《技术与文化产业的兴起》，载《中国文化产业评论》（第15卷），上海人民出版社2012年版。

单世联：《文化、政治与文化政治》，《天津社会科学》2006年第3期。

樊柯：《雷蒙德·威廉斯的文化生产论》，《文艺理论与批评》2012年第4期。

范玉刚：《新时代文化产业发展趋势探究》，《艺术百家》2018年第2期。

冯平：《发生学的方法，功能性的定义——马克思"人的本质"理论之新见》，《求是学刊》1987年第1期。

冯应谦：《全球文化工业：比较角度探讨》，载《中国文化产业评论》（第8卷），上海人民出版社2008年版。

傅才武：《数字信息技术构建大文化传媒行业体制的合法性》，《江汉论坛》2014年第1期。

傅才武：《中国近现代文化娱乐业的发展与公共领域的生成———以汉口为中心的研究》，《文艺研究》2007年第6期。

傅守祥：《文化产业与大众文化：正本清源与理论梳理的尝试》，《宁夏党校学报》2003年第3期。

高小康：《游戏理论与当代文化》，《南通师范学院学报》（哲学社会科学版）2000年第3期。

葛荃、鲁锦寰：《论王权主义是一种极权主义——对中国传统政治文化的一种解读》，《山东大学学报》（哲学社会科学版）2006年第4期。

韩晗：《略论中国现代文化产业史的分期问题》，《东方论坛》2016年第6期。

韩晗：《略论中国现代文化产业史的几个特征》，《人文杂志》2017年第11期。

韩晗：《在华外侨与中国现代文化产业的发生》，《现代传播》2017年第3期。

韩晗《论中国文化产业的分类问题》，《晋阳学刊》2017年第4期。

何晓兵：《论留声机与唱片媒体的发展及其对音乐生态的影响——近现代媒体环境中的音乐生态研究（之二)》，《中国音乐》2011年第2期。

何晓兵：《论留声机与唱片媒体的发展及其对音乐生态的影响——近现代媒体环境中的音乐生态研究（之二·下)》，《中国音乐》2011年第3期。

胡广文、李长学：《人的需要是人的本性》，《昭乌达蒙族师专学报》（汉文哲学社会科学版）1990年第4期。

胡惠林：《国家文化治理：发展文化产业的新维度》，《学术月刊》2012年第5期。

胡惠林：《论文化产业的本质——重建文化产业的认知维度》，《山东大学学报》（哲学社会科学版）2017年第3期。

胡惠林：《论文化产业的属性与运动规律》，《上海交通大学学报》（哲学社会科学版）2007年第4期。

胡惠林：《再论文化产业正义：文化产业权力与权利》，《东岳论丛》

2010 年第 10 期。

胡惠林:《中国文化经济学:历史、现状与特点》,《福建论坛》(人文社会科学版) 2017 年第 12 期。

胡俊修、高洁:《近代大众文化娱乐空间与都市社会——以汉口民众乐园 (1919—1949) 为中心》,《光明日报》2014 年 8 月 27 日第 14 版。

胡潇:《资本介入文化生产的耦合效应》,《中国社会科学》2015 年第 6 期。

黄锫坚:《技术决定论的多种面貌与技术概念的多重含义》,《自然辩证法研究》2000 年第 6 期。

黄韫宏:《文化与科技互动的历史形式和未来趋势》,《贵阳学院学报》(社会科学版) 2013 年第 6 期。

蒋述卓、李石:《文化研究的本土化历程与当代语境》,《中国文艺评论》2015 年第 2 期。

蒋述卓、宗祖盼:《文化产业研究范式的嬗变及其启示》,《福建论坛》(人文社会科学版) 2017 年第 4 期。

蒋述卓:《流行文艺与主流价值观关系初议》,《文学评论》2013 年第 6 期。

解学芳:《论科技创新主导的文化产业演化规律》,《上海交通大学学报》(哲学社会科学版) 2007 年第 4 期。

金元浦:《论创意经济》,《福建论坛》(人文社会科学版) 2014 年第 2 期。

金元浦:《试论当代的"文化工业"》,《文艺理论研究》1994 年第 2 期。

金元浦:《文化市场与文化产业的当代发展》,《社会科学战线》1995 年第 6 期。

金元浦:《重新审视大众文化》,《中国社会科学》2000 年第 6 期。

雷颐:《今天非常"法兰克福"》,《读书》1997 年第 12 期。

李春媚:《文化产业·文化工业·大众文化——涵义与功能的廓清》,《文史哲》2009 年第 1 期。

李凤亮、宗祖盼：《文化与科技融合创新：演进机理与历史语境》，《中国人民大学学报》2016 年第 4 期。

李凤亮、宗祖盼：《中国文化产业发展：趋势与对策》，《同济大学学报》（社会科学版）2015 年第 1 期。

李辉：《西方文化产业理论在中国的"穿越"》，《文艺争鸣》2019 年第 6 期。

李建中：《论社会主义的文化产业》，《人文杂志》1998 年第 3 期。

李军：《试论文化艺术的商品性质及其调节机制》，《求索》1987 年第 6 期。

李向民：《人类应当建立一门崭新的学科——精神经济学》，《江苏商专学报》1986 年第 3 期。

李泽厚、王德胜：《关于文化现状与道德重建的对话》，《东方》1994 年第 5 期。

李振坤：《鲁迅与文艺大众化运动》，《新疆师范大学学报哲学社会科学版》1981 年第 1 期。

李忠杰：《治理现代化科学内涵与标准设定》，《人民论坛》2014 年第 7 期。

凌金铸：《文化体制改革的缘起》，载《中国文化产业评论》（第 17 卷），上海人民出版社 2013 年版。

刘海龙、黄雅兰：《试论"文化工业"到"文化产业"的语境变迁》，《山西大学学报》（哲学社会科学版）2013 年第 2 期。

刘润为《西方的文化工业》，《光明日报》2011 年 9 月 5 日第 5 版。

刘士林：《城市化进程与都市文化研究在中国的发生》，《人文杂志》2006 年第 2 期。

刘轶：《政治意图、文化软实力与文化产业》，《江淮论坛》2009 年第 5 期。

刘卓安：《广州文化市场日趋活跃》，《瞭望》1987 年第 38 期。

陆扬、路瑜：《大众文化研究在中国》，《天津社会科学》2003 年第 6 期。

陆扬：《文化工业批判的再批判》，《社会科学》2011年第2期。

马晓乐：《技术进步与文化再生产的互系与互惠——基于印刷术和自媒体的分析》，《文史哲》2015年第6期。

梅其君、王立平：《技术与文化颠倒的历程与根源》，《江西社会科学》2016年第6期。

潘维明：《那些年，我们做过的文化发展战略规划》，《中国文化报》2012年3月24日第2版。

钱学森：《研究社会主义精神财富创造事业的学问——文化学》，《中国社会科学》1982年第6期。

秦志、龙王岩：《"人性"概念考辩与人的本质探要——基于历史唯物主义的视角》，《理论月刊》2017年第7期。

荣跃明：《超越文化产业：创意产业的本质与特征》，《毛泽东邓小平理论研究》2004年第5期。

盛朗：《世界人口城市化进程》，《人口与经济》1986年第6期。

施雪华、禄琼：《当前中国文化治理的意义、进程与思路》，《学术界》2017年第1期。

孙群郎、郑殿娟：《西方发达国家后工业城市的主要特征》，《社会科学战线》2007年第5期。

陶东风：《去精英化时代的大众娱乐文化》，《学术月刊》2009年第5期。

陶东风：《日常生活的审美化与文化研究的兴起——兼论文艺学的学科反思》，《浙江社会科学》2001年第1期。

汪晓云：《人文科学发生学：意义、方法与问题》，《光明日报》2005年1月11日。

汪晓云：《重构戏剧史：从戏剧发生开始》，《文艺研究》2006年第9期。

汪洋：《法兰克福学派理论在中国的运用》，《社会科学论坛》2005年第3期。

王伯鲁：《技术与文化互动问题剖析》，《西北师大学报》（社会科学版）2014 年第 5 期。

王凤才:《批判理论三期发展（专题讨论：上）》,《学习与探索》2017 年第 4 期。

王沪宁:《文化扩张与文化主权：对主权观念的挑战》,《复旦学报》（社会科学版）1994 年第 3 期。

王沪宁:《作为国家实力的文化：软实力》,《复旦学报》（社会科学版）1993 年第 3 期。

王俐容:《文化政策中的经济论述：从菁英文化到文化经济?》,《文化研究》2005 年第 1 期。

王列生:《时尚产业：符号生产与市场操控》,《艺术百家》2014 年第 1 期。

王乃考:《发生学视野下文化生产的历史与规律》,《现代传播》2017 年第 11 期。

王前:《理解"文化治理"：理论渊源与概念流变》,《云南行政学院学报》2015 年第 6 期。

王蔚:《文化治理不是治理文化——与竹立家教授商榷》,《学术争鸣》2014 年第 8 期。

王晓明:《翻译的政治——从一个侧面看 80 年代的翻译运动》, 载王晓明《半张脸的神话》, 南方日报出版社 2000 年版。

王旭:《工业城市发展的周期及其阶段性特征——美国中西部与中国东北部比较》,《历史研究》1997 年第 6 期。

王一川:《文化产业中的艺术——兼谈艺术学视野中的文化产业》,《当代文坛》2015 年第 5 期。

王卓英、罗萍:《文化产业意识形态属性对文化市场体系建设的影响》,《当代传播》2016 年第 4 期。

魏鹏举:《中国文化产业高质量发展的战略使命与产业内涵》,《深圳大学学报》（人文社会科学版）2020 年第 5 期。

吴国盛:《技术与人文》,《北京社会科学》2001 年第 2 期。

吴国盛:《技术释义》,《哲学动态》2010 年第 4 期。

吴理财：《文化治理的三张面孔》，《华中师范大学学报》（人文社会科学版）2014年第1期。

吴晓黎：《作为关键词的大众：对二三十年代中国相关讨论的梳理》，载饶芃子主编《思想文综》（第四辑·当代文化研究专辑），暨南大学出版社1999年版。

向勇：《阐释、批判与建构主义：中国文化产业研究范式的立场解释》，《探索与争鸣》2020年第6期。

谢名家：《"文化经济"：历史嬗变与民族复兴的契机》，《思想战线》2006年第1期。

徐贲：《美学·艺术·大众文化——评当前大众文化批评的审美主义倾向》，《文学评论》1995年第5期。

徐贲：《能动观众和大众文化公众空间》，《戏剧艺术》1996年第1期。

徐贲：《影视观众理论和大众文化批评》，《文艺争鸣》1996年第3期。

徐望：《文化赞助制度的前工业源泉——从前工业社会艺术供养模式看文化赞助制度与文化生产变迁》，《文化艺术研究》2017年第1期。

闫月珍：《器物之喻与中国文学批评——以〈文心雕龙〉为中心》，《中国社会科学》2013年第6期。

叶南客：《当代都市人格与乡村人格的对峙》，《学习与探索》1995年第2期。

叶晓青：《西学输入和中国传统文化》，《历史研究》1983年第1期。

殷企平：《西方文论关键词：文化》，《外国文学》2010年第3期。

尤芬、胡惠林：《论技术长波理论与文化产业成长周期》，《上海交通大学学报》（哲学社会科学版）2007年第4期。

尤战生：《接受与误读：法兰克福学派大众文化理论在中国》，《山东社会科学》2011年第10期。

于平：《城镇化进程与文化科技融合创新》，《艺术百家》2014年第

6 期。

元晋秋：《从文化到意识形态：文化的意识形态化》，《学术论坛》2012 年第 9 期。

张来民：《国外艺术恩主制的衰落与艺术的商品化》，《国外社会科学》1994 年 10 期。

张来民：《市场经济与文艺观念等变革》，《中国社会科学院研究生院学报》1994 年第 5 期。

张炼红：《"海派京剧"与近代中国城市文化娱乐空间的建构》，《中国戏曲学院学报》2005 年第 3 期。

张炼红：《从民间性到"人民性"：戏曲改编的政治意识形态化》，《当代作家评论》2002 年第 1 期。

张隆溪：《西方理论与中国现实》，《批判探索》1992 年第 19 期。

张明国：《"技术—文化"论：一种对技术与文化关系的新阐释》，《自然辩证法研究》1999 年第 6 期。

张乃和：《发生学方法与历史研究》，《史学集刊》2007 年第 5 期。

张守奎：《生存论视阈下的人的本质观》，《江汉论坛》2007 年第 12 期。

张维祥：《需要、劳动和人的本质》，《北京大学学报》（哲学社会科学版）1993 年第 1 期。

张怡：《葛兰西的文化政治思想》，《外国文学》2000 年第 4 期。

章建刚：《文化产业发展的几个基本逻辑》，《南方论丛》2003 年第 2 期。

赵家璧：《回忆鲁迅与连环图画》，《美术》1979 年第 8 期。

赵勇：《大众文化的概念之旅、演变轨迹和研究走向》，《山西大学学报》（哲学社会科学版）2012 年第 3 期。

赵勇：《法兰克福学派的中国之旅——从一篇被人遗忘的"序言"说起》，《书屋》2004 年第 3 期。

赵勇：《关于大众文化的通信》，《粤海风》2006 年第 2 期。

赵勇：《关于文化研究的历史考察及其反思》，《中国社会科学》

2005 年第 2 期。

赵勇：《论法兰克福学派大众文化理论的生成语境》，《学术研究》2004 年第 11 期。

赵勇：《未结硕果的思想之花——文化工业理论在中国的兴盛与衰落》，《文艺争鸣》2009 年第 11 期。

赵勇：《文化工业述要》，《贵州社会科学》2011 年第 6 期。

赵勇《论法兰克福学派大众文化理论的生成语境》，《学术研究》2004 年第 11 期。

周才庶：《西方文论关键词：文化生产》，《外国文学》2016 年第 5 期。

周宪：《从"沉浸式"到"浏览式"阅读的转向》，《中国社会科学》2016 年第 11 期。

周正兵：《文化经济学学术史》，《北京联合大学学报》（人文社会科学版）2020 年第 1 期。

四　中译论文

［澳］斯图亚特·坎宁安：《从文化产业到创意产业：理论、产业和政策的含义》，载林拓等主编《世界文化产业发展前沿报告》，社会科学文献出版社 2004 年版。

［德］西奥多·阿多诺：《电视和大众文化模式》，王小婴译，载《外国美学》（第 9 辑），商务印书馆 1992 年版。

［德］西奥多·阿多诺：《电影的透明性》，符晓译，《电影艺术》2014 年第 6 期。

［德］西奥多·阿多诺：《弗洛伊德理论和法西斯主义宣传的程式》，张明、陈伟译，载《法兰克福学派论著选辑》（上卷），商务印书馆 1998 年版。

［德］西奥多·阿多诺：《论流行音乐》，周欢译，《当代电影》1993 年第 5 期。

［德］西奥多·阿多诺：《文化工业述要》，赵勇译，《贵州社会科

学》2011 年第 6 期。

［德］西奥多·阿多诺：《文化工业再思考》，高丙中译，载陶东风等编《文化研究》（第 1 辑），天津社会科学院出版社 2000 年版。

［法］路易·阿尔都塞：《意识形态与意识形态国家机器（一项研究的笔记）》，载［斯洛文尼亚］斯拉沃热·齐泽克等《图绘意识形态》，方杰译，南京大学出版社 2002 年版。

［法］皮埃尔·布迪厄：《论符号权力》，吴飞译，载贺照田主编《学术思想评论》（第 5 辑），辽宁大学出版社 1999 年版。

［法］皮埃尔·布尔迪厄：《文化处于危险中》（2000），《遏制野火》，河清译，广西师范大学出版社 2007 年版。

［美］J. T. 法雷尔：《商业文化中的好莱坞语言》，沈益洪译，《世界电影》1986 年第 6 期。

［美］阿伦·斯科特：《文化产业：地理分布与创意领域》，载林拓等主编《世界文化产业发展前沿报告》，社会科学文献出版社 2004 年版。

［美］爱德华·赛义德：《文化与帝国主义》，谢少波编译，《马克思主义与现实》1999 年第 4 期。

［美］伯尔纳·吉安德隆：《阿多诺遭遇凯迪拉克》，陈祥勤译，载陆扬、王毅选编《大众文化研究》，生活·读书·新知三联书店 2001 年版。

［美］弗雷德里克·杰姆逊：《对作为哲学命题的全球化的思考》，载［美］弗雷德里克·杰姆逊、三好将夫编《全球化的文化》，马丁译，南京大学出版社 2001 年版。

［美］海尔斯：《过度注意力与深度注意力：认知模式的代沟》，载周宪等主编《文化研究》（第 19 辑），社会科学文献出版社 2014 年版。

［美］刘易斯·芒福德：《城市是什么?》，张艳虹译，载罗岗主编《帝国都市与现代性》（知识分子论丛第 4 辑），江苏人民出版社 2006 年版。

［美］马丁·杰伊:《〈辩证的想象〉中文版序言》,张晓明译,《世界哲学》1991 年第 5 期。

［美］伊戈尔·科普托夫:《物的文化传记:商品化过程》,载罗钢、王中忱主编《消费文化读本》,中国社会科学出版社 2003 年版。

［美］约翰·菲斯克:《大众经济》,陈永国译,载罗钢、刘象愚主编《文化研究读本》,中国社会科学出版社 2000 年版。

［西德］赫·杜毕尔:《评〈辩证法的幻想〉——关于 1923—1950 年法兰克福学派和社会研究所的历史》,《国外社会科学》1979 年第 2 期。

［英］丹尼尔·马托:《所有产业都是文化的——一个关于"文化产业"概念和研究的新可能性的评论》,张琳悦译,载《中国文化产业评论》(第 17 卷),上海人民出版社 2013 年版。

［英］尼古拉斯·伽纳姆:《从文化产业到创意产业——解读英国艺术及媒体发展政策中"创意产业"一词的含义》,马绯璠译,《文化艺术研究》2009 年第 6 期。

［英］斯图亚特·霍尔:《解构"大众"笔记》,载陆扬、王毅选编《大众文化研究》,生活·读书·新知三联书店 2001 年版。

［英］约翰·斯道雷:《文化研究中的文化与权力》,周敏译,《学术月刊》2005 年第 9 期。

五 外文文献

A. L. Kroeber, Clyde Kluckhohn, *Culture: A Critical Review of Concepts and Definitions*, Cambridge: Massachusetts U. S. A., Published by the Museum, 1952.

Allen J. Scott, "The Cultural Economy: Geography and the Creative Field", *Media, Culture & Society*, Vol. 21, Issue 6, 1999.

Andrew Gamble, *Politics and Fate*, Cambridge: Polity Press, 2000.

Arjun Appadurai, *The Social Life of Things: Commodities in Cultural Perspective*, Cambridge University Press, 1988.

Baumol, W. J., Bowen, W. G., *Performing Arts: The Economic Dilemma*, New York: Twentieth Century Found, 1996.

CISAC, EY, *Cultural Times-The First Global Map of Cultural and Creative Industries*, 2015.

Cunningham Stuart, "From cultural to Creative Industries: Theory, Industry, and Policy Implications", *Media Information Australia Incorporating Culture & Policy*, No. 102, February 2002.

David Hesmondhalgh, *The Cultural Industries*, London: Sage, 2007.

David Throsby, *Economics and Culture*, Cambridge University Press, 2001.

Department of Communications and the Arts (DCA), *Creative Nation: Commonwealth Cultural Policy*, Canberra: Australian Government Publishing Service, 1994.

Department of Culture, Media and Sport, *Creative Industires Mapping Document*, 2001.

Edward Said, *The World, the Text, and the Critic*, Cambridge: Harvard University Press, 1983.

Gernot Böhme, "Contribution to the Critique of the Aesthetic Economy", *Article Information*, Vol. 73, Issue 1, May 2003.

James Heilburn, Charles Gary. *The Economics of Art and Culture*, Cambridge University Press, 2004.

Jane De Hatt Mathews, "Art and Politics in Cold War America", *American Historical Review*, Vol. 81, No. 4, 1976.

John Lukacs, *At the End of an Age*, New Haven: Yale University Press, 2002.

Joseph S. Nye. *Soft Power, The Means to Success in World Politics*, New York: Public Affairs, 2004.

Justin O'Connor, "The definition of the 'Cultural Industries'", *The European Journal of Arts Education*, Vol. 2, Issue 3, 2000.

Kai Jensen, "Genetic Method", *Review of Eduacational Research*, Vol. 9, No. 5, Dec. 1939.

Louis Wirth, "Urbanism as a Way of Life", *The American Journal of Sociology*, Vol. 44, No. 1, 1998.

Malcolm Waters, *Globalization*, London & New York: Routledge, 2001.

Max Weber, *The Theory of Social and Economic Organization*, London: Free Press, 1947.

Miège Bernard, "The Logics at Work in the New Cultural Industries", *Media, Culture and Society*, Vol. 9, Issue 3, 1987.

Nicholas Garnham, *Capitalism and Communication: Global Culture the Economics of Information*, London: Sage, 1990.

Paul M. Hirsch, "Cultural Industries Revisited", *Organization Science*, Vol. 11, Issue 3, 2000.

Raymond Williams, *Culture*, London: Fontana, 1981.

Raymond Williams, *The Country and the City*, New York: Oxford University Press, 1973.

Raymond Williams, *The Sociology of Culture*, New York: Schocken Books, 1982.

Raymond Williams, "Culture is Ordinary", Ann Gray ed. *Studing Culture: An Introductory Reader*, London: Arnold, 2002.

Sharon Zukin, *The Cultures of Cities*, Oxford: Blackwell, 1995.

Stuart Cunningham, "What Price A Creative Economy?", *Platform Papers*, No. 9, July 2006.

Stuart Hall, "Notes on Deconstructing 'The Popular'", in R. Samuel, ed. *People's History and Socialist Theory*, London: Routledge and Kegan Paul, 1981.

T. W. Adorno, *The Culture Industry: Selected Essays on Mass Culture*, ed. J. M. Bernstein, London: Routledge, 1991.

Thomas Carlyle, "Signs of the Times", *Socialism and Unsocialism*, Vol. 1. Ed. W. D. P. Bliss. NewYork: The Humboldt Publishing Co., 1967.

TICCIH, *The Nizhny Tagil Charter for the Industrial Heritage*, 2003.

索　引

A

阿多诺　1,2,33,46—55,61—66,71,94,97,98,102,110,170,177,250,254,279,297,311,353

B

百货公司　14,85,86,88,182
鲍德里亚　156,163,171,184,188,200
本雅明　46,51,61,62,95,98,177,181,197—199,248,252,275
伯明翰学派　4,56—63,67,110

C

超级注意力　263,277
成本病　73
城市病　216
城市更新　122,213,218,220—223,227,383
城市化　35,176,177,179,180,182,193,196,205,216,224

创意产业　4,7,18,19,29,69,73,75—82,114,117,148,220—222,229,291,379,380
创意产业工作小组　76,78
创意国家　75,76
创意阶层　79,210
创意经济　4,75,77—79,114,117,134,147,158,159,294,301,309,311,320,380

D

大众文化　7,29,33,35—40,43—53,55—58,60—67,72,84,86—102,105—112,147—149,157,158,175,177,178,180—183,193,209,254,256,301,322,336,352,354,362,370,387
丹尼尔·贝尔　41,95,165,180,197,200,204,209,214—216,225,299,361
地球村　257,345,385
第三产业　69,81,103,115,116,

120,121,187,212,220,296

都市　14,29—31,39,44,65,85—89,151—153,164,175—182,184—188,190,192—213,215,217—219,225,226,228,229,258,274,277,289,381—383,385,389

E

恩格尔系数　186,320

恩格斯　9,129,130,132,133,140,143,144,177,179,181,184,189,191,194,198,199,211,234,271,282—285,297—299,305,331,334,335

F

发生学　8—10,13,15—17,20,23,27,28,31,32,177,233,259,294,374—377,380,388

法兰克福学派　1,4,29,46—53,55—58,60—63,65—67,70,92,94—102,104,105,109,110,112,113,273,275,294,311,322,324,349,352,353,357,378,386

法西斯主义　47,48,55,63,64,98,353

非物质经济　115,306,309,316,317

弗洛姆　47,131,170,172,177,195,203

符号　5,6,12,13,19,25—27,82,104,128,137,153—158,169,197,209,211,221,223—225,232,235,249,267,286,293,295,300,301,308,318,319,321,325,339,340,342,371,380—382

G

葛兰西　57,335,350,351,355

工业革命　34,35,40,41,43,44,69,72,73,135,173,176,178,179,184,221,227,230,240,254,260,266,281,297,378,384,387

工业遗产　220—223

公共领域　52,288,354

供养　285,287—289,291,384

观念　1,3,4,6,7,10,14,16—19,22,24,27—29,31,33—36,40,56—59,64,67—69,71,72,77,80,82—84,89—91,93,102,106,108,109,111,112,119,121,122,128,139,142,146,162,170,173,177,185,190,192,204,209,210,223,226,227,232—235,237,246,259,266,269,270,282,290—292,305,313,314,320,328—330,333—339,341,346—349,351,354,365,366,368,369,374—380,386—388

光韵　51,147,252,275

H

好莱坞　3,44,64,65,178,251,

302,345,366,369,386

后工业社会　11,212,214—218,225,246

霍克海默　1,2,46—51,54,62—66,97,170,254,279,297,353

J

机器　2,3,40,42,64,153,179,181,184,189,190,200,211,214,215,217,226,248—250,252,258,260,261,264,265,269,273,274,277,281,291,294,300,328,331—333,342,343,353,358,384

机器体系　206,242,261,274—276

机械时代　42,43

极权主义　64,270,275,342,348—350,353,366,379

家族相似　5

杰姆逊　13,68,95,110,147,151,300,370,371

经济范式　6

精神经济　116,117,233,312,380

决定论　230,380,381,384

L

雷蒙·威廉斯　11,22,36,39,41,57,60,93,176,183,184,195,254,299

理论旅行　83,93,111

理想类型　19,20

联合国教科文组织　18,21,24,70,71,220,222,224,296,327,368

两种文化　273

林语堂　152,166,167,199,202,208

刘易斯·芒福德　179,184,189,203,206,213,214,226,242,258,277

M

马尔库塞　46—48,51—53,61,62,94,166,173,177,273,275,353

马克思　1,9,31,55,72,103,124,129,130,132,133,136,139,140,143,144,165—167,177,179,181,184,189,191,194,199,211,234,265,270—272,282—285,296—299,305,306,308,320,331,334,335,359

马克思主义　9,47,55,93,94,98,110,115,334,346,364

马克斯·韦伯　19,20,35,41,55,72,185,189,278,281,295,298,299,332

麦克卢汉　153,189,248,251,257,258,268

媒介　6,7,12,26,39,44,45,48,51,56,65,66,82,92,107,141,153,158,169,170,180,230,232,244—246,249,253—255,257—259,266,268,273,275,292,293,295,301,317,318,321,326,339,344,352,

353,369,383
媚俗　37,38,60,147
膜拜价值　51,146,252

Q

器官投影　268
器物　145,156,237,247,260,268,269,275
权力　30,34,44,59,77,91,134,156,165,177,209,227,295,298,327—336,340—343,345,346,348,350,353,358,361,365,367—369,371,384,385
全球创意城市网络　224
全球化　68,79,84,122,209,224,246,253,281,301,303,323,330,342,345,356—364,368—373,385

R

让·皮亚杰　9,374,375
人口　30,44,91,92,176—184,188,194,199,215—217,220,227,228,288,302,325,365,382
人文精神　97,99,109,111,174,216,269,271,276,277
人性　27,29,30,33,48,123,125—130,133,134,138,142—145,158,159,162—164,170,172—174,191,198,202,216,264,270,272,274,275,277,285,381,382,385,389
日常生活审美化　58,97,99,146

日下公人　104,105,138,152,207

S

商品拜物教　53,55
上层建筑　133,136,296,318,334,346
社会分工　11,12,135,151,182,214,280,281,285,286,308,320,333,382
时尚　44,158,159,177,198,220—222,263,317,321,347
时钟　189,190,257,258
释义范式　6,8
私有财产　281,283,284,371
体验经济　82,188,210

W

文本　2,5,6,9,24,25,27,59,66,68,72,93,125,157,266,294,310,341,354,371,372
文化创意产业　78,114,148,220
文化帝国主义　360,362,371
文化范式　6
文化工业　1,2,4,7,29,33,36,38,40,44,48—56,58,59,61—69,71,72,81,87,95,96,98—100,104—106,109,112,113,118,170,171,248,254,273—275,279,294,297,303,311,312,318,322,329,339,349,352,353,357,378,379,386
文化经济　5,6,26,30,31,66,72,

74,114—118,120—122,219,231,279—282,285,286,288,290,312,316,317,319,321,322,324,326,344,354,367,372,376,378,379,384,385

文化经济学 72—75,103,104,115—118,282,328,376

文化经济研究 4,69,71—75,105,114,115,117,118

文化领导权 350—356,361,362

文化软实力 226,365,370

文化生产 3,5,10—12,15,25—28,30—32,34,35,56,59,62,65,71,74,80,115,118,119,121,122,126,127,135,138—142,145,147,162,174,207,225,228,231—233,236,239,243—247,252—254,257,259—261,266,274,276,278—282,285—297,299—301,303—309,311—317,323,324,328,337—339,343,344,349,353,356,358,370,371,373,376,379,381,383—387

文化事业 116,119—121,162,328

文化体制改革 118—121

文化需要 30,31,87,96,103,115,123,126,127,132,135—143,162,163,167—170,172,212,326,343,347,356,381,382,385,389

文化研究 4,7,44,49,54,56—61,72,89,91,92,95,96,98,99,101,102,109—112,146,193,219,263,301,324,341

文化政治 24,31,343,346,347,350,351,354,355,357,369,379,384,385

文化治理 5,122,347,354—357,385

文化专制 275,347—350,385

文化装置 259,260,264,265,339

文化资本 162,229,307,308,312,327,370

文化资本主义 299

文明社会 30,34,124,159,183,254,282,337

乌托邦 20,38,97,102,214,227,349

物化 54,55,137,158,230,241,269,306,314,318

物质幽灵 315,325,326

X

西方马克思主义 1,46,55,56,63,98,100,311,335

闲暇 30,55,143,150,152,153,186—188,190,192,193,199,204—208,286,353,382

现代性 24,27,30,34,35,37,41,50,102,110,175,178,197,203,232,338,388,389

现代性危机 41,42,56

消费社会 21,30,58,92,112,146,156,163,167,171,172,175,184,

188,200,209,225,246,319,321,330,382

消费主义　86,97,102,108,109,111,165,168,185

虚假需要　126,166

Y

异化　55,126,162,163,165—167,170—172,174,188,191,198,209,257,269—276,331,381,382,384

意识形态　5—7,30,31,48,52,54,55,61,62,72,80,89,91,94,95,98,101,102,105,106,108,115,158,162,164—166,196,209,232,269,275,285,288,300,301,311,327,329,330,332—346,349—354,358,361,362,364,365,367—369,384,385

游戏　2—4,8,14,15,26,27,40,70,82,85,129,135,140,144,149—153,155,158,160,162,206—208,246,258,259,263,265,274,276,286,294,300,323,326,381

有闲阶级　135,159,252,285

约翰·霍金斯　77—79,134,158,294,301,309,311,320

约瑟夫·奈　365,367,368

Z

赞助　12,137,287—289,291—293,295,297,312,325,384

展示价值　51,146,147,252,319

知识产权　19,23,71,77,82,310

轴心时代　35

装置范式　262,263

准免费　322—326

资本　1,13,21,30,31,39,40,43,44,46,48—50,52—56,62,64,68,71,72,80,84,87,88,95,98,99,119,122,142,147,162,163,165—167,169—171,175,177,180—182,184,185,188—193,195—198,200,204,205,209,211,216,219,224,227,238,239,248,249,263,266,270,272—274,276,278—281,289,292—303,305—315,323,327,330,336,337,341,343,346,350—352,358,360—362,367,368,370,379,384—387,389

后 记

> 我所追求的任何知识，都只能更充分地让我意识到自己的无知是无限的。
>
> ——［英］卡尔·波普尔《无尽的探索》

20世纪80年代末90年代初，大众文化开始在全国范围内掀起浪潮，引发了社会各界强烈的关注。当学界前辈们发起"人文精神"的大讨论时，我还在蹒跚学步。等到少年时期开始接触电视、收音机、录音录像制品、红白游戏机、港台歌曲和电影、卡拉OK、MTV等"新鲜"文化样式时，中国政府已经开始在体制上将发展文化产业纳入国民经济体系。可以说，我生于中国文化市场经济发轫的时代，却同时处于认知的懵懂期，由于这种跨越时代变迁的"缺席"，我理所当然地拥抱了90年代的一切新鲜事物，虽也觉得神奇，但以为世界本该如此。当中国的90年代正在经历一场文化上的剧烈转型时，我的90年代回忆几乎都指向那一方乡土中无忧无虑的童年。我艳羡那些拥有新鲜玩意儿的个别同龄人，但其实更自足于野地里、山丛间、小河旁。恰如林语堂先生在《生活的艺术》中说的那样，"树木、花朵、云霞、溪流、瀑布，以及大自然的形形色色，都足以称为享受"。

对于许多和我一样出生于中国典型乡土社会的同龄人来说，波斯曼笔下的童年还未因电视媒介的过度干预而"消逝"，以至于回忆起那段时光总是饶有趣味。但是，对于一个从事文化产业研究的年轻学者来说，未能亲身体会由经济社会转型带来的文化反差感又是十分遗憾的。因为"不在场"，所以不深刻；因为不深刻，所以等到回过头去读、去听、去看那些"文本"时，就需要掺杂一些想象。当然并不是说想象不好，而是说，想象有时如梦境般，将自己强行带入时多少会显得不真实。毕竟文化上的时代变迁感几乎就是人人口中的回忆，只有亲身经历了，才深刻隽永。

好在这股文化浪潮丝毫没有减弱的迹象，而是越发热烈了起来。到了新千禧年，一脚跨进了美好懵懂的中学时代的我，恰巧赶上了中国文化产业的快速发展期。我虽未曾听说过类似"大众文化"或"文化产业"这样的时髦词汇，但记忆中已觉得周围事物发生了微妙的变化。特别是冠以"电子"的产品越来越普及，电视节目也比以前丰富了许多，互联网暗潮涌动，蓄势待发。小镇上没有电影院，我还是通过盗版光盘过了一把商业大片《英雄》的瘾，并为此津津乐道。港台的流行音乐在录音机和午间校园广播中穿插，空气中到处弥散着青春的气息，歌词配合贴纸干净地抄进了精致小巧的笔记本中。还有每当看到有人穿上喇叭裤和波鞋的时候，就仿佛置身时尚街头了。2004年，当我进入县城读高中时，发现"上网"已不是什么新鲜事儿，网络社交、网络游戏、网络小说都十分流行。在个人电脑和手机还未普及的年代，网吧里到处闪现着聊天、写博客、逛贴吧、看影片、打游戏的身影，网络音乐和网络歌手开始红遍大街小巷，"芙蓉姐姐"的惊人一扭迅速蹿红大江南北。而以《超级女声》为代表的电视选秀比赛风靡一时，各类综艺节目蔚然成风。等到高中快毕业时，磁带式随身听、胶片相机又很快被淘汰，代之而起的是MP3、MP4和各类数码电子产品。可以说，文化商品和娱乐话题应有尽有，正是"乱花渐欲迷人眼"，让大多"90后"浸润在电子娱乐和虚拟网络之中。结果不出乎意料，一些公知眼中"垮掉的一代"的帽子很快扣到了我们头上。

我是2008年进入大学的。那年暑假，北京奥运会终于在全民期待中拉开大幕，美轮美奂的开幕式演出，就是放到现在来看也仍然十分震撼，成为当今文化演艺行业难以逾越的高峰。事实证明，北京奥运会的举办对中国文化产业产生了极大的推动作用，不仅带动了一大批文化产业项目，也推动了中国文化产业的国际化发展。2009 年，中国第一部文化产业专项规划——《文化产业振兴规划》由国务院常务会议审议通过，给中国文化市场注入了一支强心剂。而随着移动互联网和智能设备更加普及，文化与科技不断跨界融合，催生出了诸如网络文学、微电影、网络剧等无比丰富的业态。2009 年微博横空出世，2011 年微信悄然上线，那时或许不曾想到，这些新兴事物竟如此快速地发展壮大，成为我们文化生活不可分割的一部分。回想起来，这些鲜活的例子比比皆是，只是大学毕业距今只有八年时间，竟有十分浓厚的怀旧味道。最近看到一位网友说，步入 30 岁的"90 后"已经进入"间歇性"怀旧阶段：追过的球星退役了，看过的漫画完结了，喜欢的歌手退隐了，读过的作者去世了，崇拜的偶像消失了。细细想来，我们越来越追不上热搜、网红和选秀，反而喜欢上十几年前的老歌，时不时重温"电视时代"的经典剧目，感叹"一个时代落幕了"，然后在弹幕中高喊"爷青回"。这似乎是一种妥协，我们不得不接受"后浪"已经携带着新的"观点"和"态度"奔涌而来。每一代年轻人都有属于他们的娱乐标志，每一代年轻人也都有他们引领潮流的平台，承认"潮起潮落"本就是这个世界不变的定律。这或许就是文化产业赋予我们生活的魔力，它让我们应接不暇，又五味杂陈。

与文化产业正式结缘是我学术启蒙的开端。促成这一转机，有两件事不得不提。第一件事是 2011 年国务院学位委员会在第 27 次会议上将艺术学升格为学科门类，设置了艺术学理论、音乐与舞蹈学、戏剧与影视学、美术学和设计学五个新的一级学科。同年深圳大学审时度势，成功申报全国首批"艺术学理论"硕士点，并于次年开始招收研究生，拉开了学科建设和人才培养的序幕。第二件事是在更早的 2009 年，时任深圳大学副校长的李凤亮教授为推动学校人文社科研究转型，打造新型文科智库，创办了广东省首个跨学科、跨院系、综合性文化产业类的研究机构——深圳大学文化产业研究院。到2011年深圳大学获批"艺术学理论"硕士点时，研究院已经成为"深圳市文化产业教学与培训基地""深圳市文化创意产业研究基地"和"广东省普通高校人文社会科学重点研究基地"。一个是新的学科点带来的人才培养契机，一个是学术研究和师资力量颇有影响力的科研机构，这样一来，文化产业（艺术管理）作为深圳大学艺术学理论研究生培养的特色方向很快被确立了下来。2012年，我顺利考取深圳大学硕士研究生，成为"黄埔一期"学生，并拜李凤亮教授师门之下，开始系统学习和研究文化产业。或许在填写报考意向的时候不曾想到，深圳这座年轻的城市，恰恰提供了学习和研究文化产业的最佳试验场和观察地。

往回看，大概就是在那个时期，中国学界对文化产业的关注度达到了一个"峰值"。时值中国共产党第十七届中央委员会第六次全体会议召开，"文化繁荣发展"首次作为全会重要议题提出来，"文化"再一次成为热词。实际上，自21世纪开启，"文化产业"就成为学界追逐的热点，吸引了不少学者涌入其中，著书立说、各类教材达百余种，若说是"文化产业热"也不为过。但吊诡的是，到了2012年前后，文化产业的研究进入一个"拐点"，热度稳中有降，至今已经显露出"正态分布曲线"的模样来，恢复到10年前的水平。我后来在一篇论文中将其称为中国文化产业研究的"理论总结期"。在这个时期，如何呼唤和构建文化产业理论体系，不仅关系到其"成学"的可能，也决定了文化产业作为一门新的学科建立的发展。我以为，尽管已有不少学者前仆后继地投身于寻求中国文化产业论说的大潮中，但要真正获得长足发展，理论的探索是必不可少的。然而，学艺三年，只知皮毛。虽然差强人意地交了几份作业，发表了若干篇论文，关注到一些新兴现象，对于文化产业的认识似乎仍然是模糊的。

2015年，我被免试推荐到暨南大学攻读文艺学博士，由时任暨南大学党委书记蒋述卓教授和后来调任南方科技大学党委副书记的李凤亮教授共同指导。因为获得与深圳大学联合培养博士研究生的资格，那段时间我多来往于广深双城之间。而且，深大北门与暨大西门之间有直达巴士，中间不停，大约一个半小时，就可以在两校之间往来，颇为便捷。毫无疑问，广州与深圳的城市节奏和人文气质是大不相同的，但它们又都地处岭南，有着一致的开放风气和进取精神。时至今日，我们回忆起中国文化产业的历史，广州东方宾馆音乐茶座的兴办都是无法绕开的标志性事件，它揭开了中国改革开放初期文化市场的序幕，开创了企业办文艺的潮流。而早在2003年，蒋述卓教授就敏锐地捕捉到文化产业的发展前景，在暨南大学文学院成立了文化产业研究中心，支持文艺学博士研究生撰写文化产业相关的学位论文，并将这一领域作为文艺学学科拓展的一个方向。我后来才知道，2011年深圳市政府印发的《深圳文化创意产业振兴发展规划（2011—2015）》，就是由蒋述卓教授领衔的团队精心编制的。而李凤亮教授在深圳大学创办文化产业研究院，也与在暨南大学学习工作的经历有关。这一系列事情相互缠绕，不得不说是一种缘分。

  博士阶段是一段自我探索的全新旅程。抱着对学术的敬畏之心，我选择了回归初心，开始重新思考"是什么"这个最基本的命题。美国著名传播学者罗杰斯（E. M. Rogers）曾说，"任何涉入一条新的河流的人都想知道这里的水来自何方，它为什么这样流淌"。我的感受是相似的。因为我曾不止一次地问自己：文化产业是什么？我也不止一次被别人问起：什么是文化产业？每当我欲言又止，或语无伦次、气喘吁吁地掰扯概念，我便知道，我不过是故作姿态，掩耳盗铃罢了。所以，何不趁此机会重新认识，弄个明白？经过一年的思考，我大致坚定了这个方向。但从什么角度切入却让我颇费踌躇。因为当时市面上能买到的关于文化产业理论梳理和体系完备的论著、教材已经非常丰富，如何做到既有继承性又有所创新困扰了我很长一段时间。

  选择从发生学切入文化产业的生成机制研究，显得有些冒险和富有挑战性。因为学界对相关问题虽有涉及，但还没看到系统性的研究。难不成是我一厢情愿？为了建立关于文化产业发生的一套合理论说体系，论文的大纲结构几经修改甚至推倒重来，这时才明白那种"数易其稿"后不可言喻的苦楚，以及在狂热的思索中又常常闪现的那一丝通透和快感。我由衷感谢蒋述卓和李凤亮两位恩师的信任与支持，给予我最大的空间去试错。记得刚开学时拜访蒋老师，说起博士论文选题时仍无头绪，他便建议我可以做一次文化产业的梳理。这正是我心之所向，给了我莫大的鼓励。我也曾直言不讳地向李老师坦白：若自己无法很好地回答文化产业"是什么"，可能会让我丧失继续从事研究它的信心和决心。老师的回复是："有理论雄心，符合文艺学学科追求理论的要求，但不简单。"在写作的过程中，我常常想，把个人而不是学界普遍热衷探讨的问题当作研究选题是否是真问题？因为自己不能理解的其他人未必不理解，自己理解不透彻的也未必是真正的好问题。然而所谓"研究"又何尝不是从自己的疑惑出发呢？胡适先生曾说："做学问要在不疑处有疑。"既然跟跟跄跄地闯入一片未知地，发现了一些问题，产生了一些想法，那就索性写出来吧。

2018年6月，我向暨南大学中文系博士论文答辩委员会匆匆交出了这份"答卷"，意味着博士阶段的学习也告一段落。但我深知这一课题还远没有结束，时间是一个方面，能力则是另一方面。从发生学的宏大视野切入文化产业研究，着实不是一个简单的课题，加上时间跨度和学科跨度都非常大，文化产业涵盖范围又如此之广，写作过程中难免感到"囊中羞涩"。那种感觉像极了鲁迅先生在《野草》中说的："当我沉默着的时候，我觉得充实；我将开口，同时感到空虚。"是选择"论从史出"，还是"以论带史"？在权衡利弊和时间精力之后，我选择了后者，因为论文的选题非常宏观，它并未规定哪个国别，亦没有框定一个时间范围，这样处理可以看作"权宜之计"，好处是可以避免陷入过多的细节和浩瀚的史料之中。当然，这并非表明我可以越俎代庖解决各个门类的发生问题，相反，它的缺陷是显而易见的——广度和跨度有余，高度和深度则不及。尽管如此，坚持"多元决定论"仍然意味着我必须跳出自己的"舒适圈"，在现有的学科基础上继续扩宽思路，从哲学、经济学、历史学、传播学、社会学、心理学、政治学等学科中寻找理论依据和观点支撑。于我而言，这本书更像是围绕文化产业的一份读书笔记，当我漫步于图书馆和文献检索的知识海洋中，不止一次企图将那些我认为精彩的论点收录其中。

现在，这本博士论文终于要出版了，过往点点滴滴又涌上心头。记得答辩结束后，蒋老师鼓励我参选校级优秀博士论文，我一开始心生抵触，顾虑重重，自然是觉得还欠缺火候。为了不辜负老师的一番美意，我交了申报材料后，便没再留意此事。直到一年后我才得知获奖，真是无心插柳，喜出望外。感谢先行者！本书的写作受益于诸多前辈的著书立说。他们不仅帮助我丰富文化产业认知，还是这个全新学术领域的拓荒者。多年来，他们不遗余力地探索构建中国特色的文化产业学知识体系，为我们这一代年轻学者创造了学术发展空间。前人修路后人行，作为"后学"，对于这种贡献我以为怎么赞扬也是不为过的。感谢同行者！在本书的写作过程中，我结识了许多志同道合的师友，有的交谈甚欢，有的素未谋面，他们的研究对我启发都很大，在此恕不一一致谢。感谢参加博士论文开题和答辩委员会的老师们，他们提出的建设性修正意见为本书的完善提供了思路和方向。感谢暨南大学和国家留学基金委提供的访学机会，让我在澳洲访学的半年里结识了 Terry Flew、Stuart Cunningham 等多位教授和优秀博士，昆士兰科技大学创意产业学院提供了优越的海外科研条件，为我在澳洲的科研项目和博士论文写作赢得了更充足的时间。感谢深圳大学文化产业研究院的领导及各位老师们！八年时光，历历在目。正是他们多年的教导和栽培，让我不断成长，如今能与他们共事又是何等荣幸。2019 年研究院 10 周年院庆时，"深圳大学艺术学理论丛书"出版计划提上日程。其中就包括李凤亮教授与我共同署名的《跨界融合与文化创新——文化产业论集》，里面收录了部分我在研究院求学时与老师合作的文章。现每每读来，总能想起过往时光，以及发生在老师和同学们之间的许多故事。感谢我的父母和家人！他们的陪伴为我学业的完成和研究工作提供了坚强的后盾。想起2017年出国访学时未能陪伴妻儿，留下许多遗憾。等我回国再见时，儿子苜安已近半岁。我仍然清晰地记得，那天下午从布里斯班出发，抵达深圳时已经深夜，下飞机后见到他的那一瞬间，是我生命中最美妙的时刻。

  本书的修改陆陆续续持续了两年多的时间。2018年7月入职深圳大学以后，教学科研工作陆续开展，加上"预聘—长聘制"考核压力倍增，使我一时难以集中精力应付，书稿修改零敲碎打。因个人识见所囿和水平有限，在重新整理的过程中，发现仍有不少舛错，还犯了不少技术性的失误，甚为羞愧。为力求书稿至臻完善，我一边重读文献，一边收集更多的新材料，出版计划一拖再拖。2020年春节前夕，新冠肺炎疫情暴发，随后发展成为"全球大流行"，整个世界都笼罩在一片紧张压抑的氛围当中。作为一名大学教师，几个月隔离在家，除了陪伴家人，按规定开展线上教学，其他时间唯有读书写作，既是要求，也是本分。没有过多杂事困扰，那段时间对本书做了不少补充和修订。10月，本书有幸又获得了国家社会科学基金后期资助项目立项，为最后的修改定稿提供了澎湃动力。在此，由衷感谢全国哲学社会科学工作办公室和中国社会科学出版社对青年学者的鼎力支持！

  现在本书呈现出的模样，自然还有许多不尽如人意的地方，因此任何批评意见我都是欢迎的。正所谓"甘瓜苦蒂，天下物无全美"，与其瞻前顾后，不如虔诚受教。至于其他的，可以留待本书之外再去探索。

  是为记。

宗祖盼
庚子岁末于荔园枕雨楼